Sylvester Walch

VOM EGO ZUM SELBST

Sylvester Walch

VOM EGO ZUM SELBST

Grundlinien eines spirituellen Menschenbildes

O.W. BARTH

Besuchen Sie uns im Internet:
www.droemer-knaur.de

Originalausgabe

Ein Imprint der Verlagsgruppe
Droemer Knaur GmbH & Co. KG
Maria-Luiko-Straße 54, 80636 München

Covergestaltung: ZERO Werbeagentur, München
Satz: Adobe InDesign im Verlag
Druck und Bindung: GGP Media GmbH, Pößneck
ISBN 978-3-426-29192-4

Kontaktadresse nach EU-Produktsicherheitsverordnung:
produktsicherheit@droemer-knaur.de

8 10 11 9 7

Inhalt

Vorwort 7

Einleitung 9

Die Weisheit liegt im Inneren 13
- Das naturwissenschaftliche Paradigma 16
- Probleme des Erkennens in der Psychologie 21
- Erkennen und Bewusstsein 31
- Einflüsse auf die Introspektion 34
- Ebenen der Innenschau 42
- Tiefenschau 53

Stirb und werde 61
- Todesnähe 62
- *Übungen zum Loslassen und Sterben* 78

Das Sterben des Ego 87
- Das Ich 91
- Das Ego 106
- Ego-Transformation und Ich-Transzendenz 119
- *Die Natur des Menschen* 121
- *Veränderung von Ego-Komplexen* 124
- *Übungen zur Ego-Transformation* 142

Transzendiertes Ich 154
Ego-Tod 157
Das Ego im spirituellen Gewand 163

Das Selbst 167
Das individuelle Selbst 174
Das entstehende Selbst 175
Beschädigungen des Selbst 188
Das befreite Selbst 200
Übungen 216
Das universale Selbst 220
Übungen 226
Erweckung der Kundalini 229
Übungen 244

Auf dem Weg zur Ganzheit 247
Offene Spiritualität 252
Begleitung 260
Faszination und Ernüchterung 269
Inventur und Aufbruch 276
Integration des Schattens 280
Erweiterung und Vertiefung des Bewusstseins 288
Holotropes Atmen als transpersonale Selbsterfahrung 296
Die Mystik des Lebens 307

Literatur 333

Vorwort

Die intensive Beschäftigung mit dem Thema Ego und Selbst wurde zu einem aufregenden Abenteuer. Immer wenn ich an Grenzen stieß, öffnete sich ein neuer Horizont.

Ein möglicher Anspruch, der für viele Bereiche des Lernens zutrifft, könnte lauten: Wer andere dazu anregen möchte, am Ego zu arbeiten, sollte eigentlich selbst diese Hürde genommen haben. Angesichts der Unvollkommenheit und Verletzlichkeit des Menschen wäre es eine Illusion oder Hybris, anzunehmen, dass die Transformation des Ego so einfach zu bewältigen ist. Diese Tatsache wurde mir umso klarer, je tiefer ich in die Materie eindrang. Auch wenn die Konfrontationen mit eigenen Schwächen manchmal äußerst schmerzlich verlaufen, führten sie doch letztlich zu einer wunderbaren Erfahrung. In jedem Moment unseres Lebens gibt es die Möglichkeit, für kurze Zeit in die Stille zu gehen. Es ist nur ein kleiner Schritt, der aber große Wirkungen hat. Wenn wir etwas Ruhe finden, kann eine Tür nach innen aufgehen. Gehen wir hindurch, treten die alltäglichen Belastungen in den Hintergrund. Dann werden wir etwas Größerem begegnen, von dem wir uns getragen fühlen. Die Schicht des universalen Selbst ist jederzeit zugänglich, unabhängig davon, in welcher Situation wir uns befinden oder welchen Entwicklungsweg wir bisher zurückgelegt haben. Hinter unseren Prägungen und Problemen existiert ein harmonischer Ort, von dem enorme Impulse ausgehen. Das durfte ich im Verlauf dieser Arbeit immer wieder erfahren. Jede morgendliche Meditation war kräftigend und inspirierend. Deshalb gilt mein besonderer Respekt dem All-Einen in uns, das mich in außergewöhnlicher Weise geführt und unterstützt hat. Gerne möchte ich auch allen Seminarteilnehmern, Klienten und Assistenten, die mir großzügig ihr Vertrauen schenkten, von ganzem Herzen danken. Ohne sie hätte dieses Buch nicht geschrieben werden können. Mein besonderer Dank gilt auch meinem Lektor Herrn Andreas Klaus, der mir einfühlsam und kompetent zur Seite stand. In diesem Zusammenhang denke ich auch an meine Frau Edeltraud. Seit nunmehr drei Jahrzehnten ist sie eine liebevolle, verlässliche, anregende und spirituelle Weggefährtin. Meinen Kindern Nicolai und Johannes danke ich für ihre Liebe und Achtung, die sie mich immer spüren lassen. Danke auch meiner Mutter, die bedingungslos meinen Weg förderte, und meinem Vater, der sich, trotz vieler schwieriger Umstände, wahrhaftig dem Leben stellte.

Allen, die dieses Buch lesen, möchte ich für ihr Vertrauen danken.

Einleitung

Dieses Buch möchte der Entwicklung des Menschen neue Impulse geben. Die bahnbrechenden Erkenntnisse aus der Arbeit mit veränderten Bewusstseinszuständen zeigen auf, dass das Leben von außergewöhnlichen Kräften bestimmt wird, zu denen wir normalerweise keinen Zugang haben. Wenn wir uns jedoch dafür öffnen, etwas durchlässiger werden und uns davon tragen lassen, können wir den Alltag besser bewältigen, ungeahnte Potenziale erschließen und in die Tiefe des Seins eintauchen.

Drei Perspektiven sollen auf dem Weg zur Ganzheit berücksichtigt werden: die Auflösung einengender Lebensmuster, die transformative Kraft veränderter Bewusstseinszustände und die Weisheit spiritueller Einsichten. Dadurch wachsen die Liebe zum Leben, das Vertrauen in die innere Weisheit und der Mut zum Neuen. Davon profitiert nicht nur das Individuum, sondern es ist von großem gesellschaftlichem Nutzen, weil Mitgefühl und Mitmenschlichkeit von der Person in die Welt hineinstrahlen.

Die großen Fragen des Seins, denen die Psychologie ausgewichen ist, um nicht als unwissenschaftlich zu gelten, sind in jedem Menschen irgendwann präsent: Woher kommen wir? Wohin gehen wir? Was ist der Sinn des Lebens? Wie können wir Angstfreiheit und Zufriedenheit im Leben erlangen? Antworten darauf sind nur in unserem Inneren zu finden. Man kann die Wahrheit der nichtphysikalischen Realität keinesfalls äußerlich beobachten, messen, wägen oder empirisch beweisen; wir müssen unseren Blick nach innen wenden und das Herz öffnen. Wenn wir das Leben verstehen wollen, sind wir gezwungen, tief in die Existenz einzutauchen, uns durchdringen zu lassen und mit ihr eins zu werden. Spirituelles Erkennen ist intim, ganzheitlich und legt den Sinn des Lebens frei.

Da es sich im vorliegenden Buch um eine Beschreibung von Lebensprozessen handelt, fließen natürlicherweise auch persönliche Erfahrungen mit ein. In kurzen Berichten soll gezeigt werden, dass die geschilderten Einsichten nicht nur gedanklich herausgearbeitet wurden, sondern auf Erlebtes verweisen. Wer auf sein Leben zurückblickt, kann erkennen, wie sich unterschiedliche Lebensstränge sinnvoll ergänzen, als habe eine unsichtbare Regie mitgewirkt. So lässt sich erahnen, dass, trotz vieler Hindernisse, jedem Leben eine Bestimmung innewohnt, die sich allmählich herausschält. Eine ganzheitliche Entwicklung muss immer verschiedene Ebenen beinhalten, in denen sich seelische Heilung und spirituelle Fortschritte ergänzen. Dabei sollten wir uns kleine Ziele stecken, die Triebkräfte der menschlichen Natur nicht unterschätzen und Krisen als notwendige Transformationsdrehpunkte anerkennen. Die vorgestellten Übungen sollen den inneren Prozess unterstützen und die Inhalte durch die persönliche Erfahrung nachvollziehbar machen.

Das Bewusstsein ist fähig, seine bisherigen Grenzen auszudehnen – in die Breite und in die Tiefe. Das lässt uns gewahr werden, dass die individuelle Persönlichkeit von einer Wesensnatur getragen ist, die über Biographie, Zeit und Raum hinausgeht. Durch intensive Prozessarbeit, veränderte Bewusstseinszustände und spirituelle Übungen können wir in diesen Bereich gelangen, von dem enorme Impulse ausgehen, und erkennen, wer wir wirklich sind. Erst wenn wir uns aufmachen – im doppelten Sinne –, erspüren wir, dass wir von einer feinstofflichen Welt umgeben sind, die uns durchdringt und trägt. So ist der Körper nicht mehr alleine ein biologisch-physikalischer Ort, sondern stets verbunden mit der Kraft des Göttlichen und der Weite des All-Einen. In jedem Menschen will der göttliche Funke leuchten. Er wartet nur darauf, entzündet zu werden, um unserem Leben den Geschmack des universalen Seins zu bringen.

Die innere Weisheit wirkt in uns und begleitet uns, in guten und in schlechten Tagen, um unserem psychospirituellen Wachstum zu dienen.

Dabei vollzieht sich ein Prozess, der mit der bekannten Wendung »Stirb und werde« am besten charakterisiert werden kann. Wenn wir das Ego abbauen, alte einengende Muster lösen und die Ich-Persönlichkeit transzendieren, werden wir zu unserer wahren Natur durchdringen. Dieser Prozess wird oft von starken Erschütterungen begleitet, die nur bewältigt werden können, wenn wir gut gerüstet sind. Die inneren Fundamente müssen eine neue Ordnung finden, um diesen Kräften standhalten zu können. Mit einem gut funktionierenden Ich, mit Wahrhaftigkeit und Disziplin können wir unbeschadet die Grenzen öffnen und uns dem weiteren Geschehen vertrauensvoll überlassen. Dabei müssen wir auch loslassen lernen, um dem Selbst oder der inneren Weisheit zum Durchbruch zu verhelfen. Durch den Tod des Ego entstehen neue Seinsqualitäten, die unser Leben außerordentlich befruchten.

Ganz zu werden gelingt jedoch nur, wenn wir möglichst alle Bereiche des Menschseins bewusst entwickeln. Dazu gehört, dass wir uns mit kränkenden Lebenserfahrungen auseinandersetzen, Ängste abbauen, Gefühle zulassen und das Leben, so wie es ist, annehmen. Die wiedergewonnene Lebendigkeit und die daraus erwachsene Risikobereitschaft befähigen uns dann, unsere Existenz in größeren Zusammenhängen zu begreifen. Dabei begegnen uns auch fremde Welten, kollektive Archetypen und außergewöhnliche Energiepotenziale, die für uns, wie selbstverständlich, verfügbar werden. Wir erleben uns auch nicht mehr als isolierte Persönlichkeit, sondern mit allem verbunden.

Die Aufrechterhaltung einer in dieser Weite begründeten Seinsweise kann nur glücken, wenn wir bewusst und achtsam durchs Leben gehen. Die spirituelle Praxis bereitet dafür den Boden. Nur wer regelmäßig und nachhaltig übt und sich auf die schrittweise Erneuerung einlässt, wird öffnende Erfahrungen in den Alltag einfließen lassen können. Die Grundübung aller spirituellen Richtungen ist die Meditation, denn erst durch die Stille werden wir transparent. Das Loslassen von Gedanken, Empfindungen und inneren Konzepten transzendiert die engen Grenzen des Bewusstseins und schafft Freiräume, in denen die universellen Kräfte wirksam werden. Die Stabilisierung eines achtsamen und mitfühlenden Lebensstils gelingt nur, wenn wir bewusst das Spirituelle in unserem Alltag verankern. Manchmal helfen uns Krisen und Hindernisse, von der Oberflächlichkeit wieder in die Tiefe zurückzukommen und Prioritäten neu zu ordnen. Dann bemerken wir auch, dass schwierige Umstände nicht Feinde des Menschen sind, sondern helfende Freunde oder anregende Milieus, die zum Lernen herausfordern. Es ist eine ungewohnte Sprache, die wir lernen müssen, wenn wir uns darauf einlassen. Unser eigener Geist wird dann zum Ort radikaler Veränderung. Gelingt dies, so ändern sich auch die Umstände. Wenn wir diese Einstellung, die mit dem Satz »Alles ist zum Besten« ausgedrückt werden kann, inmitten des Alltags verwirklichen, werden Furchtlosigkeit, Gelassenheit und tiefer Frieden unser Leben mit neuen Qualitäten bereichern. Das Leben mit seinen Krisen und Übergängen wird dann zu einem täglichen Abenteuer, getragen von einem universalen, zeitlosen und beständigen Wesensgrund, von dem her sich Polaritäten und Bewertungen in das Ganze einordnen und ihre Gegensätze auflösen. Das individuelle Leben existiert nicht mehr für sich alleine, sondern ist mit dem Seinsganzen verwoben, das beständig in die Wesensnatur des Menschen einfließt und sich durch ihn verwirklicht. So erscheint auch das Schicksal in einem anderen Licht, denn es will den Menschen darauf vorbereiten, dem Ganzen zu dienen, was seine eigentliche Lebensaufgabe ist. Im Dasein verwirklicht sich das Sein, und in der Person entfaltet sich die innere Weisheit, die Kraft des Universalen. Wenn wir dem vertrauensvoll zustimmen, vollzieht sich im Alltag der schöpferische Wille.

Die Weisheit liegt im Inneren

Herausragende Erfindungen, künstlerische Werke, psychotherapeutische Prozesse oder spirituelle Übungen sind das Ergebnis vielfältigster Erkenntnisprozesse. Ohne die Fähigkeit, zu erkennen, gäbe es keine kulturelle Entwicklung. Um aus Erfahrung zu lernen, Erlebnisse zu verarbeiten und sich seiner selbst bewusst zu werden, braucht es den Blick nach innen.

Wenn wir etwas verstehen wollen, sollten wir es nicht nur beobachten, sondern müssen tief hineintauchen, es durchdringen und mit ihm eins werden. Im gewöhnlichen Erkennen werden die Sinnesorgane von Reizen erregt und die Empfindungen mit Hilfe von Bewusstseinsakten interpretiert und in einen größeren Zusammenhang integriert. So können wir unser Leben vortrefflich organisieren und funktional einrichten. Ohne lange nachzudenken, steigen wir beispielsweise ins Auto, fahren eine bestimmte Strecke, achten dabei auf die Verkehrsregeln, und legen die letzten Meter zum Büro zu Fuß zurück. Dass dabei unzählige Eindrücke verarbeitet werden, beschäftigt uns nicht weiter. Erst wenn Schwierigkeiten auftreten, wird bewusst, wie viele automatisierte Routinen unseren Alltag steuern. Die Evolution hat den Menschen mit Anlagen, Ressourcen und Potenzialen ausgestattet, die sein Überleben sichern können. Nur jene Informationen, die dafür benötigt werden, passieren die inneren Filter. Das, was wir von der Welt und uns selbst mitbekommen, ist nur ein Bruchteil dessen, was sich wirklich ereignet, und somit immer begrenzt und selektiv. Nie erfassen wir die ganze Wirklichkeit. Würden alle verfügbaren Informationen auf uns einströmen, wäre das eine Überforderung. Wenn wir jedoch vor komplexeren Lebensfragen stehen, wie etwa Berufsentscheidungen oder der Wahl eines Partners, führt erst eine Erweiterung und Vertiefung von Wahrnehmungsprozessen zu guten Resultaten. Dazu muss ich meine Fähigkeiten, Schwächen und Talente kennen, über mein Temperaments- und Persönlichkeitsprofil Bescheid wissen und herausfinden, wohin sich meine Interessen richten. Erst durch die Fähigkeit zur Selbsterkenntnis sind wir in der Lage, den richtigen Lebensweg einzuschlagen. Es ist nur dem Menschen möglich, sich selbst zu erforschen und über sich selbst nachzudenken. Die älteste aller Wissenschaften, die Philosophie, ist eine Frucht der Selbsterkenntnis. Sie war der Ausgangspunkt für die Entstehung von Geisteswissenschaften, Naturwissenschaften, Kunst und Kultur. Ganzheitlich betrachtet, sind Mensch und Natur miteinander verbunden, so dass sich Selbst- und Naturerkenntnis ergänzen.

Will man herausfinden, wie wir genau erkennen, stößt man jedoch auf unüberwindliche Hürden. Wir können die Bedingungen, die auf die Erkenntnis einwirken, nicht gänzlich hinter uns lassen, so wie wir mit der rechten Hand nicht die rechte Hand ergreifen können. Wenn es unmöglich ist, die Erkenntnisse von den sie bedingenden Strukturen zu befreien, tappen wir im Grunde im Dunkeln. Um redlich zu sein, müssen wir uns das eingestehen, denn sonst ergeht es uns wie den vier Blinden, die unabhängig voneinander einen Elefanten beschreiben wollen. Der eine hat einen Fuß in der Hand, der andere den Kopf, ein weiterer den Rüssel und der vierte den Bauch, und jeder schließt von seiner Sichtweise auf den ganzen Elefanten. Dies ist gerade im Umgang mit weitreichenden und ganzheitlichen Seinskonzepten zu berücksichtigen, um der Gefahr dogmatischer oder ideologischer Verengung entgegenzuwirken. Erkennen kann sich auf äußere Dinge, auf andere Menschen und auf unser Inneres richten.

Der Blickwinkel, von dem aus Erkenntnisse gewonnen werden, kann in zwei Hauptrichtungen unterschieden werden: die

Erste-Person-Perspektive und die Dritte-Person-Perspektive, die wir uns im nächsten Kapitel ansehen werden.

In der Erste-Person-Perspektive erkennt jemand etwas, von einer Sache oder von sich selbst, alleine durch den Blick nach innen. Ich denke, ich fühle, ich nehme wahr und ich erkenne. Im weiteren Verlauf werden vor allem introspektive Erkenntnisse und Erlebnisse, die mit dem Menschsein zu tun haben, in den Vordergrund rücken. Eine wichtige Rolle dabei spielen veränderte Bewusstseinszustände, Träume, Glücksmomente und auch schwere Krisen, weil an den Grenzen der Normalität, wenn die gewohnten Raum- und Zeitkoordinaten transzendiert werden, wertvolle Seinserfahrungen bereitliegen.

Je mehr wir uns auf diese Welten einlassen, desto wichtiger wird die Innenperspektive für das Verstehen, denn wir verlassen den Bereich des Gelernten und öffnen einen Zugang zum Raum des Universalen, zu intuitivem Wissen und berührenden Grundwahrheiten des Lebens.

Vorübergehend kann dies auch von Ängsten und Erschütterungen begleitet sein, weil die gewohnten Interpretationsschemata nicht mehr greifen. Aussagen aus der Erste-Person-Perspektive sind achtsam anzuerkennen, so wie sie sind, ohne sie durch vorgefertigte Meinungen und gewohnte Erklärungsraster zu verfälschen. Die Herausarbeitung impliziter Botschaften mit Hilfe eines Therapeuten oder spirituellen Begleiters kann die Erfahrungen weiter vertiefen und erweitern. Dabei entsteht ein gemeinsamer Resonanz- und Entwicklungsraum, eine tiefer gehende Schwingung, die das Innere berührt.

Natürlich können subjektive Erlebnisschilderungen auf ähnliche Bilder, Formen und Inhalte hin untersucht und systematisch zusammengefasst werden, um andere Suchende zu unterstützen. So haben etwa überlieferte persönliche Berichte von Mystikern eine öffnende Wirkung, die sogar spirituelle Erfahrungen beim Lesen initiieren können. Mystische Einsichten werden so auf subtile Art und Weise weitergegeben. Ein Schüler sah ein Foto von Muktananda, einem Siddha-Yoga-Meister, auf dem Einband von dessen Autobiographie und fiel daraufhin in tiefe Versenkung. Spirituelle Entwicklung ist nur über den Weg nach innen möglich.

Das naturwissenschaftliche Paradigma

Die Dritte-Person-Perspektive möchte, von einem distanzierten und äußeren Standpunkt aus, zu möglichst objektiven Erkenntnissen gelangen. Sie nützt dabei vor allem die experimentelle Beobachtung, die sinnliche Wahrnehmung, computergestützte Analysen und die Erhebung von intersubjektiven Daten. Die Bezeichnung »wissenschaftlich begründet« wird heute vor allem auf diese Form von Erkenntnisgewinnung angewendet.

Der technische Fortschritt der Menschheit in den letzten Jahrzehnten spiegelt sich in vielen Wissensgebieten wider. In der Medizin wird darüber diskutiert, wie man die Erbanlagen so umprogrammieren kann, dass dem Menschen schwere Krankheiten erspart bleiben und eine bestmögliche Intelligenzausstattung effizientere Lebensentscheidungen hervorbringt. In der Astronautik wird die Ausdehnung des Lebensraumes auf fremde Planeten hin erkundet. Im Bereich der Computertechnologie sind Roboter mit »Bewusstsein« und »Emotionen« keine Fiktion mehr. Zurzeit macht vor allem auch die Hirnforschung von sich reden. Sie hat uns darauf hingewiesen, dass der freie Wille weitgehend eine Illusion ist. Bewusstsein, Ich und Selbst sind nach ihrer Ansicht auch nicht als überdauernde Strukturen aufzufassen, sondern nur im Sinne temporärer kohärenter Hirnströme zu verstehen. Inzwischen sieht sich die Neurobiologie nicht mehr als eine Teildisziplin der Medizin, sondern mehr und mehr als Leitwissenschaft. Es gibt kaum noch Fragen zum Menschen, zur Gesellschaft, zu Religion oder Kultur, zu der sie nicht wortreich Stellung bezieht und darauf pocht, dass ihre Ergebnisse miteinbezogen werden.

So ist auch nicht verwunderlich, dass im modernen wissenschaftlichen Menschenbild immer mehr die Gewichte zugunsten der biologischen Determiniertheit verschoben werden. Auch der publizistische Boom rund um das Thema Evolution, der anlässlich des 200. Geburtstages von Charles Darwin entfacht wurde, ist dieser Tendenz geschuldet. In dem naturwissenschaftlichen Menschenbild verbirgt sich die Illusion, bald die Regie über die Schöpfung übernehmen zu können. Je näher nämlich der Mensch in Richtung Materie gerückt wird, desto formbarer erscheint er. Die Tendenz, den Menschen nur noch als biologisch determinierte Maschine zu sehen, ist würdelos, genauso wie es überheblich ist, davon abzuleiten, dass der Mensch dadurch Schöpfer seiner selbst ist.

Will man die Vormachtstellung des naturwissenschaftlichen Paradigmas verstehen, lohnt sich ein Blick zurück. Galileo Galilei wurde für seinen genialen Beweis, dass sich nämlich die Erde um die Sonne dreht und nicht das Zentrum des Universums bildet, heftig angegriffen. Die Kirche, die damals über Staat und Wissenschaft herrschte, fürchtete, ihre Vormachtstellung und Autorität zu verlieren. Auch ist es eine massive Kränkung des Ego, die Stellung des Menschen fortan in diesem Maße zu relativieren.

Diese Konfrontation begann im Hochmittelalter, mit dem sogenannten »Universalienstreit«, der sich damit befasste, ob allgemeine Begriffe oder Sätze wie »der Mensch ist die Krone der Schöpfung« real oder nur ein Kunstprodukt des menschlichen Geistes sind. Der *Nominalismus* ging von der zweiten Annahme aus und betonte, dass es sich hierbei um Namen *(nomen)* handelt, die lediglich Schall und Rauch seien und denen kein eigentlicher Wirklichkeitscharakter zugrunde liege. Nur das, was man mit den Sinnen wahrnehmen kann, also das materielle Einzelding sei real. Diese Idee fußt indirekt auch auf dem Atomismus, eine antike Anschauung (Demokrit), nach der die Welt aus kleinsten, nicht weiter teilbaren und mit bestimmten Kräften ausgestatteten Teilchen zusammengesetzt ist. Will man verstehen, was die Welt im Innersten zusammenhält, muss man sie auf ihre kleinstmöglichen Elemente zurückführen. Das Kleine und Molekulare wird damit als fundamentaler angesehen als das Große und Molare. Diese Denkart wird heute als Reduktionismus bezeichnet.

Gegen Ockham, den Begründer des Nominalismus, und seine Anhänger wurde 1340 das sogenannte »Nominalistenstatut« verfasst, das sich gegen diese neuen Lehren wandte. Die kulturgeschichtliche Erosion, die von dieser Bewegung ausging, war jedoch nicht mehr aufzuhalten: Widersinnige Dogmen wurden in Frage gestellt, die Autorität der kirchlichen Ideologie wurde untergraben und die Unterdrückung des Menschen zunehmend problematisiert. Dieser kulturgeschichtliche Konflikt inspirierte spätere politische Bewegungen, die für Demokratie, Feminismus, Auflösung der Klassengesellschaft und Befreiung der Sexualität eintraten. In gegenwärtigen islamistischen »Gottesstaaten« zeigt sich in dieser Hinsicht eine eigenartige Ambivalenz. Einerseits wird die technische Entwicklung mit immensen Mitteln vorangetrieben, andererseits werden aber wissenschaftliche Ergebnisse, die dem Koran widersprechen, als nicht mit dem »wahren Glauben« vereinbar abgetan.

Eine weitere wichtige Leitfigur in der Entwicklung der modernen Wissenschaftstheorie kann in René Descartes gesehen werden. Er förderte durch seine fundamentale Unterscheidung von Naturding *(res extensa)* und Geistesding *(res cogitans),* die wie zwei parallel laufende Uhren nichts miteinander zu tun haben, die Unversöhnlichkeit zwischen Natur- und Geisteswissenschaften, die bis in die Gegenwart fortdauert. So werden auch heute noch körperliche Leiden erst dann nach ihrer psychodynamischen Bedeutung befragt, wenn die Apparatemedizin keine Heilung mehr verspricht.

Aus dem galileisch-cartesianischen Weltbild entwickelten sich nach und nach die wissenschaftstheoretischen Konzepte des *Positivismus* und *Empirismus,* die bis ins 20. Jahrhundert die Bedingungen bestimmten, was als wissenschaftlich zu gelten habe und was nicht. Zusammengefasst fordert der Positivismus, nur solche Sachverhalte zu untersuchen, die durch das Wort »positiv«, also positiv vorhanden, charakterisiert sind. Davon ausgehend müssen, nach den Grundsätzen des Empirismus, Untersuchungsgegenstände objektiv und zuverlässig beobachtet, gemessen und überprüft werden können, also alles, was wir wiegen, sehen, tasten oder hören können.

Erst bei genauerer philosophischer Analyse erkennt man, dass in diesen Forderungen verdeckte Widersprüche aufzuspüren sind. Wenn es nämlich wahr sein soll, dass wirkliche Erkenntnis nur durch Beobachtung zugänglich wird, wie kann dieser Satz einer Beobachtung zugeführt werden?

Gödel (vgl. Hofstadter, 1985) hat darüber hinaus aufgezeigt, dass wissenschaftliche Theorien schon ihrem Wesen nach begrenzt sind, denn man kann beispielsweise auch in der Mathematik nicht alle Aussagen formal beweisen oder widerlegen. Sein berühmter Unvollständigkeitssatz besagt, dass jedes große formale System entweder widersprüchlich oder unvollständig ist. Wenn wir wieder zur Erläuterung des naturwissenschaftlichen Denkens zurückkehren, dann können Theorien ihre Gültigkeit nur dann nachweisen, wenn sich aus ihren Basissätzen Beobachtungsdaten ableiten lassen.

Wenn dabei das Spektrum der Sinnesorgane nicht mehr ausreicht, müssen empfindliche Geräte dazwischengeschaltet und die Ergebnisse am Computer dargestellt werden. So können Lichtjahre entfernte Sternensysteme ausfindig gemacht und Blicke in die Mikrostruktur der Elementarteilchen geworfen werden. Wenn man an die europäische Organisation für Kernforschung (CERN) in der Schweiz denkt, dann wird schnell klar, dass ein immenser Aufwand an Technik und Rechenleistung erforderlich ist, um mit Hilfe eines kilometerlangen Teilchenbeschleunigers tief in die Struktur der Materie einzudringen und sie durch unzählige Rechenoperationen sichtbar zu machen. Aufgrund des Aufwandes ist das Großforschungsprojekt ein international finanziertes Projekt, an dem sich mindestens zwanzig führende Nationen beteiligen. Natürlich soll hier nicht unerwähnt bleiben, dass diese Forschungen für die Menschheit in vielerlei Hinsicht nutzbringend sind und den technischen Fortschritt beschleunigt haben.

Theorien müssen also immer, neben ihrer Widerspruchsfreiheit, einer empirischen Überprüfung standhalten. Dabei sollte jeder Forscher, an jedem Ort der Welt, bei gleichen Bedingungen zu gleichen Ergebnissen kommen können. Experimente müssen wiederholbar und prognostizierbar sein. Hat man sich, so die implizite Annahme, einmal der objektiven Wahrheit angenähert, sei sie bei gleichen Laborbedingungen jederzeit wieder herstellbar. Das bedeutet auch, dass man den Erkenntnisgegenstand aus seinem Kontext herauslösen und isolieren muss, um die Daten nicht durch persönliche Einflüsse zu verfälschen. Doch schon die Mikrophysik hat die nicht kontrollierbare Interaktion zwischen Beobachter und Messergebnis erkannt und der künstlichen Trennung von Erkenntnissubjekt und Erkenntnisgegenstand eine Absage erteilt, da sie die natürliche Verbundenheit des Menschen mit der Welt nicht ausreichend berücksichtige. Gleichzeitig nimmt man stillschweigend an, dass es ein objektives Universum außerhalb des Geistes gebe, was erforschbar und erkennbar sei, und zwar ebenfalls nur mit rein materiellen Mitteln.

So wird die Materie zum Grundbaustein des Lebendigen, was in letzter Konsequenz nur heißen kann, dass sich alles Geistige auf materielle Ursachen zurückführen lässt. Unser derzeitiger Wissensstand rechtfertigt wohl kaum eine solch weitreichende Schlussfolgerung. Vielleicht ist diese Haltung einem Bedürfnis nach Kontrolle geschuldet, denn kleinste Stoffe können leichter manipuliert, funktionalisiert und umgestaltet werden. Es ist ja noch zu verstehen, wenn in den Naturwissenschaften diese Denkweise vertreten wird, doch je mehr man das Rätsel Mensch entschlüsseln möchte, umso problematischer wird es, wenn man sich nur darauf stützt. Die einseitige Betonung experimenteller Zugänge in den Humanwissenschaften muss zwangsläufig Fragen wie etwa nach dem Sinn von Krankheiten oder dem Weiterleben nach dem Tode ausklammern. Die Gefahr dabei ist, dass man die Lebenswelt aus den Augen verliert, obwohl man sie eigentlich erforschen möchte.

Probleme des Erkennens in der Psychologie

Gerade in der Problemgeschichte der Psychologie ist man sich immer wieder darüber uneinig, ob sie nun im Bereich der Naturwissenschaft oder der Geisteswissenschaft anzusiedeln sei. Die jeweilige Entscheidung führt zu weitreichenden Konsequenzen, ob nämlich eher ein zergliedernd-reduktionistisches oder ein subjektiv-beschreibendes Vorgehen propagiert wird. Für die naturwissenschaftlichen Vertreter galt deshalb die beschreibende Psychologie als wissenschaftlich wenig vertrauenswürdig. Empfinden, Fühlen und Innerlichkeit wurden operationalisiert, in Beobachtungsbegriffe übersetzt und auf ihre physiologischen Bedingungen reduziert. Subjektive Beschreibungen wurden als Fehlerquelle aussortiert.

Wenn man jedoch versucht, Erlebnisinhalte ausschließlich über Beobachtungsbegriffe, die streng von Methoden abgeleitet werden, zu definieren, sagt das mehr über die Methoden als über das zu Erkennende aus. Deshalb bezeichneten die deskriptiven Psychologen die Untersuchungen ihrer naturwissenschaftlichen Kollegen als seelenlos, denn nur über die Innenschau kann man tiefere Einsichten in das Wesen des Menschen erlangen. Will die Psychologie aber der Doppelnatur ihres Faches wirklich gerecht werden, muss beides möglich sein, denn dann kann sie sowohl die psychophysischen Grundlagen als auch die Motivations- und Sinnzusammenhänge erforschen. Erst wenn unterschiedliche Weisen des Sehens anerkannt werden, brauchen sich Fragestellungen nicht mehr Methoden unterzuordnen. Abhängig davon, was ich untersuchen möchte, wähle ich den jeweils richtigen Zugang aus.

Methoden sind nur Hilfsvorrichtungen, die zur Exploration, Sicherung und Ermöglichung künftiger Begründungen dienen. Seelische Zustände sind aber gerade nicht messbar und wägbar, diskret, räumlich und zeitlich voneinander getrennt. Wenn sich zum Beispiel Forschungen über die Liebe damit begnügen würden, den Hautwiderstand zu messen, würde man sicherlich das Wesentliche aus den Augen verlieren. Befragt man jedoch vier oder fünf Menschen, wie sie Liebe empfinden, dann werden nicht nur unterschiedliche Menschen zu unterschiedlichen Antworten kommen, sondern derselbe Mensch würde zu unterschiedlichen Zeitpunkten eine jeweils andere Antwort geben, je nachdem, wie sich gerade seine Beziehungen gestalten. Ein enttäuschter Liebhaber würde die Liebe als eine vorübergehende Illusion beschreiben, während für ein Paar, das inzwischen goldene Hochzeit gefeiert hat, die Hauptmerkmale der Liebe in Verlässlichkeit und Geborgenheit bestehen. Haben nicht beide Beschreibungen mehr Gehalt, auch wenn sie subjektiv sind? Außerdem kann die Tatsache, dass der Forscher selbst einmal verliebt war, die Untersuchung positiv beeinflussen. Erklärt man die Eigenschaften der Liebe nur über die Pulsfrequenz, chemische oder physikalische Prozesse, verliert sich ihr Zauber; vor allem aber reduziert sich die Qualität der Aussagen.

Lebensweltliche Analysen sind unvollständig, wenn sie wegen der Forderung nach Neutralität die Beziehung zwischen Erkenntnissubjekt und Erkenntnisobjekt opfern. Der Versuch, Bewusstseinsaktivitäten gänzlich neurobiologisch zu erklären, scheitert schon bei elementaren subjektiven Erlebnissen. Wie jemand einen stechenden Schmerz in der Brustgegend empfindet, kann nur von der betreffenden Person selbst unmittelbar erlebt und ausgedrückt werden. So, *wie* es für jemanden ist, wird nur über die Erste-Person-Perspektive zugänglich und kann nicht über Hirnbilder sichtbar gemacht werden.

Wird Erfahrungswissen nicht zugelassen, muss im Verhältnis zur Fragestellung ein riesiger experimenteller Aufwand geleistet werden, um zu plausiblen Erklärungen zu kommen. Eine längst bekannte Tatsache, dass nämlich Psychotherapeuten mit den geschilderten Problemen ihrer Klienten weniger identifiziert sind als Bekannte oder Freunde, wurde nun auch noch mit komplizierten technischen Mitteln hirnphysiologisch nachgewiesen. In der Fachterminologie heißt das, dass Selbstbezüglichkeit und Empathie in therapeutischen Beziehungen weniger nahe beieinanderliegen als in freundschaftlichen Beziehungen. Darauf hat Freud schon vor vielen Jahrzehnten in der Beschreibung der Behandlungstechnik hingewiesen.

Auch Bestrebungen, therapeutische Behandlungen dadurch effektiver zu gestalten, dass man die sprachliche Beteiligung des Klienten reduziert, die Gedanken ausliest und neu programmiert, sind schon von vorneherein zum Scheitern verurteilt. Das wäre so, als würde man glauben, dass ein teurerer Fernseher das bessere Programm übertragen würde. So ist es auch nicht verwunderlich, dass man Gewaltverbrecher durch die Aktivierung toter Hirnregionen, die für Empathie zuständig sind, wieder gesellschaftsfähiger machen möchte.

Die komplexe Entwicklung zu mitfühlendem Verstehen, dessen Wurzeln bis in den Mutterleib zurückreichen, wird in solchen Vorschlägen jedoch bedenkenlos außer Acht gelassen. Die Ursachen von Reifungsprozessen allein in physiologischen Strukturen zu suchen verkürzt die daran beteiligten Interaktionen bis zur Unkenntlichkeit. Dies führt zwangsläufig zu falschen Schlüssen über Sein und Werden des Menschen. Es besteht dabei die Gefahr einer Oberflächenkultur, in der der Mensch nur noch über Hirnbilder oder einfache Reaktionsmuster definiert wird.

So ist auch die Diskussion über die Willensfreiheit zu verstehen. Sie bezieht sich dabei auf ein einfaches Experiment von Libet. Versuchspersonen wurden veranlasst, mit dem Finger zu schnipsen. Gleichzeitig wurde das sogenannte Bereitschaftspotenzial über die gemessenen Hirnströme herausgefiltert. Dadurch kann man herausfinden, zu welchem Zeitpunkt die Handlung im Gehirn vorbereitet wurde. Erstaunlicherweise entdeckte man dabei Folgendes: Das »Bereitschaftspotenzial« trat etwa eine halbe Sekunde vor der bewussten Entscheidung des Probanden auf. Daraus schloss man, dass der Mensch nicht aus freien Stücken handele, sondern einfach biologischen Abläufen folge. Wenngleich das bei automatisierten Routineaufgaben sicherlich zutreffen mag, so ist es unzulässig, dies auf komplexe Handlungen auszudehnen. Auf die Gefahr der Überinterpretation von Hirnbildern wird in letzter Zeit mehrfach hingewiesen. Zu welchen absurden Schlüssen das führen kann, machte Craig Bennett mit folgendem Experiment deutlich. So legte er einen toten (!) Lachs in den Hirnscanner und wertete die Ergebnisse aus. In einem bestimmten Bereich des Gehirns wurde eine erhöhte Hirnaktivität gemessen. Aufgrund der Ausgangsfrage wäre der Fisch demnach in der Lage gewesen, auf menschliche Emotionen zu reagieren (SZ, 24.9.2009, S.18). Die reinen Daten, die Forscher aus einem Hirnscanner beziehen, sind grauweiße, grob verpixelte Bilder, die dann durch statistische Rechenoperationen in farbige Hirnbilder übersetzt werden. Dadurch wird der Eindruck von Eindeutigkeit und Klarheit vermittelt.

Die Hybris der wissenschaftlichen Möglichkeiten wird durch die kometenhafte Entwicklung der Computertechnologie begünstigt. Aus komplexen Rechenvorgängen entspringen farbige Simulationsmodelle, die scheinbar die Wirklichkeit exakt abbilden, ohne zu bedenken, dass mathematische Annäherungen nur durch die bisher bekannten Variablen erzeugt werden. Das Internet wirkt dabei multiplikatorisch, denn in den Tiefen der virtuellen Kommunikationswelten bleibt nichts mehr verborgen. Jeder und jedes kann zu jedem Zeitpunkt an jedem Ort in Sekundenschnelle abgerufen werden. Das birgt die Gefahr in sich, dass das »Verfügen-Wollen«, das »Schneller-und-Besser«, das »Haben-Wollen«, kurz die Effizienzsteigerung um jeden Preis zur Maxime erhoben wird. Humanität und Innerlichkeit müssen zwangsläufig auf der Strecke bleiben, wenn der Lebensrhythmus nur noch von außen vorgegeben wird. Wir verlieren uns dabei selbst und hören nicht mehr, was von innen kommt, denn die Stille wird zur Zeitverschwendung. In der virtuellen Scheinwelt wird Intimes vergesellschaftet. Die uns überflutende, sich selbst ständig multiplizierende Informationsredundanz führt zu einer oberflächlichen und floskelhaften Kommunikation. Die Folgen sind fragmentarisierte Beziehungen, innere Leere und Langeweile.

In diesem Spannungsfeld, in dem gleichzeitig Hektik und Inaktivität zunehmen, vermindert sich die Resonanzfähigkeit, also auch die Schwingung mit sich selbst. Dadurch geht allmählich das Gefühl für die eigene Wesensnatur verloren. Ein Mensch, der dauerhaft sein Inneres vernachlässigt und sein Entfaltungspotenzial zurückstellt, erkrankt durch sich selbst. Die Krise der Moderne hat genau damit zu tun. Wenn nämlich äußeres Erkennen, reduktive Strategien, Scheinobjektivität, Rationalität, Effektivität und eindimensionales Denken den Kanon der Wissenschaften bilden, wird nicht berücksichtigt, wie wenig eigentlich über die Natur des Menschen bisher klargeworden ist. Emanzipatorische Prozesse werden dadurch behindert, obwohl deren Förderung beabsichtigt ist. Es ist sicherlich nicht überraschend, dass dieser einst revolutionäre Aufbruch eine autoritäre Wissenschaftsdoktrin hervorgebracht hat. Wenn sich ein neues Paradigma erst einmal durchsetzt, fungiert es selbst als Machtfaktor.

Es ist gar nicht so lange her, dass sich die psychologische Forschung noch der Bedeutung der Introspektion bewusst war. Der fatale Versuch, als naturwissenschaftliches Fach Anerkennung zu finden, brachte diesen Erkenntnisweg in Misskredit. Nicht nur in der Psychologie, sondern auch in vielen anderen Wissenschaften schmälerte ein einseitiger und monopolisierender Wissenschaftsbegriff, dem ein materialistisches Weltbild zugrunde liegt, deren Ertrag. Das Ich-Bewusstsein ist durch objektivierende Ansätze allein nicht zu verstehen. Es setzt die Innenperspektive als Erfahrung aus erster Hand voraus. Es ist kurzschlüssig, den erlebnismäßigen und reflexiven Zugang eines Menschen zu sich selbst reduktionistisch durch physikalische Vorgänge zu ersetzen. Nicht weniger als das Überleben der Menschheit steht auf dem Spiel, wenn Besinnung, Innehalten und Nachspüren vernachlässigt werden.

Der Trend zur Verobjektivierung des Subjekts ist nun an seinem Ende angelangt und zeigt erste Erosionserscheinungen. In der Medizin wird das Gespräch wieder aufgewertet, und in der Wirtschaft beginnt man allmählich, in Anbetracht der endlichen Rohstoffressourcen, Synergie und Kooperation einem konkurrierenden Marktradikalismus vorzuziehen. Erst wenn wir lernen, angesichts der zunehmenden Klimaproblematik Konsumgüter nicht mehr als Statussymbol, sondern für die Befriedigung von Grundbedürfnissen zu sehen, werden auch transzendente Werte wieder an Einfluss gewinnen. Es gilt nicht, sich die Welt untertan zu machen, sondern sie als Geschenk der Schöpfung zu sehen. Dies ist ein Hauptanliegen der transpersonalen Psychologie, die in ihrem überkonfessionellen Wachstumskonzept alte Weisheitslehren des Ostens und moderne Bewusstseinsforschung mit Bedacht zusammenführt. Damit wurden fundamentale Seinsfragen wieder der Wissenschaft zugänglich gemacht, und der Dialog zwischen Psychotherapie und Spiritualität wurde in Gang gebracht.

Unbestritten ist die naturwissenschaftliche Betrachtungsweise, auf deren Ergebnisse ich in bestimmten Fragestellungen auch zurückgreifen werde, ein wertvoller Zugang, die Welt und den Menschen besser kennenzulernen. Nur die einseitig materialistische Ausrichtung und der Versuch, dieser Form von Erkenntnisgewinnung in allen Belangen den Vorzug zu geben, sind in Frage zu stellen. Die Innenschau, im Sinne eines erfahrungswissenschaftlichen Zugangs, muss daneben einen gleichberechtigten Platz finden, ohne gleich eine idealistische Position, in der Materie als Epiphänomen des Bewusstseins betrachtet wird, zu unterstellen. Es geht dabei in erster Linie um eine Balance der Erkenntnisperspektiven, um Ausgewogenheit, nicht um eine neue Einseitigkeit.

Am Beispiel des Körpers lassen sich diese beiden Perspektiven klar differenzieren. Von außen betrachtet, können wir unsere eigene Anatomie wahrnehmen und analysieren, und wenn wir uns nach innen wenden, werden wir Empfindungen und Befindlichkeiten erfahren. Für eine erfolgreiche Behandlung von Krankheiten sind beide Weisen des Sehens unabdingbar. Wer subjektive Erlebnisschilderungen, atmosphärische Anmutungen, innere Bilder oder spirituelle Erfahrungen als unwissenschaftlich diskreditiert, klammert wesentliche Aspekte der Psyche aus der Forschung aus. Gerade durch die Sensibilisierung für innere Erkenntnisprozesse werden Wachstum, Gesundheit und die Verwirklichung von kreativen Potenzialen erst möglich. Darin liegt auch der Schlüssel für eine Daseinsverantwortung, die nicht einem neuen Individualismus, in dem es nur um das Glück des Einzelnen geht, das Wort redet.

Je mehr wir uns darauf einlassen, desto mehr sind wir auch in der Lage, Verantwortung für das Große und Ganze, für die Welt und den Kosmos, zu übernehmen.

Was wäre aus dem Menschen geworden, wenn er sich nicht selbst erforscht hätte und so seiner tiefer liegenden Natur gewahr geworden wäre? Mit der Aufschrift »Erkenne dich selbst« am Eingang des Apollotempels in Delphi wird der Suchende von den Göttern aufgefordert, sich nach innen zu wenden, um herauszufinden, wer er wirklich ist. Mit dieser einfachen Unterweisung lassen sich die Traditionen spiritueller Richtungen und Selbsterforschungswege zusammenfassen. Selbsterkenntnis ist die Voraussetzung für menschliche Entwicklung. Erst wenn wir in die Stille gehen und nach innen schauen, können wir erahnen, worauf es im Leben ankommt. Werde dir bewusst, wer du bist! Erkenne, was im Leben wichtig ist! Versöhne dich mit deinem Schicksal! Sei wahrhaftig! Liebe deinen Nächsten wie dich selbst! Gehe nach innen!

In Anbetracht der zunehmenden Beschleunigung der Lebenswelten sind die Botschaften der spirituellen Lehrer wichtiger denn je. Erst wenn man beginnt, sich selbst zu verstehen, wird man auch Antworten auf die Kernfragen des Daseins finden: Weshalb lebe ich? Oder: Woher komme ich und wohin gehe ich? Folgen wir dieser Spur konsequent, führt sie uns ins Innere, dorthin, wo sich das Mysterium des Lebens offenbart und wir unseres essenziellen Ursprungs bewusst werden. Dabei kann man tiefer liegende Wirkkräfte entdecken, die Potenziale des Bewusstseins ergründen und Einsichten in die Funktionsweise der menschlichen Natur gewinnen. Dies ist der Schlüssel zu einem segensreichen Leben, in dem der Mensch, im Einklang mit seiner Wesensnatur und in der Einheit mit allem Lebendigen, Verantwortung für sich und die Welt übernimmt. So können wir tiefer in die Geheimnisse des Lebens eindringen. Wir analysieren unsere Erfahrungen, fragen nach dem Wozu und Warum, erkunden unser Gewordensein und lernen verstehen, weshalb etwas ist, wie es ist. Selbsterkenntnis ist ein vielschichtiger und mannigfaltiger Prozess, der an einer bestimmten Stelle des Lebens bewusst einsetzt und sich auf die Erfahrung des Lebens richtet, im Sinne einer inneren Prozessarbeit. Es sind spezielle Momente des Aufbruchs, die häufig durch Krisen, schicksalhafte Ereignisse oder spontane Seinsfühlungen begünstigt werden. In Selbstverwirklichungsprozessen werden immer zwei Perspektiven in den Vordergrund treten. Anfangs werde ich mit der Frage konfrontiert: Weshalb bin ich, wie ich bin? Um darauf Antworten zu finden, muss ich bereit sein, meine Lebensmuster, Gewohnheiten und Motive zu erforschen. Wenn wir unser seelisch-emotionales Gefüge, aus dem unsere Antriebe entspringen, klarer sehen lernen, erweitert sich unser Horizont. Je mehr wir die unbewussten Reaktionen kennenlernen, desto weniger lassen wir uns fremdbestimmen. Neurotische Ängste werden abgebaut, und innere Reifungsprozesse können besser greifen.

Wenn das gelingt, ergibt sich ein nächster Schritt: Wer bin ich eigentlich darüber hinaus – wer bin ich wirklich, jenseits meiner Prägungen und persönlichen Charaktereigenschaften?

Um dieses Geheimnis lüften zu können, müssen wir über uns selbst hinauswachsen. Nur dann kommen wir dem Wesen des Seins, das von der Totalität des All-Einen durchwirkt wird, näher. Der Mensch ist mehr als nur Rollen, Persönlichkeit und Lebensgeschichte. Er ist getragen von etwas Größerem und verbunden mit allem. Je mehr wir das realisieren und unser Leben darauf beziehen, desto mehr werden wir uns durch die Impulse, die vom Seinsgrund ausgehen, entfalten. Innerliches und Äußerliches befruchten sich dann gegenseitig. Viele Menschen haben dies erkannt und wissen vom kosmischen Zusammenspiel individueller Lebensgestaltung und universeller Kraftfelder. Diese Einsichten werden durch Introspektion zutage gefördert, denn die Quelle der Weisheit liegt im Inneren. Auch Evidenzerlebnisse, Intuitionen oder das sichere Gefühl, genau zu wissen, was zu tun ist, weisen darauf hin, wie wichtig es ist, nachhaltige Lösungen für Lebensentscheidungen im Inneren zu suchen. Meistens fehlt der Bezug dazu, weil heutzutage die Aufmerksamkeit überwiegend nach außen gerichtet ist. Diese Fähigkeit zur Wahrnehmung des Innenraumes ist dem Menschen auch nicht von vornherein gegeben, sondern muss erst schrittweise ausgebildet werden. Auf dem Weg nach innen kann man auch Ängsten vor dem Unergründlichen in sich selbst begegnen. Erst wenn man das Risiko eingeht, sich zu öffnen, in sich hineinzuhören, kann man erkennen, welche Schätze tief in einem verborgen sind. So wird eine Ebene des Wissens aktiviert, die immer dann zur Verfügung steht, wenn man sich zentriert und nach innen wendet. Menschen, die sich selbst erforschen und bewusster leben, können schneller und direkter diese Ressourcen nutzen.

Dem wachsenden Bedürfnis vieler Menschen nach Weisheit stehen die Zweifel der akademischen Welt gegenüber. Das hängt damit zusammen, dass erlebte Wahrheiten als bloß persönlich abgestempelt werden, weil sie nicht durch direkte Beobachtung überprüft werden können. Doch mittlerweile weiß man, wie wertvoll es ist, sich vor wichtigen Entscheidungen zu zentrieren, nach innen zu spüren und wahrzunehmen, wie sich die Alternativen im Herzen oder im Bauch anfühlen. Wenn zum Beispiel eine angebotene Stelle eine körperliche Enge oder Dissonanz hervorruft, obwohl die äußeren Bedingungen eigentlich optimal wären, so sollte man das ernst nehmen. Manchmal stellt sich dann im Nachhinein heraus, dass etwas unterschwellig aufgenommen wurde, ohne dass es direkt benannt werden konnte. Zum Beispiel, dass die betreffende Firma ein halbes Jahr später Insolvenz anmelden musste.

Die innere Resonanz nimmt atmosphärische Schwingungen auf, die latente Botschaften beinhalten. Dies geht oft mit spirituellen Erfahrungen einher, die durch die innere Betrachtung ausgelöst werden. Da sie zumeist in symbolischer Form auftauchen, sind sie für Außenstehende nicht einfach zu entschlüsseln, da die Sprache sie nicht zu fassen vermag. Während einer therapeutischen Sitzung sah ein Klient an einem Regentag plötzlich die Sonne scheinen, als er sich zu einem Schritt der Versöhnung mit seinem Bruder entschloss.

Sätze von Mystikern, wie etwa »Es gibt nur Leere«, »Alles ist gleich«, »Es gibt keine Dualität«, »In der Gegenwart existieren Ich und Du und Wir nicht«, »Der Suchende und der Weg sind eins« oder »Du bist immer schon dort, wo du hinmöchtest« werden verwundert zur Kenntnis genommen, wenn eigene Vorerfahrungen fehlen. Für jemanden, der nie einen ähnlichen Zustand erlebt hat, klingt dies zunächst befremdlich, vielleicht sogar widersprüchlich. Wie soll ich nämlich ein Individuum sein und gleichzeitig nicht mehr als Person existieren? Ähnlich schwierig wäre es, Blindgeborenen die Abendröte am Meeresstrand nahebringen zu wollen. Der Reifegrad, die Aufnahmekapazität und die Flexibilität innerer Schemata entscheiden über Qualität und Tiefe des Wahrgenommenen.

Die Reichweite des inneren Erkennens ist immer von seelischen und spirituellen Wachstumsprozessen abhängig. Nur durch die kontinuierliche Zunahme von Offenheit, Wertschätzung, Liebe und Achtsamkeit, sich selbst und anderen gegenüber, können Bewusstseinsschranken aufgehoben werden und sich die Räume im Inneren öffnen.

Dies sind nicht nur intellektuelle Lernschritte, sondern auch emotionale. Wir wissen, dass etwa nicht integrierte Schattenaspekte wie Neid, Hass oder Eifersucht Blockaden gegen tiefere Selbsterkenntnis errichten können. Auch paranormale Wahrnehmungen können durch die Lockerung von Widerständen durchaus möglich werden. Ein Seminarteilnehmer sah in einem veränderten Bewusstseinszustand seinen Vater in einer CT-Röhre liegen, und später erfuhr er, dass sein Vater zur selben Zeit wegen eines schweren Hirnschlags ins Krankenhaus eingeliefert wurde. Die traditionelle Wissenschaftstheorie muss erweitert und ergänzt werden, will man solche Erfahrungen nicht als unwirklich oder illusionär abtun. Es ist notwendig, die Innenschau als wichtige und legitime Erkenntnismethode anzuerkennen, gerade angesichts der wachsenden Zahl spirituell Suchender.

Erst wenn man sich selbst wahrnehmen kann, gewinnt man Einsichten über die Grundlagen der Existenz. Dadurch werden die inneren Spielräume weiter, und man beginnt in sich selbst zu ruhen, sich in der Welt zu Hause und mit dem Leben verbundener zu fühlen – also mehr Mensch zu sein. Wenn ich mein Inneres genauer spüren kann, kann ich auch bessere Entscheidungen treffen und im Leben glücklicher werden. Auf allen Ebenen bewirkt dies Wandlung und Reifung, um frei, ruhig und offen zu werden. Erst wenn ich zu mir selbst komme, werde ich herausfinden, wer ich wirklich bin und weshalb ich lebe. Auf diesem Weg lerne ich, verantwortlich mit mir und der Welt umzugehen, Lebensaufgaben besser zu bewältigen und eine liebevolle Einstellung zum Leben zu entwickeln. Selbsterkenntnis ist ohne Bewusstsein nicht vorstellbar. Bewusstsein zu haben ist ein essenzielles Merkmal des menschlichen Seins. Das Wesen des Bewusstseins ist rätselhaft und in seiner Form unbestimmt. Dennoch sollen hier einige Grundlinien aufgezeigt werden.

Erkennen und Bewusstsein

Erkennen ist ein Akt des Bewusstseins, und Erkenntnis ist der Inhalt, den ich im Bewusstsein antreffe. Das Bewusstsein klärt, differenziert, entwirft, vergleicht, lässt los, übt und kann sich sogar von außen betrachten. Das Bewusstsein ist weder über die

Materie noch über den Geist alleine zu erklären, denn es berührt, durchzieht und durchdringt unterschiedliche Zustandsformen. Es ist fähig, neue Phänomene und Strukturen spontan herauszubilden.

Auch wenn Bewusstseinsprozesse des Individuums in der Großhirnrinde repräsentiert sind, lassen sich jedoch ihre Inhalte nicht darüber ermitteln. Dass ich denke oder fühle, kann über Hirnströme abgebildet werden, aber nicht, was ich denke oder fühle. So ist es auch nicht verwunderlich, dass durch Beeinträchtigungen der neuronalen Funktionen das Bewusstsein getrübt werden kann.

Wenn das Bewusstsein normal funktioniert, entwirft es fortwährend ein in sich zusammenhängendes Selbst- und Weltbild. Dies befähigt den Menschen, zu sich selbst und zur Welt eine Beziehung aufzubauen, zu erleben und zu handeln. Ferner vermittelt, arrangiert und organisiert das Bewusstsein unseren Lebensalltag. Es kann sich im zeitlichen Verlauf wahrnehmen, darin Vergangenes erkennen und Zukünftiges entwerfen sowie über die Endlichkeit hinaus in Zeitlosigkeit eintauchen. Räumlich ist das Bewusstsein an keinen bestimmten Ort gebunden, da die Grenzen der Ausdehnung willkürlich und beweglich sind. Es besitzt die Fähigkeit zu *nichtlokaler* Präsenz. Bewusstsein ist somit innerhalb und jenseits der raumzeitlichen Ordnungslinien anzutreffen. Das Bewusstsein kommentiert, begleitet und unterstützt den Menschen auf seinem Lebensweg in den Welten, in denen er sich befindet. Es kann neue Qualitäten und Sinnzusammenhänge kreieren, die nicht durch das vorhandene Datenmaterial erklärbar sind. Aus diesem geheimnisvollen Zusammenspiel von Gehirn und Geist kann eine Art höherer Weisheit entspringen, die der Ursprung kreativer und schöpferischer Akte ist. Wie anders wären Erfindungen und kulturelle Errungenschaften zu erklären. Auch wenn die Emergenzen in den jeweiligen Gehirnen eine materielle Grundlage haben, sind sie dennoch *transmateriell.*

Das Bewusstsein kann sich auf unterschiedliche Seinszustände richten. Solche, die innerhalb, und solche, die außerhalb des

Subjekts oder der Person erscheinen. Die Grenzen sind dabei durchlässig, variabel und zustandsbestimmt. Sie können sogar in gewissen Momenten wegfallen. Das Bewusstsein kann zu sich selbst eine Distanz einnehmen, sich von außen betrachten und sich in sich selbst vertiefen. Es kann sogar Inhalte vergegenwärtigen, die zunächst unzugänglich waren oder nicht identifiziert werden konnten, weil sie noch unbewusst sind. In erster Linie sind es natürlich verdrängte und vergessene Eindrücke der Seele. Es gehören aber auch Inhalte dazu, die außerhalb des momentanen Fokus der Aufmerksamkeit liegen, unterschwellige Wahrnehmungen oder automatisierte Abläufe.

Über das narrative Gedächtnis, das sich erst nach der Geburt entwickelt, wird die Biographie aufgebaut. Perzeptive, kognitive und emotionale Prozesse, die im Säuglingsalter oder in vorgeburtlichen Stadien ablaufen, fließen in die Entwicklung mit ein, sind jedoch erst einmal nicht direkt verfügbar.

Inhalte des emotionalen Gedächtnisses, die entscheidend an der Persönlichkeitsbildung mitwirken und die Fundamente des Charakters bilden, beeinflussen den Lebensstil stärker als kognitive Einsichten. Für die Wirksamkeit von Veränderungsstrategien erscheint es wichtig, diese vorwiegend unbewussten Vorgänge zu beleuchten. Dazu muss die vertraute Reichweite des Bewusstseins ausgedehnt werden, was nur gelingt, wenn die Kontrollmechanismen, die durch ungünstige Prägungen entstanden sind, gelockert werden. Dies hat den Effekt, dass man sich selbst und anderen gegenüber offener und akzeptierender wird. Deshalb muss jeder Psychotherapeut in seiner Ausbildung auch eine Eigentherapie durchlaufen. Erst wenn die Helfer sich und ihre dunklen Seiten kennengelernt haben, können sie die psychodynamischen Prozesse des Klienten erfassen. Wer selbst nie eine Krise bewältigt oder sich in Frage gestellt hat, kann nicht wirklich hilfreich andere begleiten.

Es können aber auch gravierende Lebensumstände, welche die willkürlichen Grenzen aufsprengen, ebenso zu spontanen Aufbrüchen führen, wie bewusstseinsverändernde Methoden und spirituelle Übungen tiefere Selbsterkenntnisse vorbereiten helfen.

Im beharrlichen Blick nach innen lernt der Mensch, seine Mitte zu finden und sich selbst zu verstehen. Dadurch wächst die innere Sicherheit, die es leichter macht, starre Selbst- und Weltbilder loszulassen. So öffnen sich neue Erfahrungs- und Handlungsräume. Wenn wir unserer selbst bewusst werden und bereit sind, Schranken zu öffnen, werden Transzendenzerfahrungen möglich. Durch sie erkennt der Mensch seine Bestimmung, seine Heimat und sein Wesen. Er bricht zu sich selbst durch. Voraussetzung hierfür ist allerdings eine leidenschaftliche Suche nach dem Sinn des Lebens, denn nur eine starke Motivation kann die Schranken der Gewohnheiten überwinden helfen. Der stetige Weg nach innen kultiviert diese Transformationsprozesse, unterstützt tiefe Einsichten in das Wesen des Menschlichen und führt auch zu innerer Ruhe und Klarheit. Auch wenn die Innenschau hier hervorgehoben wird, ist zu beachten, dass sie einer Reihe von Einflüssen ausgesetzt ist, die ihre Ergebnisse beeinträchtigen und ihre Inhalte verzerren können. Nur wenn wir diese stets stillschweigend mitbedenken, können wir vermeiden, dass sich individuelle Lebenseinsichten zu Ideologien verfestigen.

Einflüsse auf die Introspektion

Das Streben nach Glück und Zufriedenheit, von dem wir alle angetrieben werden, kann zu einer Falle werden, insbesondere in Lebenskrisen. Dann ergreift man gerne den nächsten Strohhalm, der Besserung verspricht, ohne vielleicht genau zu prüfen, ob das Angebotene auch wirklich weiterbringt. Die vermeintliche Aussicht auf Heilung und Verbesserung der Lebensqualität vermindert die kritische Wahrnehmung und macht uns verführbar für einfache Erklärungen. Das ist aber in Anbetracht unseres Wissensstandes gefährlich. Zu komplex ist die Natur des Menschen, als dass triviale Rezepte, wie sie von Sekten, politischen

Vereinigungen und charismatischen Bewegungen präsentiert werden, auf Dauer hilfreich sind.

Deshalb sollten wir von dem Grundsatz ausgehen, dass jede Erkenntnis unvollständig, vorläufig und selektiv ist. Sie wird durch genetisch-biologische, individuell-subjektive und kulturell-gesellschaftliche Raster vermittelt und gefärbt.

Jeder Mensch muss sich im Leben und in seiner Umgebung zurechtfinden, entsprechend seinem Alter, seiner Zeit und seiner Kultur. Dafür werden innere Schemata ausgebildet, mit deren Hilfe wir wahrnehmen und handeln können. Sie unterliegen einem beständigen Veränderungsprozess, der nach dem berühmten Entwicklungspsychologen Jean Piaget hauptsächlich durch zwei Mechanismen gesteuert wird: die *Assimilation,* durch die wir das, was auf uns einwirkt, an unsere inneren Erfahrungsstrukturen anpassen, und die *Akkommodation,* durch die wir, gemäß den neuen Erfahrungen, unsere Erfassungskapazität erweitern. Der Akkommodationsvorgang ergreift alle Schemata, die auf einer bestimmten Entwicklungsstufe das Weltbild des Kindes strukturieren. Immer dann, wenn die Assimilation fehlschlägt, muss akkommodiert werden. Das Zusammenspiel dieser progressiven Differenzierungs- und Integrationsschritte kann durch liebevolle elterliche Beziehungen, also gute Bindungserfahrungen, gefördert werden. Das sind die Fundamente gelingender Entwicklungsprozesse. Bei chronischen Defiziten oder schweren Traumata müssen sich die einst beweglichen Schemata zu starren Mustern verfestigen, um befürchteten weiteren Schaden abzuwenden. Im Erwachsenenalter werden sie als Vorurteile oder eingeschränkte Erlebnis- und Handlungsräume sichtbar. So lassen wir vielleicht einen Anhalter nicht ins Auto steigen, weil wir befürchten, dass er uns bedrohen könnte. Handeln wir nun, entgegen unseren Ängsten, einmal anders und erleben während der gemeinsamen Fahrt eine berührende Begegnung, werden wir in Zukunft vielleicht unser Verhalten verändern.

Über Schemata werden im Bewusstsein pragmatische Selbst- und Weltbilder entworfen, die den Menschen dazu befähigen, ganzheitlich wahrzunehmen und erfolgreich zu handeln. Ohne sie wären wir lebensuntüchtig. Es ist dabei nicht wichtig, wie die Welt wirklich ist, sondern dass wir uns darin bewegen können. Wir stülpen der Wirklichkeit unsere Sinnkonzepte, Gedanken und Einstellungen über. Gemäß unserem unbewussten Erleben inszenieren und konstruieren wir die Wirklichkeit. Das Ausmaß und die Kraft der daraus hervorgehenden Gedanken zeigen sich eindrucksvoll in selbsterfüllenden Prophezeiungen. Je mehr jemand erwartet, sexuell zu versagen, desto wahrscheinlicher wird er es. Gerne nützen gerade Sportler vor wichtigen Wettkämpfen die Wirksamkeit positiver Gedanken und Vorstellungen.

Dass wir die Welt als unabhängig von uns existierend erleben, durch konstante Koordinaten verortet, ist auch einer Vielzahl innerer perspektivischer Konstruktionen zu verdanken. Das ist aber nur möglich, wenn wir auch unserem Ich und Selbst, unserer individuellen personalen Identität, eine lokale Stabilität verleihen. Die Konstruktionen unabhängiger Wirklichkeiten sind demgemäß pragmatische Hilfsvorrichtungen, um besser mit der Welt und anderen Menschen in Beziehung treten zu können. In erweiterten Bewusstseinszuständen entpuppen sich jedoch die vermeintlich unumstößlichen Grenzen und stabilen Bezugspunkte des Individuums als Illusion. Auch die Kognitions- und Hirnforschung sieht mittlerweile das individuelle Selbst nicht als festen Ort oder von Dauer, sondern als eine temporäre Serie mentaler und körperlicher Ereignisse, die eine gewisse kausale Kohärenz und Integrität in der Zeit besitzen. Obwohl wir glauben, eine bleibende Identität zu besitzen, sind wir doch in jeder Sekunde jemand anderer. Diese Veränderungsprozesse werden in dem konstruierten Selbstbild vernachlässigt, so dass wir uns am Morgen, wenn wir aufstehen, als derselbe erleben, der am Abend vorher ins Bett gegangen ist. In herausfordernden Lebensabschnitten wie in der Midlife-Crisis werden uns dann diese Unterschiede bewusst und führen zu einer Identitätskrise.

In den persönlichen Theorien über uns und die Welt verweben sich angetroffene und konstruierte Inhalte zu einem Sinnganzen, um rasch neue Situationen oder andere Menschen einordnen zu können. Wie adäquat nun Bedeutungszuweisungen sind, hängt von den verfügbaren Erfahrungen ab, die als Raster dienen. Ein Schlüsselreiz, wie etwa der Schnurrbart eines großen Mannes, genügt, wenn jemand durch entsprechende Vorerfahrungen geprägt wurde, um ihn als bedrohlich wahrzunehmen. Oder wenn ein Bekannter grußlos vorübergeht, werden wir ihm arrogantes Verhalten unterstellen, obwohl wir nicht wirklich wissen, was gerade in ihm abläuft. Aber auch ein komplexes Ereignis, wie zum Beispiel ein Unfall, kann zu spontanen sinnstiftenden Spekulationen über die Ursachen führen. So teilte mir ein Klient mit, dass er deshalb verunglückt sei, weil er in einem früheren Leben anderen Menschen gegenüber zu überheblich gewesen sei. Wäre er nun ein Katholik, könnte er vielleicht sagen, dass er die letzten Wochen nicht zur Sonntagsmesse gegangen sei und dafür bestraft werde. Ein Atheist würde das als reinen Zufall sehen und sich darüber beklagen, dass er gerade in diesem Moment an der fraglichen Stelle war.

Die genetische Ausstattung, die individuelle Lerngeschichte, die gesellschaftlich-kulturellen Rahmenbedingungen und der eigene Wille entscheiden nun darüber, wie starr oder beweglich die inneren Schemata an neue Situationen angepasst werden können. So können aus frühen Ängsten rigide Lebenseinstellungen entstehen, die Lernerfahrungen vermeiden und zu einem Gefühl des Feststeckens führen. Eine künstlerisch veranlagte Frau traute es sich nicht zu, sich an einer Kunstakademie zu bewerben, weil die Eltern ihre Fähigkeiten abwerteten. Erst wenn die dahinterstehenden schmerzlichen Erlebnisse integriert werden, kann die Psyche durch die neugewonnene Stabilität die inneren Koordinaten erweitern und die Entwicklung wieder in Fluss bringen. Wenn es uns dann gelingt, vorschnelle Bedeutungszuweisungen wieder loszulassen und stattdessen Geduld aufzubringen, um zu spüren, was wirklich von innen kommt, würde das der Reifung dienen. Die automatischen Reaktionen wären unterbrochen, und die inneren Strukturen könnten sich, entsprechend den neuen Informationen, konstruktiv verändern.

Aus dem Pool an Informationen, die zur Verfügung stehen, werden jene ausgewählt, die am besten zum inneren Kontext sowie zu den momentanen Bedürfnissen, Stimmungen, Interessen und Wünschen passen. Ist man hungrig, werden Restaurants und Gaststätten prägnanter wahrgenommen, oder wenn jemand ängstlich ist, wird er in den Nachtstunden eine mäßig beleuchtete Straße meiden. Auch Erfahrungen in der Kindheit, die zu einem mangelnden Selbstwertgefühl geführt haben, können zu fehlgeleiteten Schlüssen führen, wenn sich beispielsweise jemand eine Aufgabe nicht zutraut, obwohl er die Fähigkeiten dazu hätte.

Deshalb ist es hilfreich, in sich zu gehen, um herauszufinden, welcher unbewusste Prozess gerade die ablaufenden Eindrücke lenkt, um Spielräume zu schaffen und festgefahrene Muster zu überwinden.

Auch wenn Objektivität gefordert ist, sind unsere Einsichten immer subjektiv gefärbt, weil man sich selbst im Erkenntnisakt gewöhnlich nicht auszulöschen vermag. Wenn zwei Menschen gleichzeitig einen Autounfall beobachten, werden sie dem Polizisten dennoch unterschiedliche Versionen schildern. Natürlich ist es auch möglich, sich auf einen gemeinsamen Nenner zu einigen, doch nie wird es zu einer vollständigen Übereinstimmung kommen. Sogar ein und dieselbe Person wird zu einem anderen Zeitpunkt zu unterschiedlichen Interpretationen kommen. Persönliche Einsichten sind wandelbar, instabil und vieldeutig.

Auch persönliche Gestimmtheiten wie Ärger, Traurigkeit oder Erregung können die Inhalte des Erkennens genauso entscheidend beeinflussen wie unterschiedliche Bewusstseinszustände; denken wir an Trancereisen oder tiefe Meditation. Gleiches gilt für den Reifegrad eines Menschen. Ein Weiser, der dreißig Jahre die Versenkung geübt hat, wird viel tiefgründigere Einsichten erlangen als jemand, der zeitlebens nur materielle Wünsche befriedigt hat.

Unbewusste psychische Mechanismen beeinflussen in einem hohen Maße introspektive Einsichten, um belastende Situationen zu verarbeiten. Je tiefgreifender die Schädigung, desto stärker wird die Eigenwahrnehmung verzerrt, weil Schutzmechanismen der Psyche die bedrückenden Inhalte entziehen oder sie verändern, um die wichtigsten innerseelischen Funktionskreise aufrechtzuerhalten.

Folgende Abwehrformen, die ich gleich noch kurz erläutere, sind hervorzuheben: Verleugnung, Abspaltung, Projektion, Verkehrung ins Gegenteil, Bagatellisierung, Harmonisierung, Idealisierung und *Retroflexion* oder *Deflexion.* Wenn wir mit schmerzhaften Erlebnissen oder unangenehmen Wahrheiten konfrontiert werden, verzerrt sich die Wahrnehmung und verengt sich der Handlungsspielraum, um die psychische Balance wiederherzustellen. Damit löst sich jedoch die Situation nicht wirklich, sondern es bleibt meistens ein diffuses und leicht unangenehmes Gefühl in der Brust- oder Bauchgegend zurück. Ich verspüre jemandem gegenüber Ärger und traue mich aber nicht, die Störung anzusprechen. Wende ich nun den Ärger gegen mich selbst (Retroflexion), werde ich vielleicht auf Dauer Magengeschwüre bekommen. Im Falle der Projektion glaube ich nun, dass sich der andere über mich ärgert, und vermeide den Kontakt zu ihm. So weiche ich meinen Gefühlen aus und verhindere Klärung. Oder wenn eine Familie ein außereheliches Kind tabuisiert, wird häufig vom Thema abgelenkt (Deflexion), wenn die Gefahr besteht, dass jemand danach fragen könnte. Wenn nun jemand Demütigungen oder körperliche Gewalt in der Kindheit erleiden musste, kann es sogar passieren, dass er sich überhaupt nicht mehr an diese schrecklichen Erlebnisse erinnert, sie somit ganz dem Zugriff des Bewusstseins entzieht und innere Barrieren dagegen errichtet (Abspaltung). Das Gleichgewicht der Psyche hat immer Vorrang vor der Erkenntniswirklichkeit. Abwehrstrategien wirken halbbewusst oder gänzlich unbewusst. Sie müssen kontinuierlich aufgelöst werden, um wachstumsrelevante Inhalte freizulegen und zunehmende Bewusstheit über sich selbst zu erlangen.

Eine ganz besonders verfälschende Wirkung auf unsere Wahrnehmung haben sogenannte Übertragungsreaktionen, weil in ihnen die Dynamik unabgeschlossener früherer Konflikte wirksam wird. Als Übertragung wird eine besondere Art von Beziehung zu einer anderen Person verstanden. Das Hauptmerkmal ist dabei das Erleben von Einstellungen, Gefühlen, Wünschen und Impulsen, die zu dieser Person gar nicht passen, sondern sich auf eine andere Person beziehen. Es wird auf eine Person der Gegenwart so reagiert, als sei sie eine Person der Vergangenheit. Übertragung ist somit eine Wiederholung, eine Neuauflage, ein Irrtum in der Zeit. Der Lehrer wird zum strengen Vater, dem ich nicht widersprechen darf, die Freundin zur überfürsorglichen Mutter, von der ich mich lösen muss. Der Mann, obwohl er eigentlich einfühlsam ist, wird missbräuchlich erlebt, nur weil er seine sexuellen Bedürfnisse zum Ausdruck bringt. Wie diese Beispiele schon andeuten, stehen dahinter zumeist problematische Lebenserfahrungen. Übertragungsreaktionen aktivieren alte Erlebnismuster, inszenieren bekannte Konfliktkonstellationen und verengen den Blickwinkel, so dass korrigierende Erfahrungen ausgeblendet werden. Sie bilden die alte Situation vergleichbar oder in abgewandelter Form ab, können sich aber auch auf Wünsche, Sehnsüchte oder grundlegende Bedürfnisse, wie Wärme, Sicherheit oder Geborgenheit, beziehen, die früher nicht ausreichend befriedigt wurden. So wie eine Frau einen dreißig Jahre älteren Mann geheiratet hat, weil sie einen verständnisvollen Vater vermisste. Oder ein junger Mann, der in die Fänge einer nationalistischen Jugendbewegung gerät, weil er dort die Wärme und Wertschätzung zu erfahren glaubt, die er zu Hause nicht bekommen hat. Übertragungsreaktionen erkennt man an ihrer Inadäquatheit; sie sind, bezogen auf den Kontext, unangemessen und emotional intensiv. Sie sind zäh und auch nur schwer abzustellen. Sie treten reflexartig auf, und man fühlt sich insgesamt zwiespältig, als ob man wüsste, dass etwas nicht stimmen kann. Werden sie bearbeitet, führen sie zu wertvollen Einsichten in die psychische Dynamik und leiten Veränderungsprozesse ein. Das Übertragungsgeschehen muss zunächst wahrgenommen und dann akzeptiert werden. Dann erst können die dahinterliegenden Motive und dazugehörigen biographischen Szenen bewusst werden.

Zum Schluss soll noch erwähnt werden, dass natürlich auch überlieferte Normen, kulturelle Prägungen, spezifische Sprachregeln, Menschen- und Weltbilder die Selbsterkenntnis verstellen können. Die Lebensgeschichte ist in die Kultur- und Weltgeschichte eingebettet. Sie liefert die Bewegungsräume und Bewegungsmuster, innerhalb deren sich Individualität entfalten kann. Die mangelnde Gleichberechtigung von Frauen in den islamischen Staaten spiegelt sich auch in den Menschenbildern, Ansichten und Werten wider. Durch die Überbetonung von Konkurrenz in den westeuropäischen Staaten werden die persönlichen Bedürfnisse höher bewertet als in fernöstlichen Kulturen, in denen egoistische Verhaltensweisen kritisiert werden. Selbsterkenntnisse werden immer auch durch weltanschauliche Chiffren, gesellschaftliche Verhältnisse und den jeweils eigenen Wissenshorizont gefiltert.

Das gilt natürlich auch für Theorien über das Seelenleben und spirituelle Konzepte. So ist in der Psychotherapie das Phänomen bekannt, dass sich die Symbole und Inhalte der Träume von Klienten an den jeweiligen Konzepten ihrer Therapeuten orientieren. Ganz besonders zum Tragen kommen diese Einflussfaktoren, wenn es um das Verstehen religiöser bzw. spiritueller Erfahrungen geht. Auch wenn manche Erlebnisse, wie das Gefühl der Einheit, Erfahrungen von universeller Liebe oder Demut, in allen Weltreligionen vorkommen, so werden doch spezifische Bilder und Symbole mit einfließen. In veränderten Bewusstseinszuständen kann ein Katholik plötzlich von einem Pfingsterweckungserlebnis überrascht werden, während ein Buddhist in der Begegnung mit Buddha sich ähnlich tief berührt fühlen kann wie ein Schamane, der gerade sein Krafttier gefunden hat. Allerdings darf in diesem Zusammenhang nicht unerwähnt bleiben, dass jemand manchmal auch Symbolen, Gestalten oder Botschaften begegnet, die nicht aus seinem Lebenshintergrund heraus zu erklären sind. Hier kommt man an eine Nahtstelle, an der Persönliches zum Kollektiven hin transzendiert wird. Diese Tendenzen, die die Selbsterkenntnis mitformen, können nicht ausgeschaltet werden, sollten jedoch bewusst miteinbezogen werden, wenn man die introspektiven Erkenntnisse auf ihre Relevanz hin beurteilen möchte. Wenn solche Einschränkungen bewusst sind, können sie besser losgelassen werden, so dass sich der Blick nach innen vertiefen kann.

Ebenen der Innenschau

An der Innenschau, einer besonderen Art erforschender Beziehung zu mir selbst, sind die Sinnesorgane, das Empfindungsvermögen, die kognitiven Werkzeuge, das Spürbewusstsein und die Sinnerfassung beteiligt. Ich trete zu mir in Kontakt und erlaube dem, was in mir passiert, sich so zu zeigen, dass ich es wahrnehmen kann. Dafür ist es erforderlich, dass ich innehalte und das, was unwillkürlich in mir abläuft, bewusst wahrnehme. Dann kann ich meine Aufmerksamkeit auf das richten, worüber ich mehr wissen will, oder einfach weiter registrieren, was in mir passiert. In der Innenschau wende ich somit den Fokus meiner Aufmerksamkeit oder meines Spürbewusstseins auf meine inneren Ereignisse. Nehmen wir für einen Moment wahr, was an diesem Akt beteiligt ist, so ist es unser Bewusstsein, das Spüren und Empfinden, das Fühlen und das Denken. Gegenwärtig werden uns dabei körperliche Zustände, Stimmungen, Bilder, Atmosphären, Feststellungen, Fragen etc.

Es ist die Resonanz auf das, wie ich bin und was ich tue. Dadurch erlange ich mehr Bewusstheit über mich. Dabei kann ich mehr über die Art und Weise herausfinden, wie ich lebe, wie ich geworden bin, was ich fühle und denke oder wozu ich fähig bin.

Selbsterkenntnis ist ein Persönlichkeit bildendes und Persönlichkeit schaffendes Element.

Aber auch Sinnfragen und Entscheidungen können durch die Innenschau vorbereitet werden. Sobald ich mit mir in Resonanz gehe, öffne ich mich dem, was in mir ist, und vertiefe gleichzeitig die Beziehung zu mir. Wenn sich die Fähigkeit zur Innenschau im Laufe der Zeit immer mehr verfeinert und der Blick klarer wird, kann man adäquater auf problematische Situationen reagieren. So fällt es in einem psychotherapeutischen Erstgespräch wesentlich schwerer, die Frage »Wie fühlt sich die Beziehung zu Ihrem Vater an?« zu stellen als nach einigen Stunden, wenn sich der Klient daran gewöhnt hat, das zu spüren, was in seinem Inneren passiert.

Die wachsende Kultur der Besinnung erfordert Ausdauer, Beständigkeit und Disziplin, weil eine systematische Innenschau Gewohnheiten und Muster durchbrechen muss, um der auftauchenden Phänomene wirklichkeitsnah gewahr zu werden. Achtsamkeits- und Aufmerksamkeitstechniken unterstützen die dafür erforderliche Zentrierung, insbesondere dann, wenn die obengenannten Hindernisse auftreten. In diesem Sinne sind auch Meditations- und Kontemplationsübungen, als besondere Formen des Verweilens in der Gegenwärtigkeit der inneren Erfahrung, wertvoll. Dies wirkt sich wiederum auf die Klärung bestimmter Fragen positiv aus. In der Kontemplation können Lebensthemen mit Hilfe der universellen Wirkkräfte vertieft und gelöst werden.

Damit wird klar, dass die Innenschau oder Introspektion je nach Tiefe auch als Besinnung, Versenkung, Kontemplation und Meditation bezeichnet werden kann. Dieser Blick nach innen gelingt nicht von alleine, sondern ist eine Kunst, die gelernt und kultiviert werden muss. Dazu muss auch das Spürbewusstsein, das Gefühl für meine seelischen und körperlichen Empfindungen, Gefühle und Stimmungen, für meine inneren Räume, für die Impulse und Gegenkräfte, allmählich verfeinert werden. Übergänge von einem Zustand in einen anderen werden fließender und runder. Dabei lernen wir auch, uns aufmerksam, mitfühlend, zentriert und präsent auf Erfahrungen einzulassen, gesunde Disziplin zu üben und mehr und mehr in der Gegenwärtigkeit zu verweilen, begleitet von tieferem Atmen, einer entspannteren Haltung zum Leben und weniger selbstbezogenen Aktivitäten.

Die systematische Innenschau kann somit als eine wissenschaftliche Erforschung des Geistes aus der Erste-Person-Perspektive betrachtet werden. Neben den Inhalten ermöglicht die Innenschau auch eine Seinserfahrung, in der ich mir als Wesen begegne und erkenne, wie ich in mir verankert bin und worauf meine Existenz bezogen ist. Wenn sich dabei der Geist weiter beruhigt, öffne ich mich für größere Zusammenhänge, in denen die Verflechtungen und Relationen, die in mir wirken, bewusst werden. Dies gelingt umso effektiver, je mehr ich innere Bewertungen loslasse, eine liebevolle Einstellung mir selbst gegenüber aufbaue, mich körperlich entspanne und den Atem tiefer werden lasse.

Die Endlichkeit der vergegenwärtigten Phänomene, die nun in ihrem Entstehen und Vergehen registriert werden können, spiegelt sich in der Überzeitlichkeit des angetroffenen Seins. So ist das, was ich dann erfahre, nicht mehr ein begrenztes Ich, Mich oder individuelles Subjekt, sondern ein untrennbares Ganzes. Das, was ich für andere und für mich zeitweilig bin, ist ein ins Dasein gekommenes Einzelwesen, das vorübergehend in einem raumzeitlichen Milieu identifizierbar ist, wie eine flüchtige Welle im Meer.

Einströmende Liebe öffnet und überwindet Grenzen, im Äußeren wie im Inneren. Wenn ich mich achte, werde ich innerlich weiter und kann mich tiefer spüren. Wohlbefinden und Wärme breiten sich in mir aus. Das kann man sogar körperlich, unter anderem im Bereich des Herzens oder des Bauches, spüren. Es fühlt sich so an, als würden sich die inneren Organe ausdehnen und die dazugehörigen Spürräume weiter werden. Der Atem wird fließender, und der ganze Körper entspannt sich. Wenn durch die Öffnung kontrahierter Leibräume weniger körperliche Spannungen die Aufmerksamkeit binden, werde ich mutiger und kann leichter den Weg nach innen fortsetzen. Die Gedanken und Empfindungen werden leiser, wenn unser inneres Ohr auf sie gerichtet ist. Wenn ich innehalte und nicht gleich dem Aufforderungscharakter auftauchender Impulse folge, kehrt mehr innere Ruhe ein. Der tiefer gehende Atem löst die Erregung, die gewöhnlich aufgebaut wird, um Gedanken und Empfindungen einzuordnen, zu bewerten und Handlungen vorzubereiten. Wertschätzung heißt hier, sich aller Bewertungen zu enthalten. Im Bewerten identifiziere ich mich mit den Anziehungs- und Abstoßungskräften, den Neigungen und Haltungen, Gereiztheiten und Faszinationen. Ich bin dann für einen Moment als das oder jenes existent und werde innerhalb der sich bildenden Gegensätze aktiv. Diese Befangenheit engt die Innenschau ein. Ich bin gefordert, einfach nur zuzulassen, was passiert, ohne etwas damit zu tun. Im Loslassen verringern sich die Greifbewegungen und identifizierenden Akte, so dass sich die Stille besser ausbreiten kann. Davon ist auch die fortwährende Rekonstruktion meines Selbstbildes betroffen. Meine Grenzen werden durchlässiger. In der Stille wird das Bewusstsein weiter und mein Wesen transparenter. Es ist offen für das, was noch da ist, und kann davon durchdrungen werden.

Der Weg nach innen ist eine Reise, die nie enden wird, denn es gibt nur einen Eingang, jedoch keinen Ausgang mehr. Wer einmal aufgebrochen ist, wird immer wieder von der Dynamik der Selbsterkenntnis angezogen. Abwege und Umwege werden schmerzlich erlebt. Die Reise nach innen ist lang, aufwendig und steinig; sie bedeutet Abenteuer und Konfrontation. Sie führt aber auch zur Einheit, zu Glück, Erfüllung und wahrer Zufriedenheit im Leben.

Wenn wir uns mit Fragen über den Sinn des Lebens beschäftigen, wird recht schnell klar, dass uns die Wissenschaften keine Antworten darauf geben können, weshalb wir leben, wo wir herkommen und wohin wir gehen. Wir können sie nur in uns finden.

Im Inneren werden wir Schattenaspekten, Spannungen, unbearbeiteten Themen genauso begegnen wie harmonischen Melodien, spontanen Intuitionen, Energiephänomenen, paranormalen Wahrnehmungen oder tiefem Frieden. Nicht immer führt jedoch der gerade Weg ins Ziel, manchmal braucht es Umwege, um Sicherheit zu gewinnen. Dabei kann es auch zu kurzfristigen Rückschritten, Unsicherheiten, äußeren Problemen oder Schwächezuständen kommen. Dann ist es wichtig, im Prozess zu bleiben und durch Ängste hindurchzugehen. Das sind Prüfungen oder Durchgangsstadien, die in extremen Verläufen gleichzeitig Todesängste und Gefühle von Glückseligkeit mit sich bringen können. Sie bereiten segensreiche Durchbrüche vor. In solchen Momenten ist es unterstützend, Übungen durchzuführen, die geistiges und körperliches Wohlsein fördern, spirituelle Literatur zu lesen, regelmäßig zu meditieren und sich führen zu lassen. Um dauerhafte Blockaden zu lösen, kann eine zwischenzeitliche Wegbegleitung hilfreich sein, denn unsere Aufgabe ist nicht geringer, als herauszufinden, weshalb wir leben, wie ein gutes Leben zu führen ist, und Verantwortung in der Welt zu übernehmen – alles im Einklang mit unseren Talenten und Potenzialen. Um zu erkennen, worauf es im Leben ankommt, welche Herausforderungen gestellt werden oder welche impliziten Hinweise in Lebensumständen verborgen sind, muss ich Erfahrungen analysieren, das Geheimnis des Zufälligen entdecken und tief in das Wesen von Sein und Werden eindringen.

Das Innere, das uns stets begleitet, will wahrgenommen, gespürt und erkannt werden. Der Schlüssel muss in die Hand genommen und die Tür nach innen aufgestoßen werden. Wird man sich seiner selbst bewusst und kommt mehr zu sich selbst, spürt man, was im Leben wichtig ist. Wenn man sich auf diesen Prozess der Selbstfindung einlässt, wird man wahrhaftiger, zentrierter und mitfühlender. Tiefer mit dem Leben verbunden, tritt man dem Schicksal versöhnlicher gegenüber, wird ganzheitlicher vom Fluss der Entwicklung getragen sein und kann aus der universellen Kraft der Liebe schöpfen, die den Kosmos durchströmt.

Wer innehält, wird sein Wertempfinden verfeinern und das Wahrnehmungsvermögen erweitern.

Auch wenn hier unterschiedliche Ebenen der Innenschau beschrieben werden, sollen diese nicht im Sinne eines hierarchischen Stufenmodells verstanden werden. Jede Ebene kann auch von den anderen durchdrungen und ergänzt werden. Es ist eine eigenartige Dynamik, die diesen Prozess steuert. Jeder, der eine Antwort auf die Frage nach dem Grund seines Lebens finden möchte, bemerkt schnell, dass sogar Menschen, die möglicherweise darüber Bescheid wissen, ihre Erfahrungen nicht auf mich übertragen können; bestenfalls können sie Anregungen oder Hilfen geben. Nirgendwo, außer in mir selbst, kann dieses Rätsel gelöst werden. Das ist das Geheimnis, das uns die Mystiker verantwortungsvoll weitergereicht haben. Der Weg zum Ziel führt über ein Labyrinth. Die Wegweiser sind nicht immer gleich zu erkennen. Manchmal gibt es vielversprechende Abzweigungen, die dann aber doch in eine Sackgasse führen. Dann wieder dunkle Gässchen, die zunächst Angst machen, am Ende aber in Lichtungen münden. Abwege und Umwege lösen Schmerz und Hilflosigkeit aus. Jedoch nicht immer führt der gerade Weg ins Ziel, manchmal braucht es Abweichungen, um Sicherheit zu gewinnen. Zwischendurch sind wir alleine, und dann begegnen wir unerwarteten Wegbegleitern. Auch wenn das Innerste immer präsent ist, muss es wahrgenommen, gespürt und erkannt werden, um seine volle Wirkung entfalten zu können.

Von nun an achten Sie bitte immer darauf, was Ihnen gegenwärtig wird, auch wenn Sie es vielleicht nicht sofort verstehen. Vertiefende Übungen werden ihren Bewusstseinsprozess unterstützen. Dafür ist es günstig, sich ein Heft anzulegen, in das Sie Ihre Erkenntnisse schreiben. Dazu auch einen Zeichenblock und Wachsmalstifte. Wenn Sie malen möchten, tun Sie es, ohne lange nachzudenken, und greifen sie in den Farbkasten: alles, was kommt, Formen oder Farben, ohne sich blockieren zu lassen.

Wenn möglich, wäre es auch sinnvoll, sich einen Ort vorzubereiten, an dem Sie sonst vielleicht meditieren würden und sich gerne auf Selbsterforschungsexperimente einlassen. Das wird dann auf Dauer ein Ort der Kraft, der die Begegnung mit sich selbst erleichtert. Manche Übungen sind etwas komplexer, deshalb wäre es günstig, wenn Sie sich vorher damit vertraut machen oder wenn Ihnen jemand die einzelnen Schritte vorliest. Sie können die vorgeschlagenen Experimente normalerweise gut im Sitzen oder im Liegen durchführen. Dabei achten Sie bitte darauf, dass Sie entspannt und aufmerksam sind. Die Augen können in vielen Fällen geschlossen sein und die Augenlider sanft auf den Augäpfeln ruhen. Den Atem lassen Sie einfach tiefer und ruhiger werden.

1. *Für die nächsten Minuten spüren Sie, was gerade in Ihrem Inneren abläuft, an Gefühlen, Gedanken, Bildern etc. Bitte nur registrieren, ohne zu interpretieren, zu kommentieren oder zu bewerten!*

2. *Bevor Sie nun weiterlesen, schreiben Sie Ihre Erfahrungen auf. Wenn Sie möchten, können Sie aber auch etwas malen.*

Jeder Selbstverwirklichungsweg beginnt damit, zunächst alles, was ist, zu würdigen. Wenn ich verleugne, dass ich wütend bin oder in Gedanken jemandem etwas Schlechtes wünsche, werden diese Impulse dennoch ihre unbewusste Wirkung haben, ohne dass ich darauf einwirken kann. Deshalb ist es wichtig, Einstellungen, Gefühle und Gedanken so, wie sie angetroffen werden, offen zu benennen. Radikale Offenheit sich selbst gegenüber ist heilsam und fördert die Entwicklung. Sie sollte immer der Ausgangspunkt eines Befreiungsweges sein, denn dadurch findet eine Standortbestimmung, Reinigung und Zentrierung statt. Manchmal treten dabei schwerwiegende Hindernisse auf. Stelle ich fest, dass ich einen anderen Menschen hasse, können sofort

Schuldgefühle die Klarheit verstellen, denn es darf nicht sein, was nicht sein soll. Wenn ich bemerke, dass ich mich abwerte oder auf ein anderes Thema ausweiche, ist es wichtig, einfach zurückzukehren und leise vor sich auszusprechen: Auch wenn es mir schwerfällt, bin ich bereit, bei mir anzuerkennen, dass ich Peter hasse.

In einem anderen Fall hatte jemand einen Vertrag für eine Arbeitsstelle unterzeichnet. Im Nachhinein bereute er diesen Schritt. Nun begann er Gründe aufzuzählen, die für diese Entscheidung sprachen, bis das unangenehme Gefühl beseitigt war. Für einen Weg der Bewusstheit ist es jedoch sinnvoll, die innere Spannung auszuhalten, indem ich beispielsweise sage: Auch wenn ich den Vertrag schon unterschrieben habe, spüre ich eine Unruhe.

Jeder von uns hat sicherlich seine ganz eigenen und speziellen Strategien. Radikale Aufrichtigkeit ist immer das beste Argument und der erste Schritt zu einer guten Lösung. Natürlich können auch andere Aspekte in den Vordergrund treten. Ich fühle mich unruhig, krank, werte mich und andere ab. Ich sehne mich nach Glück, Zufriedenheit und Wärme. Auch hier sind die Möglichkeiten wieder außerordentlich vielfältig. Das Motto lautet: Einfach wahrnehmen, was ist, und anerkennen, dass es so ist, wie es ist. Auch wenn ich jemandem gegenüber Unrecht begangen habe, geht es nun zunächst nicht darum, das wiedergutzumachen, sondern es sich selbst gegenüber aufrichtig zu bezeugen. Wenn ich mir selbst ein ehrlicher Betrachter bin, bin ich wie ein guter Freund, auf den man sich verlassen kann. Das schafft Sicherheit und Vertrauen zu mir selbst. Nur so können sich Lösungen entwickeln und neue Spielräume eröffnen. Was nehme ich wahr, was denke ich, und was fühle oder spüre ich? Auf dieser Ebene der Selbsterkenntnis werden Haltungen, Einstellungen, Bedürfnisse und Umgangsweisen geklärt, so dass ich deutlicher spüren kann, was meiner Entwicklung dient und was nicht.

Das ist jedoch nicht immer so einfach, denn unbemerkte geistig-seelische Prozesse können mich durchaus in die Irre führen.

Sobald wir uns bewusstmachen, wie wir fühlen, denken und handeln, können wir auch erkennen, dass wir subjektiv, parteiisch und voreingenommen sind.

Diese Einsicht in die Relativität unserer Meinungen schützt uns davor, die eigene Wahrnehmung überzubewerten. Daraus erwächst das Bestreben, aufzuspüren, weshalb wir uns in bestimmten Situationen unsachlich verhalten. Unvermittelt können wir auf Kleinigkeiten heftig reagieren oder uns plötzlich unsicher fühlen. Deshalb ist es auch günstig, einen Blick hinter die Kulissen zu werfen und sich der Frage zu stellen, weshalb ich so bin, wie ich bin.

Auf der nächsten Ebene begegnen wir möglichen Antrieben oder Ursachen, die hinter unserem Erleben oder Handeln stehen. Es ist für die innere Entwicklung unabdingbar, sich mit den Bedeutungen, Sinnzusammenhängen, Motiven und Strukturen, die hinter den sichtbaren Erscheinungen wirken, auseinanderzusetzen. Wie kommt das zustande, was ich fühle, was in mir abläuft und weshalb ich so und nicht anders handle? Häufig finden wir das alleine gar nicht heraus, so dass es günstig wäre, sich einer kompetenten Begleitung anzuvertrauen. Die schwierigsten Aspekte unseres Lebens müssen erst einfühlsam aufgedeckt werden, da sie sich gerade von selbst nicht zeigen, sondern mehr aus dem Unbewussten wirken. Diese etwas tiefer liegende Einsichtsebene bezieht sich auf die Hintergründe, auf die Strukturen und Ursachen. Sie ist das Kernanliegen der Psychotherapie.

Nachdem ich anerkannt habe, was ist, kommen folgende Fragen auf mich zu: Warum ist es so, wie es ist? Woher kommt es, dass ich diesen Menschen hasse oder jene Entscheidung getroffen habe? Nun ist es wichtig, die Perspektive zu erweitern, indem ich Situationen vergegenwärtige, in denen ich Ähnliches, vielleicht in unterschiedlicher Intensität, erlebt habe. Plötzlich realisiere ich, wenn wir bei dem Beispiel von vorhin bleiben, dass Peter Wesenszüge meines Vaters verkörpert. Seine leeren Augen lösen in mir Hass aus. Es könnte natürlich auch sein, dass sich Peter etwas traut, wovor ich Angst habe. Daraufhin erinnere ich mich, dass mein Vater alles unterdrückt hat, was mir Spaß gemacht hätte. Wenn ich Fußball spielen gehen wollte, verdonnerte er mich zum Unkrautjäten, wollte ich mich mit Freunden treffen, musste ich Gedichte auswendig lernen. Unzählige solcher Geschichten werden in psychotherapeutischen Sitzungen bearbeitet.

Nun beginne ich zu begreifen, weshalb ich so geworden bin, wie ich bin. Auf dem Hintergrund meiner Biographie wird meine Lebensgrundstimmung verständlich. So sagte mir ein Klient, dass er sich einfach irgendwie immer deprimiert fühle, sogar in Situationen, die eigentlich angenehm seien. Später wurde herausgearbeitet, dass er immer dann, wenn er Freude ausgedrückt hat, von der Mutter mit dem Satz »Sei nicht übermütig« zurückgewiesen wurde. Wenn ich realisiere, dass die Ursachen selbstzerstörerischer Verhaltensweisen mit früheren Kränkungen zusammenhängen, entsteht Selbstmitleid. Das Mitgefühl mit mir lindert den Schmerz der aufgebrochenen Wunden.

1. *Richten Sie Ihre Aufmerksamkeit für einen Augenblick auf eine frühere familiäre Situation, in der Sie sich ungerecht behandelt fühlten.*

2. *Nun stellen Sie sich vor, wie Sie sich sanft über den Schmerz beugen, wie über ein kleines Kind. Ist das nicht wohltuend?*

In rascher Abfolge können immer mehr Szenen aus meiner Kindheit auftauchen, in denen etwas gefehlt hat oder mir Gewalt angetan wurde. Ich fühle mich ausgeliefert und ohnmächtig und erlebe mich als Spielball des Schicksals. Ich kann mich nicht entfalten und so in die Welt einbringen, wie es eigentlich meinen Fähigkeiten entspricht.

Ein Hindernis, das hier auftreten kann, ist das Steckenbleiben in der Opferrolle und im Selbstmitleid. Im Sinne eines Durchgangsstadiums ist es notwendig, diese Gefühle anzunehmen, denn nur, was ich in seinem Sosein wirklich anerkenne, kann ich später auch loslassen. Doch wenn ich in dieser Position verbleibe, dann kann sich das Bedauern meines Schicksals zu einer dauerhaften Einstellung verhärten. Die Welt bleibt mir etwas schuldig, und es kann nicht gutgemacht werden, was ich erleiden musste. Wenn nun jemand dies zu seiner Lebensperspektive macht, verhindert er die weitere Autonomieentwicklung und wird mit sich selbst immer unzufriedener. Da der Hunger nach Mitleid nicht wirklich befriedigt werden kann, müssen oft Suchtmittel nachhelfen, um eine kurzzeitige Entspannung herbeizuführen.

Dieser Schritt der Innenschau kann vor allem von Menschen, die schwerwiegende traumatische Erfahrungen wie Missbrauch, frühe Trennung von der Mutter, Gewalt oder Verwahrlosung erlebt haben, nicht alleine durchgeführt werden. Es braucht einen Psychotherapeuten, der behutsam auf die Erfahrungen eingeht und die kritischen früheren Ereignisse herausfiltert. Er gibt hilfreichen Beistand, ist solidarisch, achtsam und verlässlich. Das sind Eigenschaften, die der Klient früher vermisst hat. Die therapeutische Beziehung wird zu einem sicheren Ort, der es leichter macht, verdrängten Inhalten nachzuspüren. Die unbewussten Motive, die problematische Lebenssituationen inszenieren, zeigen sich häufig in nonverbalem Verhalten oder in Träumen.

Die inneren Spielräume werden im Laufe der Zeit größer, wenn die krankmachenden Impulse herausgearbeitet und integriert werden. Dann kann auch die Lebensgeschichte vollständig und so, wie sie war, angenommen werden. Wenn ich sie darüber hinaus als Lebensschule deuten kann, können brachliegende Potenziale frei werden und sich frühere Belastungen in Fähigkeiten verwandeln. So zum Beispiel, dass jemand schon früh lernen musste, Verantwortung zu übernehmen, oder eigene Ressourcen aktivieren musste, um unter widrigen Umständen überhaupt überleben zu können. Ein Klient wurde kurz nach der Geburt von seiner Mutter ausgesetzt und kam dann als Findelkind in ein Heim. Als er den Schmerz und die Ohnmacht spüren konnte, hatte er plötzlich Zugang zu der Fähigkeit, in ausweglosen Situationen ungeahnte Kräfte zu entwickeln. Etwa nach einer Krebsdiagnose. Mit Ausdauer und Mut stellte er sich dieser Auseinandersetzung und fand dadurch zu einer unerwarteten Genesung. Wenn sich der Mensch verstehen, annehmen und ausdrücken lernt, entwickeln sich die Reifungsprozesse dynamischer und tiefer. Durch die Auflösung von inneren Blockaden, die die strikte Trennung zwischen bewusstem und unbewusstem Material aufrechterhalten mussten, fühle ich mich gestärkt und nicht mehr durch aufbrausende Gefühle oder Gedankenfixierungen zu etwas gedrängt. Automatisches unbewusstes Agieren und unangenehme Verstrickungen werden weniger. Durch diesen inneren Freiraum können hinderliche Verhaltensmuster schneller erkannt und aufgelöst werden. Das Vertrauen zu sich selbst und in die Welt wird gefestigt, so dass ich allmählich fähig werde, Spannungen, Gefühle und Gedanken organischer loszulassen. Diese Bereitschaft ist besonders für die nächste Ebene von großer Bedeutung. Weitergehende Beruhigung des Geistes kann erst dann gelingen, wenn die vergegenwärtigten Phänomene nicht mehr aufgegriffen werden müssen. Das birgt große Unsicherheiten in sich, weil in dem Maße, wie wir Gedanken und Gefühle nur noch registrieren, ohne ihnen zu folgen, die gewohnten Sichtweisen oder Perspektiven aufhören, Haltegriffe zu sein. Die Ordnung des inneren Koordinatensystems gerät ins Wanken.

Tiefenschau

Die nächste Ebene der Innenschau verspricht interessante Prozesse, denn wir wollen hinter unsere Prägungen und Identifizierungen blicken, um dem Wesen und dem Sein noch näherzukommen. Dafür müssen wir etwas opfern, nämlich das, was wir wissen und bisher erfahren haben, über uns und die Welt. Dieses radikale Loslassen ist wie ein Sterben. Kein Stein bleibt mehr auf dem anderen, nichts ist mehr fest und stabil, alles kommt und geht.

In der Geschichte der Philosophie wurde Ende des 19. Jahrhunderts eine philosophische Richtung von Edmund Husserl begründet, die diesem Ansinnen sehr nahekommt. Sie wird als Philosophie des beständigen Anfangs bezeichnet, weil sie bis zum Ursprung des Seins vorstoßen will: die *Phänomenologie.* Sie ist angetreten, über intuitives geistiges Schauen zu den »Sachen selbst« zu kommen und das Wesen der Dinge zu erfassen. Dabei möchte sie uns in der Frage, wie wir zu einer radikal vorurteilslosen Erkenntnis kommen können, behilflich sein. Sie rät uns, sich all dessen zu enthalten, was wir von einer Sache wissen. Das Auge muss farblos werden, um die Farbe erkennen zu können. Es gilt also, Meinungen, Vorurteile oder Anschauungen auszuschalten. Wir halten inne und unterbrechen die natürlichen Gedankenbewegungen und Einstellungen. Dies besagt nicht, dass das gesammelte Wissen wertlos sei, sondern nur, dass wir uns für eine gewisse Zeit davon lösen, um zu einer radikalen Offenheit zurückzukehren. Wenn wir das Vorgefundene einfach hinnehmen, wie es ist, auch wenn es uns widersinnig oder unlogisch erscheint oder unseren vertrauten Gedankengängen widerspricht, dann enthüllt es sein Wesen. Das voraussetzungslose Staunen führt den Blick in die Tiefe. Die sich öffnenden Dimensionen erfüllen uns mit Ehrfurcht und Liebe. Die Überwindung von Spaltung führt zu einer intimen Beziehung, einer Zuneigung zu dem, was sich uns auftut.

Die Phänomenologie will durch Innenbetrachtung und Loslassen aller Voraussetzungen, ohne Zwang zur Allgemeingültigkeit oder empirischen Überprüfbarkeit, die inneren Zusammenhänge erspüren und die Grundstrukturen der Phänomene freilegen. Besondere Früchte zeigt diese Art des Erkennens, wenn wir es auf den Menschen selbst richten und tiefer erfassen wollen, wie sich das Ganze des menschlichen Erlebens aufbaut. Phänomenologie ist somit eine Beschreibung dessen, was im inneren Antlitz gegenwärtig wird. Die phänomenologische Einstellung ist eine innere Haltung, in der wir uns achtsam und innig dem annähern, was sich in unserem Inneren zeigt. Wir selbst müssen bereit sein, unsere gewohnten Denkstrukturen zugunsten eines Staunens aufzugeben und durch Vertrauen in die Intuition dem Mehrdeutigen, dem Flüchtigen, dem Symbolischen und Impliziten Raum zu geben. Was uns dann begegnet, sind sinnhafte Ganzheiten, evidente Seinswahrheiten und intuitive Botschaften, durch welche die Einheit von Mensch und Welt offenbar wird.

Ein einfaches Beispiel zeigt den Wert dieses Zugangs: Wenn ein Aufnahmearzt in der Psychiatrie sich auf den Kontakt zu einem Patienten einlässt, bevor er noch die verfügbare Krankenakte einsieht, wird er vielleicht einen direkteren Zugang zum Patienten finden. Lassen Sie mich den vortrefflichen Nutzen der phänomenologischen Einstellung nun durch eine Übung aufzeigen. Jederzeit kann sie im Alltag angewendet werden. Für diese Tiefenschau ist es hilfreich, dass Sie experimentell davon ausgehen, dass es in uns einen Raum gibt, aus dem wichtige, normalerweise nicht zugängliche Informationen gewonnen werden können. Die Übung umfasst acht Schritte, und es ist günstig, sich die einzelnen Schritte von einem Menschen, dem Sie vertrauen, vorlesen zu lassen. Sie können aber auch vorher alle Schritte durchlesen, vielleicht auf einem großen Blatt notieren und sich merken, so dass Sie sich mühelos darauf einlassen können:

1. *Halten Sie bitte für einen Augenblick inne und nehmen Sie wahr, welche Frage oder welches Thema Sie zur Zeit am meisten in Ihrem Leben beschäftigt. Formulieren Sie daraus eine ganz konkrete Fragestellung. Diese schreiben Sie sich auf.*

2. *Schließen Sie bitte die Augen und registrieren Sie alles, was schon zu dieser Frage an Ideen, Ratschlägen und vorläufigen Antworten aufgetaucht ist. Lassen Sie sich dafür Zeit, bis Sie den Eindruck der Vollständigkeit*

haben. Sie können sich auch vor Ihrem geistigen Auge einen Kreis zeichnen und alle diese Aspekte symbolisch dort hineinlegen.

3. *Ganz allmählich stellen Sie sich vor, wie Sie mit dem Ausatmen alle diese Aspekte loslassen oder außerhalb des Kreises befördern, bis am Ende allein die Frage übrig bleibt. Vielleicht hat sie sich in der Zwischenzeit auch leicht verändert. Wir machen nun eine kurze Reise nach innen und nehmen nur noch die Frage mit.*

4. *Rücken Sie jetzt ein wenig auf Ihrem Stuhl nach vorne, so dass Ihr Rücken sich von alleine aufrichtet und die Wirbelsäule sich über dem Becken zentriert. Die Hände legen Sie geöffnet in den Schoß. Sie spüren sich ganz präsent im »Hier und Jetzt« und nehmen den Raum neben Ihnen, unter Ihnen und über Ihnen wahr. Sie spüren, wie Sie und der Raum eins werden. Der persönliche Raum verschmilzt mit dem großen Raum. Dann atmen Sie tief ein und aus.*

5. *Lenken Sie Ihre Aufmerksamkeit mehr und mehr von außen nach innen. Ruhig fließt der Atem weiter ein und aus. Falls Sie körperliche Spannungen oder Blockaden erleben, atmen Sie einfach hin und lassen mit dem Ausatmen los. Vielleicht dauert es noch ein wenig, bis die Geräusche abnehmen und Sie sie am Ende vielleicht ganz hinter sich lassen können. Vielleicht erleben Sie auch jetzt schon, wie Sie sanft nach innen gleiten. Sie spüren, wie Sie Schritt für Schritt, ganz von selber, immer tiefer kommen. Lassen Sie sich einfach weiter, vielleicht mit Hilfe ihres Atems, nach innen führen. Immer tiefer, immer weiter, bis Sie die Empfindung haben: Hier ist mein Innerstes, mein im Augenblick spürbarer tiefster Grund. Dann stellen Sie sich bitte vor, wie Sie sich dort, in Ihrem Zentrum, in Ihrer Mitte, einrichten und niederlassen.*

6. *Wenn wir in ein paar Augenblicken die vorbereitete Frage unserem Innersten stellen, dann ist es wichtig, einfach alles aufzunehmen, was danach kommt, seien es Sätze, Bilder, Symbole, Geräusche, Gefühle, Empfindungen oder lediglich körperliche Zustände. Die Antworten können sich in unterschiedlicher Weise einstellen. Es ist wichtig, alles zu registrieren, ohne es zu interpretieren oder zu kommentieren.*
Nun bitte ich Sie, nochmals zu Ihrem Zentrum hinzuspüren und vertrauensvoll die vorbereitete Frage Ihrem Innersten zu übergeben. Sie können sich auch vorstellen, wie Sie ein Kuvert mit der Frage in Ihre innere Mitte legen. Dann registrieren Sie für die nächsten Minuten einfach das, was passiert, ganz im Austausch mit sich selbst. Sie brauchen nur die Frage zu stellen und darauf zu achten, was sich spontan einstellt.

7. *Bevor wir allmählich unsere Reise zurück antreten, können Sie, wenn Sie möchten, vielleicht dem Inneren noch danke sagen oder eine Geste zum Ausdruck bringen.*
Nun, allmählich, kommen Sie langsam mit Ihrem Spürbewusstsein wieder an die Oberfläche zurück. Fließend und leicht, noch mit geschlossenen Augen, nehmen Sie wieder Ihren Körper und den Raum, in dem Sie sich befinden, wahr. Nun können Sie auch die Augen wieder öffnen und sich im Raum umsehen. Dabei können Sie sich auch ein wenig strecken und dehnen. In den nächsten Minuten schreiben Sie bitte alles auf, was Ihnen gekommen ist, ohne noch direkte Bezüge zur Fragestellung herzustellen.

8. *Legen Sie beides nebeneinander, die Fragestellung und die Antworten. Lassen Sie es auf sich wirken, und vielleicht ergeben sich dadurch neue Sichtweisen.*

Für jede Frage, jede Problemstellung, jeden Sachverhalt oder jede Entscheidung lohnt es sich, alles, was ich davon weiß, loszulassen, nach innen zu gehen und wahrzunehmen, was sich dort enthüllt. In uns wirkt eine innere Weisheit, die den Blick öffnet und wertvolle Hinweise bereitstellt. Der leicht erweiterte Bewusstseinszustand aktiviert diese latente Schicht, durch die wir auch mit universellen Wahrheiten und dem kollektiven Wissenspool verbunden sind.

Die kontemplative Betrachtung kann thematisch sehr weit reichen. Sie kann sich auf mich selbst beziehen, aber auch auf andere Menschen, die ich gründlicher verstehen möchte.

Wenn ich radikal alle Vorurteile loslasse, kann ich besser mit den Schwingungsfeldern oder den inneren Strukturen des anderen in Resonanz kommen. Gerade für Psychotherapeuten lohnt sich die Anwendung dieser Methode, weil es die Offenheit dem Klienten gegenüber fördert, eine neue Sicht auf seine Probleme ermöglicht und die Vertrauensbasis stärkt.

Das radikale Loslassen führt uns auch zu einer beeindruckenden Tatsache, nämlich dass jeder Gedanke, jedes Gefühl oder jeder Zustand einen Anfang und ein Ende besitzt, also nicht dauerhaft bleibt. Aber nicht nur das, wir realisieren plötzlich auch, dass nichts aus sich alleine heraus existiert, sondern immer assoziativ verknüpft ist. So wie ich von meinen Eltern abstamme, so ergibt sich auch eine innere Bewegung nicht von alleine, sondern aus einer anderen heraus. Nichts ist von Dauer, nichts ist von eigenständiger Substanz. In diesem Augenblick bemerke ich, dass das Bild einer abgegrenzten Person in einer beständigen Welt von mir kreiert wird. Genauso wie davon abgeleitete Selbst- und Weltbilder, aus denen ich meine ganz persönlichen Theorien stricke. Indem wir bis zum Boden der inneren Erscheinungen vordringen, durchschauen wir, wie daraus unsere Welt erzeugt wird.

Noch immer existieren wir in diesem Prozess als Wahrnehmende, und somit werden auch diese Erkenntnisse von den weiter oben aufgezeigten Chiffren beeinflusst werden.

Auf dieser Ebene sind nun spirituelle Lehrer gefragt, die durch eine langjährige eigene Praxis mit diesen Einsichten vertraut sind. Sie ermutigen uns weiterzugehen und konfrontieren uns mit Eigenkonstruktionen. Angesichts spontaner Demut und Hingabe schmelzen die einst starren persönlichen Grenzziehungen. Die gesicherte Identität wird in das Größere hineingegeben. Dann wird die Innenschau zur Schau dessen, was ist, ohne dass noch ein Inneres und Äußeres existiert. Die Introspektion verliert sich in diesem letzten Schritt, bei dem der Mensch sich selbst in das Größere hinein aufgibt. Weder Bilder noch Symbole, weder Wahrgenommenes noch der Wahrnehmende existieren. Alles ist eins, und nichts mehr ist unterschieden. Subjekt und Objekt der Erfahrung sind verschmolzen, so dass es niemanden mehr gibt, der nach innen schaut, und nichts mehr, was geschaut wird. Alles fließt, alles ist eins, und nichts mehr existiert abgegrenzt. Hier hört auch die Beschreibung der Introspektion auf, denn es gibt sie nicht mehr.

Stirb und werde

Das Werden trägt von allem Anfang an das Vergehen in sich, wie in der Natur, wenn auf den Herbst der Winter und dann der Frühling folgt. Blüten müssen verwelken, um neue Samen hervorzubringen. Alles ist im Fluss, nichts bleibt, wie es ist, alles verändert sich unaufhaltsam. Alles hat einen Anfang und ein Ende: jeder Gedanke, jede Empfindung und jede Handlung. Es ist aussichtslos, sich gegen dieses Lebensgesetz aufzulehnen – im Gegenteil: Wir können nur gewinnen, wenn wir es anerkennen. Nichts von allem, was wir sind und was wir besitzen, bleibt ewig. Diese Einsicht lässt uns besser mit den Schwankungen des Lebens umgehen. Denn auch schmerzhafte Zustände sind nicht von Dauer, sie sind Augenblicke im Leben, die sicher kommen, aber auch sicher wieder gehen. Wenn wir das begreifen, werden wir nicht mehr so leicht aus der Bahn geworfen. Das ist ein Geheimnis, das uns die Weisen offenbaren wollen. Sie betrachten den Tod als mystisches Ereignis, weil sich im Sterben die Tür zur Transzendenz öffnet, wichtige Reifungsschritte erfolgen und wir zu unserer Wesensnatur zurückkehren. Ganz entscheidend ist dabei ein radikaler Transformationsprozess, in dem das Loslassen und Sich-anvertrauen-Lernen im Mittelpunkt steht. Die Relativierung der eigenen Bedeutung, das Zurücktreten von der Ich-Betonung ist ein wichtiger Schritt auf dem Weg zur Wesensnatur, zur Ganzheit. Wenn wir diese Einsicht schon im Leben realisieren, wird seelisches Wachstum unterstützt. Gleichzeitig ist das auch eine optimale Vorbereitung für einen bewussten Sterbeprozess. Deshalb ist es verwunderlich, dass die Sterblichkeit so wenig in der akademischen Psychologie Berücksichtigung findet und die Verantwortung dafür eher den Religionen zugeschoben wird. Erst in jüngster Zeit haben sich die Humanwissenschaften endlich dieses Themas angenommen.

Todesnähe

Die Frage, was an der Grenze zwischen Leben und Tod passiert und was sich jenseits dieser Grenze auftut, hat die Menschen von jeher in den Bann gezogen. Trotzdem ist der gesellschaftliche Umgang mit dem Tod von einer eigenartigen Zwiespältigkeit geprägt. Einerseits gibt es kaum einen Film oder eine Zeitungsausgabe, in der nicht gestorben wird, und andererseits fällt es außerordentlich schwer, mit Angehörigen über den nahenden Tod einer Person zu sprechen, geschweige denn, sich in jungen Jahren mit der eigenen Sterblichkeit auseinanderzusetzen. Die Unausweichlichkeit des Todes scheint für die menschliche Natur eine tiefe narzisstische Kränkung zu sein, so dass der Glaube an ein Weiterleben nach dem Tode in den religiösen Heilserwartungen vieler Völker eine große Rolle spielt: im Schamanismus, Taoismus, Hinduismus, Buddhismus, im Islam und in der israelisch-jüdischen Glaubenswelt, in den Jenseitsideen der christlichen Religion, aber auch in so manchen Totenkulten und Gebräuchen, die sich selbst in Europa zum Teil bis in unsere Tage erhalten haben. Völkerkundliche Forscher sehen gerade in den Bestattungsriten der Urzeit eine umfassende Beschäftigung mit dem Thema Tod. Dies wird als Zeichen einsetzender Selbstreflexion gedeutet, die den Übergang vom Primaten zum Menschen markiert.

Wenn wir uns nun an den Zustand in Todesnähe herantasten wollen, so geben uns Berichte von Fastgestorbenen, Todeserlebnisse in veränderten Bewusstseinszuständen und die Aufzeichnungen in den Totenbüchern wertvolle Hinweise. Anthropologen gehen sogar davon aus, dass in den tibetischen und ägyptischen Totenbüchern, die Hilfestellungen für den Übergang geben, die Erfahrungen im Nahtodzustand oder von induzierten Bewusstseinsreisen mit einfließen. Das Sterben sieht man dabei generell als einen Durchbruch zur Transzendenz, als einen Akt der Reinigung von früheren Verfehlungen und als eine Vorbereitung für eine folgende Wiedergeburt. Es finden sich dort aber auch Übungen für eine seelisch-geistige Erneuerung, die wir im Alltag praktizieren können.

Der Tod begrenzt auf eigentümliche Weise das Leben und ist zugleich innig mit unserer Existenz verwoben. Trotzdem wird die Tatsache des Todes häufig verdrängt, tabuisiert oder als das unerfreuliche Ergebnis von Krankheit betrachtet, obwohl immer klarer wird, dass sich im Tod eine außergewöhnliche Seinsqualität zeigt:

»Es klingt merkwürdig, aber wir wenden uns gegen das Leben, wir wenden uns gegen die Vollkommenheit des Lebens, wenn wir den Tod aus unserem Bewusstsein ausklammern.« (Willigis Jäger, 1991, S. 173)

Die Angst vor dem Tod sitzt tief »in unseren Knochen«. Es wird viel unternommen, um das Älterwerden außer Kraft zu setzen. Gegenwärtig haben Verjüngungsmittel, Anti-Aging-Programme, Wellnesskuren, Schönheitsoperationen und Potenzpillen Hochkonjunktur.

Spüren wir der Angst vor dem Tode nach, dann fühlen wir uns ausgeliefert und machtlos. Die Angst vor dem Tod setzt sich aus mehreren Ängsten zusammen: der Angst vor dem Aufhörenmüssen und dem Nichtsein, der Angst vor dem Ausgeliefertsein und der Angst, bisher nicht ausgiebig genug gelebt zu haben. Wir haben dem Tod gar nichts entgegenzusetzen, unabhängig von Ansehen und Reichtum, und das ist fast unerträglich. Die Hilflosigkeit wird noch durch die Ungewissheit, wann und wie wir sterben werden, verstärkt. Dieses Erleben bedroht unsere scheinbare Autonomie. Der Selbsterhaltungsinstinkt verliert in Todesnähe an Geltung und Einfluss, er muss letzten Endes kapitulieren. Ohne große Gegenwehr bricht der Stolz, sich unabhängig und frei zu fühlen, zusammen. So ist es nicht verwunderlich, dass der Tod häufig als dunkle fremde Macht angesehen wird, die uns ungefragt und unausweichlich in die Knie zwingt, in das Innerste vordringt und vom Leben losreißt. Der Mensch wird dabei gezwungen, seine Liebsten zu verlassen und ihm Liebgewordenes unwiderruflich aufzugeben.

Die Angst vor dem Tod ist aber auch eine Angst vor dem Älterwerden, vor Krankheit, Isolation und Hilflosigkeit. Wer den Tod nicht verleugnet, kann bis ins hohe Alter lebendig bleiben und wachsen. Die Belastungen, die der allmähliche Abbau körperlicher und geistiger Fähigkeiten mit sich bringt, können besser akzeptiert werden, wenn das Alter als Wachstumsphase anerkannt und nicht pathologisiert wird. Das Einzige, was wir zu tun haben, ist loslassen und vertrauen. Dann kann ich sterben, um der zu werden, der ich eigentlich bin. Wenn wir einfach zulassen, was geschieht, begegnen wir dem Größeren in uns, also dem, was uns trägt. Alles, was wir haben und was wir zu sein glauben, wird dadurch nachrangig. Die Sicherheit, die früher von materiellen Gütern und sozialem Prestige ausging, wird fragwürdig und bricht zusammen. Sie muss aufgegeben werden, denn sonst entstehen Verhärtungen, die in eine Verweigerung, in ein Nein dem Sterben gegenüber führen. Dabei durchschreiten wir Gefühle übermächtiger Angst, grenzenloser Ohnmacht, radikaler Einsamkeit und verzweifelter Ausweglosigkeit. Dazu gehören Erfahrungen der Schwere, eines starken Drucks und des Verlustes der Fühlungnahme mit der physischen Welt. Das Rad der Zeit kann nicht mehr zurückgedreht werden, und wir sind den weiteren Abläufen und fremden Mächten hoffnungslos ausgeliefert. Die Entscheidungen sind uns aus der Hand genommen, und der Prozess steuert auf eine Unumkehrbarkeit und Endgültigkeit zu. Die vertraute, logische Welt tritt zurück, und die Gefühle verblassen. Wenn nun auch die körperliche Kraft allmählich erlischt, die Sinne mehr und mehr verdämmern und die intellektuellen Deutungshorizonte wegbrechen, hat man nur noch eine Chance, nämlich »ja« zu sagen. Ja zu sagen zu dem, was geschieht, und zu dem, wer ich dann bin! Es ist wie ein großes

Ausatmen. Erst wenn die personalen Strukturen weich werden, kann hinter der Verlust- und Vernichtungsangst das Tragende durchscheinen und Vertrauen in die Tiefe entstehen.

Dies fällt etwas leichter, wenn der Sterbende im Stadium davor wichtige Aspekte seines Lebens bereinigen oder integrieren konnte. Das ist jedoch nicht so einfach, denn im Angesicht des Todes wird man von dem, wovor man im Leben davongelaufen ist, eingeholt. Es kann sein, dass verdrängte Wut oder Trauer aufbricht und nicht bearbeitete Konflikte szenisch vor dem inneren Auge ablaufen. Gerne denke ich in diesem Zusammenhang an meinen Vater, den ich die letzten Wochenenden seines Lebens begleiten durfte. In berührenden Gesprächen blickte er nochmals auf sein Leben zurück, erlebte die eine oder andere Szene hautnah wieder und teilte mir sein Bedauern mit, dass er mich zeitlebens nicht richtig wahrgenommen habe. Unerschrocken lüftete er auch Familientabus und stellte sich seiner Verantwortung für Handlungen, die er im Nachhinein als Fehler ansah. Die Konfrontation mit Schattenaspekten löste innere Widerstände und entkrampfte die gesamte Situation. So ergriff eine liebevolle und öffnende Atmosphäre alle Anwesenden. In Todesnähe, wenn der Mensch noch Wandlung und Reifung zulassen kann, fügt sich die Gesamtsituation zu einem harmonischen Ganzen zusammen, in dem eine andere Dimension spürbar wird. Einen Tag nachdem sein zweiter Urenkel geboren wurde, den er unbedingt noch sehen wollte, verstarb er friedlich und mit einem Lächeln auf dem Gesicht, obwohl er durch seine schwere Krankheit intensive Schmerzzustände durchleiden musste.

Wenn wir den Sterbenden unaufdringlich dabei unterstützen, abgespaltene Gefühle wahrzunehmen, lange Unausgesprochenes mitzuteilen, biographische Erfahrungen zu integrieren, Bilanz zu ziehen, Konflikte zu bereinigen und womöglich Menschen um Verzeihung zu bitten, mit denen noch Schuldhaftes abzutragen ist, dann kann auch besser gewürdigt werden, was im Leben gut gelaufen ist. Es ist also wichtig, mit den Menschen über das Sterben zu sprechen und eine gute Atmosphäre für den Übergang zu schaffen. Zum Beispiel können entspannende Musik sowie eine insgesamt meditative Stimmung dazu beitragen. Wenn der Begleiter dem auftauchenden Material und der seelischen Dynamik bewertungsfrei und verständnisvoll begegnet – insbesondere dann, wenn der Sterbende die Situation nicht wahrhaben will und sich Feilschen, Zorn und Kampf einstellen –, kann eine integrierende Lebensüberschau möglich werden. Dabei ist es wichtig, ähnlich wie in der Psychotherapie, sich partnerschaftlich zu verhalten, sich am Verlauf zu orientieren und auf keinen Fall Ratschläge von oben herab zu geben. Durch die natürliche Lockerung der psychischen Abwehr werden Inhalte des Unbewussten so stark mobilisiert, dass sie ins Bewusstsein drängen; so können sich archetypische Bilder, wie etwa das Erfasstwerden von einem Strudel oder einer stürmischen Meereswelle, mit persönlichen Szenen, wie dem Erleben von Schmerz durch Misshandlungen, in rascher Abfolge mischen. Dabei ist es ratsam, den Sterbenden alles ausdrücken zu lassen, was sich zeigen möchte, und dabeizubleiben, ohne es zu dramatisieren. Wir wissen aus der therapeutischen Praxis, dass später nur das wirklich losgelassen werden kann, was zunächst in seinem Sosein anerkannt, erlebt und gewürdigt wurde. Körperkontakt, wie zum Beispiel das Halten der Hand, kann zudem Sicherheit vermitteln, das Durchgehen erleichtern und das Vertrauen in den Prozess stärken.

In Todesnähe kann es auch zu sonderbaren Energiephänomenen kommen. Kriegerwitwen haben immer wieder davon erzählt, wie in der Todesstunde ihrer Ehemänner Fotos von der Wand fielen, Spiegel zerbarsten, die Uhren stehenblieben oder plötzliche Klopfgeräusche im Hause zu hören waren. Auch bei Unfällen gibt es oft Stimmungen und Vorahnungen. Ein Mann, der vormittags von zu Hause zu einem einstündigen Panoramarundflug aufbrach, zu dem er von Freunden eingeladen worden war, verabschiedete sich von Ehefrau und Kindern in so seltsamer und eindringlicher Weise, als wäre es für immer. Kurz darauf stürzte das Flugzeug ab, und er kam dabei ums Leben.

Der veränderte Bewusstseinszustand in der Todesnähe setzt ungeheure Kräfte frei. Es ist wichtig, mit der Energie zu gehen, um den nächsten Schritt zu ermöglichen. Es kann sich wie eine Geburt in eine neue Identität anfühlen, bei der wir bei uns selbst und in der Tiefe unseres Herzens ankommen. Zwei einfache Fragen können uns verdeutlichen, welche Klarheit dem Leben gegenüber entsteht, wenn wir an den Tod denken:

1. *Für einen Augenblick nehmen Sie bitte eine entspannte Haltung ein, schließen die Augen und lassen den Atem etwas tiefer werden. Vielleicht bemerken Sie, wie Sie dabei etwas stiller werden und mehr nach innen spüren.*

2. *Nun erlauben Sie mir, zwei Fragen zu stellen, und Sie registrieren einfach, welche Antworten dazu spontan aufsteigen:*
   Wenn ich morgen sterben würde, was täte mir leid, nicht gelebt zu haben?
   Wenn ich morgen sterben würde, was würde ich heute noch in Ordnung bringen?
   Nun kommen Sie bitte mit Ihrer Aufmerksamkeit wieder zurück.

Wie immer Ihre Antworten im Einzelnen ausfallen, Sie werden versucht haben, für Sie Wichtiges von Nachrangigem zu unterscheiden. Wenn ich diese Übung bei Vorträgen durchführe, bemerken die meisten, dass sie zu oberflächlich leben, sich in Kleinlichkeiten verzetteln und im Alltag nicht mehr spüren können, was sie wirklich wollen. Psychosomatische Erkrankungen, Erschöpfungszustände und Süchte sind häufig die Folge.

Allein der Gedanke ans Sterben wirkt zentrierend und öffnet den Blick nach innen. Dabei wird klar, welche Prioritäten zu setzen sind und welche Werte letztendlich die innere Entwicklung fördern.

Menschen, die dem Sterben nahe waren und wieder ins Leben zurückkehrten, veränderten radikal ihren Lebensstil. So hat in den späten achtziger Jahren die Nahtodforschung mit eindrucksvollen Aussagen Aufsehen erregt. Nahtoderfahrungen (NTE) wurden von Menschen berichtet, die fast gestorben oder vielleicht schon klinisch tot waren und wiederbelebt wurden, wie etwa beim Ertrinken, bei Abstürzen, bei Autounfällen oder im Verlauf chronischer Krankheiten. Die Erfahrungsinhalte in Todesnähe wiesen eine ähnliche Struktur auf. Trotz kultureller Differenzen oder unterschiedlicher Sozialisation erlebten sie eine oder mehrere typische Sequenzen: Sie hörten Geräusche wie Dröhnen, Knacken, Brausen oder Pfeifen und erlebten, wie sie reanimiert wurden oder wie von anderen Menschen über ihren Tod gesprochen wurde. In außerkörperlichen Zuständen sahen sie sich von oben, an der Unfallstelle oder im Operationssaal, und konnten danach häufig Umstände oder objektive Ereignisse wie die Anzahl der Anwesenden oder Handlungsabläufe situationsgetreu wiedergeben. Im außerkörperlichen Zustand wird auch von einem feinstofflichen Leib berichtet, den man sich wie eine Wolke – eine ätherische Hülle – vorstellen kann, ohne die Dichte, Festigkeit und die Bindeenergien des materiellen Leibes. Es ist eine Art Energiefeld: schwerelos dahintreibend, blitzartig schnell vorwärtskommend sowie Distanzen und feste Gegenstände mühelos überwindend. Die physischen Funktionskreise werden anscheinend nicht mehr gebraucht. Gedanken anderer werden, unabhängig von den Sinnesorganen, schnell aufgenommen, und die gesamte Kapazität ist gegenüber dem Normalzustand gesteigert.

Sie begegneten verstorbenen Verwandten, Freunden oder Lichtwesen, von denen sie empfangen und liebevoll begleitet wurden, wie auch von einer Klientin mitgeteilt wurde:

»Während ich mich weitertragen lasse, merke ich, dass mich mein spiritueller Meister bei der Hand nimmt, gemeinsam geht er mit mir ins blaue Licht …«

Sie sahen einen Tunnel oder einen dunklen Kanal, durch den sie mussten, eine Grenze, Schranke oder einen Fluss, die sie zu überqueren hatten. Danach kam es zu Lichtvisionen und Liebesgefühlen. Sie erlebten sich lebendiger, freudiger, zugehöriger und friedvoller als sonst im Leben.

Die Totenbücher enthalten ähnliche Ausführungen über den Zwischenzustand (den Bardo des Todes) und den Übergang. Sie beinhalten auch Anweisungen, wie man diesen Prozess am besten bewältigt, sind jedoch auch als spirituelle Hilfe für die Lebenden zu verstehen. Im tibetischen Totenbuch (vgl. Sogyal, 1994) wird der Sterbende von dem klaren Urlicht der reinen Wirklichkeit *(Dharmakaya)* eingehüllt, das die bedingungslose Leerheit oder die wahre Natur des Seins repräsentiert. Im Augenblick des Todes, nachdem der Sterbende sein Bewusstsein freigegeben hat, kann er unter Umständen mit dem Weisheitsgeist verschmelzen. Alles erscheint dann in vollkommener Klarheit, in der die Dualität überschritten ist, ähnlich dem Zustand fortgeschrittener Meditierender.

Todeserfahrungen im Holotropen Atmen können zu ähnlichen Visionen führen:

»Ich werde auf einem Brett von tibetischen Mönchen getragen. Mein Körper ist ganz leicht. Die Mönche singen. Es ist eine Verabschiedung. Ich sehe eine Frau, die sehr weint, und mich selbst als toter tibetischer Mönch auf dem Brett liegen. Dann werde ich verbrannt. Ich spüre das Feuer in meinen Rücken, es ist nicht unangenehm. Ich spüre auch, wie meine Knochen sich während des Verbrennens biegen. Alles weitet sich, mein Körper fühlt sich noch leichter an. Ich komme ins Licht. Es ist ein ganz tolles und behagliches Gefühl.«

Aber nicht nur angenehme Zustände wurden berichtet, sondern auch Erfahrungen von Höllenvisionen, grauenhaften Dämonen, Überlebenskämpfen, von Vernichtung, Kapitulation, Verfolgt- oder Verschlungenwerden, Einsamkeit und Verlassenheit, die vor allem im Stadium der Losreißung auftreten. In der Tunnelphase kann es zu schreckhaften Begegnungen mit finsteren Gestalten kommen, die den Betroffenen bedrohen, angreifen oder verurteilen. Dabei können sich Zustände von Ausweglosigkeit, Kälte oder Leere einstellen. Vielleicht ist es ähnlich wie in Träumen, die sowohl angenehme wie auch schwierige Sequenzen beinhalten können, je nachdem, in welcher psychischen Situation wir uns gerade befinden. Der Unterschied ist vielleicht, dass sich nun alles auf einmal ungefiltert in das Bewusstsein Eintritt verschafft. Das kann bedeuten, dass erst Schattenaspekte, die sich in Halluzinationen äußern, konfrontierend erlebt und Projektionen integriert werden müssen, um sich für eine größere Wirklichkeit zu öffnen. Von der Psychotherapie weiß man, dass unaufgearbeitete Anteile der Seele die Wahrnehmung entscheidend verengen können. Wenn die Abwehrstrategien des Ich nur noch unzulänglich funktionieren, strömen verdrängte seelische Inhalte unkontrolliert von der Peripherie des Unbewussten ins Zentrum des Bewusstseins. Eine jähe Konfrontation mit dem Tod öffnet demnach unvermittelt die inneren Begrenzungen, weil gewohnte Lebenskonzepte und vertraute Bewältigungsmuster nicht mehr regulierend eingreifen können.

Die individuellen Eindrücke sind natürlich auch subjektiv gefärbt. Lichtwesen, Höllenvisionen oder Bewertungen werden auf dem Hintergrund sozialisierter Bilder, Einstellungen und Überzeugungen gedeutet sowie mit den herkömmlichen Glaubensvorstellungen verknüpft.

Ferner äußert sich im Sterben die Art und Weise, wie ich gelebt habe. So könnte sich jemand, der sein Leben lang geizig war, von Einbrechern bedroht fühlen, die ihm Hab und Gut entreißen wollen. Diese Konfrontationen sind eminent wichtig, denn sie lösen alte Muster auf. In diesem Zusammenhang möchte ich besonders den oft beschriebenen Lebensfilm hervorheben, bei dem wichtige biographische Stationen wie in einem Film vor dem inneren Auge ablaufen. In diesem Lebensrückblick treten bedeutsame Erinnerungen, rasch aufeinanderfolgend, in den Vordergrund. Dabei werden frühere Einstellungen oder Handlungen neu bewertet und Alternativen aufgezeigt. Liebevolle

Verhaltensweisen wurden von angenehmen Gefühlen begleitet; bei destruktiven Reaktionen traten plötzlich die Gefühle der damals Betroffenen auf, wie etwa Trauer, Schmerz oder Wut. Die Lebensrückschau wird in den meisten Fällen nicht als unangenehm erlebt, sondern als neue Chance gesehen, die zu heilsamen Effekten führen kann: Dazu gehört etwa die Versöhnung mit bisherigen Feinden, die Auseinandersetzung mit eigenen Schattenaspekten und ein achtsamerer Umgang mit sich selbst und mit anderen. Nur wer sich aufrichtig mit seinem bisherigen Leben auseinandersetzt, kann es neu ordnen.

Suizidgefährdete versicherten, dass sie sich keinesfalls mehr umbringen wollen, weil sie sich mehr denn je mit dem Leben verbunden fühlen. Die Erfahrung, fast zu sterben, ist für Außenstehende oft dramatischer als für den Erlebenden selbst. Häufig, wenn Menschen ihre Nahtoderfahrungen anderen erzählen, stoßen sie auf Unverständnis. Einmal ist es nicht leicht, die richtigen Worte zu finden, und zum anderen stoßen sie an die Grenzen der gewöhnlichen Denkschemata, so dass die Berichte von Außenstehenden meistens inadäquat aufgenommen werden. Natürlich gelangen wir auch in einen zweifelbehafteten Grenzbereich unseres Wissens, wenn von einem Prozess gesprochen wird, der uns erst dann wirklich zugänglich ist, wenn wir nichts mehr darüber aussagen können. Letzte Unsicherheiten werden sich deshalb niemals ausräumen lassen.

Auch wenn die empirische Gültigkeit von Nahtoderfahrungen nicht vollständig nachgewiesen werden kann, fällt auf, dass sie bei den meisten Betroffenen zu einer nachhaltigen Veränderung des Lebens führten. Sie fühlten sich offener, liebevoller, gelassener und achtsamer. Spirituelle Themen traten mehr in den Vordergrund, während materielle Güter und Prestige verzichtbarer wurden. Wenn die Blockaden aufgelöst werden, wird der Mensch für das Universale durchlässiger, und die Angst vor dem Tode wird abgebaut. Dadurch nimmt auch das Vertrauen in die Intuitionen zu, weil das Leben, so wie es ist, gewürdigt werden kann. Während das Mitgefühl für die Welt stärker in den Vordergrund tritt, lässt das Interesse an materiellen Besitztümern nach.

In der Todesnähe haben wir eine großartige Chance zur Transformation und zum spirituellen Erwachen, weil sich eine Tür zu unserem Wesenskern und der Essenz des Daseins öffnet. Wir müssen nur hindurchgehen und bereit sein, dann werden wir im transpersonalen Erfahrungsraum einer überwältigenden Liebe und Wertschätzung für das Leben begegnen. Auch wenn Nahtoderfahrungen einem empirischen Wissenschaftsverständnis nicht unbedingt standhalten können, ist mindestens ihr Nutzen für psychische Stabilität und geistiges Wachstum nicht zu unterschätzen.

Gelegentlich wurde durch überzogene Interpretationen ein Weiterleben nach dem Tode voreilig propagiert, was der Glaubwürdigkeit der Nahtodforschung eher geschadet hat, weil sie als naiv und bloß esoterisch abgestempelt wurde. Die eigentliche Bedeutung der Nahtoderfahrungen hat jedoch nie im Nachweis eines Lebens nach dem Tode bestanden, sondern in der Kraft, die sie haben, unser Leben zu verändern. Sie ermöglichen Einblicke in eine transzendente Wirklichkeit, die sich der exakten Datenanalyse entziehen. Das Argument, dass nie jemand die Schwelle des Todes überschritten hat und somit nichts über das »Jenseits« oder einem »Leben nach dem Tod« aussagen kann, ist natürlich anzuerkennen. Die medizinisch-biologische Situation ist für die Auslösung von Nahtoderfahrungen nicht unbedingt ausschlaggebend. Sie kann von intensiv erlebter Todesfurcht bis zu körperlich bedrohlichen Zuständen reichen. Die Betonung liegt also mehr auf einer psychospirituellen Ebene, auf der es zur Entgrenzung des Bewusstseins kommt. Paranormale Erfahrungen sprengen grundsätzlich den Rahmen einer szientistischen Logik, so dass man nicht umhinkommt, der Authentizität der Forscher und ihrer veröffentlichten Berichte grundsätzlich zu vertrauen. So gesehen haben wir es nicht mit Beweisen, sondern eher mit Hinweisen zu tun, die aber dennoch auf die Sterbehilfe einen innovativen Einfluss hatten.

Die in der Hirnforschung bekannte Tatsache, dass sich derartige Zustände, wie auch mystische Einheitserlebnisse in tiefer Meditation, jederzeit durch Reizung bestimmter Gehirnareale evozieren lassen, ist jedoch noch kein Beleg dafür, dass es sich um wahnhafte Vorstellungen handelt. Es beweist nur, dass intensive psychische und spirituelle Erscheinungen auch durch körperliche Interventionen ausgelöst werden können, wie natürlich auch umgekehrt. Das räumt auch Gerhard Roth, der bekannte Neurobiologe, ein, wenn er sagt:

»Letztlich bedeuten die genannten Befunde nur, dass es offenbar zur psychischen Ausstattung des Menschen gehört, unter bestimmten Bedingungen religiöse, spirituelle oder mystische Erlebnisse zu haben. Daraus folgt weder zwingend, dass solche Erlebnisse irgendeinen realen Bezug haben, noch folgt daraus zwingend, dass der Glaube an Gott oder an ein Jenseits reine Illusion ist.« (Roth, Gerhard, 2003, S. 191)

So sind wir darauf verwiesen, einfach anzunehmen, was geschildert wird, unabhängig davon, wie real die inneren Erfahrungen sind. Damit laufen wir auch nicht Gefahr, sie zu ignorieren oder ideologisch zu überfrachten.

Für Kübler-Ross (vgl. 1990), die das Sterben mit dem Heraustreten eines Schmetterlings aus dem Kokon vergleicht, steht dabei immer inneres Wachstum im Vordergrund. Todeserfahrungen können als kollektive Wandlungssymbole, im Sinne eines Durchgangs zu einer Neugeburt, interpretiert werden. Gerade im Holotropen Atmen finden wir häufig Erlebnisse, in denen das Stirb und Werde in dieser Form zum Ausdruck kommt. Die eintretenden Visionen zeigen nicht nur die vielfältigen Reiche des Bewusstseins auf, sondern können für den Weg im Leben bedeutsames Material freigeben. Beispielhaft soll dafür eine Seminarteilnehmerin zu Wort kommen:

»Allmählich wandelt sich das Erleben, und das Gefühl und die Vorstellung tauchen in mir auf, sterbend zu sein. Ja, mein Körper fühlt sich an wie von einem Sterbenden bei vollem, klarem Bewusstsein. Vom Körper ist nicht mehr viel übrig, Kontraktionen überall. Ich stöhne, möchte meinen Körper endlich loswerden. Ich verstehe, warum Sterbende oft stöhnen – sie wollen ihren Körper endlich los sein. Mein Kopf biegt sich nach hinten, der Hinterkopf schiebt sich ganz stark in den Nacken. Dadurch wird es möglich, dass ein Energiestrom vom Kopf in die Wirbelsäule und weiter nach unten spürbar wird, so, wie wenn sich ein Energiekanal öffnen würde. Plötzlich spüre ich einen ›letzten‹ Schlag im Herzen (Extrasystole?), und ich weiß, dass ich jetzt gestorben bin. Mein Bewusstsein bleibt aber unverändert. Es steigt die Erkenntnis in mir auf, dass beim Sterben lediglich der Körper abfällt, das Bewusstsein aber ungebrochen bleibt. Es gibt daher keinen wirklichen Tod, nur einen ununterbrochenen Strom von Bewusstsein (nicht geboren und nicht gestorben). Ich merke auch, dass ich regelrecht hellhörig bin und Stimmen um mich herum recht genau wahrnehme. Meine Wahrnehmung ist deutlich verfeinert und mein Bewusstsein ausgebreitet. Ich denke: »Wissen die nicht, dass ich noch alles hören kann?« Mir wird bewusst, wie wichtig es ist, zum Todeszeitpunkt in einer schönen Umgebung zu sein, dass die Leute wenig und leise sprechen und sich bewusst sind, dass der Tote noch alles hört. Auch gute Düfte und Blumen sind sehr wichtig.

Ich bleibe für lange Zeit in diesem Zwischenzustand, einem ungebrochenen Bewusstseinsstrom, klar und hell, ohne Angst, mit der Gewissheit des Einzig-Seienden. Ich habe den Eindruck, mich nach und nach und sehr langsam weiter, tiefer in das ›Reich des Todes‹ hineinzubewegen, bis ich in einen tiefen Meditationszustand versinke. Mir fällt es schwer, am Ende der Atemsitzung zurückzukommen, es dauert eine ganze Weile. Mir ist bewusst, etwas ganz Wichtiges erfahren zu haben.«

Die Gebundenheit an die körperliche Manifestation löst sich in diesem Erlebnis, während eine Art bewusster Wesensnatur kontinuierlich weiterexistiert und Informationen identifizieren kann. Naturwissenschaftlich betrachtet beginnt das physische Leben mit der Zeugung und endet mit dem Tod. Der Mensch hat, von außen betrachtet, keinen zwingenden Einfluss auf die Tatsache seines Daseins. Dass Leben entsteht und wieder geht, liegt nicht in seiner Hand. Wir sind also von einer Wirkkraft abhängig, die uns im Alltagsbewusstsein unzugänglich bleibt. Dass wir existieren und sterben, kann somit nur hingenommen oder akzeptiert werden. Das Fundament unseres Daseins ist unergründlich an eine hervorbringende Dynamik gebunden. Befreiung im Leben kann demnach nur heißen, dieser vorauseilenden, tragenden und nachfolgenden Wirklichkeit zu vertrauen.

Für die erste Phase des Sterbeprozesses, wenn ich noch im Alltagsbewusstsein bin, bedeutet das für den Menschen, ja zu sagen zu dem, dass er nicht mehr sein wird, also einzuwilligen, bald nicht mehr zu existieren. Das ist die größte Herausforderung für den Selbsterhaltungstrieb. Wenn das gelingt, kann eine intensive Auseinandersetzung mit dem bisher gelebten Leben stattfinden. Integration, Versöhnung und Auseinandersetzung sowie das Erkennen von ungelebten Anteilen sind für den weiteren Prozess wichtig, bis durch die fortschreitende Loslösung und Depersonalisation dem Bewusstsein die Wachheit entgleitet. Das Leben findet im Sterben seine unentbehrliche Fortsetzung. Bevor der endgültige Tod eintritt, befinden wir uns im Kraftfeld einer verborgenen Wirklichkeit. Dort gelten nicht mehr die gewohnten Anschauungsformen, insofern ist es schon ein Jenseits, aber noch nicht ein Jenseits nach dem Tode. Im endgültigen Erlöschen der personalen Gebundenheit an den Körper, in der Vernichtung des physischen Daseins bricht die sichtbare personale Identität zusammen. Das Bewusstsein löst sich von den materiellen Bedingungen, wird freier und verschmilzt mit der universellen Wirkkraft zu einem subjektiven ätherischen Wesensfeld, das weiterexistiert und, für den weiteren Verlauf, die Regie übernimmt. Die Wahrnehmung, die unabhängig von den Sinnesorganen zu verlaufen scheint, ist direkter und klarer. Für den bekannten Grenzwissenschaftler Hans Bender kann man von einem Erkennen ausgehen, das die physiologischen Schranken überwindet. Telepathie, Hellsehen und Präkognitionen werden entsprechend auch als außersinnliche Wahrnehmungen bezeichnet. (Vgl. Bender in Resch, 1981)

Loslassen hilft, der Wirkkraft im Wesensfeld mehr Raum zu geben. Sie trägt und durchdringt uns. Alles, was ich besitze, habe oder kann, wird unbedeutend und freigegeben, wenn diese Seinsebene betreten wird. Der Tod kann also als ein Übergangszustand angesehen werden, zur Reinigung und Vorbereitung für andere Existenzformen und mögliche spätere Wiedergeburten. Deshalb ist es so wichtig, dass Fixierungen und Anhaftungen gelöst werden, um, geführt von dem Urlicht, sich im Wesensfeld zu beheimaten.

Diesem Prozess können wir uns schon im Leben annähern, wenn wir das Sterben als Transformationsmotiv in das Leben einbeziehen. Wenn wir akzeptieren, dass alles kommt und geht, nichts für sich alleine existiert, also leer ist von selbständigem Sein, können wir mit der Veränderung gehen und Vertrauen in den Prozess entwickeln. Eingebettet in verborgene Wirklichkeiten, sind wir nicht unabhängig, sondern mit dem verbunden, was uns hervorbringt und wohin wir gehen: dem Einen. Das Eine wirkt auf uns ein, überdauert uns, durchdringt uns und geht über uns hinaus. Es ist somit größer und weiter als unsere physisch-personale Existenz. Wenn wir im Sterben loslassen, fallen wir in das All-Eine, und das ist wie eine Neugeburt, in der wir realisieren, wer wir wirklich sind.

Für das Christentum ist dies die Befreiung zum ewigen Leben. Zur Vollkommenheit des Lebens gehört somit das Sterben, weil es den direkten Kontakt zum letzten Prinzip, zu Gott, herstellt, wie Jesus nach der Auferstehung verkündete. Das ist auch die Botschaft anderer Religionen. Wer sich gegen den Tod wendet, wendet sich gegen die Auferstehung, gegen Wachstum und Verwandlung, letztlich gegen die Wirklichkeit des All-Einen, die sich durch das Leben zur Geltung bringt.

Andere Bezeichnungen für diese Wirklichkeit sind: Buddha, Allah, die Essenz, das Selbst, das All-Eine, das Mysterium, das

Implizite, das Tragende, das Verbindende, das Seiende, der Urgrund, das Unergründliche, Om. Es ist alles und nichts, jenseits von allem und in allem, durchdringend, pulsierend, umgreifend, tragend, zeitlos, grenzenlos, Ursache und Wirkung, innere Weisheit, nondual, führend, unterstützend, öffnend, allgegenwärtig, implizit, raumübergreifend.

Leben ist Geburt und Tod, Verwandlung und Werden. In jedem Augenblick stirbt etwas in uns und wird etwas wiedergeboren. Das ist der Lauf des Lebens und der Rhythmus des Daseins. Dem steht jedoch das oberflächliche Bedürfnis entgegen, im Äußerlichen statt in uns selbst Sicherheit zu finden. So wollen wir festhalten, was uns aus den Händen gleitet, und aufbewahren, was gehen möchte. Wir müssen loslassen und uns anvertrauen lernen, dann geschieht alles zu unserem Besten. Wenn im Sterben Ballast abgeworfen wird, können die Fesseln gelöst werden. Das führt zunächst zu einer großen Verunsicherung, weil die gewohnten Sicherheitsanker nicht mehr greifen und wir dem, was dann auf uns zukommt, noch nicht vertrauen können.

Wenn wir im Leben sterben lernen, überwinden wir die Angst aller Ängste, die Todesangst und das Gefühl des Geworfenseins. Dies ist der Kern der Verunsicherung, die dem Dasein von Anbeginn an innewohnt. Keine Angst sitzt tiefer als die vor Vernichtung, Auslöschung, Ohnmacht und Zerstörung. Wenn wir durch einen dunklen Wald gehen, ist es nicht der Wald, der uns Angst macht, sondern dass wir um unser Leben fürchten. In der Todesangst fühlen wir uns vom Urgrund des Seins getrennt, ausgeliefert und ohnmächtig. Es ist die künstliche Spaltung zwischen dem Ich, Du und Es, die die Angst vor dem Tode bedingt. Erst wenn wir sie aufheben, können wir zurückkehren. Den Schlüssel zu einem befreiten und furchtlosen Leben finden wir nur in dem Gewahrwerden des Sterbens, das uns in die Tiefe unseres Wesens führt, also zu uns selbst, dorthin, wo wir mit allem verbunden sind. Die Todeserfahrung von Muktananda steht dafür beispielhaft:

»So wie ein sterbender Mensch seinen Mund öffnet, seine Arme ausbreitet und einen seltsamen Laut von sich gibt, so fiel ich nieder und machte dieses Geräusch. Als ich fiel, urinierte ich unwillkürlich, was mir das Gefühl gab, dass ich völlig das Bewusstsein verloren hatte. Ungefähr eine Stunde oder anderthalb Stunden lag ich in diesem unbekannten Bewusstseinszustand, und dann erhob ich mich, so wie ein Mensch vom Schlaf aufsteht, lachte und sagte zu mir: Ich bin gerade gestorben, aber jetzt bin ich wieder lebendig. Ich stand auf, fühlte mich sehr friedvoll, sehr glücklich und ganz voller Liebe. Mir wurde klar, dass ich den Tod erfahren hatte, als ich das unmanifestierte göttliche Strahlen sah, das so hell wie Millionen Sonnen war. Ich hatte sehr große Angst gehabt, aber aus dieser Erfahrung verstand ich jetzt den Tod. Ich erkannte, dass Tod nichts weiter als dieser Zustand ist. Nachdem ich einmal diese Kugel von unmanifestiertem Licht gesehen hatte, verlor ich alle Furcht. Das ist der Zustand der Befreiung vom individuellen Dasein. Seitdem ist mein Mut sehr gewachsen, und ich kenne keinerlei Furcht mehr. Ich habe vor nichts Angst. Ich denke nie daran, was geschehen wird. Ich mache mir keine Sorgen, was ein anderer tun wird. Der Ort der Furcht in mir ist zerstört worden. Ich habe völlige Furchtlosigkeit erlangt.« (Muktananda, 1986, S. 217 f.)

Übungen zum Loslassen und Sterben

Die Bewusstheit des Todes spielt in vielen mystischen Disziplinen eine herausragende Rolle. An der Schwelle zwischen irdischem und geistigem Leben finden Öffnung, Transformation, Erneuerung, Initiation und Neugeburt statt. Von Heiligen, Schamanen und spirituellen Lehrern wird berichtet, dass sie die Todesfurcht überwunden haben und direkt im Kraftfeld der subtilen kosmischen Energie *(Kundalini)* stehen. Deshalb sind sie befähigt, Schüler in die Transzendenz zu führen. Sie lehren, dass wir in der Meditation alles loslassen müssen und beständig unser Ego zu transformieren haben. Dadurch wird uns klar, dass nichts von Dauer ist, alles kommt und geht, nichts unabhängig oder für sich alleine existiert. Alles andere ist eine Illusion, von der wir Abschied nehmen müssen. Es gibt nichts festzuhalten, deshalb muss das Loslassen geübt werden.

Loslassen

1. *Bevor Sie sich auf diese Übung einlassen, lesen Sie bitte zunächst alle Schritte durch.*
   Legen Sie sich auf eine Matte, um sich für einige Augenblicke zu entspannen.

2. *Registrieren Sie, wie Sie sich fühlen, und geben Sie noch ein wenig mehr nach. Für einen Augenblick achten Sie darauf, was gerade in Ihrem Inneren abläuft an Gedanken, Bildern und Empfindungen. Spüren Sie auch, wie sich die Organe anfühlen, angenehm oder unangenehm, wohlig oder angespannt. Einfach nur wahrnehmen, ohne zu bewerten. Einfach nur registrieren, ohne festzuhalten. Aha, das zeigt sich, das nehme ich wahr, das registriere ich.*

3. *In einem nächsten kleinen Schritt lenken Sie die Aufmerksamkeit zu Ihrem Atem. Ganz von selber fließt er ein und aus. Einfach registrieren, wie Sie atmen – schnell, langsam, flach oder tief. In welche Körperbereiche kann Ihr Atem fließen, und welche erreicht er nicht?*

4. *Sagen Sie leise folgenden Satz vor sich hin: Sterben heißt radikal loslassen, und Ausatmen ist Loslassen. Und erlauben Sie sich vorzustellen, wie Sie beim Einatmen den Atem zu sich nehmen und beim Ausatmen wieder loslassen.*

5. *Sie können vielleicht auch wahrnehmen, wie Sie mit dem Einatmen Ihre innere Mitte berühren und mit dem Ausatmen neuer Raum entsteht.*

6. *Und jetzt den Atem noch etwas vertiefen und spüren, was Sie dabei wahrnehmen.*

Weitere Übungsschritte

7. *Sie können diese Übung noch ausdehnen und zunächst Schritt für Schritt durch Ihre Leibinnenräume wandern und das Spürbewusstsein auf die verschiedenen Bereiche wie Beine, Becken, Bauchraum, Brustraum, Rücken und Kopf lenken, um dort mögliche Spannungen einfach mit dem Ausatmen loszulassen. Diese Räume werden dann durchlässiger, und vielleicht setzt mit der Zeit ein wohliges Fließen und Strömen ein.*

8. *Genauso können Sie dann auch Ihre Gedanken und Empfindungen aufmerksam registrieren und bewusst loslassen, bis auch der Raum Ihres Bewusstseins weit und offen wird.*

9. *Nach einiger Zeit der Übung verschmelzen dann die Leibräume und die Bewusstseinsräume zu einem Raum, der weit und offen und frei wird. Ihr innerer Raum kann sich mit den äußeren Räumen verbinden. Es ist ein Raum, der alles enthält. Ihr Atem gehört nun nicht mehr alleine zu Ihnen, sondern ist verbunden mit dem großen Atem, dem Pulsieren des Universums. Alles ist miteinander verbunden und ineinander verwoben. Das sind Qualitäten der verborgenen Wirklichkeit und des transzendenten Raumes.*

10. *Mit der Erfahrung des großen Raumes kehren Sie nun wieder zu Ihrem individuellen Raum zurück, mit der Gewissheit, dass dieser große Raum weiter in Ihnen existiert. Langsam und sanft nehmen Sie auch wieder die Umrisse Ihres Zimmers wahr und kommen wieder ganz zurück. Zum Schluss strecken und dehnen Sie sich noch etwas.*

11. *Und wenn Sie wieder bei klarem Bewusstsein sind, dann schreiben Sie Ihre Erfahrung nieder oder malen einfach, was sich ausdrücken möchte.*

Sterbeprozessübung

In einer nächsten Übung werden wir uns gemeinsam an die Schwelle des Übergangs herantasten, um Klarheit, Liebe, Präsenz und Offenheit im Leben zu fördern.

Sie können sich einfach im Geiste auf die Übung einlassen. Es wäre günstig, zwischendurch die Augen zu schließen und die vorgeschlagenen Schritte mitzumachen. Lassen Sie erst einmal das Gedicht von Hermann Hesse (In: Wallner, 1991, S. 228) auf sich wirken:

Bruder Tod

Auch zu mir kommst du einmal,
Du vergisst mich nicht,
Und zu Ende ist die Qual,
Und die Kette bricht.

Noch erscheinst du fremd und fern,
Lieber Bruder Tod,
Stehest als ein kühler Stern
Über meiner Not.

Aber einmal wirst du nah
Und voll Flammen sein –
Komm, Geliebter, ich bin da,
Nimm mich, ich bin dein.

1. *Zunächst einfach registrieren, was dieses Gedicht in Ihnen auslöst. Spüren Sie wieder Ihren Atem und lassen Sie mit dem Ausatmen einfach los. Die inneren Räume weiten sich dabei. Es gelingt Ihnen immer besser, mit dem Ausatmen loszulassen und sich dem anzuvertrauen, was geschieht. Sie sind getragen und bemerken, wie Sie allmählich weiter, offener und freier werden.*

2. *In diesem Zustand nehmen Sie sich als Person im Hier und Jetzt wahr. Wenn Sie mögen, können Sie auch Ihren Namen und Ihr Alter leise aussprechen, in der Art: Ich bin Peter und vierzig Jahre alt.*

3. *Lassen Sie ein inneres Bild von Ihnen entstehen, so wie Sie aussehen und sind. Dann lassen Sie bedeutsame Situationen aus Ihrer Lebensgeschichte auftauchen, so wie sie von selbst kommen. Einfach wieder registrieren: Aha, das habe ich erlebt – ohne Bewertung, kommen und gehen lassen. Auch wenn Gefühle auftauchen: Lassen Sie sie kommen und wieder gehen. Gleichzeitig bemerken Sie, wie Ihr innerer Raum immer weiter und offener wird.*

4. *Wenn wir nun gemeinsam in Gedanken in die Zukunft gehen und uns erlauben, äußerlich und innerlich älter zu werden, dann können Sie sich vorstellen, wie Sie einem Horizont entgegensehen, an dem Bruder Tod auf Sie wartet.*

5. *Lassen Sie sich nun innerlich auf dieses Gehen ein und beobachten Sie dabei, was mit Ihnen passiert. Sie können*

zunächst Ihren Körper beobachten, wie er mit jedem weiteren Jahr altert. Stellen Sie sich auch vor, welche Veränderungen sonst noch eintreten. Das kann Familie, Beruf oder Lebenserfahrungen betreffen – also all das, was Ihr Leben ausmacht. Registrieren Sie einfach, welche Bilder und Szenen sich einstellen. Falls sich Ihre Einstellungen und Haltungen zum Leben ändern sollten, dann nehmen Sie einfach auf, in welche Richtung dieser Wandel geht.

6. *Es ist auch möglich, sich zu vergegenwärtigen, was bisher in Ihrem Leben ungelebt blieb. Dann lassen Sie einfach in Ihrer Fantasie Ihre Wünsche Wirklichkeit werden. Fühlen Sie, wie Sie dann sind, wenn sich Ihre Visionen realisieren. Vielleicht gibt es auch bestimmte Verhaltensweisen, die Sie noch stärker in Ihrem Leben betonen möchten. Spüren Sie, wie sich das anfühlt, wenn es Ihnen gelingt, sich so zu zeigen.*

7. *Manches ist vielleicht nicht mehr möglich. Nehmen Sie auch wahr, was Sie vielleicht aufgeben oder hinter sich lassen müssen.*

8. *Gehen Sie wieder in Ihrem Älterwerden weiter, Schritt für Schritt, so lange, bis der Tod nicht mehr ferne scheint. Einfach wieder nur wahrnehmen, was passiert, ohne zu bewerten. Vielleicht gibt es auch schon etliche Freunde oder Bekannte, die gegangen sind. Sie bemerken, wie Sie sich innerlich immer mehr mit dem herannahenden Tod beschäftigen. Die Bewegungen werden langsamer, Krankheiten dauern länger, Hören und Sehen werden etwas mühsamer, und Sie sind mehr auf andere angewiesen.*

9. *Auch von diesem Zeitpunkt aus können Sie noch einmal auf Ihr Leben zurückblicken. Denken Sie dabei auch an Menschen, die Sie vielleicht verletzt haben. Lassen Sie*

Szenen kommen, in denen das passiert ist. Mag sein, dass jetzt etwas auftaucht, was Sie längst vergessen haben. Vielleicht möchten Sie auch das eine oder andere in Ordnung bringen. Heute können Sie es vielleicht anders sehen als damals. Wenn es Ihnen leidtut, erlauben Sie sich, das zu spüren, und dann wählen Sie einfach eine Form aus, wie etwa eine Entschuldigung oder eine nette Geste, wie Sie es bereinigen können.

10. *Möglicherweise gibt es aber auch konflikthafte Situationen, die sich nicht auflösen lassen. Allmählich findet alles zu seiner Ordnung, und auch die Geschichte Ihres Lebens rundet sich mehr und mehr. Vielleicht haben Sie noch etwas vergessen, vielleicht gibt es noch jemanden, zu dem Sie noch einen Satz sagen möchten.*

11. *Allmählich wirft der Tod Ihnen seine Schatten entgegen. Nicht nur Sie bewegen sich auf ihn zu, sondern er kommt Ihnen auch schneller näher. Die Dynamik des Geschehens wird immer stärker. Es kann sein, dass Sie krank werden oder dass sich Dinge sehr schnell ändern. Wenn Sie Schmerzen empfinden, können Sie sich vorstellen, wie Sie sie für die Menschheit opfern. Ihr Herz wird schwächer und der Lebensatem dünner. Gefühle sind weniger spürbar, die Umwelt wird entfernter und leiser – einfach geschehen lassen. Sie bemerken auch, dass Sie nicht mehr unterscheiden können, was draußen und was in Ihnen passiert. Es ist ein Prozess im Gange, der nicht mehr aufzuhalten ist; auch die Ärzte können nicht mehr behilflich sein. Körper, Gefühle und Gedanken lösen sich mehr und mehr auf. Und in Ihrem Inneren kommt plötzlich Dunkelheit auf, die sich immer mehr ausbreitet. Und Sie stellen sich vor, wie ein liebgewordener Mensch, ein Guru, ein Meister oder Lehrer, auf Sie zukommt, Sie an die Hand nimmt und in den Übergang begleitet.*

12. *Plötzlich sehen Sie auch Licht – warm und klar. Nehmen Sie es in sich auf, lassen Sie sich davon tragen und führen. Die Lichtstrahlen gehen durch Sie hindurch, reinigen und öffnen Sie – mild und sanft. Und vielleicht gehen Sie auch ganz darin auf – einfach geschehen lassen, was geschieht; es passiert einfach, was passiert.*

13. *Wenn Sie gleich die Reise zurück antreten, haben Sie die Möglichkeit, etwas von dieser Erfahrung in Ihr Leben mitzunehmen. Ganz allmählich und in kleinen Schritten kommen Sie nun wieder in die Jetzt-Zeit zurück – mehr und mehr auch dorthin, wo Sie gerade sitzen oder liegen. Sie spüren auch wieder die Gliedmaßen, die inneren Organe und den Atem. Sie können sich strecken, dehnen und die Augen öffnen.*

14. *Wenn Sie möchten, können Sie auch wieder Notizen von Ihren Erfahrungen machen.*

Das Sterben des Ego

Wenn wir im Leben sterben üben, ist das eine große Herausforderung für das Ego, denn es muss seine Dominanz zugunsten des größeren Ganzen zurücknehmen. In den verschiedenen spirituellen Traditionen wird das Ego als ein Hindernis auf dem Weg zur Selbstverwirklichung, als ein Widerstand gegen das Göttliche angesehen. Die Transformation des Ego, die Auflösung festgefahrener Persönlichkeitsstrukturen, die bis zum Ego-Tod führen kann, ist absolut notwendig, um unsere wahre Natur entdecken zu können. Da nun gewisse Unsicherheiten darüber bestehen, wie denn das Ego zu verstehen ist und ob es mit dem Ich gleichgesetzt werden kann, werde ich zunächst auf das Ich eingehen, dann das Ego in seinen Facetten beschreiben, um darauf aufbauend darzulegen, dass es in der inneren Entwicklung einerseits um die Transformation des Ego und andererseits um die Transzendenz des Ich geht. Beide Perspektiven ergänzen sich und sind für die spirituelle Praxis von hoher Bedeutung.

Bevor ich mich gründlicher mit dem Ego auseinandersetze, sollen zunächst einige Unklarheiten, die immer wieder zu Missverständnissen führen, ausgeräumt werden.

In der spirituellen Literatur werden häufig die Begriffe Ich und Ego synonym verwendet. Die Ichlosigkeit wird als wichtiges Ziel der spirituellen Befreiung angesehen. Das Ich ist für die mystischen Wege somit das zentrale Hindernis auf dem Weg zu Gott.

Als sich in den letzten achtzig Jahren die Tiefenpsychologie, und später die Psychotherapie, als moderne Ansätze der Selbsterforschung etablierten, wurde auf die Stärkung des Ich besonderer Wert gelegt. Solange nun Spiritualität und Psychologie getrennte Wege gingen, gab es keine Probleme, denn jede Richtung hatte ihre eigenen Ich-Konzepte.

Die Schwierigkeiten traten erst auf, als über das Entstehen der transpersonalen Psychologie in den frühen siebziger Jahren der Dialog zwischen Psychotherapie und Spiritualität begann. Erschwerend kam hinzu, dass Freuds Instanz des Ich in den angelsächsischen Ländern einfach als Ego übersetzt wurde.

Im Kern gab es folgende Argumentation: Was die Psychotherapie mühsam aufgebaut hat, nämlich ein gesundes Ich, soll nun durch spirituelle Übungen losgelassen werden. Kann denn ein gesundes Ich wirklich ein Hindernis auf dem spirituellen Wege sein? In hitzigen Diskussionen wurden die unterschiedlichen Standpunkte dargelegt, ohne vorab zu klären, wie der jeweilige Gesprächspartner diese Begriffe eigentlich versteht. Macht man das nämlich, kann sehr schnell klarwerden, dass sich die Bedeutung des Ich in der Psychologie und Psychotherapie von dem Verständnis des Ego in der Tradition spiritueller Richtungen wesentlich unterscheidet. Ein Erleuchteter, der sein Ich transzendiert hat und frei vom Ego handelt, ist kein ichschwacher Mensch, der seine Standfestigkeit, seine Mitte oder seine strukturellen Fähigkeiten eingebüßt hat. Ganz im Gegenteil, spirituelle Meister stehen mit beiden Füßen auf der Erde und zeigen in ihren Wahrnehmungen und spontanen Handlungen ein großes Ausmaß an Spürsinn und Effektivität. Sie sind keine Duckmäuser, sondern Menschen, die eine Ausstrahlung haben und etwas bewegen.

Es ist also zunächst notwendig aufzuzeigen, worin sich die Begriffe Ich und Ego unterscheiden, ergänzen oder überschneiden. Dann ist auch noch herauszuarbeiten, inwiefern egoistische Menschen psychisch krank sind, so dass eine Psychotherapie angezeigt ist und spirituelle Übungen alleine nicht genügen, um diese Problematik hinreichend zu bewältigen. In der Psychologie spricht man dann von *pathologischem Narzissmus*. Es ist weitgehend bekannt, dass es sich dabei um eine schwere Krankheit handelt, die einer intensiven Psychotherapie bedarf. Störungen grundlegender innerer Strukturen haben immer auch mit seelischen Verletzungen zu tun. Je früher diese in der Lebensgeschichte stattfinden, desto gravierendere Spuren hinterlassen sie. Davon ist nicht nur der Aufbau notwendiger Ich-Funktionen betroffen, sondern in den meisten Fällen ist auch der Kern dieser Menschen, das Selbst, in Mitleidenschaft gezogen. Auch wenn sich über ein brüchiges Selbst durchaus ein funktionierendes Ich entwickeln kann, so ist doch grundsätzlich davon auszugehen, dass eine beschädigte Mitte den Aufbau von funktionalen Verarbeitungsmechanismen nur schwer gelingen lässt. Da hier aber nicht die Feindifferenzierung psychodynamischer Prozesse im Mittelpunkt steht, werden grundlegende entwicklungsrelevante Milieufaktoren, die eine gelingende Ich- und Selbstentwicklung unterstützen, im Zusammenhang dargestellt werden.

Darüber hinaus ist darauf hinzuweisen, dass es auch bei der Skizzierung von Ich- und Selbst-Konzepten teilweise zu Überlappungen kommen wird. Wenn nämlich ichstrukturelle Defizite vorliegen, ist nicht nur das Selbst beschädigt, sondern häufig sogar der Aufbau eines gesunden Ich blockiert.

Die psychischen Strukturen, aus denen heraus unser Erleben und Handeln Kontinuität und Richtung gewinnt, werden im Zusammenspiel von Reifung und Beziehungserfahrungen von frühester Kindheit an allmählich entwickelt. Das ganzheitliche Selbsterleben, das sich von äußeren Objekten unterscheiden kann, bildet das Gefühl heraus, eine Identität zu haben. Sie befähigt den Menschen zu kommunizieren, autonom zu handeln, sich abzugrenzen, sich zu binden und wieder zu lösen. Ich-Strukturen sind, ganz allgemein gesprochen, zuständig für Prozesse des Differenzierens, Regulierens und Integrierens. Während also das Selbst das bewusste und unbewusste Gesamterleben einer Person in der Welt charakterisiert, fungiert das Ich mit seinen Funktionen als Manager, der die Abläufe organisiert. Da das hier kurz skizzierte Selbst-Konzept noch unvollständig ist, wird später gesondert darauf einzugehen sein.

Auf dem Hintergrund meiner eigenen beruflichen Perspektive ist es mir immer wichtiger geworden, die feinen Linien der seelischen und geistigen Prozesse nachzuzeichnen, zu verbinden und in einem Gesamtkontext der psychospirituellen Entwicklung zu sehen. Auch wenn Psychotherapie, deren Ausgangspunkt psychische Leiden sind, und Spiritualität unterschiedliche Zugänge haben, so werden doch ähnliche Ziele angesteuert: Befreiung von Leid, Lösung innerer Blockaden und Selbstverwirklichung. Beide Richtungen streben ein sinnvolleres und wesentlicheres Leben an. Aber auch Glück, Zufriedenheit und innere Sicherheit sollen erfahrbar werden.

Ein weiterer wichtiger Punkt ist noch zu erwähnen. Wenn wir uns mit Begriffen wie Ich, Selbst und Ego beschäftigen, muss es uns stets bewusst bleiben, dass es sich hier um pragmatische Begriffe und hypothetische Konstrukte handelt. Ein hypothetisches Konstrukt verweist auf psychische Strukturen, die wir erschließen, aber nicht direkt beobachten können. Es handelt sich also nicht um körperlich nachweisbare Substanzen, sondern um seelische Koordinaten, die dem Individuum das Gefühl von Konstanz und Identität verleihen. Dies wird auch von der Hirnforschung so gesehen, die vergeblich nach einem Ich oder Selbst, einer zentralen Steuerungsinstanz im Gehirn, gesucht hat. Nach deren Meinung sind es hervorgehobene Verschaltungen in der Großhirnrinde, die diesen Funktionskreisen zugrunde liegen.

Letztendlich ist es eine Illusion, daran zu glauben, dass das Ich oder Selbst eine überdauernde Instanz darstellt. Es sind vorübergehende psychische Konfigurationen, die der Ausbalancierung, Differenzierung und Regulierung seelischer Prozesse dienen. Darin sind sich wissenschaftliche und spirituelle Disziplinen einig. Dennoch hat es sich in der Psychologie, Psychotherapie und Spiritualität bewährt, mit diesen Annahmen zu arbeiten, weil das Innere eines Menschen dadurch besser verstanden werden kann.

Für den weiteren Verlauf dieser Untersuchung können folgende Linien skizziert werden:

- Das Ego in spiritueller Sicht muss man vom Ich in psychologischer Hinsicht differenzieren.
- Der spirituelle Weg benötigt ein gut funktionierendes Ich.
- Das Ego gehört zur Natur des Menschen.
- Das Ego kann mir und anderen schaden.
- Das Ego trennt uns von der universellen Kraft der Liebe.
- Das Ego zu transformieren ist eine große Herausforderung.

Das Ich

Um später das Ego besser vom Ich unterscheiden zu können, soll zunächst darauf eingegangen werden, welche Eigenschaften und Aufgaben das Ich besitzt. Wenn wir uns einen Menschen mit einem funktionierenden Ich vorstellen, können wir ihn folgendermaßen charakterisieren:

Er traut sich seinen Weg zu gehen, auch gegen äußere Widerstände, denn er weiß, was er will und was dafür zu tun ist. In Gesprächen wirkt er authentisch, lebendig und aufrichtig. Er äußert, manchmal auch gegen die Mehrheit, klar seine Meinung. Rückschläge, Niederlagen und Enttäuschungen entmutigen ihn nicht, sondern er ist bereit, sich zu stellen und daraus zu lernen. Auch weicht er vor Konflikten nicht zurück, kann Kompromisse schließen und trägt konstruktiv zu gemeinsamen Lösungen bei. Man kann sich auf ihn verlassen, mit ihm über vieles sprechen, und er ist auch in der Lage zu verzeihen. Er ist tolerant, kann Fremdes zulassen und sich auf Beziehungen einlassen. Dabei erwartet er von seinem Partner nichts Unmögliches. Er steht mit beiden Beinen im Leben und ist sich bewusst, dass es zu Störungen und Widrigkeiten kommen kann. Krankheiten und Schicksalsschläge kann er verarbeiten. Dabei zeigt er seine Gefühle und ist auch in der Lage zu kapitulieren, wenn er selbst nicht mehr weiß, wie es weitergeht. Er fühlt sich autonom und selbständig. Gleichzeitig erkennt er, dass er in größere Zusammenhänge eingebettet ist, die nicht durch seine Aktivitäten verändert werden können. So erkennt er auch seine Abhängigkeiten und sein Angewiesensein auf andere. Demzufolge kann er sich auf neue Entwicklungen gut einstellen und weiß, dass er den Lauf der Dinge nicht vollends kontrollieren und beherrschen kann.

Natürlich ist mir bewusst, dass wir diese Merkmale eines gesunden Ich nie vollständig manifestieren werden, sondern uns diesem Idealbild nur annähern können. Lassen wir für einen Moment diese Beschreibung auf uns wirken, um wahrzunehmen, worin wir uns wiedererkennen und an welchen Aspekten wir zu arbeiten haben.

Ein Mensch, der diese Fähigkeiten weitgehend ausgebildet hat, kann als charakterstark oder als eine »echte Persönlichkeit« beschrieben werden. Andererseits wissen wir, dass Menschen, die wenig Ich-Stärke zur Verfügung haben, als schwach, labil, unberechenbar und ohne festen Grund erlebt werden. Da diese Persönlichkeitsmerkmale überwiegend mit Sozialisationsbedingungen und konstitutionellen Faktoren zusammenhängen, sind moralische Bewertungen und vorschnelle Urteile unangebracht.

Zusammenfassend kann gesagt werden, dass ein gut funktionierendes Ich für die Entfaltung der menschlichen Potenziale unverzichtbar ist. Ich-Verlust oder Ich-Schwäche ist immer gleichzusetzen mit fehlender Anpassungs- und Entwicklungsfähigkeit.

Um Missverständnissen vorzubeugen, sollen hier noch zwei Differenzierungen eingeführt werden: Der Begriff Persönlichkeit geht über den des Ich hinaus, denn er beschreibt das erkennbare Profil eines Menschen, in das auch die lebensgeschichtlichen Prägungen mit einfließen. Identität ist das Bild, das ich von mir habe. In dem, wie ich mich sehe, verschränken sich immer Selbstwahrnehmung und Fremdwahrnehmung. Wie das organisiert und reguliert wird, gehört wieder zu den Aufgaben des Ich.

Freud (vgl. 1975) führte 1923 in der Strukturhypothese den Begriff Ich ein, neben Über-Ich (Moralvorstellungen) und Es (Triebkräfte). Für ihn besteht das Ich aus jenen Funktionen, die mit der Beziehung des Individuums zu sich selbst und seiner Umwelt zu tun haben. Es hat die Aufgabe, zwischen Es und Über-Ich so zu vermitteln, dass eine gesunde Integration der Persönlichkeit stattfinden kann.

In der Nachfolge Freuds wurde das Ich dann zu einem zentralen Begriff, um den sich eine ganze Psychologie entwickelte – die Ich-Psychologie. Auf das Wesentliche beschränkt sieht sie im Ich den Organisierungsprozess lebensnotwendiger psychischer Funktionen: wie der Realitätsprüfung, also Unterscheidung zwischen inneren und äußeren Vorgängen, der Abwehr von übermäßigen Reizen, Objektivierung, Distanzierung, Antizipation, Handeln, Denken und die Fähigkeit, zum Zwecke eines höheren Zieles momentane Befriedigungen aufzuschieben.

Das Ich steuert Bedürfnisse und Affekte, geht in Kontakt, lässt sich auf Beziehung ein, versucht stets das intrapsychische Gleichgewicht wiederherzustellen, setzt sich Ziele, führt Handlungen mit Willensenergie aus, setzt Abwehrmechanismen zur Regulierung ein und strukturiert den Selbst-Aufbau.

Eine herausragende Fähigkeit des Ich ist es, zu sich selbst auf Distanz zu gehen und ein Bild von sich machen zu können. Das ist die Voraussetzung für die Selbstreflexivität, eine spezifisch menschliche Fähigkeit. Erst wenn ich erfasse, wie ich in bestimmten Situationen reagiere, kann der Wille, sich zu verändern, in Gang gesetzt werden. Die Vergegenwärtigung innerer Bilder von sich, der Welt und anderen erleichtert die absichtsvolle Kommunikation und Aktion. Die Erfahrungen, die ich in der Welt mache, können dann in meine inneren Schemata integriert und somit die damit verbundenen Emotionen reguliert werden. Um Nähe und Distanz zu anderen herstellen zu können, müssen auch Impulse kontrolliert und Affekte sozialverträglich zum Ausdruck gebracht werden können. Impulssteuerung, Affektregulierung, Abwehrverhalten und Frustrationsbewältigung sind somit für die Persönlichkeitsintegration notwendige Fähigkeiten. Weitere kognitive Operationen erzeugen dann Selbst- und Fremdbilder, so dass ein innerer Dialog, der das Handeln vorbereitet, stattfinden kann.

Neben den Ich-Funktionen gibt es auch die Möglichkeit, Ich-Zustände, die sich auf spezifische Aufgaben zentrieren, herauszuarbeiten: Das selbstreflexive Ich denkt über sich nach, das biographische Ich wird der Lebensgeschichte gewahr, das perspektivische Ich sieht sich als Bezugspunkt in der Welt etc.

Auch wenn spezifische Anliegen vorübergehend fokussiert werden, sind diese Erscheinungsformen miteinander verwoben. So können durch Aktivierung eines Kindheits-Ich-Zustandes, in dem frühere Szenen mobilisiert werden, zeitweilig Kompetenzen nicht verfügbar sein, die dann über das selbstreflexive Ich wieder aktualisiert werden. Eltern, die einer Sitzung des Kindergartens ihrer Tochter beiwohnen, fühlen sich nicht selten selbst wieder ein wenig kindlich, wenn sie auf den engen Stühlchen sitzen. Sie trauen sich kaum, der Kindergärtnerin zu widersprechen, obwohl es triftige Gründe gäbe. Erst wenn sie sich wieder auf ihr wahres Alter besinnen, können sie ihr Anliegen einbringen.

Durch die psychotherapeutische Forschung weiß man heute, dass erst ausbalancierte Ich-Zustände und intakte Ich-Strukturen mit ihren differenzierenden und integrierenden Funktionen eine konstruktive Ausbildung der Persönlichkeit garantieren. Insbesondere sind intakte Ich-Funktionen zur Beziehungsgestaltung von hoher Bedeutung.

Wenn der seelische Binnenraum mit seinen unterschiedlichen Empfindungen und Gefühlsströmungen erspürt werden kann, fällt es leichter, adäquate emotionale Bindungen zu sich selbst und zu anderen aufzubauen. Bedürfnisse, Anliegen und Befürchtungen können wahrgenommen und kommuniziert werden, um durch Verständigung und Klärung eine ausgewogene Form von Nähe und Distanz herzustellen.

Heftige Affekte können kontrolliert, Ängste reguliert und schmerzliche Erlebnisse wie Trennungen, Krankheiten oder

Schicksalsschläge adäquat verarbeitet werden. Eigene Ansichten und Ziele werden nicht von äußeren Reaktionen abhängig gemacht, sondern wirken authentisch und lebendig, weil die eigene Person als wertvoll erachtet wird. Diese Selbstachtung dehnt sich in der Regel auch auf andere Menschen aus, so dass sich im Kontakt zu anderen eine wohlwollende Atmosphäre einstellt. In Konflikten haben ichgefestigte Menschen eine höhere Frustrationstoleranz und wirken weniger abhängig von der Meinung anderer. Sie können bei sich selbst und anderen Menschen gute und schlechte Eigenschaften realistisch erkennen, ohne zu idealisieren oder abzuwerten. Dementsprechend ergeben sich auch keine überhöhten Erwartungen und Ansprüche, die meistens grandiose Enttäuschungen nach sich ziehen. Langfristige Bindungen und Beziehungen können eingegangen und gelöst werden, ohne etwas zerstören zu müssen.

Belastende Gefühle können dabei angemessen reguliert werden. Auf unvorhergesehene und bedrückende Situationen kann sich ein Mensch mit intakten Ich-Funktionen so einstellen, dass gleichzeitig innere Spielräume für das Erleben von Freude, Spontaneität und Kreativität bleiben. Die Offenheit für sinnliche Wahrnehmungen führt zu einer körperbetonten Lebensweise, befriedigender Sexualität und genereller Liebe zur Natur. Das Vertrauen in ein inneres Zentrum, das jederzeit auch als Ort der Sicherheit und Ruhe kontemplativ vergegenwärtigt werden kann, wird als Kraftquelle für die Selbstwerdung erlebt.

Dabei kann gut akzeptiert werden, dass das Leben Unwägbarkeiten, Ungerechtigkeiten und Enttäuschungen mit sich bringt.

Führen wir uns diese Merkmale einer gut funktionierenden Ich-Struktur vor Augen, erkennen wir sehr schnell, dass diese Kompetenzen für eine segensreiche spirituelle Praxis vorteilhaft sind, weil intensive und dynamische Transformationsprozesse getragen, organisiert und gut integriert werden können. Wenn ich etwa erkenne, dass chronische Abwertung eines anderen zu zwischenmenschlichen Spannungen führt, sind differenzierte Selbstwahrnehmung und Einsichten über die Motive für die

Veränderung dieses Verhaltens erforderlich. Dazu muss der Betreffende noch zu Einfühlungsvermögen, Vorausspüren eines angestrebten Zielzustandes, regulierender Zurücknahme von Affekten, Willenskraft und dem Hervorrufen neuer Gefühlsqualitäten fähig sein.

Der spirituelle Weg braucht also ein intaktes Ich, denn Menschen mit ausgeprägter Ich-Schwäche haben in der Regel Schwierigkeiten, Veränderungsprozesse mit vorhergehenden labilisierenden Durchgangsstadien zu ertragen und für den Alltag zu stabilisieren. So kann jemand in Meditationssitzungen mit starken Energieströmen in Kontakt kommen, die ein ichschwacher Mensch als immense Bedrohung erlebt, bei der fremde Energien in ihn eindringen, statt es als Zeichen des inneren Fortschritts zu werten. Darüber hinaus fällt es dann meistens schwer, spirituelle Übungen dauerhaft durchzuführen und bisherige Sicherheiten, die von konstruierten und sozialisierten Sinngestalten ausgehen, aufzugeben.

Wenn festgefahrene Anschauungen darüber, was gut oder böse ist, in einem erweiterten Bewusstseinszustand ins Wanken geraten, kann das dramatische Krisen auslösen, weil die bisherige Ordnung der Welt verlorenzugehen droht. Das hängt damit zusammen, dass sich, vornehmlich durch äußerliche Werteprägungen, verdrängte Bewusstseinsinhalte, die sich eigentlich dagegen auflehnen würden, störend bemerkbar machen.

So wurde zum Beispiel jemand in der Kindheit stets gedrängt, sich nicht zornig zu zeigen oder seine Bedürfnisse hintanzustellen. Daraus hat sich im Erwachsenenalter eine sanftmütige Haltung entwickelt, die unecht wirkt. Wenn nun andere sich wütend zeigen, werden sie bekämpft und abgewertet. Wenn die eigenen Ärgerimpulse bewusst werden, beginnt die Fassade zu bröckeln, und das führt, ohne wohlwollende Begleitung, zu Komplikationen, weil das alte System bricht und das neue noch nicht verfügbar ist.

Wenn solche Aspekte unbewusst bleiben, verbinden sich häufig spirituelle Erfahrungen mit psychopathologischem Material.

Wenn sich zum Beispiel jemand angesichts der erlebten Größe des Göttlichen demütig und davon abhängig fühlt, können innere Erfahrungen belebt werden, die mit Ohnmacht und traumatisierender Überwältigung zu tun haben. Darauf einsetzende Panikattacken werden auf diesem Hintergrund erst verständlich.

Ähnliches gilt natürlich auch für die Fähigkeit, sich auf Bindungen einzulassen, was nicht bedeutet, in Zukunft autonome Verhaltensweisen zu unterdrücken, ganz im Gegenteil. Das ist besonders in spirituellen Gemeinschaften von hoher Bedeutung, in denen sehr leicht unreflektierte Tabus und Normen ausgebildet werden. Wenn ein Schüler in einem Ashram *Seva* leistet (das heißt, dem Göttlichen vorbehaltlos zu dienen), so ist das eine hervorragende Übung zur Ego-Transformation. Also eine Praxis, in der ich Leistung nicht mit Gegenleistung verrechne, sondern mich einfach nur hingebe, weil ich dazu bereit bin. Natürlich bleibt es mir dabei nicht erspart, gegebenenfalls etwas, was mir als Aufgabe angetragen wird, abzulehnen oder mich dagegen zu wehren, wenn der Verantwortliche des jeweiligen Arbeitsbereiches einen Hang zur Machtausübung besitzt. Falls mich seine Aktionen in Form oder Inhalt stören oder irritieren, wenn er mir rüde befiehlt, einen sauberen Meditationsraum nochmals zu putzen, weil ich dafür eingeteilt bin, dann ist es notwendig, dagegen vorzugehen, und nicht davon auszugehen, dass es »Gott so will«. Hier konkurriert die Wahrhaftigkeit mit der Hingabe, deshalb ist genau zu prüfen, was in diesem Augenblick die richtige Antwort ist. Auch dafür sind wiederum gute Ich-Strukturen erforderlich.

Da nicht jeder spirituelle Lehrer auch Psychotherapeut sein kann, wäre es sicherlich hilfreich, wenn diese beiden Strömungen, im Dienste des Ganzen, noch enger zusammenfinden würden. Eine Psychotherapie ist auf jeden Fall dann angezeigt, wenn dauerhaft destruktive Vorstellungen und Verhaltensweisen auftreten, persönliche Probleme sich nicht durch spirituelle Übungen lösen lassen, chronische Selbstwertkrisen, diffuse Ängste und Panikattacken erlebt werden und vorhersehbare zwischenmenschliche Komplikationen vermehrt auftreten.

In spirituellen Krisen, auf die ich später noch ausführlicher eingehen werde, können spirituelle Erfahrungen mit psychopathologischen Inhalten so verschmelzen, dass sich die inneren Prozesse dramatisch zuspitzen. Die Angst, verrückt zu werden, oder paranoide Zustände, in denen sich jemand verfolgt fühlt oder um sein Leben fürchten muss, sind dabei nicht selten.

Jemand erlebte zum Beispiel eine *Kundalini-Erweckung*, in der latente Kräfte aktualisiert wurden und sich spontan Raum verschafften. Darauf folgte eine tiefe Müdigkeit, die in ein verzweifeltes Ohnmachtsgefühl führte, das wiederum starken Brechreiz auslöste. Daraufhin sah er sich am Kreuz hängend und von Gott verlassen. Wenn sich nun diese Zustände rasch auflösen und ein Gefühl von Frieden einkehrt, ist so etwas in der Regel nicht problematisch. In solchen dramatischen Durchgangsstadien bricht das Göttliche im Menschen durch und führt zu intensiven Reinigungs- und Transformationsprozessen. Sollte danach aber eine länger andauernde Labilisierung folgen, würden wir von einer spirituellen Krise sprechen, die einer sachgerechten Begleitung bedarf. Durch ichstrukturelle Defizite konnten nur unzureichende Verarbeitungskapazitäten aufgebaut werden, die dann spirituelle Krisen begünstigen.

Natürlich ist das keine zwangsläufige Bedingung, denn es kann auch sein, dass jemand ohne Vorbereitung spontane Veränderungen des Bewusstseins erfährt, die zu ähnlichen Erfahrungen führen. Dabei hat sich das Ich noch nicht an diese Prozesse angepasst, so dass es vorübergehend außer Kraft gesetzt wird und es somit zu einer Einbuße an Orientierung, Sicherheit und Kompetenz kommt.

Ein gesundes Ich kann den spirituellen Fortschritt besser integrieren, weil es angemessener zwischen inneren und äußeren Prozessen unterscheiden, bahnbrechende Energien regulieren und sich fremdartigen Inhalten anvertrauen kann. Auch können starre Grenzen angstfreier aufgelöst und spirituelle Übungen, die Wille und Planung erfordern, ausdauernder durchgeführt werden. Das ist notwendig, um die Fähigkeit zu Mitgefühl und

Liebe zu vertiefen und zu erweitern. Das Gefäß, das die spirituellen Erfahrungen aufnimmt und adaptiert, muss also über eine gewisse Festigkeit verfügen.

Man ist sich weitgehend darüber einig, dass die Fundamente einer gelingenden Ich- bzw. auch Selbstentwicklung durch verlässliche und resonanzfähige Bezugspersonen vom Lebensbeginn an entscheidend mitbeeinflusst werden. Nur wer Geborgenheit, Vertrauen, Liebe und Sicherheit selbst einmal erlebt hat, kann dies auch in sich selbst spüren und zu anderen Menschen hin empfinden. Der Mensch ist immer auch Mitmensch und in seiner Entwicklung eng mit seiner Umwelt verwoben, die zuallererst von seinen Eltern repräsentiert wird. Je früher ein Mensch von wohltuenden Atmosphären getragen wird, desto besser können stabile innere Strukturen aufgebaut werden.

Obwohl die meisten entwicklungspsychologischen Forschungen nach der Geburt ansetzen, können wir heute davon ausgehen, dass von der Zeugung an korrespondierende Prozesse stattfinden, die Lebensstile und Lebensmuster mitprägen. Es spielt eine große Rolle für die Ausbildung von Grundvertrauen, ob nun ein Kind gewollt ist oder nicht oder etwa im Mutterleib schon Abtreibungsversuche erleiden musste. Auch Stresssituationen, chronische Missstimmungen oder Gewalterfahrungen können für den Embryo nachteilige Auswirkungen haben. Im Holotropen Atmen erinnerte sich jemand daran, wie der damalige Lebenspartner der schwangeren Mutter in den Bauch getreten hat. Das Kind im Mutterleib war furchterregenden Erschütterungen und Vernichtungsängsten ausgesetzt.

Dann kommt der Mensch, im Unterschied zu allen anderen Säugetieren, noch unfertig zur Welt, obwohl im Mutterleib schon gewaltige Entwicklungsschritte stattfinden. Gerade nach der Geburt müssen weitere enorme psychophysische Reifungsschritte vollzogen werden, um Identität aufzubauen. In dieser Phase ist jedes Kind der Umgebung weitgehend ausgeliefert. Um sich ausdehnen und wachsen zu können, muss es liebevoll behandelt werden und sichere Bindungen erleben. Sind jedoch die

Einflüsse auf das Kind feindselig, ist die Atmosphäre angespannt und der Kommunikationsstil grob, kommt es schon zu ersten Rückzugstendenzen und chronischen Schutzmechanismen, die aufkeimende Impulse von Lebendigkeit und Kreativität zurückdrängen.

Die Bedrohung des entstehenden inneren Zentrums, einer sicheren Mitte, aus der heraus sich die weitere Entfaltung des Lebens vollzieht, muss abgewehrt werden. Etwas, das sich also in natürlicher Weise ausdehnen möchte, muss wieder zurückgezogen werden. Im Erwachsenenalter kommt es dann zu Depressionen und dem Gefühl, von inneren Mauern umgeben zu sein, die verhindern, dass zu anderen Menschen ein Näheverhältnis aufgebaut werden kann. Abgetrennt von der Welt, erlebt ein Mensch dann unkontrollierbare Einwirkungen auf sein Seelenleben als beängstigend. So braucht es rigide Ich-Strukturen, die vor allem der Abwehr dienen. Diese mangelnde Flexibilität der Verarbeitungsmechanismen führt dann schneller zu den obengenannten Krisen, vor allem, wenn es zu spontanen Bewusstseinserweiterungen kommt.

Häufig sind defizitäre und starre Ich-Funktionen gleichzeitig von einem unzureichenden Selbstgefühl begleitet. Da das Selbst an anderer Stelle ausführlicher beschrieben wird, sollen hier nur kurz die entwicklungspsychologischen Schritte, wie sie von Daniel Stern (vgl. 1992) hervorragend beschrieben wurden, nachgezeichnet werden.

Die ersten beiden Lebensmonate sind durch das auftauchende Selbsterleben, das »emergente Selbst« geprägt. Der Säugling entwickelt auf der Grundlage der unterschiedlichen Sinneseindrücke die Ahnung und das »Empfinden einer im Entstehen begriffenen Organisation«.

Darauf schließt das folgende Stadium etwa zwischen dem dritten und neunten Lebensmonat an, in dem der Säugling die Umrisse eines »Kern-Selbst« bildet. Neben dem diffusen Gefühl der körperlichen Kohärenz wird er nun auch gewahr, dass er auf die Umgebung einwirken kann und so etwas wie einen eigenen Willen besitzt. Allmählich sind Ansätze eines zeitlichen Kontinuums festzustellen. Auch wenn sich eine erste Kontrolle über das emotionale Erleben einstellt, kommt es noch nicht zu einem subjektiven Selbsterleben, das sich erst in der dritten Phase, etwa zwischen dem neunten und achtzehnten Monat, allmählich aufbaut, in der das Kind bewusste, von Gefühlen und Intentionen getragene Interaktionen mit Gegenständen und Bezugspersonen vollzieht. Danach, mit Heranbildung der sprachlichen Kompetenz, tritt der Mensch auch in sein personal-biographisches Bewusstsein ein. Stern spricht dann von einem »verbalen oder narrativen Selbst«, in dem das Kind fähig ist, sich selbst und die Welt mit Bedeutungen zu belegen.

Wenn in den genannten Entwicklungsstadien Bezugspersonen abweisend, unberechenbar, ignorant, gewalttätig oder lieblos sind, kommt es zu erheblichen Beeinträchtigungen. Negative Bindungserfahrungen, gerade in dieser Zeit, sind tief in uns verankert, so dass sie auch in späteren Beziehungen weiter wirksam bleiben, insbesondere was die Fähigkeit zu vertrauen und sich einzulassen anbelangt. Das entstehende Selbst zieht sich zusammen und bildet einen Panzer aus, um sich zu schützen, anstatt sich auszudehnen und zu wachsen, weil es die Welt als unwirtlich und feindlich erlebt. Das prinzipielle Vertrauen in andere Menschen geht verloren. Ein derart verletztes Selbst vermittelt keinen Halt, der innere Boden ist instabil, die Spielräume des Denkens und Handelns sind eingeengt, Affekte können impulsiv durchbrechen, die Zukunftsperspektiven sind verdüstert.

Wenn defizitäre Ich-Strukturen auf ungenügend ausgeprägte Selbst-Repräsentanzen treffen, wird die Frage brisant, wann psychotherapeutische Maßnahmen die spirituellen Übungen ergänzen oder voraussetzen müssen. Nämlich insofern, als wir es dann in der Regel mit egozentrischem Verhalten zu tun haben und die Transformation des Ego nach Ansicht der spirituellen Lehrer durch spirituelle Übungen zu leisten wäre. Dies trifft nur eingeschränkt zu, denn wenn jemand das Ego in den Mittelpunkt stellt, sind damit immer auch Ängste, unter anderem vor Selbstwertverlust, Einsamkeit oder mangelnder Beachtung, verbunden. Diese wurden natürlich durch Prägungen und Entbehrungen, die wir im Laufe unserer Entwicklung zu durchleiden hatten, mit verursacht.

So könnte man nun grundsätzlich davon ausgehen, dass ein Mensch ja sowieso nicht anders kann, als so zu reagieren, wie er reagiert. Damit kann er auch nicht für sein destruktives Verhalten verantwortlich gemacht werden. Somit müsste eigentlich jeder Mensch, der egoistisch handelt, eine Psychotherapie aufsuchen. Damit würden wir es uns aber zu leicht machen, denn häufig spüren wir genau, wenn wir uns selbst oder andere verletzen. Genau in diesem Augenblick wäre es möglich, innezuhalten und unsere Aktion zu unterbrechen. Wenn wir leichtsinnig mit hoher Geschwindigkeit einen Unfall verursachen, in Gesellschaft jemanden beschämen, einen Streit mit dem Partner anzetteln oder ein Kind anschreien, können wir rückblickend häufig den Moment genau benennen, in dem wir auch anders hätten handeln können. Wenn uns das bewusst wird und wir, unterstützt durch Reflexion und Gespräche mit den Betroffenen, Einsicht in die Dynamik unseres Verhaltens gewinnen, dann könnten wir uns durch die Ereignisse des Lebens ganz natürlich weiterentwickeln. Spirituelle Übungen wie Meditation, Loslassen und Mitgefühl würden dann diesen Prozess hilfreich unterstützen.

Wenn uns diese Dynamik aber nicht bewusst wird und wir uns gekränkt zurückziehen, andauernd an die Situation denken und unsere feindseligen Gefühle stärker werden, sollte uns das nachdenklich machen, denn es könnten möglicherweise alte Muster aus früheren Kränkungen mit im Spiel sein. Wenn dann auch noch die Liebes- und Arbeitsfähigkeit sowie der Kontakt zu sich und zu anderen eingeschränkt sind, dann reichen spirituelle Übungen nicht mehr aus, um diese Hürden zu nehmen. Im Gegenteil, sie können sogar zu einer Verschleppung und Verschlechterung der Symptomatik führen, wenn keine Psychotherapie den spirituellen Weg ergänzt. Solche Störungen können erst dann wirklich losgelassen und transformiert werden, wenn sie zuvor bearbeitet und integriert wurden. Geschieht das nicht, gerät der Suchende in eine Sackgasse, in eine Überforderung. Das erhöht die Gefahr weiterer Destabilisierung, weil der erlebte Misserfolg weitere Selbstabwertungen nach sich zieht. Dadurch wird das Ego zusätzlich aufgebaut anstatt abgebaut.

Wenn Erfahrungen im transzendenten Raum auf unsichere innere Strukturen treffen, können sie nicht adäquat assimiliert werden. Unintegriertes psychisches Material kann Dramatisierungen und Überhöhungen verursachen. Gerade im Hinblick auf spirituelle Krisen ist deshalb auch immer die strukturelle Labilität zu prüfen. Wenn jedoch mystische Erfahrungen auf einen guten Boden fallen, führen sie in der Regel zur Erweiterung und Vertiefung des existenziellen Gefühls.

Falls krankheitswertige Hinweise durch inkompetente Beurteilung nicht ernst genommen werden, kann dies zu falschen Maßnahmen, Überforderungen und dramatischen Prozessen führen. Insbesondere Persönlichkeitsstörungen sollten in diesem Zusammenhang wahrgenommen werden: Sie liegen dann vor, wenn jemand seine Impulse, vor allem Wut, nicht kontrollieren kann, sich selbst und andere verzerrt wahrnimmt, selbstverletzend handelt, einen hohen Angstpegel besitzt, andere Menschen entwertet oder idealisiert, die Welt in Gut und Böse aufspaltet, chronischen Gefühlen der Leere oder Langeweile ausgesetzt ist, mit einem hohen Ausmaß an Neid zu kämpfen hat, zu Schwarz-Weiß-Malerei neigt, häufig mit Suchtproblemen zu kämpfen hat, sich schwer in andere hineinversetzen kann und insgesamt chaotisch wirkt. Auch fühlt man sich schnell von anderen beleidigt, begleitet von intensivem Neid. Die häufig auftretende innere Leere, die zu massiven Selbstwertkrisen führt, wird meist durch süchtiges Essen, Trinken oder sexuelle Aktivität bekämpft. Während bei leichteren psychischen Störungen die Betroffenen selbst ihre Behandlungsbedürftigkeit erkennen, fällt es Menschen mit den genannten Symptomen fast immer schwer, Krankheitseinsicht zu entwickeln, da in der Regel die Probleme nach außen projiziert und somit bei den anderen und nicht bei sich selbst gesehen werden.

Ganz besonders auffällig ist die fehlende Motivation bei sogenannten narzisstischen Erkrankungen, also bei Menschen, die als schrankenlos egozentrisch beschrieben werden, weil sich alles nur um sie selbst drehen muss. Sie leiden an einer Selbstwertproblematik, die durch ein übermäßiges Bedürfnis nach Bewunderung gekennzeichnet ist. Dabei bilden sich überwertige Fixierungen aus, die entweder durch Verwahrlosung, wenn die Bezugspersonen sich emotional kalt verhielten, oder durch Verwöhnung, wenn adäquate Frustrationen gefehlt haben (Wonnenarzissten), zustande kommen. Sie signalisieren hohe Defizite im Bereich von Achtung und Wertschätzung.

So entwickeln diese Menschen ein Gefühl der Grandiosität, beschäftigen sich überwiegend mit sich selbst, müssen stets bewundert werden, haben eine unrealistische Einschätzung von Risiken und Gefahren, sind auf andere Menschen unangemessen neidisch und müssen sie deshalb immer wieder entwerten. Sie fühlen sich innerlich leer und können sich schwer in andere hineinversetzen. Eine andere Person zu lieben würde bedeuten, sie zu schätzen, was aber bei solchen Menschen mit einem Gefühl der eigenen Erniedrigung verbunden ist. So wird der andere abgewertet und funktionalisiert. Die Beziehung kann nur so lange aufrechterhalten werden, wie die eigenen Wünsche befriedigt werden und der Beziehungspartner sich symbiotisch unterwirft und eigene Autonomieansprüche zurückstellt. Ist der andere wie eine Zitrone ausgequetscht, wird er fallengelassen. Moralische oder soziale Wertvorstellungen kommen nicht von innen, sondern werden nur deshalb berücksichtigt, weil man sich sonst vielleicht blamieren könnte.

Wie aus diesen Schilderungen ersichtlich wird, würden meditative Übungen nicht ausreichen, um Heilung zu finden. Meistens wird sogar das pathologische Material auf die Spiritualität verlagert, so dass die zugrundeliegenden Ängste, Bedürfnisse und Defizite folgende Komplikationen verursachen können:

Auf dem spirituellen Weg wird vor allem Erlösung von den persönlichen Problemen gesucht. Durch die Neigung zur Spaltung von Gut und Böse kann es zu missionarischem Verhalten kommen. Andersdenkende werden dann dämonisiert oder als vom Teufel besessen charakterisiert. Die eigentümliche Leere, die durch Meditation als Phänomen auftritt, kann paranoide Fluchttendenzen hervorrufen. Die Abwehrmechanismen »Idealisierung« und »Entwertung« können zur Abhängigkeit von spirituellen Lehrern führen. Damit werden eigene Bewertungen außer Kraft gesetzt und Entscheidungen durch kindliche Anpassungsstrategien unreflektiert in den Alltag übernommen. Das hat so manchen spirituell Suchenden in den finanziellen Ruin getrieben. Hingabe und Demut, zentrale Merkmale spiritueller Praxis, können auf einem pathologischen Hintergrund in Selbstverleugnung und Selbstdestruktivität ausarten. Wenn die Ich-Grenzen durch die Übungspraxis schrittweise transzendiert werden, kann das zu emotionaler Labilität führen. Insbesondere bei sogenannten Ego-Tod-Phänomenen, die weiter hinten ausführlicher besprochen werden, können mangelnde Selbstregulierungsstrategien Panikattacken hervorrufen.

Wenn begleitende psychotherapeutische Maßnahmen zur Sicherung der inneren Verarbeitungskapazität indiziert sind, sollte der Therapeut spirituellen Wegen gegenüber grundsätzlich positiv eingestellt sein. Seelische Störungen sind nicht, wie es häufig vertreten wird, Kontraindikationen für spirituelle Übungen. Ganz im Gegenteil, denn durch sie können unschätzbare kurative Ressourcen wirksam werden. Zunächst das Vertrauen in eine innere Weisheit, durch das Schicksalsschläge in der Vergangenheit besser akzeptiert werden können. Nicht zu unterschätzen ist auch die stabilisierende Wirkung, sich in einen größeren Zusammenhang eingebettet zu fühlen. Dies führt zu einer Entspannung, die wiederum die Anwendung konfrontativer Aufarbeitungsstrategien in der Psychotherapie leichter macht. Dadurch kann die Integration kränkender Lebenserfahrungen schneller und dynamischer erfolgen.

Überdies führen spirituelle Übungen, wie die Meditation, zu einer umfassenden Zentrierung, aus der wieder regulative Strategien erwachsen können. Achtsamkeitsübungen, wie sie in allen spirituellen Richtungen gepflegt werden, stärken die Fähigkeit, andere zu verstehen *(Empathie)*, und erweitern die Einsicht in die Prozesse anderer, wodurch ganz generell verstrickende Inszenierungen und Manipulationsverhalten reduziert werden. Die Neigung, sich nur als Opfer zu sehen und dementsprechend zu agieren, wird abgebaut und selbstverantwortliches Verhalten gefördert. So treten auch äußerliche Verhaltensnormen zugunsten der inneren Stimme mehr in den Hintergrund. Allmählich findet ein struktureller Umbau in die Breite und in die Tiefe statt. Durch die Ausdehnung der Identifikationsmöglichkeiten und Weitung der inneren Koordinaten werden die Selbst- und Fremdbilder flexibler sowie die Erfassungskapazitäten breiter. Auch wenn keine frühen Schädigungen vorliegen, ist die beständige Kapazitätserweiterung der inneren Strukturen von großer Tragweite, weil spirituelle Erfahrungen, die den bisherigen Rahmen sprengen, nutzbringender verarbeitet werden können. Die Übungsbereitschaft, die durch die Stärkung der Willenskraft gefördert wird, trägt dann weitere Früchte.

Das Ego

Im Ego sehen spirituelle Wege ein großes Hindernis, das es zu überwinden gilt, will man innere Freiheit gewinnen. Nur wer bereit ist, das Ego abzubauen, kommt der Gnade göttlichen Seins, das in unserer Wesensnatur erstrahlt, näher. Für jene, die sich darauf einlassen wollen, ist es unentbehrlich, herauszufinden, in welcher Form dieser innere Prozess unterstützt werden kann.

Um sich auf diesen Prozess konsequent einlassen zu können,

ist eine genaue Kenntnis des Ego notwendig, das von den Ich-Funktionen, die die inneren Organisations- und Regulationsprozesse steuern, zu unterscheiden ist. So haben wir herausgefunden, dass ein starkes Ich dringend erforderlich ist, um spirituelle Wachstumsprozesse zu unterstützen, erweiternde Erlebnisse nachhaltig zu integrieren und Lebensstiländerungen dauerhaft zu bewirken.

Dabei wurde angedeutet, dass bei strukturellen Ich-Störungen, die zu krankheitswertigem egozentrischem Verhalten führen, immer auch psychotherapeutische Maßnahmen angeboten werden sollen. Der Schweregrad von Ego-Phänomenen entscheidet darüber, ob sie alleine durch spirituelle Übungen bewältigt werden können. Um die richtige Vorgehensweise herauszufinden, ist neben einigen maßgeblichen Verhaltenseigenschaften immer die Bereitschaft des Schülers, aufrichtig sich selbst zu erforschen, ausschlaggebend. Wer erfolgreich an seinen Ego-Verstrickungen arbeiten möchte, muss bereit sein, sich selbst radikal zu hinterfragen.

Nähern wir uns einer ersten allgemeinen Beschreibung des Ego an, dann sind es vor allem Gedanken, Gefühle und Verhaltensweisen, die mir und anderen Schaden zufügen. Wenn ich mir wünsche, dass ein Kollege bei einem Projekt Schiffbruch erleiden soll, dann wirken diese Gedanken schädigend auf mich selbst. Ich spüre inneren Druck, werde aufgewühlt und unzufrieden. Verstärken sich dann noch destruktive Emotionen wie Hass, Verachtung, Neid, Stolz oder Gier, nimmt die Unruhe weiter zu. Einsetzende Schuldgefühle, Selbstabwertung und Selbsthass müssen dann unterdrückt werden und tragen zu einer Verschlimmerung meines Zustandes bei. Wenn ich über andere schädigende Gedanken hege, verletze ich immer auch mich selbst.

Durch einige wenige und sehr einfache Fragen, für die es sich lohnt, ein wenig Zeit aufzuwenden, können wir der Spur unseres Ego folgen:

Löst der Erfolg eines anderen in mir Neid aus, oder erhöhen schlechte Nachrichten über andere mein Selbstwertgefühl? Manipuliere und kontrolliere ich Beziehungen, um Bestätigung zu erlangen? Reagiere ich gekränkt oder beleidigt, wenn mich jemand sachlich kritisiert? Lehne ich andere ab, wenn sie nicht so sind, wie ich sie gerne hätte? Fühle ich mich unwohl, wenn Situationen auftreten, die meinen Vorstellungen widersprechen? Bin ich vorwiegend misstrauisch anderen oder dem Leben gegenüber? Habe ich Schwierigkeiten, anderen oder mir gegenüber Wertschätzung zu empfinden?

Gerne können Sie auch noch eigene Fragen, von denen Sie glauben, dass sie in diese Kategorie gehören, mit hinzufügen. Halten Sie dann bitte einen Moment inne und lassen Sie die Fragen auf sich wirken. Wichtig bei diesem Schritt ist, sich selbst gegenüber Liebe und Güte zum Ausdruck zu bringen. Wenn Sie Antworten gefunden haben, können Sie sie wieder notieren.

In Situationen, in denen wir vom Ego dominiert werden, erleben wir uns verbissen, gierig, eifersüchtig, unversöhnlich, hart und abwertend. Wir hören nicht zu und halten gerne an unseren Vorurteilen fest. Äußeres Ansehen, Prestige und materielle Werte werden überbetont, um sich anderen gegenüber überlegen zu fühlen. Diese Haltung ist unumstößlich in unserer Gesellschaft verankert. Menschen mit spärlichem Einkommen, geringer Bildung oder kleiner Mietwohnung fühlen sich häufig weniger wertvoll und schämen sich dafür. Umgekehrt glauben jene, die über Reichtum verfügen, dass ihnen die Welt gehört und sie keine Rücksicht auf andere nehmen müssen. Sie tragen ihr Ego zur Schau und werden erst dann nachdenklich, wenn ihr Leben nicht mehr so glatt läuft. Ein ausgeprägter egozentrischer Lebensstil spiegelt gewöhnlich nicht den wahren Selbstwert wider, sondern verbirgt Ängste und Unsicherheiten. Wenn die Fassade bröckelt, reduziert sich schnell die nach außen demonstrierte Größe.

In Gesellschaft fühlt sich das Ego auf Kosten anderer wohl und nimmt sich viel Raum. In Diskussionen, in denen jemand rechthaberisch seinen Standpunkt vertritt und andere Argumente nicht gelten lässt, fühlt man sich meistens in Gegenwart solcher Menschen unbehaglich und nach solchen Situationen ausgebrannt. Auf wertvolle Äußerungen anderer reagiert das Ego zynisch oder sarkastisch, und wenn sich jemand schwach zeigt, wird ohne Mitgefühl in dessen Wunde gebohrt. Die Wahrheit wird immer an die eigenen Bedürfnisse nach Bewunderung angepasst.

Sturheit, übergroßer Ehrgeiz und Misstrauen gegen andere können auch als Ausdrucksweisen des Ego angesehen werden. Auch die eigenen Kinder können stellvertretend dafür stehen, wenn die Eltern ihr Ego ausleben. In verschiedenen Sportarten, im künstlerischen oder schulischen Bereich werden Kinder häufig, entgegen ihren eigenen Wünschen, grausam zu Höchstleistungen angetrieben. Später können die gescheiterten jungen Erwachsenen oftmals nicht mehr spüren, was sie im Innersten wollen, weil sie es gewohnt waren, Bedürfnisse und Gefühle auszuschalten, um den überzogenen Anforderungen und der Konkurrenz genügen zu können.

Das Ego begnügt sich nicht mit guten Leistungen, sondern muss besser sein als andere. Dafür braucht es Verlierer, denn ein Sieg wird umso wertvoller, je mehr Unterlegene auf der Strecke bleiben. Nicht selten werden die Gegner kontrolliert und manipuliert. Wenn das Ego gewinnt, wird eine hektische Dynamik des Mehr und Besser entfacht und seinsbezogene Anliegen noch weniger berücksichtigt. So deckt das Ego die innere Empfindsamkeit zu und lässt den natürlichen Strom der Gefühle versiegen. Die Folgen sind soziale Kälte, mangelnde Mitmenschlichkeit und fragmentierte Beziehungswelten, in denen keine verlässlichen und langfristigen Bindungen entstehen können.

Intrapsychisch baut das Ego somit einen Panzer des Misstrauens auf, der kreative Kräfte behindert, sich Intuitionen verschließt und gegen die innere Weisheit richtet. Alles, was einfach geschieht, also ohne meine Kontrolle passiert, wird deshalb als

Bedrohung wahrgenommen. So werden Botschaften, die durch konfliktbehaftete Situationen oder Widrigkeiten erschlossen werden könnten, von vorneherein abgewehrt und abgespalten. Das hat zur Folge, dass wir uns einer kreativen Auseinandersetzung mit Lebensumständen, die uns voranbringen könnten, verweigern. So entzieht sich das Ego der inneren Weisheit, indem es »mein Wille geschehe« anstatt »Dein Wille geschehe« sagt.

Jemand, der krank ist und sich ins Bett legen muss, wird zum Loslassen gezwungen. Statt nun innezuhalten, um zu spüren, was derzeit in Unordnung ist, werden symptomatische Medikamente und Aufputschmittel genommen, um sich möglichst schnell wieder im Konkurrenzkampf mit den Kollegen behaupten zu können. Wenn die innere Stimme nicht mehr gehört wird, verstärkt sich der Druck, Lösungen noch mehr im Äußeren zu finden. Gefühle der Schwere, Verspannungen und Verhärtungen, die sogar zu psychosomatischen Beschwerden führen können, verhindern so ein Offensein und verstärken das Kontrollverhalten, so dass Wachstumsimpulse sich nur noch schwer durchsetzen können.

Der Horizont wird verengt, neue Einsichten werden zurückgewiesen, alte Muster werden verstärkt, und die Barrikade wird nach innen und außen erhöht.

Gleichzeitig nimmt manipulatives Verhalten zu, weil die Angst vor Kontrollverlust das Ego zwingt, Fließendes festzuhalten und ungewohnte Erkenntnisse durch Abwertung zu verhindern. Da neue Einsichten das Ego gefährden könnten, wird an alten Mustern festgehalten und alles abgestoßen, was es verunsichern könnte. Zerstörerische Emotionen wie etwa Hass, Verachtung, Neid, Schadenfreude, Eifersucht oder Missgunst dominieren dann das Gefühlsleben. Das darf aber nicht dazu führen, dass generell dissonante oder konflikthafte Emotionen ausgeklammert oder abgewertet werden, wie es manchmal in spirituellen Gemeinschaften vorkommt. Empörung, Wut, Ärger oder Schmerz sind natürliche Emotionen, die uns anzeigen, dass etwas in Unordnung ist. Wenn jedoch jemand obengenannte destruktive Emotionen einseitig empfindet und nicht mehr fähig ist, Freude, Liebe, Glück oder Dankbarkeit zuzulassen, dann ist es wichtig, daran zu arbeiten, weil sie den inneren Fortschritt behindern. Das Ego wirft so einen Schatten auf die innere Weisheit, die Bewusstwerdung, auf das eigene Wachstum und das Erleben von Verbundensein. Das führt uns zu einer weiteren Betrachtungsweise des Ego.

Aus unintegrierten Schattenaspekten, also jenen Eigenschaften, die wir ablehnen, werden Ego-Anteile geformt. Da sie schambesetzt sind, werden sie abgewehrt und in andere Personen projiziert. Zeigt nun jemand anderer diese Verhaltensweisen, werden sie aufs heftigste beim anderen bekämpft. Der Schatten wird also verdrängt und in andere hineinverlagert. Um damit nicht in Kontakt zu kommen, errichte ich strenge Grenzen und verurteile Personen, die diese Eigenschaften verkörpern. Das ist der Kern von Abneigung, Manipulation, Kontrolle und Verstrickung in zwischenmenschlichen Beziehungen, die bis zu Mord, Selbstmord oder Krieg reichen können.

In psychotherapeutischen Prozessen wird bewusst, dass jene Wesenszüge, die ich bei anderen beanstande, auf meine eigenen Probleme verweisen. Wenn ein Ehepartner den anderen der Untreue bezichtigt, versteckt sich in dieser Befürchtung nicht selten der eigene Wunsch nach einem sexuellen Abenteuer. Eifersüchtig wird nun die Korrespondenz kontrolliert und jeder Wunsch des Partners, Bekannte zu treffen, mit erbitterten Vorwürfen beantwortet. Solange die wirklichen Motive nicht klarwerden, werden die Grenzen enger gezogen und die Konflikte weiter verschärft. Das Ego hat die Liebe verdrängt. Wahrnehmungen, die den eigenen Vorstellungen widersprechen, werden ausgeblendet oder umgedeutet. Die Fantasien werden gehässiger, die Auseinandersetzungen eskalieren, und die Kommunikationsfähigkeit wird eingeschränkter. Aus Nebenkriegsschauplätzen konstellieren sich zusätzliche Konfliktthemen. Aus diesem Teufelskreis auszubrechen fällt außerordentlich schwer, weil das Ego auch tiefsitzende Lebensängste, die ins Unbewusste verdrängt wurden, kompensieren möchte, was allerdings nur schwer gelingt. Die Abspaltung von Schattenanteilen durch Verleugnung, Projektion, Verkehrung ins Gegenteil und Kontrolle sind genau jene Mechanismen, die auch die Ego-Bildung fördern. So entstehen in der Psyche unerlöste Anteile, die sich verhärten und Ablehnung hervorrufen.

Da man mit den projizierten Aspekten noch identifiziert bleibt, bilden sich sogenannte *Introjekte*. Obwohl andere die Zielscheibe sind, belade ich mich selbst, weil sich die Ablehnung dann auch gegen meine Person richtet und zu unbewussten Konflikten bis hin zu psychosomatischen Leiden führt. Manchmal kommen diese fundamentalen Unsicherheiten durch Belastungssituationen abrupt in den Vordergrund. Aktualisierte Minderwertigkeitskomplexe werden dann als Kehrseite der Überheblichkeit sichtbar.

Das Gefühl, minderwertig, schwach oder unfähig zu sein, kann somit auch eine Eigenschaft des Ego sein. Die Destruktivität richtet sich dann gegen die eigene Person, die unangemessen abgewertet wird. Fähigkeiten und Talente werden ignoriert und bisherige Leistungen verleugnet. Sein Licht unter den Scheffel zu stellen deutet, so gesehen, auch auf eine Ego-Verstrickung hin. Allerdings wird das von Bezugspersonen häufig nicht in diesem Sinne wahrgenommen, weil der Kampf im Inneren tobt. Selbstschädigende Strategien betreffen in letzter Konsequenz natürlich auch die Welt, weil ich meine Potenziale der Gesellschaft gegenüber verweigere.

Eine maßgebliche Wurzel des Ego ist das Gefühl der Getrenntheit. Um besser zu verstehen, was damit gemeint ist, gehen wir zunächst von der bekannten und notwenigen Tatsache aus, dass wenn ich »Ich« oder »Nein« sage, ich mich von etwas abgrenze oder trenne. Um nun nicht, was häufig in dieser Diskussion geschieht, die Geburt des Ich mit dem Entstehen des Ego gleichzusetzen, muss auch hier differenziert werden.

In unserer Lebensspanne finden wir mehrere signifikante Schnittstellen, in denen Reifungsschritte absolviert werden müssen: Zeugung – pränatale Phase – Geburtsprozess – Säuglingsalter – Trotzalter – Pubertät – Übergang zwischen Jugend und frühem Erwachsenenalter – der kompetente Erwachsene – Midlife-Crisis – Älterwerden – Sterben. Bezüglich unserer Ego-Diskussion möchte ich mich auf einige wenige einflussreiche Entwicklungsaufgaben, die wir zu durchlaufen haben, beschränken.

In der frühen Kindheit lernt man durch Differenzierungsprozesse, sich als Person von anderen zu unterscheiden. Das individuelle Bewusstsein löst sich allmählich aus dem präpersonalen Wirgefühl *(Prä-Ich)* heraus, der Symbiose, die es eng mit der Mutter verband und die ihm Schutz vor übermäßigen Reizen bot. Die Konturen und der Umfang des Individuums werden noch durch Selbst-Repräsentanzen, also identifizierende Bewusstseinsakte, unterstützt. Dadurch kann ich überhaupt »Ich« sagen und bin der, als den ich mich, im Unterschied zu anderen, sehe. Erst über die Fähigkeit zur Separation lerne ich, mich als selbständiges Individuum zu begreifen.

Dieses Erleben einer autonomen Einheit, die wir Person oder Individuum nennen, hängt eng mit der Ausbildung von Ich-Funktionen, wie Identifizierung, Distanzierung, Objektivierung oder Abgrenzung, zusammen. Erst dadurch kann ein Mensch sich als eigenständig erleben und autonom handeln. Separation ist somit ein Fundament der Persönlichkeit. Würden wir in dem undifferenzierten wirhaften Gesamterleben verbleiben, wären wir lebensuntauglich.

So können auch Talente und Fähigkeiten verwirklicht sowie Kompetenzen in die Welt gebracht werden. Das sind bedeutsame Entwicklungsaufgaben, die bewältigt werden müssen, um Identität zu gewinnen. Junge Menschen sind aufgefordert, ihre Kräfte zu zeigen, sich an Grenzen heranzutasten und sich mit anderen zu messen. Entziehen sie sich dieser Herausforderung, sich zu entfalten, ist dies gleichbedeutend mit einem Rückzug von der Welt. Depressive Verstimmungen weisen häufig auf ein nicht ins Sein gebrachtes Leben hin.

Es ist unsere spirituelle Aufgabe, unseren Beitrag in der Welt zu leisten. Je älter wir werden, desto mehr sollte der Glanz der Ich-Persönlichkeit zugunsten des Ganzen in den Hintergrund treten. In der Mitte des Lebens, wenn wir unsere Individualität und Persönlichkeit ausgelebt haben, kommt es nun zu einem wichtigen Drehpunkt der Entwicklung. Denn nun muss die individuelle Betonung des »Ich bin, ich kann, ich habe« allmählich abgebaut werden, um eine neue Qualität des Seins hervorzubringen. Wenn der Mensch beginnt, sein Ich zu transzendieren, wird er schrittweise in die Totalität des All-Einen zurückgeführt. Wenn es in der ersten Lebenshälfte mehr darum geht, sich in der Welt zu verwirklichen, klarer zu werden und sich an seinen Potenzialen zu erfreuen, geht es in der zweiten Lebenshälfte mehr um die Transzendenz und um das Tiefergehen. Die erworbenen und geschenkten Fähigkeiten verbleiben dann nicht mehr im Eigenbesitz, sondern werden dem Ganzen zur Verfügung gestellt. Nicht mehr der Persönlichkeitsentwurf steht von nun an im Vordergrund, sondern der Weltentwurf, und das Ganze wird wichtiger als das Persönliche.

Wenn wir uns diesem Schmerz aussetzen, werden wir bis ins Alter reifen können und an Weisheit gewinnen. Gelingt dieser Schritt jedoch nicht, dann werden selbstsüchtige Bestätigungen immer wichtiger. Ältere Menschen, die unbedingt noch ein Sportauto brauchen, nicht zuhören können oder den Erfolg der eigenen Kinder nicht ertragen können, geben sich eher der Lächerlichkeit preis, als dass sie die ersehnte Bestätigung bekommen, wodurch die Ego-Dynamik weiter verschärft wird.

So bedeutend die Entfaltung der Individualität und der Glaube an das persönliche Kraftfeld im jungen Erwachsenenalter sind, genauso unabdingbar ist es, in späteren Lebensphasen die Persönlichkeit vom Willen Gottes oder vom Universalen durchdringen zu lassen. Der persönliche Wille, die individuelle Intention, dient dem Großen und Ganzen. Selbstverwirklichung geht damit in Weltverwirklichung über, die persönliche Transformation fließt in den Aufbau einer besseren Welt ein. Ein Selbstverwirklichter oder ein Erleuchteter strahlt in die Welt hinein, weil sich durch ihn der kosmische Wille zur Geltung bringt.

Die transzendierte Ich-Persönlichkeit *(Post-Ich)* ist in diesem Verständnis nicht der Panzer oder Gegner des Göttlichen, sondern seine Ausdrucksform. Universalität und Individualität sind nur verschiedene Seiten einer Medaille. Das Universale vermittelt sich in den individuellen Formen, und jene ordnen sich wieder im Globalen ein. Der Mensch birgt das All-Eine, und Gott ist Mensch geworden. Für Mystiker wohnt Gott in dir als Du. Er will in dieser Gestalt und zu dieser Zeit durch dich in der Welt sein.

Die Krise des Persönlichkeits-Ich in der Lebensmitte ist oft Ausgangspunkt des spirituellen Suchens. Folgende Fragen werden dann meistens radikal gestellt: Wer bin ich wirklich? Wie lebe ich? Genügt es, sich sicher zu fühlen und von anderen anerkannt zu werden? Wir ahnen, dass das, was wir gewöhnlich wahrnehmen, nicht alles sein kann, und erkennen, dass wir dann, wenn wir so denken, falsche Vorstellungen vom Leben haben. Das ist das, was spirituelle Richtungen des Ostens als *Maya,* als Illusion, bezeichnen.

Der Begriff Maya bedeutet demnach nicht, wie häufig angenommen, dass die gegenständliche Welt nur in unserem Bewusstsein existiert, also irreal ist. Wenn ich allerdings glaube, dass das, was ich wahrnehme, das einzig Wirkliche ist, erliege ich einem Trugschluss, und ich gebe dem, was mir das Ich vermittelt, eine zu hohe Bedeutung. Auch die Hirnforschung verweist auf die je persönliche Interpretation der Realität. Wenn man das subjektive Bild von der Welt und sich selbst verabsolutiert, verhärtet sich das Ich, wird zum Ego, das sich vom größeren Ganzen abgrenzt. Es entsteht dann eine Scheinwelt (Maya), in der das Ego im Zentrum steht und das wirkliche Sein vergisst. Daher rühren auch die Abneigung gegen alles, was dieses Ego verunsichern könnte, und ebenso das Hingezogensein zu allem, was dieses Ego erfreut oder beruhigt.

Jemand, dessen Hobby es war, mit Aktien zu handeln, musste einen großen Verlust hinnehmen. Nach einem langen Entscheidungsprozess entschloss er sich, aufzuhören, sich wieder mehr dem eigentlichen Beruf hinzugeben und mit sich selbst zu beschäftigen. Er fing an zu meditieren und spirituelle Ziele zu verfolgen. Nach anfänglichen positiven Erfahrungen wurde er unruhig und unzufrieden. Anstatt die Unruhe zuzulassen und die Spannungen zu bearbeiten, suchte er schnelle Zerstreuung, und die fand er wieder an der Börse. Er schaltete seinen Computer an und landete sogleich wieder auf der Homepage seiner Direktbank. An dieser Stelle brauche ich wohl die Geschichte nicht mehr weiterzuerzählen. Das Ego wurde durch den vorhergehenden Verlust so gekränkt, dass er nicht aufgeben und davon loslassen konnte. Er malte sich aus, wie er wieder in die Gewinnzone zurückkommt und reich wird. Alles andere wurde unwichtig und aus seinem Leben ausgeblendet, so dass er sich innerlich von seiner Familie, seinen Freunden und seiner inneren Weisheit trennte, auf deren Signale er nicht mehr hörte. So verlor er auch vollends den Zugang zu seiner Intuition, traf in der Folge die falschen Lebensentscheidungen, bis er durch einen Totalverlust auf dem harten Boden der Realität aufprallte und zur Kapitulation gezwungen wurde.

Wenn sich vordergründige Prioritäten bilden, auf die sich die Strategien konzentrieren, dann kann man auch von Komplexen sprechen, etwa Geld-, Aggressions- oder Machtkomplexe. Das Ego glaubt, dass es über dem Leben steht und der Beweger von Lebensprozessen ist. Menschen, die sich so sehen, schneiden sich von der Quelle ab, aus der heraus wir gestärkt werden. Beispielsweise Psychotherapeuten, die fälschlicherweise glauben, dass sie die Heilung bewirken, fühlen sich häufig leer und ausgebrannt, weil sie Mühe haben, den Prozess laufen zu lassen. Das ist nicht nur falsch, sondern auch anstrengend.

Das Ego will immer im Mittelpunkt stehen, übt Druck aus

und zieht kompromisslos die Energien auf sich. Durch die übersteigerte Identifikation mit inneren Bildern, Vorstellungen oder Gedanken verliert das Ego den Blick für die gegenwärtige Ganzheit und isoliert sich. Da ich mich nicht mehr eingebettet fühle, wird meine Seele härter und der Körper verspannter. Genau das steht mir dann als Hindernis im Weg, weil gleichzeitig meine Spielräume enger werden. Werden diese Hindernisse nicht bearbeitet, erzeugen sie karmische Verstrickungen, die das Ego weiter stabilisieren. Durch den Teufelskreis Ego – Hindernis – Karma – Ego bleiben wir im Seinsmodus der Bedingtheit und der Anhaftung stecken. Patanjali (1990, S.54) sieht in Starrheit, Zerstreuung des Geistes, Nachlässigkeit, Faulheit und Gier einige der Hindernisse auf dem spirituellen Pfad. Wenn ich tiefer in mich hineinspüre, erlebe ich dann ein Vakuum, einen Mangel an Verbundenheit, an Essenz. Der Versuch, diese Angst vor der inneren Leere durch neuerliche Spaltungen zu kompensieren, misslingt, weil ich mich gleichzeitig immer mehr vom spirituellen Gewebe entferne, also das Defizit an Geborgenheit wächst.

Wenn wir von Identifizierung sprechen, ist dabei aber nicht gemeint, dass es im Leben nicht auch wichtig sein kann, sich auf etwas zu konzentrieren und seine Energien zu fokussieren. Wenn wir etwa an einer wichtigen Aufgabe arbeiten, eine neue Partnerschaft beginnen oder ein Haus bauen, ist es unerlässlich, sich vorübergehend so darauf zu beziehen, dass womöglich andere Dinge in den Hintergrund treten. Dabei sollte uns dennoch bewusst bleiben, dass dies trotzdem nur ein Aspekt des Lebens ist und nicht alles. Sich einlassen und wieder loslassen, das ist die Kunst, die es zu lernen gilt. Wenn wir die Ego-Mauern durchbrechen, können wir angemessener spüren, wohin wir wirklich wollen, und werden für das Ganze transparenter.

Der spirituelle Weg hilft uns, durch Entidentifizierung das Getrenntsein zu überwinden, so dass sich das Ego zu der übergeordneten Realität, die wir alle sind, positionieren kann.

Dieser Schritt fordert vom Ego und von der Ich-Persönlichkeit, sich nicht mehr so wichtig zu nehmen. Es muss einen Schritt zurücktreten und sich selbst relativieren lernen. Mit Ich-Transzendenz ist gemeint, dass ich mich selbst weniger ernst nehme und dadurch erkenne, dass das, was existiert, nur vorübergehend besteht.

Dieser Prozess der schrittweisen Entidentifikation ist gar nicht so einfach, weil damit Gewohnheiten, fixe Ideen, Muster, überwertige Selbstzuschreibungen, einseitige Sichtweisen etc., die uns eine gewisse Sicherheit bieten, losgelassen werden müssen. Das fällt genauso schwer, wie wenn neurotische Einstellungen, die uns schon lange behindern, aufgegeben werden sollen. Für jemanden, der felsenfest davon überzeugt ist, dumm zu sein, weil er früher von seinen Eltern häufig abgewertet wurde, ist es ein schmerzhafter Prozess, die Brille seiner negativen Selbstbewertungen abzusetzen und sich seiner eigentlichen Fähigkeiten bewusst zu werden. Wenn sich innere Konzepte, auch wenn sie noch so schädlich sind, auflösen, kommt die Identität ins Wanken.

Ganz ähnlich ist es, wenn das Ego transformiert wird, denn es betrifft den Kern des Stolzes, um den herum sich unsere Ich-Persönlichkeit eingerichtet hat. Wir müssen aufgeben, was wir erworben haben, um zum Sein zu gelangen. Arbeit am Ego bewirkt also immer Öffnung zum wirklichen Sein und zum metaphysischen Bewusstsein, weil Spaltung überwunden wird. Menschen mit weniger Ego haben mehr Persönlichkeit und eine größere Ausstrahlung, weil durch sie die Kraft des All-Einen leuchtet.

Gerade hier ist es unumgänglich, nochmals darauf hinzuweisen, dass es nicht um die Geringachtung der Individualität geht, sondern dass der Mensch sich seiner Universalität bewusst wird. Die entfaltete Form erwächst aus dem einen Stoff, aus dem alles gewoben scheint. Jeder Schritt in Richtung mehr Bewusstheit öffnet meine Begrenzungen und weitet mein Selbst hin zum Mehr. Als Person mit der Totalität des All-Einen in Resonanz zu gehen, das ist Erleuchtung, nicht mehr und nicht weniger. Dann findet das individuelle Bewusstsein in sich den Ort, von dem alles ausgeht und in den alles wieder zurückfließt. Subjekt und Objekt, Bewusstsein und Materie, Inneres und Äußeres, Selbst und Welt haben einen gemeinsamen Grund, der die mannigfache Vielgestaltigkeit trägt. Die Einheit ist nicht der Gegenpol der Individualität, sondern in der Individualität ist die Einheit und in der Einheit die Individualität enthalten. Diese Einsicht kann nur durch Erfahrung gewonnen werden.

Ego-Transformation und Ich-Transzendenz

Die bisherigen Einsichten, knapp zusammengefasst, ergeben folgendes Bild: Ein gut funktionierendes Ich ist notwendig, um Transzendenzerlebnisse entsprechend verarbeiten zu können. Das Ego beeinträchtigt prinzipiell spirituelles Wachstum und verursacht Leiden. Es offenbart sich in unterschiedlichen Facetten, vor allem aber in abträglichen Gedanken, Kommunikationsstilen und Handlungen. Das Ego kontrolliert und manipuliert Lebensprozesse, um das Heft in der Hand zu behalten. Misstrauisch errichtet es Blockaden gegen spontane und kreative Impulse. Daraus erwächst ein gefühlter Zustand der Getrenntheit. Das bewirkt, besonders in der zweiten Lebenshälfte, dass der Mensch sich nicht für das größere Ganze öffnen kann. Erst wenn das Ego etwas zur Seite tritt, das eigene Wollen und Wünschen relativiert werden kann, wird man für die innere Stimme durchlässiger. Wenn man dieser Weisheit Vertrauen schenken kann, wird das Leben fließender und freier. Die Spielräume des Ich werden größer, die Ich-Funktionen verfeinern und erweitern sich, weil sie weniger Energie brauchen, um festzuhalten oder abzuwehren. Transformation des Ego und Flexibilisierung der Ich-Strukturen gehen Hand in Hand. Da das Selbst ins Zentrum rückt, wird der Boden, auf dem wir stehen, breiter. Daraus erwächst eine Sicherheit und Gelassenheit, die von innen kommt. Für Ego-Manifestationen, die in ihrem Schweregrad als krankhaft einzustufen sind, ist eine begleitende Psychotherapie unumgänglich. In dieser Hinsicht sollten Persönlichkeitsstörungen im Auge behalten werden.

Aus den obengenannten Aspekten ergeben sich zwei Perspektiven, die ineinandergreifen: die Umwandlung egoistischer Tendenzen und die Umstrukturierung des Ich. Dieser Prozess kann vorübergehend Krisen auslösen, die am Gipfelpunkt sogar zu einem dramatischen Erleben des Ego-Todes führen können. Dabei bricht sich etwas Größeres Bahn, darin Seele, Körper, Geist und Umwelt ineinanderfließen und zu einem Rhythmus finden. Es lohnt sich also, das Ego abzubauen. Obwohl die Vorteile offensichtlich sind, vermag es zu verwundern, weshalb dieses Vorhaben so schwer umzusetzen ist. Dies liegt nicht nur an widrigen Lebensumständen, sondern vor allem in der Natur des Menschen, weshalb keine allzu großen Sprünge zu erwarten sind. Größtenteils funktionieren wir aufgrund automatisierter Handlungsabläufe, die durch die Evolution vorprogrammiert wurden. Zu deren Veränderung bedarf es eines starken Willens und großer Disziplin, um die »Lücke« zu finden. Wenn man sich selbst genau beobachtet, kann man erkennen, dass vor dem Einsetzen destruktiver Mechanismen kurzzeitig zuträglichere Alternativen möglich wären. Der Abbau des Ego verwandelt Feindseligkeit in Mitgefühl.

Positive Veränderungen hinterlassen auf allen Ebenen segensreiche Spuren. Nachhaltige spirituelle Praxis ist *koevolutiv,* weil sie sogar neue Verschaltungen im Gehirn bewirkt, auf die dann folgende Generationen aufbauen können. Auf diesem Weg sollten wir immer Rückschritte und Umwege mit einkalkulieren. Wenn man sich jedoch bemüht, wird die Gnade des All-Einen Breschen schlagen und Hindernisse beseitigen.

Die Natur des Menschen

In der *Siddha*-Yoga-Tradition überreicht der Schüler dem Meister eine Kokosnuss, um zu signalisieren, dass er bereit ist, die harte Schale des Ego zu durchbrechen. Mit diesem Ritual werden spirituelle Kräfte angerufen, die dem Schüler bei der Bewältigung dieser großen Aufgabe beistehen. Wer sich auf den Abbau seines Ego einlässt, sollte sich keinen Illusionen hingeben oder auf schnelle Erfolge hoffen. Man braucht einen langen Atem, Geduld und tiefes Mitgefühl mit sich selbst, weil es immer wieder zu Rückschritten kommen wird. Das liegt daran, dass das Ego aus einer alten Struktur des Menschen hervorgeht, die früher das Überleben garantiert hat. Die Instinkte, sein Revier zu verteidigen, sich gegen Rivalen machtvoll durchzusetzen und auf den eigenen Vorteil bedacht zu sein, sind in unserer biologischen Natur verankert. Ohne sie wären Nahrungsbeschaffung und Fortpflanzung kaum möglich gewesen. Auch Konkurrenzverhalten und Imponiergehabe haben eine bedeutende Rolle gespielt, denn wer sich attraktiv und kraftvoll darstellte, deutete an, dass er für die Nachfahren gut sorgen könnte. Ist es nicht möglich, dass der überzogene Körperkult in der heutigen Gesellschaft diesen frühen Mustern entspringt?

Glanzvolle Ausstrahlung und persönliche Power wirken anziehend und bewundernswert. Jeder ist gefährdet, dem zu sehr hinterherzulaufen, vor allem, wenn jemand mit wenig Anerkennung aufgewachsen ist. So ist Neid auf Besitz, Schönheit und Reichtum alltäglich. Der Egoismus bricht aus dem Menschen hervor, um sich selbst zu erhalten, Bedürfnisse zu befriedigen und Annehmlichkeiten anzustreben. Wenn zwischen Nachbarn ein Konflikt um Parkplätze ausbricht, obwohl für beide mehr als genügend Platz vorhanden wäre, empfindet man das eigene Revier als bedroht. Es muss gegen Eindringlinge verteidigt werden. Expansionsstreben, Konkurrenz und Aggressivität sind auch genetisch bedingt. Jedes Lebewesen ist ein Zentrum, das seine Kräfte nach allen Seiten ausstrahlt. Der Egoismus ist zunächst nicht Sache von Abwägung und freier Wahl, sondern Ausdruck der Totalität des Lebens.

Der Mensch, der sich in diesem Sinne für allzu gut hält, ist nicht unegoistisch, denn wer die Triebkraft dieser Neigungen verleugnet, agiert sie zumeist unbewusst aus, etwa durch erdrückende Fürsorglichkeit, eifrige Kontrolle oder moralische Überheblichkeit. Die unreflektierte Lust, sich selbst zu opfern, übertrieben asketisch zu leben oder seine Gefühle zu unterdrücken, schränkt den Freiheitsdrang ein und führt zu unnatürlichem Verhalten. Das Ego verteidigt nicht nur seine Grenzen, sondern baut auch einen Schutzwall gegen Veränderung auf. Es bedient sich dabei auch der Abwehrfunktionen des Ich. Wenn mich beispielsweise jemand aufmerksam macht, dass ich in einem Gespräch jemanden unhöflich unterbrochen habe, kann ich daraus lernen oder aber den Fehler bei dem anderen suchen. Die Überheblichkeit kann zwar vorübergehend die Fassade aufrechterhalten, verhindert aber, dass ich mich ändere. Selbstkritik könnte das Ego-Selbstbild ins Wanken bringen und Unsicherheit auslösen. Die Angst, die Bewunderung der anderen zu verlieren, wenn ich Schwächen zeige, ist in der Gesellschaft weit verbreitet. Dazu braucht man nur die Diskussionen in der Politik zu beobachten. Aussagen werden manipuliert, und die Wahrhaftigkeit bleibt auf der Strecke. Das Ego muss immer größer werden, um noch mehr Glanz auszustrahlen oder Macht zu demonstrieren. Wahrnehmungen, die das Ego stören könnten, werden ausgesondert. Man kann immer wieder beobachten, wie sich Vorgesetzte mit Jasagern umgeben und jegliche konstruktive Kritik zurückweisen.

Ein weiteres Hindernis für eine erfolgversprechende Ego-Transformation ist die Gewohnheit. Sie vermittelt Sicherheit und verhindert Risiken. Den inneren Schweinehund zu überwinden erfordert Mut, Aufmerksamkeit und Hingabe, denn nichts Geringeres als das bestehende System steht auf dem Spiel. Die Ängste vor dem Neuen und Fremden sind zu überwinden. Bisherige Lebensabläufe, mit denen durchaus Erfolge zu verbuchen waren, und das psychische Gleichgewicht werden gestört, wenn ich mich verändere. Wir stehen also vor der großen Aufgabe, angeborene Reaktionsbereitschaften und alte Muster aufzulösen sowie innere Systeme neu zu justieren.

Das meinen spirituelle Lehrer, wenn sie uns anregen, Meisterschaft über unsere Gefühle und Gedanken zu erlangen. Wenn wir die Energien, die in diesen Gewohnheiten gebunden sind, bewusst umpolen, erweitern wir unsere Freiheitsgrade und werden zum Wohle des Ganzen wirksam. Die Antriebe und Affekte werden keinesfalls außer Kraft gesetzt, sondern nur in die richtigen Bahnen gelenkt. Wenn man einem anderen Menschen gegenüber Wut empfindet, dann sollte dieses Gefühl zunächst aufkommen dürfen, um herauszufinden, was es mir zeigt. Ich könnte neidisch sein, mich gekränkt fühlen oder Angst abwehren. Wenn mir das bewusst wird, kann sich die Wut in Kraft verwandeln, um meine eigenen Ziele zu verfolgen, oder in die Bereitschaft, mit dem anderen einen Konflikt auszutragen oder mir Hilfe zu holen. So wird aus Missgunst eigene Bemühung und aus Abgrenzung Kooperation. Etwas, das in Unordnung geraten ist, kann so wieder in die Balance kommen. Aus Enge kann dann Weitung entstehen, und aus Feindseligkeit kann Frieden werden. Wenn die Energiebewegungen transformiert werden, dient das nicht nur dem Eigennutz, sondern auch der Evolution. Der Mensch kann über sich selbst hinauswachsen – das ist eine anthropologische Tatsache. Er sollte sein biologisches Erbe nicht nur verwalten, sondern es investieren, um sich zu erneuern. Wenn wir uns bewusstmachen, dass Instinkte, die das Ego stärken wollen, keine Feinde der spirituellen Entwicklung sind, sondern früh erworbene automatisierte Reaktionsmuster, die auf Sicherheit, Autonomie, Sexualität und Macht abzielen, dann fällt es uns vielleicht leichter, innezuhalten und die impliziten Motive zu sehen. Der starke Wille kann dann aus dem entstehenden Freiraum alternative Strategien kreieren.

Veränderung von Ego-Komplexen

Um Ego-Komplexe hinreichend zu klären und verändern zu können, muss man sich dafür entscheiden und in den Prozess einwilligen. Nur wenn man geduldig und achtsam mit sich umgeht, kann man überhaupt erst Einsicht in die destruktiven Mechanismen erlangen, die größtenteils automatisch und unbewusst ablaufen.

Dann ist zu prüfen, ob gravierende psychische Verletzungen zugrunde liegen, die erst psychotherapeutisch vorbehandelt werden müssen. Dies hätte den Vorteil, dass man die dahinterstehende Kraft kennenlernt und sie in einem geschützten Rahmen zum Ausdruck bringen kann. Denn erst, was in seinem Sosein zugelassen wird, kann vollständig losgelassen oder transformiert werden. Ganz besonders gilt das für affektive Zustände, die das Ego begleiten. Bevor diese aufgelöst werden können, müssen sie erst vergegenwärtigt und akzeptiert werden. Dann sollte man sich auch die Folgen ausmalen, wenn man sie nicht reguliert, sondern ausagiert. Wenn man die Ursachen und Umstände ihres Aufkommens erforscht, kann man leichter im entscheidenden Moment innehalten, loslassen und die Kettenreaktion unterbrechen.

In diesem Sinne wird in den nächsten Abschnitten die persönliche Praxis in den Vordergrund rücken. In den dargebotenen Übungen wird öfter vorgeschlagen, das Herz zu öffnen, tiefer zu atmen oder sich leer zu machen. Das Herz repräsentiert Güte, Mitgefühl und Liebe. Die Entwicklung dieser menschlichen Qualitäten ist der Kern gängiger spiritueller Praxis. Das bewusste Atmen trägt genauso wie die Bewusstseinsentleerung zu einer inneren Weitung bei. So können intuitive Einsichten gefördert und strukturelle Transformationen erleichtert werden. Ego-Transformation öffnet die Tür zum Absoluten, einem Raum von Freiheit und universeller Liebe, zu dem der Mensch sich eingeladen fühlen kann. Wenn manche Übungen auf den ersten Blick etwas radikal wirken, dann soll damit nicht zum Ausdruck gebracht werden, dass diese Eigenschaften grundsätzlich immer vorhanden sind. Wenn jedoch der kritische Bezugspunkt klarwird, können die eigenen Tendenzen, die in diese Richtung gehen, besser aufgespürt werden.

Für die Durchführung der Aufgaben ist es empfehlenswert, sich aufmerksam vorzubereiten und einen schönen Platz dafür einzurichten, um Öffnung und Zentrierung zu unterstützen. Der Ort, an dem Sie regelmäßig meditieren, würde sich sicher auch gut dafür eignen, weil er Klarheit und Verbindlichkeit signalisiert. Legen Sie sich auch Papier und Stifte bereit. Sie sollten sich genügend Zeit nehmen, um sich ungestört auf das jeweilige Thema konzentrieren zu können. Eine angenehme und aufrechte Körperhaltung kann hilfreich sein. Wenn Sie auf einem Stuhl sitzen, wäre es günstig, beide Füße flach auf den Boden zu stellen. Der Atem sollte tief und ruhig werden können. Am Anfang können sie durchaus einige Male bewusst tief ein- und ausatmen, um sich zu zentrieren. Wenn Sie registrieren, dass sich Ihre Innenräume freier und tiefer anfühlen, dann beobachten Sie die gerade auftauchenden Gedanken und Empfindungen und lassen sie los – bei jedem Ausatmen etwas mehr, bis Sie das Gefühl haben, dass auch Ihr Bewusstseinsraum leerer und offener ist.

Dieser Abschnitt soll Empfehlungen geben, wie die Transformation des Ego im Alltag umgesetzt werden kann. Dazu werden charakteristische Eigenschaften zu Ego-Komplexen zusammengefasst. Da der individuellen Vielgestaltigkeit des Ego wohl keine Grenzen gesetzt sind, können die Komplexe sicher noch feiner differenziert und die dazugehörigen Merkmale erweitert werden. Manche Ego-Aspekte kommen auch in mehreren Komplexen vor. Der Begriff Komplex verweist darauf, dass es sich um affektiv besetzte Persönlichkeitsanteile handelt, die teilweise auch unbewusst wirksam sein können. Das ist hinsichtlich der Verantwortlichkeit und der Herangehensweise von Bedeutung.

Egoistische Bedürfnisse kaschieren häufig essenzielle Bedürfnisse, also unverformte Anliegen, die nicht durch musterhafte Prägungen verdeckt oder zweckentfremdet wurden. Wenn wir herausfinden, welche eigentlichen Bedürfnisse sich hinter egozentrischen Lebensstilen verbergen, dann können Veränderungsprozesse tiefer greifen. Die Befriedigung von Ego-Bedürfnissen führt nämlich nicht wirklich zu innerer Ruhe und Zufriedenheit, sondern steigert die Spannung, weil die essenziellen Bedürfnisse davon nicht gestillt werden können. Essenzielle, eigentliche oder unverfälschte Bedürfnisse entspringen der Wesensnatur und fördern Wachstum, Differenzierung und Kooperation.

Der Mensch sucht von Natur aus nach Glück, Wertschätzung, Liebe, Lebensbejahung, Sicherheit, Gemeinschaft und Selbstverwirklichung – er sucht aber auch nach dem Absoluten, Wahren und Schönen. Insofern ist auch das Vermeiden von Leid und Schmerz sowie die Bewältigung von Angst und Unsicherheit von hoher Bedeutung. Da Inszenierungen des Ego diese Grundanliegen verschleiern und stattdessen Unruhe stiften, werden die wirklichen Ziele aus den Augen verloren, und die innere Stimme wird überhört, bis die Entwicklung stagniert oder ganz aus der Bahn gerät.

So suchte sich eine junge und attraktive Frau ihre Partner nach Rang und Ansehen aus, missachtete dabei Sympathiewerte, gemeinsame Interessen und Ebenbürtigkeit. Das führte zu mehreren unheilvollen Beziehungen. Erst als sie bemerkte, dass eine unbewusste Existenzangst dieses Dilemma mit verursachte, konnte sie loslassen und fand ihr Glück in einer ausgewogenen Beziehung.

Eine ernsthafte Selbstkonfrontation, in der Beweggründe, Motive und Triebfedern des Handelns freigelegt werden, kann nur dann konstruktiv umgesetzt werden, wenn sie achtsam und liebevoll verläuft. Vorwürfe, Selbstbezichtigungen, Ungeduld oder Härte festigen nur das Ego, anstatt es aufzulösen. Indes sind Mitgefühl und Verantwortlichkeit, die Wirkungen meines destruktiven Handelns betreffend, äußerst effektvoll.

Realistische Zielsetzungen, die die Natur und Prägungsgeschichte des Menschen stets im Auge haben, verhindern die Bildung eines spirituellen Über-Ich, das gnadenlosen Druck ausübt. Strukturelle und nachhaltige Ego-Transformation gebietet ein eher sanftes und bedächtiges Vorgehen, da mit der Entscheidung für einen spirituellen Weg schon grundsätzlich bisherige Lebensmuster in Frage gestellt sind. Ego-Aspekte sind nicht immer für Außenstehende sichtbar. Auch wenn keine sozialen Verstrickungen entstehen, bedarf es der Transformation, wenn man auf dem spirituellen Wege vorankommen möchte. Am Ende sollen Kontemplationsübungen die konkrete Auseinandersetzung mit den Ego-Komplexen fördern.

Ein weitverbreitetes und verpöntes Gefühl ist der **Neid.** In der ursprünglichen Wortbedeutung »abgünstig« sind schon Missgunst, Groll und Schadenfreude mit enthalten. Wer Neid empfindet, verschließt das Herz, steht unter Spannung, fühlt sich flau und leer. Der innere Erlebnisraum zieht sich zusammen, und die Wahrnehmung verengt sich auf den Vergleich mit anderen, bei dem man schlechter abschneidet. Die daraus hervorgehende Selbstwertkrise löst Unbehagen, Groll oder Schmerz aus. Der Neid kann sich auf materielle Güter, Ansehen, Fähigkeiten oder Beziehungen richten. Wenn die Wünsche nicht aufgegeben werden können, kann das unerfüllte Verlangen den Leidensdruck noch erhöhen, weil das Objekt der Begierde idealisiert und die eigenen Möglichkeiten entwertet werden. Der Neid mündet dann in der Gier, die hemmungslos und blind ausschließlich dem Verlangen folgt.

Der Neid kann auch anspornen, weil er aufzeigt, was wir in unserem Leben versäumt oder an Potenzialen nicht entfaltet haben. Wenn man sich damit beschäftigt, wäre das eine Chance, auszusteigen. Ansonsten weitet sich Neid zu Missgunst und Schadenfreude aus. Erst wenn der andere leidet, Fehler macht, krank wird oder seinen Besitz verliert, erlebe ich ausgleichende Genugtuung. Dann lässt der Schmerz nach, die innere Spannung baut sich ab, und der Selbstwert wächst wieder. Mein eigenes Defiziterleben wird so an den Beneideten delegiert.

Das Grundstück des Nachbarn ist etwas größer und schöner gelegen. Der Blick geht immer dorthin, und die Freude über das eigene Haus schwindet von Tag zu Tag. Dann wird der Nachbar angezeigt, weil sein Bretterzaun nicht exakt der vorgegebenen Norm für dieses Gebiet entspricht. Dieser schwelende Konflikt zieht sich über Jahre. Hasserfüllte Fantasien, wie der andere zu Schaden kommen könnte, bestimmen die Vorstellungswelt.

In der Eifersucht werden regressive Reaktionsmuster mobilisiert, die frühe Verlust- und Mangelerfahrungen betreffen. Dabei erscheint die innere Sicherheit, vielleicht sogar das Überleben, bedroht. Diese Vernichtungsängste entfachen Hass- oder Ohnmachtsgefühle.

Der Neidkomplex manifestiert sich nicht nur durch Distanzierung in der expliziten Kommunikation. Unter Umständen werden dem Beneideten sogar in übersteigerter Manier Demut und Ehrfurcht gezollt, obwohl der innere Konflikt den Hals einschnürt.

Neid beruht auf fehlender Selbstachtung, dem Gefühl der Getrenntheit und der übersteigerten Vorstellung, dass in der Wunscherfüllung Zufriedenheit zu finden sei. Sein essenzielles Bedürfnis ist die Suche nach dem Absoluten, nach dauerhaftem Glück und Selbstverwirklichung. Wenn wir es jedoch nicht im Äußeren, sondern im Inneren suchen und das Verbindende zwischen den Menschen bemerken, können wir diesen Ego-Aspekt transformieren und Zugang zu unserer Wesensnatur finden.

1. *Bitte nehmen Sie jetzt eine entspannte und aufrechte Körperposition ein, legen Sie die Hände kurz auf den Bauch und atmen Sie etwas tiefer. Erlauben Sie sich dabei, weiter zu werden, bis Sie sich entspannt und offen fühlen.*

2. *In dieser wohltuenden Atmosphäre kontemplieren Sie folgende Fragen: Worauf bin ich zur Zeit neidisch, oder wem gegenüber erlebe ich Schadenfreude?*

3. *Lassen Sie diesen Ego-Aspekt eine Farbe annehmen. Nun stellen Sie sich vor, wie ein milder Energiestrom aus Ihrem Herzen fließt und diese Farbe einhüllt.*

4. *Dabei lassen Sie jene, die Sie beneiden oder denen Sie übelwollen, vor Ihrem inneren Auge erscheinen und erkennen die Vorzüge Ihres Gegenübers an. Dann lassen Sie, für einen Moment, Dankbarkeit, Achtung und Respekt für das Leben zu, wie es sich in beiden von Ihnen verwirklicht. Danach gehen Sie noch für einen Augenblick nach innen und werden ganz frei von allem.*

Der **Machtkomplex** ist eine einschneidende Ego-Barriere, der nur schwer beizukommen ist, denn dominante Verhaltensweisen werden in unserer Ellenbogengesellschaft häufig positiv bewertet. Menschen, die ihre Ziele, auch gegen andere, durchsetzen können, gelten als starke Persönlichkeiten, werden bewundert und hofiert. Dadurch schwellen Selbstvertrauen, Sicherheit und die Überzeugung in die eigene Tatkraft weiter an. Offene Kritik und Zweifel werden dann aus der unterlegenen Position heraus noch seltener geäußert, wodurch sich die vermeintliche Unfehlbarkeit des Ego weiter verstärkt. Vordergründige Überlegenheit provoziert unterwürfige Haltungen, die Machtmissbrauch begünstigen. Abweichende Meinungen werden herablassend entwertet und die eigenen Interessen rücksichtslos durchgesetzt.

Ein Vorgesetzter bestrafte seinen leitenden Angestellten mit einem Verweis, weil er in einem Meeting kritische Argumente einbrachte. Merkwürdigerweise wurde er von ihm nach seiner Meinung gefragt. In der schriftlichen Mitteilung stand, dass er privat im Internet surfe. Von nun an bestätigte er immer die Ausführungen seines Chefs und enthielt sich differenzierender Kommentare.

Impulse, die die Machtposition relativieren könnten, werden misstrauisch bekämpft. Da nicht der evolutive Prozess, sondern die Festigung der persönlichen Autorität im Vordergrund steht, werden Autonomiebestrebungen geschwächt, Kontrollen ausgeweitet und die hierarchischen Verhältnisse durch manipulative Strategien gesichert. Bei Menschen, die von Machtbesessenen abhängig sind, steigt der Angstpegel, da sie Sanktionen fürchten, wenn sie von der vorgegebenen Norm abweichen. Der Machtkomplex zerstört Ressourcen, unterbindet Kooperation, blockiert Entfaltung und verhindert gegenseitige Wertschätzung. Koevolutive Prozesse, getragen von Würde, Respekt und Gemeinschaftssinn, bleiben auf der Strecke. Es werden Gewinner auf Kosten von Verlierern produziert. Die Machthaber fühlen sich einsam, stehen auf tönernen Füßen und verlieren authentische Stärke. Dieser Ego-Komplex wirkt unabhängig von der Größe des Umfeldes, ob in Politik, Familie, Unternehmen oder privatem Bereich. Stets sind Kontrolle, Misstrauen, Manipulation und Angst mit im Spiel. Das essenzielle Bedürfnis ist elementare Sicherheit, das vermeintlich nur durch Macht und Kontrolle gestillt werden kann. Wandlung kann deshalb nur gelingen, wenn man eigene Konzepte loslassen lernt und dem Geschehen mehr vertraut.

1. *Nehmen Sie bitte wieder eine gute Reflexionsposition ein, atmen Sie bewusster tiefer und stellen Sie sich folgende Fragen: Wem gegenüber übe ich zurzeit Macht aus oder verhalte mich dominant?*

2. *Bitte spüren Sie auch kurz zum gegenteiligen Pol: Wemgegenüber unterdrücke ich meine wahre Meinung oder fühle mich gezwungen, Dinge zu tun, die ich nicht tun möchte?*

3. *Stellen Sie sich vor, wie Sie die Kontrolle über den anderen loslassen und gleichzeitig Vertrauen in seine Stärke empfinden. Dabei wächst auch die Achtung vor der Würde des anderen.*

Genau hier ist es nun günstig, eine Ego-Variante anzuführen, die häufig übersehen wird, weil in ihr der gegenteilige Pol des Machtkomplexes aufscheint, also die **Ohnmachtsposition.** Damit verbunden ist auch die Strategie, sich kleinzumachen, abzuwerten und zu erniedrigen. Daraus erwächst die feste Überzeugung, nichts wert zu sein, nichts bewirken zu können oder machtlos zu sein. Das Ego wendet sich gegen die eigene Natur, zerstört die personale Integrität, verunglimpft vorhandene Potenziale und drängt aufkommende Wachstumsimpulse zurück. Gefangen im ausweglosen Teufelskreis von Minderwertigkeitsempfinden und Schamgefühlen, werden Barrieren gegen aufkommende Wachstumsimpulse errichtet.

Ein begnadeter Klavierspieler kam von einem äußerst erfolgreichen Konzert nach Hause. Als er in Gedanken nochmals seinen Auftritt analysierte, sah er in seiner Erinnerung eine Frau, die in der ersten Reihe saß, wie sie vorzeitig den Saal verließ. Dann fiel ihm ein, wie er in einer kurzen Passage eines Stückes zu kräftig in die Tasten griff. Nun begann er, an seinen Fähigkeiten zu zweifeln, fixierte sich immer mehr auf diese Sequenz und verdrängte die positiven Resonanzen vollständig aus seinem Bewusstsein. Er konnte nicht schlafen, stellte seinen Beruf grundsätzlich in Frage und fühlte sich wie gelähmt. Er übte nicht mehr, schämte sich für seinen Zustand und sagte das nächste Konzert wegen eines familiären Termins ab.

Weil das Zutrauen in die inneren Kräfte schwindet, fällt es schwerer, Verantwortung für das Leben zu übernehmen.

Wenn dieser Ego-Komplex mobilisiert ist, legt man großen Wert darauf, die Fassade aufrechtzuerhalten. Durch ein oberflächliches Funktionieren soll verhindert werden, dass die gefühlte Hilflosigkeit von anderen bemerkt wird. Solche Menschen werden allzu oft ausgenützt, weil sie auf externe Anerkennung angewiesen sind. Sie geben alles, um andere Menschen zufriedenzustellen, aus dem Gefühl heraus, aus eigener Kraft nichts bewirken zu können. Eigene Leistungen werden so lange kleingeredet oder penibler Kritik ausgesetzt, bis am Ende misslungen scheint, was zunächst erfolgreich war. Die aus dieser konstruierten Minusbilanz entspringenden Schuldgefühle verschlimmern die Selbstentwertungsdynamik. Wenn diese in Selbsthass übergeht, bestehen große Gefahren, Suchtmittel zur Entspannung einzusetzen. Die Selbsterniedrigung würde sich dann zu einem Selbstzerstörungsprozess zuspitzen. Da das Ego eine Grenze gegen die innewohnenden Kräfte, Fähigkeiten und Ressourcen zieht, wird die Welt um meine konstruktive Teilhabe an der Evolution betrogen. Spirituell gesehen ist es uns aufgegeben, verfügbare Potenziale zu verwirklichen und in das Ganze einzubringen.

Das essenzielle Bedürfnis ist die Anerkennung des individuellen schöpferischen Impulses, der aus der Totalität des All-Einen hervorgeht. Die Transformation dieses Ego-Aspektes beruht auf Selbstachtung, dem Vertrauen in die schöpferische Kraft und der Erweiterung des Selbstverständnisses auf das Ganze.

Lassen Sie nun folgende Fragen auf sich wirken

1. *In welchen Situationen stelle ich mein Licht unter den Scheffel? Wie werte ich mich selbst ab? Welche Fähigkeiten lasse ich verkümmern?*

2. *Jetzt bitte ich Sie, etwas tiefer zu atmen. Beugen Sie sich in Ihrer Vorstellung mitfühlend über das innere Wesen, das sich erniedrigt fühlt.*

3. *Ein warmer Strom von Liebe kann dabei aus Ihrem Herzen fließen und Sie einhüllen. Gleichzeitig erlauben Sie sich, leise zu sagen: Ich vertraue der Kraft in mir. Dann stellen Sie sich vor, welche Auswirkungen es hätte, wenn Sie Ihre Fähigkeiten verwirklichen würden.*

Nun möchte ich auf den Ego-Komplex der **Missachtung der Würde anderer Menschen** eingehen. Hier können wir zwischen einer aktiven Demütigung, durch hasserfüllte oder verachtende Handlungen, und einer eher indirekten, wie ignorante, überhebliche oder arrogante Verhaltensweisen, unterscheiden.

Wenn Hass und Verachtung andere Menschen trifft, können schwere Defekte entstehen. Es ist eine bewusst gesteuerte destruktive Energie. Zerstörerische Impulse werden häufig dann frei, wenn früher erlittene Verletzungen ausgeglichen werden sollen oder Neid und Missgunst die Ursachen sind. Genugtuung tritt erst dann ein, wenn der andere leidet oder sich schwach fühlt. Doch dies ist natürlich keine wirkliche Lösung, sondern führt im Gegenteil für alle Beteiligten vermehrt ins Unheil – sogar dann, wenn wir nicht explizit handeln und »nur« in der Fantasie agieren. Die Energie negativer Gedanken wirkt belastend und beunruhigend. Wenn mehrere Menschen daran beteiligt sind, wie etwa in Gruppen, kann dieser Zustand eskalieren und zu extremen Situationen führen, wie nachfolgendes Beispiel aufzeigt.

Ein Angehöriger einer Gruppe schrieb an alle Mitglieder einen Brief, in dem er um Unterstützung für ein Hilfsprojekt warb. Ein anderer, der schon länger gegen den Briefschreiber Ressentiments hegte, wurde wütend, weil er von ihm ein unerbetenes Schreiben bekam. Er teilte dann einem Freund, der ebenfalls zu der Gruppe gehörte, mit, dass sich jener sicherlich diese Aktivität bezahlen ließe. Daraus entstand das Gerücht, dass er die Hilfsgelder veruntreue, was eine staatsanwaltliche Prüfung nach sich zog.

Verachtung versteckt sich in Abwertung, Verleumdung und Gerüchten. Dies kann dezent geschehen, wenn man beispielsweise in der Beschreibung eines anderen Menschen vorteilhafte Eigenschaften weglässt, Fehlerhaftes betont oder anstößige Details unmerklich einstreut. So kann ein bislang positives Bild plötzlich ins Negative kippen. Schattenprojektionen, Missgunst und unterdrückte Aggressionen sind gewöhnlich die Wurzeln von Geringschätzung. So, wie wenn der Nachbarin nach dem Besuch eines fremden Mannes eine sexuelle Verfehlung nachgesagt wird.

Wenn ich nur zu Menschen, die mir für Karriere und Prestige wichtig scheinen, zuvorkommend und ehrerbietig bin, jedoch andere, die mir wenig nützen, ignoriere oder Ihnen arrogant begegne, so funktionalisiere ich Beziehungen. Nicht das Subjekt ist dann im Vordergrund, sondern das Begehren nach Macht und Anerkennung.

Der Vernichtung von anderen liegt die Angst vor Bedrohung

zugrunde. Erst wenn ich bemerke, dass die Angst vor Gefährdung die Wurzel meiner feindseligen Aktionen ist, kann ich diesen Ego-Aspekt transformieren. Dem essenziellen Bedürfnis nach Sicherheit kann durch die tragende Atmosphäre der Liebe und die segensreiche Wirkung des Mitgefühls am ehesten entsprochen werden. Wenn es gelingt, Verachtung in Achtsamkeit zu verwandeln, werden heilsame Wirkungen davon ausgehen.

1. *Hier können wir uns mit den Fragen auseinandersetzen: Welche Menschen hasse ich, und wie drückt sich der Hass aus? Gibt es zurzeit Gerüchte, Verunglimpfungen oder Abwertungen, an denen ich mich beteilige? Wem gegenüber bin ich überheblich?*

2. *Schlüpfen Sie für einen Augenblick in die Haut Ihres Gegenübers und spüren Sie die Verletzung, die Sie verursachen. Dann gehen Sie bitte wieder in Ihre eigene Rolle zurück und nehmen Sie wahr, was Sie im Augenblick empfinden. Sollte es für Sie möglich sein, bitte ich Sie, für einen Moment Respekt und Achtung zum Ausdruck zu bringen.*

Wie schon vielfach betont, können Ego-Aspekte mit den hier beschriebenen Übungen nur dann aufgelöst werden, wenn sie nicht zu gravierend sind. Falls Sie erkennen, dass Strategien von Hass, Verachtung, Macht, Manipulation, Neid und Missgunst tiefer verwurzelt sind beziehungsweise frühen gravierenden Verletzungen entspringen, ist unbedingt eine Psychotherapie angezeigt. Bevor etwas losgelassen werden kann, muss es erforscht, akzeptiert und vielleicht sogar in einem geschützten Rahmen ausgedrückt werden.

Dies gilt ganz besonders für den **egomanischen Komplex,** den wir nun näher beleuchten wollen. Er bildet die Nahtstelle zwischen spiritueller Übung und der unumgänglichen psychotherapeutischen Hilfe, weil der Übergang zu Persönlichkeitsstörungen fließend ist.

Schon in der Umgangssprache werden Menschen mit selbstbezogenen Charakterzügen als egoistisch oder narzisstisch beschrieben. Das Ego beschäftigt sich vorwiegend mit sich selbst, möchte Blickfang sein und fortwährend im Mittelpunkt stehen. Dazu gesellen sich Größenfantasien, in denen man von anderen bewundert wird. Da eigene Bedürfnisse rücksichtslos durchgesetzt werden, fallen Kompromissbildungen besonders schwer. Gesprächsthemen werden selbstredend anderen vorgegeben und Entscheidungsprozesse dominiert. Menschen mit diesem Ego-Komplex verstehen es, unaufhörlich die Aufmerksamkeit auf sich zu ziehen und ihrem Drang nach Bewunderung Ausdruck zu verleihen. In Diskussionen lassen sie Gesprächspartner nicht ausreden und weisen deren mögliche Einwände selbstherrlich zurück.

Widersteht jemand dieser Verblendung, wird er mit Ignoranz bestraft oder fallengelassen. Beziehungen funktionieren nur nach diesem Muster, da die Bedürfnisse des Partners im Keim erstickt oder entwertet werden. Die Bereitschaft, sich in andere einzufühlen, ist nur unzureichend ausgebildet. Die Aktionen wirken oft übertrieben, selbstüberschätzend und maßlos, da die eigenen Vorgaben zum Maßstab werden. Sachlicher Kritik gegenüber reagieren egoistische Naturen äußerst empfindlich, währenddessen sie die kleinsten Fehler des Gegenübers heftig attackieren. Sie können auch Niederlagen nur schwer ertragen, denn sie werden als persönliche Beleidigung empfunden. Nichts zählt, außer selbst der Stärkste, Beste und Größte zu sein. Entweder man fügt sich dieser Dynamik, oder die Freundschaft wird aufgekündigt. Partner, Freunde oder berufliche Weggefährten geraten unversehens in eine Loyalitätsfalle, sobald sie beginnen, andere Menschen zu schätzen.

Wie oft geschieht es, dass ein Parteivorsitzender seinen Stellvertreter mobbt und ihn durch gezielte Indiskretionen zu Fall bringt, nur weil dieser bei einer Abstimmung seinem Gewissen folgte und sich nicht mehr verleugnete. Unter diesen Umständen ist eine würdevolle Beziehung, die auf Gegenseitigkeit beruht, kaum möglich. Immer, wenn die selbstbezogenen Wünsche nicht erfüllt werden, kommt es zu erbitterten Vorwürfen oder theatralischen Auftritten. Nicht selten werden Konflikte provoziert, Dramen inszeniert oder Krankheiten vorgetäuscht, um im Zentrum des Interesses zu stehen.

Der psychodynamische Dreh- und Angelpunkt des egomanischen Komplexes sind die tiefsitzende Angst vor dem Verlust von Anerkennung und Liebe sowie der fehlende Selbstwert, der durch erzwungene Anerkennung ausgeglichen werden soll. Die fortwährende Achtlosigkeit und fehlendes Mitgefühl lassen Freundschaften verkümmern.

Eine Veränderung dieses Ego-Komplexes ist erfahrungsgemäß außerordentlich schwer, weil man gefordert ist, die Bestätigung nicht mehr nur im Außen zu suchen, sondern die inneren Werte zu erkennen. Darüber hinaus wird Betroffenen diese Dynamik häufig nicht bewusst, so dass diesem Ego-Komplex allein mit Übungen nicht beizukommen ist. Statt Agieren ist Innehalten gefordert, um sich selbst und andere wieder angemessener wahrnehmen zu können. Auf dieser Basis können sich Achtsamkeit, Mitgefühl und ein unverfälschter Selbstwert entfalten. Da dieser Ego-Komplex weitgehend unbewusst agiert wird, stehen der Einsichtsgewinnung ziemliche Widerstände entgegen.

1. *Bereiten Sie sich bitte detailliert auf diese Reflexion vor. Wir achten zunächst auf die Position, die locker und gleichzeitig konzentriert sein soll. Den Atem jetzt etwas tiefer gehen lassen und innerlich allmählich ruhiger werden. Dann stellen Sie sich vor, wie der Atem das Herz öffnet und ein angenehmes Gefühl erzeugt.*

2. *Gehen Sie bitte der Frage nach, ob Sie unruhig werden, wenn Sie in Gesellschaft nicht genügend oder wenig Beachtung finden.*

3. *Verstummen in Ihrer Gegenwart Gesprächspartner?*

4. *Sind Sie tief enttäuscht, wenn für Sie wichtige andere von Ihnen abweichende Bedürfnisse haben?*

5. *Entstehen um Sie herum immer wieder unauflösbare Verstrickungen?*

6. *Wenn Sie diese Fragen für sich beantwortet haben, bitte ich Sie, für zwanzig Minuten zu meditieren. Konzentrieren Sie sich dabei auf Ihren Atem.*

7. *Nach der Meditation nehmen Sie einfach wahr, was Sie gerade empfinden. Dann stellen Sie sich einen Ihnen wichtigen Menschen vor und identifizieren Sie sich mit ihm: Wie könnte sich dieser Mensch bei der letzten Begegnung mit Ihnen gefühlt haben? Wie geht es ihm zurzeit?*

Grundsätzlich will das Ego stets eine bestimmende Rolle spielen. Deshalb müssen Lebensprozesse, die diesem Ziel im Wege stehen, kontrolliert und manipuliert werden. Die Dominanz des Ego behindert dadurch das organische Zusammenspiel innerer und äußerer Kräfte. Wenn die synergetische Balance aus dem Gleichgewicht gerät, wird eine adäquate Lebensentfaltung erschwert.

Besonders zeigt sich dieses Phänomen in der Krise der Lebensmitte, einem herausfordernden Lebensabschnitt für die Ego-Transformation. Der nun sichtbare Alterungsprozess ist anzuerkennen, manche Visionen müssen losgelassen und das bisherige Leben sollte einer Zwischenbilanz unterzogen werden. Die Betonung äußerer Werte ist zugunsten innerer Qualitäten zurückzunehmen, um Autonomie und Freiräume für die Sinnsuche zu gewinnen. Wer sich dem verschließt, stagniert.

Ein Fünfzigjähriger, der mit einer achtzehnjährigen Freundin zusammenlebt, mit einem Sportauto unterwegs ist und von seinem Chef für jeden kleinen Erfolg gelobt werden möchte, hat den Schritt in die Unabhängigkeit noch nicht gewagt. Eine Frau Mitte fünfzig, die Gesichtsfalten nicht verkraftet, den Modeschmuck ihrer Tochter trägt oder ihr Alter verleugnet, wird zunehmend fassadenhafter. Beide stülpen der Existenz ihre eigene Regeln über, misstrauen dem Lebensfluss und erkennen nicht, welche beglückenden Erlebnisse auf sie warten.

Im Älterwerden, wenn allmählich der äußere Glanz abbröckelt, geht es um die Transzendenz, um das Zur-Seite-Treten, In-die-Tiefe-Gehen und die Sinnvermittlung. Wenn Ansehen, Macht oder materielle Güter unwichtiger werden, werden wir konsequenter für eine bessere Welt eintreten können, indem wir uns mit folgenden Fragen auseinandersetzen: Was könnte mein Beitrag für eine gute Welt sein? Wer könnte Unterstützung von mir gebrauchen? Wie kann ich zu Frieden und Ordnung beitragen?

Ältere Menschen, die trotz ihrer Verdienste Güte, Bereitschaft zum Verzeihen, Mitmenschlichkeit und Demut ausstrahlen, sind segensreich, großherzig, tolerant und integrierend. Sie sind gute Gastgeber und willkommene Gäste, hilfreiche Begleiter und Förderer. Ihre Anregungen sind klar, aber zurückhaltend und passen sich flexibel dem Gesprächspartner an.

Wenn die Signale der Lebensmitte ignoriert werden, kommt es zu einer doppelten Identität: die Fassadenpersönlichkeit oder das, was nach außen gezeigt wird, und eine unsichtbare Existenz, die mit ihren Schwächen und Unsicherheiten alleine ist. Mit dieser Schattenperson, die Süchte und Depressionen entwickeln kann, geht man oftmals erbarmungslos ins Gericht. Das verschärft die Krisendynamik so lange, bis man zusammenbricht und sich für eine Umkehr entscheidet.

Natürlich kann diese Dynamik auch andere Lebensabschnitte beherrschen, wenn man ohne Rücksicht auf Verluste seinen Willen durchsetzen möchte. Hinzuhören, was die unterschiedlichen Lebenssituationen mitzuteilen haben, bringt stets gute Früchte hervor.

Beispielsweise hat jemand seinen Urlaubsflug storniert, weil er von einem Wasserschaden heimgesucht wurde. Er blieb zu Hause und konnte so seiner kranken Mutter, deren Zustand sich plötzlich verschlimmerte, im Sterben beistehen.

Widrigkeiten des Lebens sind helfende Freunde, die uns auf etwas aufmerksam machen wollen. Wenn man hellhörig bleibt und nicht bloß die eigenen Vorstellungen durchsetzen möchte, wird die Getrenntheit überwunden und die Verbindung mit dem Leben tiefer. Auch minimale Fingerzeige können zu großen Wirkungen führen. So berichtete ein Klient, dass er stolperte und seine Stieftochter ihn auffing. Daraufhin nahm er sie zum ersten Mal richtig wahr, verbunden mit der Einsicht, dass er sie jahrelang abgelehnt und häufig unberechtigt kritisiert hatte. Er entschuldigte sich bei ihr und nahm sie endgültig als Tochter an.

Es können sich Glücksmomente einstellen, wenn wir über unseren Schatten springen. Wir sollten dem, was einfach geschieht, mit Interesse begegnen und es nicht dem Ego opfern. Das essenzielle Bedürfnis dieses Ego-Komplexes sind die Suche nach Vertrauen und die Freude an den eigenen schöpferischen Kräften.

1. *Wenn Sie jetzt noch für einen Moment innehalten, um wahrzunehmen, welche Fingerzeige Sie in der letzten Zeit übersehen haben.*

2. *Falls Sie über fünfundvierzig Jahre alt sind, bitte ich Sie zu registrieren, ob Macht und Prestige wichtige Faktoren in Ihrem Leben sind.*

3. *Erinnern Sie sich an eine unangenehme Situation, die rückblickend positive Auswirkungen hatte. Danken Sie mit einer Geste oder einem Satz dem Leben dafür.*

Hier erscheint es sinnvoll, sich die generelle Auswirkung von Ego-Komplexen vor Augen zu führen. Wenn der Mensch seinen egoistischen Neigungen zu sehr nachgibt, entfernt er sich von seiner Wesensnatur. Generell tendiert das Ego zur Desintegration und Separation, weil es die eigene Position, das Haben und Wollen, überbewertet. Das Verlangen rückt ins Zentrum des

Bewusstseins und bindet die verfügbare Energie. Was davon abweicht oder dem zuwiderläuft, wird ignoriert und bekämpft. Die Dominanz des Ego verhindert so einen gesunden Ausgleich der Kräfte. Die einseitige Betonung dieser Triebenergie löst die Ego-Persönlichkeit vom Gesamtgeschehen ab. Diese Absonderung führt in eine leidvolle Sackgasse, ähnlich einer Suchtkrankheit. Das Suchtmittel beherrscht das Leben, so dass wichtigere Aufgaben in den Hintergrund treten. Diese Überidentifizierung engt die Wahrnehmung ein, und es bildet sich eine Illusionsblase. Sogar der Organismus wird davon überzeugt, dass er nur dann funktioniert, wenn das Verlangen gestillt wird. Je mächtiger der Einfluss des Ego wird, desto einseitiger werden Wahrnehmungsinhalte und Handlungsabläufe. Alles, was das Ego stören oder verunsichern könnte, muss demnach ausgesondert, verdrängt oder abgespalten werden. So bilden sich starre hartnäckige Vorurteile und unbewegliche Muster.

Das Gefühl der Getrenntheit ersetzt die Gewissheit, verbunden und eingebettet zu sein. Erst wenn Perspektiven, die diese künstliche Trennung aufheben, erarbeitet werden, wird sich der Mensch wieder mit dem Seinsganzen vernetzen können. Die Strategien, wie ich mir oder anderen schaden kann, lassen sich noch beliebig erweitern. Ego-Komplexe schwächen den Kontakt zur Umwelt, zur inneren Weisheit und schaffen Unordnung, weil sie zu Spaltung, Manipulation und Kontrolle führen, die Aufmerksamkeit auf sich ziehen und vorwiegend um die eigenen Bedürfnisse kreisen. Erfahrungen, die dieses Dilemma bewusstmachen könnten, werden ausgeblendet oder bekämpft, was zu einer allmählichen Distanzierung vom inspirierenden Lernfeld des Lebens führt. Das bewirkt ein Gefühl der Getrenntheit vom Ganzen, ein inneres Vakuum und fortschreitende Isolation. Indem wir das, was uns begegnet, ablehnen, suspendieren wir auch die Anteilnahme und die Einfühlungskraft.

Ego-Transformation, der Königsweg der menschlichen Entwicklung, lässt uns weicher und bewusster werden. Wenn wir bereit sind, Engstirnigkeiten abzulegen, das Leben zu bejahen und in Ordnung zu bringen, was wir zerstört haben, dann werden wir Spaltungen überwinden, Mitmenschlichkeit fördern und Liebe vermehren. Jeder Mensch, der sein Ego abbaut, gewinnt neue Spielräume, wird zufriedener und glücklicher, denn er sieht zunehmend im Schicksal eine Aufgabe, im Leben eine Chance und in Widrigkeiten eine Anregung.

Die Arbeit am Ego ist grundsätzlich unangenehm und provoziert Widerstände, weil vertraute Strategien, an denen wir uns bisher orientiert haben, in Frage gestellt werden. Das löst nicht nur Scham, sondern auch Ängste aus, weil ich nicht weiß, wer ich dann bin, wenn mein Ego kleiner wird und sich das Ich transzendiert. Deshalb muss man sich auf einen langen und mühsamen Weg einlassen. Die Früchte, die aus diesem Bemühen erwachsen, sind wohltuend, denn wir fühlen uns lebendiger und direkter mit der Energie des Lebens verbunden. Wir gewinnen innere Spielräume und werden für Intuitionen durchlässiger. Durch die Führung der inneren Weisheit handeln wir mutiger und verhalten uns wahrhaftiger. Konflikte und unterschiedliche Standpunkte arten nicht in Machtkämpfe aus, sondern können kooperativ gelöst werden. Die Menschen werden zu Mitmenschen und Weggefährten, die Natur wird zu einem Geschenk der Schöpfung und der Kosmos zur Heimat für alle. Das ist keine Utopie, sondern wir haben die Fähigkeit zu dieser Transformation, wir müssen uns nur dafür entscheiden, uns darauf einlassen und furchtlos weitergehen. Wenn wir einmal aus der Bahn geworfen werden und diesen Weg unterbrechen, können wir wieder neu beginnen. Wir brauchen nur für einen kleinen Moment innezuhalten, tiefer zu atmen und uns wieder auf unser Ziel zu besinnen.

Um die Bearbeitung der ganz persönlichen Ego-Komplexe zu unterstützen, sollen weiter unten noch einige spezielle Übungen vorgestellt werden. Diese können selbstverständlich, gemäß den persönlichen Bedürfnissen, verändert oder variiert werden. Fraglos haben alle spirituellen Grundübungen, wie etwa Meditation, Üben von Mitgefühl, Singen von Mantren, Beten oder

Seva (Dienen) eine allgemein transformierende Wirkung. Diese ersetzen jedoch nicht die regelmäßige und zielgerichtete Auseinandersetzung mit Ego-Komplexen, denn nur allzu leicht können sich auch spirituelle Egoismen ausbilden, wie weiter hinten noch dargestellt wird.

Übungen zur Ego-Transformation

Ego-Profil

Eine wahrhaftige und präzise Untersuchung der Ego-Strategien hat nicht nur einen Erkenntniswert, sondern wirkt schon transformierend. Dabei ist es ratsam, Folgendes herauszufinden: Welche Einstellungen und Handlungen würde ich als egozentrisch einstufen, wie und unter welchen Umständen treten sie auf, welche Kräfte sind daran beteiligt, und welche Spuren hinterlassen sie? Wenn es dann noch glückt, das eigentliche Bedürfnis hinter dem Ego-Bedürfnis herauszuschälen, dann kann die Transformation tief greifen und umfassend wirksam sein.

1. *Bitte entspannen Sie sich zunächst, machen Sie sich innerlich leer, bevor Sie folgende Frage stellen:*

2. *In welchen Zuständen, Strategien, Denkmustern oder Verhaltensweisen zeigt sich mein Ego?*

3. *Bitte notieren Sie die Antworten, um dann noch tiefer in die Problemstellung einzutauchen:*

4. *In welchen Situationen treten diese Ego-Aspekte besonders deutlich in den Vordergrund, und welche Spuren hinterlassen sie? Wie fühlen Sie sich, nachdem das Ego seine Kraft entfaltet hat?*

Diese Übung können Sie in regelmäßigen Abständen, im Sinne einer Ego-Inventur, durchführen, denn allein durch die Einsicht treten wir schon in Distanz dazu und beginnen, Verantwortung zu übernehmen.

Umgang mit destruktiven Gefühlen

Da schon weiter oben auf destruktive Gefühlszustände, wie etwa Hass und Verachtung, aufmerksam gemacht wurde, soll hier auf generelle Bewältigungsstrategien eingegangen werden.

Destruktive Gefühle sind unter anderem Hass, Verachtung, Feindseligkeit, Neid, Missgunst, Gier, Zorn, Stolz etc. Wenn Sie häufig solche Gefühle erleben, dann gehen Sie zum Ausgangspunkt des destruktiven Gefühls, um Ihren inneren Zustand und die äußeren Auslöser zu erkunden. Sind es etwa Konflikte, Kränkungen oder Defiziterlebnisse, die dazu geführt haben? So kann ein Satz eines Berufskollegen eine tiefe Kränkung verursachen, weil man ähnliche Zurückweisungen schon in der Kindheit erlebt hat. Manchmal begann es mit einem positiven Zustand, wenn beispielsweise jemand seine Liebe einem anderen Menschen zuteilwerden ließ und jener diese nicht erwiderte.

1. *In solchen oder ähnlichen Fällen setzen Sie in der Fantasie den Betroffenen auf einen leeren Stuhl und drücken ihm gegenüber aus, was Ihnen am Herzen liegt, bis Sie das Gefühl haben, alles schonungslos mitgeteilt zu haben.*
   Dann stellen Sie sich vor, wie das All-Eine durch diese Person hindurchscheint, und bemerken vielleicht, wie sich Ihr innerer Zustand verändert.

2. *Manchmal ist es auch nützlich, im Geiste die destruktiven Gefühle bis ins Extrem zu treiben und sich auszumalen, was dadurch zerstört wird und welche Konsequenzen es*

nach sich zieht. Danach könnte man nochmals sich selbst fragen: Möchte ich, dass das und das und das … eintritt?

3. *Eine weitere Möglichkeit ist, sich das Gegenteil des destruktiven Gefühls vorzustellen und genau auf die Folgen zu achten. Wenn Sie geizig sind, malen Sie sich aus, großzügig zu sein.*

4. *Wenn Sie impulsiv sind, erlauben Sie sich, in der Vorstellung ruhig und gelassen zu werden; wenn Sie Hass verspüren, liebevoll und achtsam. Nehmen Sie jedes Mal wahr, was sich in Ihnen ändert.*

5. *Erlauben Sie sich, für einen Moment in Ihr Inneres zu blicken, um herauszufinden, ob Sie die Eigenschaften, die Sie bei anderen ablehnen, im Sinne eines nicht akzeptierten Schattenaspekts in sich selbst wiederfinden. Falls dem so ist, bitte ich Sie, diesen Eigenschaften mit Erbarmen zu begegnen.*

6. *Wenn Sie starken Neid hegen, beginnen Sie die Fähigkeiten des anderen auf seine Vorzüge hin zu untersuchen.*

7. *Wenn Sie gieriges Verlangen nach einem bestimmten Zustand, Objekt, einer Situation oder Person empfinden, sind Sie wie hypnotisiert darauf fixiert. Weil Sie in diesem Zustand das Erwünschte idealisieren, machen Sie sich neben den attraktiven auch die unangenehmen Eigenschaften bewusst und gehen in der Vorstellung zu jenem zukünftigen Zeitpunkt hin, wenn die Freude abgeklungen und wieder Normalität eingekehrt ist.*

Überidentifikation abbauen und Getrenntheit aufheben

Wenn man also bemerkt, dass man unter dem Bann des Wünschens steht und nur sehr schwer davon ablassen kann, muss die Überbetonung abgebaut werden.

In kurzen Meditationen kann man die Aufmerksamkeit und den Fokus auf das Begehrte nach und nach abziehen.

1. *Folgende Sätze können die Überidentifikation lockern helfen: »Ich bin nicht nur das, ich bin nicht nur jenes«, oder: »Ich bin nicht das.« Das bedeutet, dass ich mehr bin als nur die Identifikation mit etwas und dass meine Wesensnatur darüber hinausgeht.*

2. *Gleichzeitig wird die Vergänglichkeit betont und dass das Empfinden von Glück nicht an die Erfüllung von Wünschen gebunden ist. Halten Sie einfach für einige Minuten inne. Dabei beobachten Sie, wie Ihre Gedanken kommen und gehen. Genauso ist es mit wunderbaren Augenblicken des Lebens, die auch wieder losgelassen werden müssen.*

Eine Frau hat eine bemerkenswerte Tagung und ein wunderbares Fest organisiert. Noch lange Zeit danach wurden ihr dafür Komplimente gemacht. Um sich diesen Zustand zu bewahren, lenkte sie die Gespräche mit Kolleginnen und Kollegen immer wieder auf dieses Thema. Die Anerkennung wurde dünner, und sie fühlte sich selbst immer unwohler. Erst als sie sich langsam davon löste und erkannte, dass sie nicht nur aus diesem Ereignis besteht (»Ich bin nicht nur das!«), fühlte sie sich freier, konnte sich wieder dem gegenwärtigen Geschehen zuwenden und sich für neue Erfahrungen öffnen.

3. *Ergänzend kann auch die Identifikation ausgedehnt werden, indem ich meinen Horizont erweitere und mehr von dem bin, als was ich mich gewöhnlich sehe: »Ich bin auch das und auch jenes und auch das.« Das hebt die innere Verbindung, das Gemeinsame und die Einheit hervor.*

4. *Wenn man einen Spaziergang am Meeresstrand unternimmt, sich innerlich unruhig fühlt und sich dann im gleichmäßigen Meeresrauschen wiedererkennt, kann das in die Stille führen. »Ich bin auch das Meer«, »Ich bin auch die Wärme«, »Ich bin auch der kühle Wind« etc.*

Indem man das Bewusstsein mit wachen Sinnen ausdehnt, wird die Seele berührt, und es entsteht eine Vernetzung mit dem, was mich umgibt. Ich schlüpfe hinein, spüre in die Tiefe und verschmelze damit. Das ist der Keim des Bewusstseins von der Zusammengehörigkeit und der Einheit des Lebendigen. Dabei verfeinert sich auch das Spürbewusstsein, und ich lerne, mich selbst, andere und anderes durch die innere Teilhabe besser einzufühlen.

Die Bewusstheit von der Totalität des All-Einen kann auch dadurch aufgebaut werden, dass ich in der Meditation alles hinter mir lasse, was ich glaube zu sein und wodurch ich bestimmt wurde: Prägungen, Rollen, Zuschreibungen, Konzepte, Gedanken, Geschaffenes etc. Alles, was in meinem Bewusstseinsraum auftaucht, kann losgelassen werden, bis sich ein Zustand der Leere einstellt. Dabei werde ich bemerken, dass sich daraus kein Defizit- oder Mangelempfinden ergibt, sondern eher ein unbeschwertes Einssein mit allem.

Um Vergebung bitten

Wie schon hinlänglich beschrieben, bewirkt das Ego Unordnung, Unfrieden und karmische Verstrickungen mit den geschädigten Personen. Wenn ich mich nun entscheide, etwas in Ordnung zu bringen oder um Verzeihung zu bitten, dann lösen sich nicht nur Konflikte, sondern dementsprechend baut sich auch das Ego ab. Obwohl mein egoistisches Handeln immer mich selbst schädigt, verursacht es auch »hohe Kosten«, die andere zu bezahlen haben. Ein Arbeitskollege, Partner oder Freund, der von mir hintergangen, bloßgestellt oder in Mitleidenschaft gezogen wird, leidet unter meinem Verhalten. Manchmal werden auch irreparable Schäden hinterlassen.

Ein Vater hat seine Tochter von Kindesbeinen an misshandelt. Später versagte er ihr jegliche Unterstützung für das Studium. Die Tochter klagte dann ihre Rechte ein, was den Vater derart in Rage brachte, dass er sie aufs schlimmste beleidigte. Um sie aus dem Gleichgewicht zu bringen, hat er ihr kurz vor dem Staatsexamen einen bösen Brief geschrieben. Sie war so erschüttert, dass sie die Prüfungssituation nicht erfolgreich bewältigen konnte. Sogar in solchen Extremfällen könnte eine radikale Umkehr heilsam wirken. Der Vater müsste sich vom Leid, das er angerichtet hat, berühren lassen, sich dafür entschuldigen und Zeichen der Wiedergutmachung setzen.

1. *Zunächst sollten Sie also herausfinden, wem Sie möglicherweise durch egoistisches Handeln Schaden zugefügt haben. Gerade in dieser Konfrontation sollte Ihre Haltung aufrichtig und wertschätzend sein. Nun stellen Sie sich vor, wie Sie dieser Person gegenübersitzen. Drücken Sie zunächst Ihr Bedauern über das aus, was Sie ihr zugefügt haben. Manchmal genügt eine Entschuldigung oder die Bitte, Ihnen zu vergeben. Manchmal ist es notwendig, Wege der Entschädigung zu finden. Registrieren Sie einfach, wohin Ihre Fantasie Sie führt.*

2. *Notieren Sie jetzt die gesammelten Eindrücke und reflektieren Sie, was Sie davon direkt umsetzen möchten. Falls das nicht mehr konkret durchführbar ist, können Sie das auch im Geiste tun. Falls Sie Kontakt zu der geschädigten Person aufnehmen, ist unbedingt zu beachten, dass die Annäherung rücksichtsvoll und in kleinen Schritten zu erfolgen hat. Falls Ihnen signalisiert wird, dass direkter Kontakt unerwünscht ist, akzeptieren Sie das, schreiben Sie vielleicht einen Brief, falls das möglich scheint, und wiederholen Sie diese Übung mehrmals.*

Dankbarkeit

Zu danken heißt, nicht nur zu nehmen, sondern auch bewusst anzuerkennen, dass mir Gutes zuteilgeworden ist. Dankbarkeit ist eine würdigende Geste, die eingesteht, dass ich nicht alleine aus mir heraus existieren kann. In diesem Sinne ist danken zu lernen eine spirituelle Übung, die das Ego schmälert. Dankbarkeit kann Personen, dem Leben, der Natur, anderen Lebewesen oder der inneren Weisheit gegenüber dargebracht werden. Das kann durch eine Gabe, einen Satz oder eine Gebärde geschehen.

1. *Zunächst bitte ich Sie, zu erkunden, wohin Sie die Dankbarkeit richten möchten.*

2. *Stellen Sie sich das Gegenüber in irgendeiner Weise vor und registrieren Sie dabei, welche Form Ihnen im Augenblick am ehesten entspricht.*

3. *Malen Sie sich eine Situation aus, in der Sie Ihr Dankgefühl bekunden. Möglicherweise kann davon auch etwas in der Realität umgesetzt werden.*

Ego-Aufstellung und Ego-Dialoge

Die Aufstellungstechnik, die sich der repräsentativen Wahrnehmung bedient, hat sich in den letzten Jahrzehnten einer begrüßenswerten Resonanz erfreut. Wenn über nicht anwesende Personen gesprochen wird, kann man mehr von diesen erfahren, wenn sie symbolisch präsent sind – entweder durch andere Personen oder durch ausgesuchte Gegenstände. Mit dieser Methode lassen sich auch unterschiedliche innere Instanzen, Antriebe, Stimmen oder Bedürfnisse, die im intrapsychischen Raum wirksam sind, erforschen, integrieren und transformieren. Auch wenn eine professionelle Begleitung in diesem Zusammenhang begrüßenswert erscheint, kann man diese Art der Bewusstseinsarbeit durchaus im Dialog mit sich selbst erfolgreich durchführen.

Die folgende Situationsbeschreibung soll nun veranschaulichen, wie eine Ego-Aufstellung gestaltet werden könnte. Ein Mann wollte mit seiner Frau schlafen. Er näherte sich ihr an, und sie verweigerte sich. Daraufhin wurde er zornig, wodurch sich die Atmosphäre weiter eintrübte. Dann zog er sich zurück, ging ins Wohnzimmer, trank zwei Flaschen Bier, legte sich wieder ins Ehebett und näherte sich erneut an. Sein erpresserischer Unterton jagte ihr Angst ein, so dass sie sich unwillig hingab. Nach dem Geschlechtsakt fühlte er sich hundeelend und konnte am Morgen danach nicht meditieren. Den weiteren Tag über verspürte er starken Groll – einmal gegen sich selbst und dann wieder gegen seine Frau.

So schlug ich ihm eine kurze Ego-Aufstellungsarbeit vor. Dabei arbeitete er die unterschiedlichen Sequenzen heraus, in denen das Ego in typischer Weise anwesend schien, und kam zu folgenden Verhaltensweisen:

wie »ich« mich annäherte,
wie »ich« mich abgelehnt fühlte,
wie »ich« protestierend ins Wohnzimmer ging,

wie »ich« Bier trank,
wie »ich« zurückging und mich wieder annäherte,
wie »ich« Macht ausübte,
wie »ich« mich abwertete.

In jeder dieser Positionen manifestierten sich Ego-Komplexe, die teilweise bewusst, aber auch unbewusst abliefen. Intuitiv ordnete er nun die unterschiedlichen Anteile, repräsentiert durch verschiedenfarbige Kissen, im Raum an. Dann ging er langsam von Kissen zu Kissen, hielt bei jedem inne, bis er präzise spüren konnte, wie das Ego wirkte:

Ich missachtete den inneren Zustand meiner Frau.
Ich zog meine Männlichkeit in Zweifel.
Ich bestrafte sie durch Weggehen.
Ich betäubte mich.
Ich rächte mich.
Ich bin schuldig.

Durch diese kurze Aufstellung wurden die divergierenden Ego-Positionen voneinander entflochten, einfühlsam ausgelotet und bewusstgemacht.

Ergänzend dazu könnte man noch die innere Weisheit in Form eines zusätzlichen Kissens in dieses Arrangement einbinden und dazu auffordern, dass jeder Ego-Aspekt mit ihr in Dialog tritt. Die innere Weisheit könnte dann beispielsweise darauf aufmerksam machen, dass ich vor der körperlichen Annäherung erst mal realisiere, in welchem inneren Zustand meine Frau ist. Das wachsende Vertrauen in das gegenseitige Verstehen kann dann zu sexueller Aktivität führen oder aber zu einem wohligen Zusammensein. Da dabei meine Männlichkeit schadlos bleibt, ich mich nicht mehr betäuben und rächen muss, fühle ich mich auch nicht mehr schuldig, sondern gelassen.

Die Anerkennung unterschiedlicher Bedürfnisse bildet ein solides Fundament für eine erwachsene Beziehung. Wenn ich wertfrei anerkenne, dass das Ego im Spiel war, mich tiefer in diesem Zustand erforsche und der inneren Weisheit Raum gebe, kann Wandlung geschehen.

Egofreie Zone

Es gibt im Inneren auch eine egofreie Zone, die man betreten kann, um ein Gespür für diesen Zustand zu bekommen. Voraussetzung für die folgenden Übungen ist, dass man sich zuvor selbst erforscht und Ego-Anteile identifiziert hat.

Die erste Übung wird im Stehen durchgeführt.

1. *Sie trennen mit Hilfe einer Schnur oder einer zusammengerollten Decke den verfügbaren Raum in zwei Hälften. Dann suchen Sie sich für jeden Ego-Aspekt unterschiedliche Gegenstände. Diese legen Sie dann, spontan angeordnet, in den einen Halbteil des Raumes.*

2. *Stellen Sie sich einige Augenblicke in den Bereich Ego-Aspekte und registrieren Sie einfach, was dort geschieht.*

3. *Allmählich lösen Sie sich von Ihrem Platz und stellen sich vor, wie Sie die einzelnen Ego-Aspekte abschütteln und langsam in die egofreie Zone gehen.*

4. *Wenn Sie in dem anderen Bereich angelangt sind, registrieren Sie einfach wieder, was sich jetzt in Ihrem Inneren ändert.*

5. *Lassen Sie eine Fantasie entstehen, wie Sie sich im Alltag, unbelastet vom Ego, anders verhalten würden.*

6. *Dann schreiben Sie auch wieder Ihre Erfahrungen auf.*

Bei dieser zweiten Übung lesen Sie bitte zunächst die einzelnen Schritte vollständig durch:

1. *Legen Sie sich bitte auf eine bequeme Unterlage und entspannen Sie sich. Wenn Sie dann bewusst etwas tiefer atmen, können Sie eine Hand auf das Herz und eine Hand auf den Bauch legen. Dann lassen Sie alles los, was innerlich abläuft: Spannungen, Gedanken, Empfindungen oder Bilder – bis der Bewusstseinsraum leer und weit ist.*

2. *Lassen Sie ganz allmählich ein Bild von sich vor Ihrem geistigen Auge entstehen. Sie sehen sich in Umrissen, so, wie Sie heute sind: mit dem Aussehen, all den Eigenschaften, Fähigkeiten, Lebensstimmungen, Stärken, Schwächen oder Eigenheiten. Auch die Spuren, die das Leben hinterlassen hat, können Sie in dem Bild erkennen. Lebensgeschichtliche Erfahrungen, Krisen, Krankheiten, aber auch positive Erlebnisse. Wenn Sie dabei Spannungen oder intensive Gefühlsbewegungen wahrnehmen, registrieren Sie sie einfach und lassen Sie sie zu.*

3. *Nun stellen Sie sich vor, wie die Ihnen bewussten Ego-Aspekte in den Vordergrund treten. Dazu können Sie sich Verhaltensmuster, Szenen oder Situationen vergegenwärtigen, in denen das Ego die Hauptrolle spielte.*
   Genau dieser Person, die so agiert, werfen Sie einen liebevollen Blick zu, nähern sich ihr zuvorkommend an und nehmen sie im Geiste herzlich in den Arm. Von Mitgefühl und Liebe umströmt, kann ich sagen: »Manchmal erliege ich dem Ego, so bin ich auch.« Ich kann mich annehmen, so, wie ich geworden bin.

4. *Im nächsten Schritt atmen Sie wieder bewusst etwas tiefer und lassen alles wieder los, was gerade an Bildern, Eindrücken, Gefühlen und Gedanken sichtbar geworden ist,*

bis nur noch der Atem wahrnehmbar ist. Dann summen Sie leise ein Amen, Om oder einen anderen angenehmen Ton vor sich hin.

5. *Bei aufkommender Unruhe konzentrieren Sie sich einfach weiter auf den Atem, um mit jedem Ausatmen ganz bewusst loszulassen und immer zum Mantra zurückzukehren. In diesem Prozess legen Sie Ihre Prägungen, Ego-Anteile und Eigenschaften einfach zur Seite, bis nur noch der Atem fließt, Frieden und Ruhe sich ausbreiten. Es strömt, fließt und atmet. Möglicherweise klingen auch noch die Vibrationen des Lautes nach. Es ist nichts zu tun, nichts zu denken oder zu handeln. Sie nehmen Ihr Wesen, frei von allem, einfach nur wahr. Erlauben Sie sich, in diesem Zustand zu verweilen.*

6. *Sie kommen wieder mit Ihrer Aufmerksamkeit in den Raum zurück und lassen diesen Zustand der Offenheit und Unbeschwertheit in sich nachschwingen. Wenn Sie möchten, können Sie wieder Ihre Erfahrungen notieren.*

Vorurteilsfrei wahrnehmen

Wie schon erwähnt, sehen oder bewerten wir andere Personen und Situationen immer durch die subjektive Brille, durch die automatisch wirksamen Wahrnehmungsschemata, die mehr oder weniger unseren Blick verzerren. Emotional spüren wir mitunter Anziehung oder Abstoßung, auch ein Wirkfaktor unserer Wahrnehmung. Dazu kommen Vorurteile, Erwartungen und Einstellungen, Kernelemente des Ego. Aus diesem Kreislauf fortwährender Konstruktionen müssen wir zwischenzeitlich heraustreten, um nicht Personen und Situationen entsprechend unseren Vorstellungen zu manipulieren.

1. *Dazu kann eine kurze Übung dienen, die jederzeit im Alltag praktiziert werden kann. Wenn wir zunächst das Bild so, wie es sich im Augenblick einstellt, registrieren, können wir uns danach bewusst von allem enthalten, was wir über die Situation oder die Person kennen. Einfach wieder mit dem Ausatmen alle Urteile, Erfahrungen und Bewertungen loslassen.*

2. *In den dann weitgehend entleerten Bewusstseinsraum lassen wir erneut die Person oder Situation, transparent und frei von allen Urteilen, eintreten, um sie von ihrem Wesen her zu erfassen. Das löst unangenehme Gefühle, erweitert den Blickwinkel und regt die Intuition an.*

Transzendiertes Ich

Um aus dem Zentrum des Bewusstseins agieren zu können, bemächtigt sich das Ego des Organisierungsprozesses und der Funktionen des Ich. Die Dynamik von Ego-Komplexen absorbiert das Ich. Wenn wir das Ich symbolisch als Hausmeister der Seele betrachten, sieht es sich nun, durch die Verschmelzung mit dem Ego, als Hausbesitzer. Der persönlichen Bedürfnisbefriedigung, dem Wünschen und Wollen, der Sicherung der eigenen Grenzen und dem manipulativen Gestaltungswillen wird dann eine zentrale Bedeutung zugemessen, so dass der Person eine hervorgehobene Wirklichkeit zugeschrieben wird.

Autonomie verwandelt sich dann in Selbstherrlichkeit, das Spüren des Innenraumes in rücksichtslose Bedürfnisbefriedigung, das Regulieren von Gefühlen in Ausagieren, das Unterscheiden von Innen und Außen in Abgrenzung, Solidarität in Rivalität. Wenn sich dieser Zustand weiter verfestigt, erhebt sich die Person nicht nur von ihrem Umfeld und vom größeren Ganzen, sondern versucht es auch, zu kontrollieren und zu manipulieren.

Wenn wir in diesem Sinne das Ego reduzieren, wird der Druck des Ego auf das Ich nachlassen. Da die Person dann wieder für das größere Ganze durchlässiger wird, kann die Wesensnatur wieder mehr in die Mitte des Geschehens rücken. Das Ich kehrt nicht nur zu seinen ursprünglichen Aufgaben zurück, sondern kann sogar seine früheren Regulationsaufgaben freier und flexibler durchführen, weil es von der inneren Weisheit entlastet wird. Das Zusammenspiel der Kräfte wird ausgewogener und umfassender. Das Ich, verbunden mit dem Selbst, kann mit dem Leben spielerischer umgehen und inspirierende Impulse unbekümmerter aufnehmen. Die frei werdenden Energien stärken die Mitte und verankern sie im größeren Ganzen, wodurch die Ausstrahlung der Persönlichkeit an Tiefe gewinnt. Das Ich, so eingebettet, kann nun leichter Bewusstseinsinhalte vergegenwärtigen und integrieren. Innere und äußere Prozesse werden nicht mehr streng auseinandergehalten, sondern als zusammengehörig, in einem Ganzheitsfeld, erlebt.

Der Lebensrhythmus wird durch vorübergehendes Identifizieren und Loslassen flüssiger. In der Identifizierung fokussiere ich etwas, und im Loslassen kann wieder das Ganze durchscheinen. Der Zugriff auf intuitives Wissen scheint erleichtert, und die Resonanz mit dem, was sich ereignet, ist feinfühliger, wodurch man spontaner und kreativer seinen Impulsen folgen kann.

Dieses erweiterte Gewahrsein vertieft auch das Gefühl der Zusammengehörigkeit und des Mitgefühls zu anderen Wesen und der Schöpfung. Nicht nur äußerlich, sondern auch feinstofflich, weil die hinter den Manifestationen stehenden Felder und Atmosphären miteinbezogen sind. Ich bin dann Teil des Ganzen und agiere, um dem Ganzen zu dienen, und das Ganze verwirklicht sich durch das Individuum.

Das Zusammenspiel innerer und äußerer Kräfte optimiert sich, und ich erfahre mich in einem Prozess des Entdeckens und Entfaltens. Ich selbst bin sogar ein Prozess, der mit anderen Prozessen verbunden ist. Die inneren Schwingungen werden subtiler, und die Fassaden beginnen sich aufzulösen, weil es nichts mehr festzuhalten gibt. Ich lebe in der Gegenwart, übernehme Verantwortung und fühle mich nicht mehr als Opfer der Umstände, sondern vielmehr lebendiger und wahrhaftiger in meiner Kraft. Deswegen sind Enttäuschungen nicht mehr so kränkend wie früher, sondern fordern mich auf, innezuhalten und dem Unerwarteten Raum zu geben. Das transzendente Ich klammert sich nicht an Erwartungen, sondern handelt absichtslos, um dem universellen Willen und der inneren Weisheit zum Ausdruck zu verhelfen.

Wenn sich also das Ego transformiert, entstehen neue Ich-Qualitäten, weil das Ich dann der inneren Weisheit, dem transpersonalen Selbst, folgt und ihm dient. Es wird zum Sinnesorgan des Selbst. Das transzendente Ich ist zu bedingungsloser Liebe und Hingabe fähig. Es heftet sich nicht an Affekte, sondern begleitet sie. Es existiert in uns als Zeuge ohne Anhaftung und unterstützt uns in den täglichen Pflichten. Es zeichnet sich durch Vertrauen aus, kann flexibel reagieren und ist fähig, selbstproduzierte Konzepte wieder loszulassen. Ein gelassenes Ich, das seine Sicherheit in der inneren Weisheit gefunden hat, kann effizienter mit neuen Situationen umgehen, weil es grundsätzlich dem Lebensprozess vertraut. Es prüft nicht mehr argwöhnisch neue Erfahrungen, sondern analysiert sie wohlwollend.

Erst wenn destruktive Ego-Komplexe bewältigt werden, kann sich eine starke Persönlichkeit mit spiritueller Energie entfalten, die der Bestimmung des All-Einen folgt und Gutes bewirkt.

Durch das tiefe Vertrauen in die Lebensprozesse muss es nicht länger kontrollierend eingreifen, sondern kann zwanglos lebendig werden lassen, was sich verkörpern möchte, und, im Dienste der inneren Weisheit, angstfrei Resonanzen und Impulse aufgreifen und wieder loslassen. Die Zuneigung zum All-Einen befreit das Handeln von speziellen persönlichen Erwartungen und Wünschen. Wenn der Mensch zu seinem Wesen, zu seiner wahren Natur, findet, leuchtet durch das Individuum das All-Eine hindurch.

Auch wenn diese Vision faszinierend ist, ist dieses Ziel in weiter Ferne. Man ist aufgefordert, bescheiden und ausdauernd auf dem Weg zu bleiben, denn die Vorstellung, egolos zu sein, könnte nämlich der letzte Schlupfwinkel des Ego sein. Das Ego kann sich hinter vielen Masken verstecken. Wenn wir die Gnade erleben dürfen, weitgehend frei von Ego zu zu sein, wird vieles einfacher.

Ego-Tod

Wer geduldig vorwärtsgeht, Hindernisse überwindet und sich dem Willen des All-Einen hingibt, bereitet den Boden für die Gnade des Absoluten, die mit einer vorher nicht gekannten Wucht die letzten Schichten des Ego aufbrechen kann. In der einschlägigen Literatur gibt es dafür die Bezeichnung *Ego-Tod*. Auch wenn der Name ein dramatisches Geschehen andeutet, wird man reichlich beschenkt.

Auf jedem spirituellen Weg kann es Krisen geben, die sich zunächst wie Rückschritte anfühlen. Diese sollten wir mit einkalkulieren und deshalb dann nicht aufhören, unsere Übungen fortzusetzen. Wenn der Engpass strapaziöser wird, stehen wir meistens vor einer Schwelle, einem Durchbruch oder einer neuen Seinsebene. Gerade dann ist die spirituelle Praxis von größtem Nutzen, weil sie uns Halt gibt und sich die innere Führung besser gegen unsere Widerstände durchsetzen kann.

Je mehr wir uns auf dem spirituellen Weg voranbegeben, desto größer werden zunächst auch die Herausforderungen. Das bisher gelebte Leben wird in seinen Begrenzungen zunehmend leidvoll und konflikthaft erfahren und von der Angst begleitet, innere Sicherheiten zu verlieren. Einerseits kann ich nicht mehr so existieren wie früher, andererseits bin ich noch nicht wirklich in meinem neuen Leben angekommen. Es ist ein Zwischenstadium, in dem es kein Zurück gibt, aber auch der Schritt nach vorne noch nicht gelingt. Das Ego stemmt sich mit seiner ganzen Kraft gegen diesen Prozess. Dieser Engpass kann zu stürmischen Umbrüchen, radikalen Zweifeln und heftigen Krisen führen. Es entsteht der Eindruck von Regression statt von Fortschritt im besonders schmerzlichen Kontrast zu früheren gnadenhaften Erfahrungen.

Teresa von Avila (vgl. 1979), eine spanische Mystikerin des 16. Jahrhunderts, hat dieses mit dem Ego-Tod einhergehende Stadium der »Seelennacht« besonders eindrucksvoll geschildert. Allegorisch beschreibt sie den spirituellen Weg in der *Inneren Burg* als eine Wanderung durch verschiedene Wohnungen. In der dritten Wohnung leidet der Mensch unter Trockenheit und findet kaum noch in die Nähe Gottes. Mündliches Gebet und Betrachtung funktionieren nicht mehr so recht, die eigenen Fehler werden dafür umso schärfer gesehen. Gott entzieht dem Menschen die schon geschenkten Gnaden, um ihm seine Abhängigkeit zu zeigen. Denn wie der Mensch nun einmal ist, könnte er sich schnell überheben und sein kleines Ego aufblähen, wenn er sich oft in der Nähe fühlte, ohne jedoch wirklich mit ihm vereinigt zu sein. Hier setzt nun die Erziehungsarbeit Gottes ein. Der Mensch wird durch diese Wohnung nur hindurchkommen, wenn er die entbehrten Erfahrungen in Gelassenheit und Liebe trägt.

Natürlich fällt es schwer, innezuhalten und in die Stille zu gehen, wenn sich die Turbulenzen zuspitzen. Hier scheint alles in Frage gestellt, und die bisherige spirituelle Praxis steht auf dem Prüfstand. Dieses Durchgangsstadium kann folgenschwer in den Alltag eingreifen. Nicht selten werden vertraute Beziehungen aufgelöst oder materielle Güter verloren. Ähnlich den Vorgängen in Todesnähe wird man radikal aufgefordert, loszulassen und zu vertrauen.

Ein spiritueller Adept beabsichtigte, sein Erbe in einen Bauplatz zu investieren. Einige Tage vor dem Notariatstermin hatte er einen schweren Unfall. Noch im Rettungswagen entschied er sich, das Grundstück nicht mehr zu kaufen. Als er wieder gesund war, wurde ihm klar, dass er vor der wichtigen Aufgabe zurückgewichen war, ein spirituelles Zentrum zu gründen. Nun riskierte er diesen Schritt, investierte seine Energie und sein Geld und nahm diese Herausforderung an.

Solche Prozesse können sich auf allen Ebenen zeigen. Eine Frau unterbrach die spirituellen Übungen, weil ihre Erfahrungen nicht so waren, wie sie es wünschte. Einige Tage später verlor sie Ausweis, Geldbörse und Kreditkarten. Zu Hause angekommen, hatte sie die Vision, nackt die offene Straße zu überqueren und von den Menschen ausgelacht zu werden. Auch fühlte sie sich nicht mehr im Kontakt zu sich selbst und völlig abgeschnitten von ihren Ressourcen und Fähigkeiten, so dass sie sich nicht mehr aus dem Hause traute. Verzweifelt begann sie, zu beten und Mantren zu singen. Plötzlich sah sie ein Licht, und es kehrte ein unbeschreiblicher Frieden ein. Am nächsten Morgen rief die Polizei an und teilte ihr mit, dass die Papiere wieder aufgetaucht seien. Mit Hingabe und Demut nahm sie wieder ihre spirituellen Übungen auf.

Auch das Auftreten von spontanen außergewöhnlichen Bewusstseinszuständen, abrupten Bewegungen, autonomen Körperreaktionen oder Hitzeempfindungen ist in diesen Prozessen nicht ungewöhnlich. Vielfach beschrieben, insbesondere in schamanischen Initiationsreisen, sind Visionen von Vernichtungserfahrungen am eigenen Leibe, wie etwa Zerstückeltwerden oder Verbranntwerden. Diese Erlebnisse erweisen sich im Nachhinein häufig als szenische Vergegenwärtigungen der stattfindenden Ego-Transformation bis hin zum Ego-Tod, ähnlich dem christlichen Mysterium des Kreuzestodes, wo das Sterben als Durchgang zum neuen Leben erfahren wird.

Das ist eine dramatische Phase, die auch aus der Praxis des Holotropen Atmens geläufig ist. Eine Seminarteilnehmerin musste folgendes Erlebnis durchstehen und berichtet:

»Mein Brustkorb steht in Flammen. Ich verbrenne innerlich. Mit der Zeit brennt das Feuer zu einem kleinen Punkt zusammen, der genau in meinem Herzen sitzt ... diese Erfahrung geht weiter, und zwischendurch erlebe ich überströmende Liebe.«

Das kann sich zwar für den Suchenden in diesem Augenblick äußerst befremdlich anfühlen, bedeutet aber, dass alte, überkommene Persönlichkeitsstrukturen aufgelöst werden und stattdessen eine neue stabilere innere Basis entsteht. Die Angst vor dem Tod, die Angst vor dem Nichtsein sitzt tief in uns. Gewöhnlich verdrängen wir diese Angst oder funktionalisieren sie sogar für unsere Lebenszwecke. In der mystischen Literatur vieler Kulturen finden wir solche Erfahrungsberichte. Das, was wirklich sterben muss, ist die Identifikation mit dem Ego und seiner Isolation. Der Todesschrecken wird damit zum Übergang in eine völlig neue Sphäre inneren Friedens.

Gurumayi (1990, S. 44 f.) schildert in ihren Erinnerungen diese Zustandsänderung sehr eindrucksvoll:

»Das Haus meines Ich ging in Flammen auf. Alles, was ich besaß, wurde verbrannt. Ich wollte mein Haus retten. Aber ich konnte nicht entkommen. Auch die Tür meines Hauses stand in Flammen. Ich weiß nicht mehr, was dann geschah ... Und alles verstummte in der endlosen Stille der Liebe.«

In diesem Moment der Erleuchtung gehen Erkenntnis und Liebe, Leere und Fülle ineinander über. Der Zusammenbruch der Ego-Struktur wird als Vernichtung erfahren, die jedoch eine neue, höchst intensive Form der Seinswahrnehmung freisetzt. Toshihiko Izutsu (1984, S. 32), ein Philosoph und Kenner des Zen-Buddhismus, beschreibt sie als eine von begrenzenden Wahrnehmungsrastern befreite Realitätserfahrung:

So sind »alle Dinge, da sie wesenlos sind, vollständig frei. Sie sind füreinander offen, unendlich durchscheinend ... Und da es in dieser Dimension des Seins nichts gibt, das als das und das Ding subsistiert, ... also für sich alleine existiert ..., findet das Bewusstsein nichts, woran es sich festhalten könnte. Wenn das Bewusstsein nichts findet, woran es sich halten könnte, hört es auf, ›Bewusstsein von‹ zu sein«.

Erst dieses reine Bewusstsein ist frei für jenen Zustand umfassender Allverbundenheit, in der sich der Wahrnehmende als Sein in allem Seienden und damit als Wahrnehmender identisch mit dem Wahrgenommenen erfährt.

Wie wir vielleicht gerade selbst bemerken, ist es nahezu unmöglich, diese Erfahrungsdimension mit den Mitteln des menschlichen Verstandes auszuloten. Entsprechend vorsichtig müssen wir auch sein, wenn wir uns in diesem Bereich bewegen, sei es in der spirituellen, sei es in der psychotherapeutischen Praxis. Die bei Ego-Tod-Prozessen auftretenden dramatischen Durchgangsstadien ähneln nämlich in ihrer Symptomatik pathologischen *Depersonalisationserscheinungen.* Es ist für die Begleitung von großer Tragweite, sie von krankheitswertigen, insbesondere psychotischen Phänomenen unterscheiden zu können.

Ein erstes, sehr wichtiges Kriterium ist das Fehlen eines organischen Befundes bei starken körperlichen Symptomen. Differenziert zu berücksichtigen ist auch die Lebensgeschichte, die bei psychisch kranken Menschen meist von langen und leidvollen Beziehungsdramen mit einem hohen Traumatisierungsgrad geprägt ist. Wenngleich die Sehnsucht nach Spiritualität auch durch schwierige Lebensumstände vorbereitet sein kann, sollen doch begleitende therapeutische Maßnahmen zumindest mit bedacht werden. Psychotisch erkrankte Menschen können innere und äußere Erfahrungen nicht voneinander unterscheiden. Sie sind so mit dem Geschehen identifiziert, dass sie sich davon nicht distanzieren können. So erscheint in der paranoiden Psychose der andere tatsächlich als Gegner, sogar der Therapeut, so dass das Vertrauensverhältnis stets gefährdet ist. In einer spirituellen Krise hingegen wird die dargebotene Hand für eine gemeinsame Aufarbeitung des Geschehens gerne angenommen, auch wenn überschäumende Prozesse die Beziehung stören können. Es findet dennoch keine Verwechslung von Innenwelt und Außenwelt statt, denn der Suchende weiß ganz genau, dass es sich dabei um einen inneren Prozess handelt. Während der psychotische Mensch sich oft zurückzieht, hat der Mensch in der spirituellen Krise eher ein Mitteilungsbedürfnis und ist offen für eine Kooperation mit dem Begleiter. Die Kommunikation verläuft in der Regel auch kohärent und stimmig. Nicht so beim Psychotiker, wo es zu Denkstörungen, Brüchen und Abschweifungen kommt, die einen Austausch erschweren, wenn nicht gar unmöglich machen. Im psychotischen Prozess kommt es zu einem Funktionsverlust der Integrationsinstanzen, während sich in der spirituellen Krise nur der innere Bezugspunkt ändert. Die Erneuerung ist trotz aller

Dramatik zu spüren, so dass es kaum wie bei psychischen Erkrankungen zu selbst- und fremddestruktivem Verhalten kommt.

Ein »erwachter« Mensch – um es mit einem Wort Eugen Herrigels (1992, S. 39) zu sagen, »fasst das Leben nicht nur anders auf, sondern auch anders an«. Er strahlt eine Art natürlicher Autorität aus und fühlt sich animiert, ja verpflichtet, das erlangte Geschenk seiner inneren Erfahrung weiterzugeben. Diese positive Hinwendung zum Mitmenschen ist so etwas wie ein Gütesiegel der geistigen Verwandlung. Diese mystische Erfahrung überwindet nachhaltig die Barriere des Ego. Die Erfahrung der Totalität des All-Einen, das alles durchpulst, bezieht alles mit ein, den Mitmenschen, die Natur, die gesamte Schöpfung.

Durch die erlebte Aufhebung der Dualität, aller Fixierungen und festen Strukturen erfahren wir den Wesensgrund der Wirklichkeit als das, was wir selber sind. Diese Erkenntnis lässt sich in eine paradox klingende Aussage fassen: Der Mensch kommt dort an, wo er hingehört. Es geht nur darum, in diese umfassende Identität einzutauchen. Für Patanjali (vgl. 1987 u. 1990) liegt hinter dem Schleier unserer gewöhnlichen Gedanken und Gefühle die ewige Quelle des natürlichen Glücks, der Intelligenz, der Liebe und Güte. Diese ewige Quelle ist das wahre Selbst und die reine Bewusstheit. Darin sind wir nicht länger mit unserem Ego und unserer Geschichte des Lebens identifiziert.

Ähnlich formulierte es Swami Muktananda (1991, S. 38):

»Die Wahrheit ist, dass göttliche Liebe dich überall umgibt. In dem Moment, indem du die weltlichen Konzepte von Individualität, Dualität oder Illusion loslässt, bleibt Gott, bleibt die reine Liebe übrig. Wenn du die Dualität und das Trennende überwindest, wirst du, aufgehend in tiefer Liebe, dein Selbst sehen und Gott überall und in allem erkennen.«

Wenn wir solche Erfahrungen machen dürfen, ist der Weg nicht zu Ende. Im Gegenteil, die Gefahren einer neuerlichen Ego-Bildung wachsen. Ein Sprichwort besagt: »Wo viel Licht ist, ist auch viel Schatten.«

Das Ego im spirituellen Gewand

Wenn die Erhabenheit des Daseins in Erleuchtungserfahrungen zugänglich wird, neigt der Suchende dazu, dies als Früchte seiner Selbstbemühung zu sehen. Natürlich begünstigt die spirituelle Praxis, in der Meditation, ein moderater Lebensstil, die Übung von Mitgefühl sowie radikale Ego-Transformation eine zentrale Rolle spielen, diese Durchbrüche – dennoch ist sie nicht ausschlaggebend. Man würde deren Sinn gründlich missverstehen, wenn sie das Erreichen eines metaphysischen Bewusstseinszustandes in den Mittelpunkt ihres Strebens stellen würde.

Spirituelle Selbsterforschung und Übungspraxis sollen stets »nur« um ihrer selbst willen durchgeführt werden. Es geht um die Liebe zum Leben, zur Schöpfung und zu allen Wesen, unabhängig davon, wann und wie das Bewusstsein spontane Durchbrüche zu einer tiefen Seinsebene erlangt. Das kann dann glücken, wenn man sie nicht festhalten möchte und seinen Weg beharrlich weitergeht. Angesichts dieser außergewöhnlichen Augenblicke tieferfahrener Glückseligkeit ist es jedoch nur natürlich, Freude darüber zu empfinden. Wenn dieser Zustand jedoch dem eigenen Tun zugeschrieben wird, beginnt das Ego sich der Erfahrung zu bemächtigen. Es ist nur ein kleiner Schritt, anzunehmen, ich hätte das bewirkt und es gehöre mir. Wenn dann nicht Demut vor der Größe des All-Einen einkehrt, werden die Strahlen des Lichtes zur Glorifizierung des Erfahrungsträgers umgelenkt. Der Erleuchtete beginnt dann, sich von Menschen, die das nicht vermögen, zu unterscheiden und abzugrenzen. Sie sind, ganz im Unterschied zu seiner Person, blind und müssen auf den richtigen Weg geführt werden. So entwickeln sich Konzepte, Dogmen und Ideologien, insbesondere im Verbund mit Gleichgesinnten.

Es ist eine große Gefahrenquelle, sich zu überhöhen, aufzublähen und zu mystifizieren. Die Folgen spiritueller Arroganz sind hinlänglich bekannt, wenn etwa einem Mitmenschen mit schwerem Krebsleiden zynisch gesagt wird, dass er selbst die Schuld daran trage, weil er in einem früheren Leben anderen

Gewalt angetan hätte. Auch die oftmals verabreichte Erkenntnis, dass jemand halt noch nicht so weit sei wie man selbst, wirkt wenig unterstützend.

In diesem Moment fällt man in die Getrenntheit zurück, weil man vergisst, dass das All-Eine sich nicht durch persönliche Güte, sondern nur durch Gnade vermittelt. Es bringt sich zwar in der Person zum Ausdruck, ist aber von seinem Wesen her überpersönlich. Die universelle Kraft des Seinsganzen, die in Erleuchtungserfahrungen gegenwärtig wird, sollte man nicht persönlich nehmen oder individualisieren, sonst läuft man Gefahr, sich selbst zu überschätzen.

Verheerende Folgen kann das nach sich ziehen, wenn spirituelle Lehrer in diese Falle geraten und den Schritt der Selbstrelativierung nicht mehr schaffen. Aus einem aufgeblähten Selbstbild können sich leicht Größenideen und illusionäre Verkennungen entwickeln, wenn psychopathologische Komponenten mit hinzukommen. Trifft diese Konstellation auf ergebene Schüler, die widersprüchliche Verhaltensweisen ihres Meisters geduldig hinnehmen oder gar als eigene Widerstände ihrer Hingabebereitschaft einordnen, bilden sich totalitäre Strukturen aus, in denen blinder Gehorsam, Machtmissbrauch, strikte Abgrenzung gegen Andersdenkende und lebensfremde Tabus das soziale Geschehen prägen. Eine Moral, die nicht von innen kommt oder die Menschenwürde ausblendet, wird doppelbödig, weil die Verantwortlichen selbst nicht mehr einhalten, was sie predigen, auf Kosten ihrer Schüler leben und deren Fehltritte mit rigorosen Sanktionen ahnden.

Hinter der Richtschnur für ein Verhalten, sich selbst als ausgezeichnet hinzustellen und andere als schlecht und minderwertig zu brandmarken, steckt subtile Aggression, die unversehens in offene Gewalt umschlagen kann. Sie ist scheinheilig und gefährlich, wie man derzeit an den Krisen in den wichtigsten Religionen erkennen kann. Extremismus jeder Spielart, ob gegen andere gerichtet, wie in Religionskriegen, oder gegen sich selbst, wie in Selbstgeißelungsritualen, ist eine Sünde wider die Natur.

Der jüngst aufgekommene Atheismus wendet sich gegen diese gewalttätige Vereinnahmung des Menschen durch autoritäre Religionsvorschriften, blindwütigen Fanatismus und ungezügelte Machtansprüche.

Es sind vor allem die angeborenen Instinkte, nämlich Aggression, Machtbegehren und Sexualität, die heftige Probleme verursachen, wenn sie verdrängt werden. Es ist wichtig, diese Triebkräfte zu akzeptieren, ohne sie deshalb hemmungslos ausagieren zu müssen, ansonsten bilden sich zwangsläufig ungesunde Kompensationen. So wirken religiöse Menschen manchmal übertrieben sanftmütig und stereotyp lächelnd. Die feindseligen Impulse werden dann mitunter in abwertenden Vorurteilen gegen Andersgläubige sichtbar.

Indirekte Aggressionen sind auch in spirituellen Gemeinschaften an der Tagesordnung, wenn etwa jemand nach einem Vortrag über Liebe rücksichtslos aus dem Meditationssaal verwiesen wird, weil er weint und die anderen in ihrer Kontemplation stören könnte. Gurus, die sexuelle Übergriffe als Vollzug göttlicher Gnade glorifizieren, sind im Teufelskreis des Ego gefangen. Ähnlich wäre es, wenn jemand Spendengelder veruntreut und anschließend seinen Betrug als karmischen Verdienst rechtfertigt. Herausgehobene Schüler, die zum engsten Kreise gehören, verstärken durch die Identifikation mit dem Größen-Selbst des Meisters unbewusst diese Strukturen, zu denen nicht selten massive Kontroll- und Überwachungspraktiken gehören. Das Ego falscher Gurus und der hypnotische Gehorsam der Schüler ergänzen einander.

Absichtlich provozierte Abhängigkeiten sowie die Zerstörung der persönlichen Integrität eines Suchenden sind kriminelle Akte und haben gar nichts mit der Forderung nach Hingabe zu tun. Wirkliche Spiritualität ist immer emanzipativ, frei und ungezwungen. Sie hat es nicht nötig, zu missionieren oder zu manipulieren, denn sie wirkt aus sich selbst heraus, immer im Bestreben zu einer menschenwürdigen und befreiten Welt beizutragen. Um in diesem Sinne dem All-Einen zu dienen, ist die Transformation des Ego unumgänglich. Erst wenn die Liebe den Alltag bereichert und das Handeln bestimmt, erfüllt sich das spirituelle Gebot. Deshalb ist es unangebracht, aufgrund des eigenen spirituellen Fortschritts überheblich zu werden, denn es steht zu viel auf dem Spiel.

Emanzipierte Spiritualität kommt nicht ohne fortwährende Ideologiekritik, kontinuierliche Schattenarbeit und die Berücksichtigung der Gefühlswelt aus. Wer das nicht beachtet, gerät in eine Sackgasse. Wahrhaftig zu sein muss auch bedeuten, Widersprüche und Unsicherheiten klären zu können, um von vornherein die Gefahr von Abhängigkeiten zu mindern. Dabei muss man auch erwägen, dass seelische Probleme nicht einfach losgelassen werden können. Sie müssen erforscht und bearbeitet werden, und ihre Energiepotenziale müssen integriert werden. Versucht man Triebkräfte auszumerzen, muss man zwangsläufig hohe Mauern gegen das Unbewusste errichten, um dem Anpassungsdruck standhalten zu können.

Unabhängige Schüler sind authentisch, kritisch und hingebungsvoll zugleich, weil sie sich der Gnade des All-Einen anvertrauen und dessen ungeachtet die Begrenztheit der menschlichen Natur mit bedenken. So werden aufkommende Zweifel, sofern sie nicht einer destruktiven Einstellung entspringen, ernst genommen, denn sie blockieren den spirituellen Weg nicht, sondern sie sind Zeichen einer engagierten Wahrheitssuche. Echte Spiritualität erfordert einen moderaten, aber keinen asketischen Lebensstil. Im Einklang sinnlichen Gewahrseins braucht man natürliche Bedürfnisse nicht abzulehnen, sondern kann sie, als Ausdruck des Menschseins, zulassen. Die Arbeit an Ego-Komplexen umfasst somit auch den Kern spiritueller Praxis.

Das Selbst

Dieser Abschnitt befasst sich eingehend mit dem Selbst, weil es für die spirituelle Praxis, als Schnittstelle zwischen persönlicher Entfaltung und Selbstverwirklichung, von großer Tragweite ist. Es ist ein weitreichendes Konzept, das nicht vollständig zu Ende gedacht werden kann, da es in das Unaussprechliche und Unfassbare hineinragt. Die *Selbst-Reflexion* muss durch die *Selbst-Erfahrung* ergänzt werden. Mit einfachen Worten ausgedrückt, hat das Selbst die Aufgabe, den Menschen zur Ganzheit zu führen. Dabei findet eine Entwicklung statt, die von einem unbewussten zu einem sich selbst bewussten Selbst führt.

Durch das Zusammenwirken von Reifungsschritten und Umwelteinflüssen sowie durch fortschreitende Differenzierung und Integration befähigt es den Menschen, sich als ein Wirkzentrum zu begreifen und mit der Welt in einen kooperativen Austausch zu treten. Persönliche Ausstrahlung, Beziehungsfähigkeit, Entfaltung von Begabungen und lebendige Lebensgestaltung gründen in einem gesunden Selbst. Wenn das Selbst geschwächt oder beschädigt ist, kann es, durch Selbstheilungskräfte und einfühlsame Begleitung, wieder in seine Ordnung kommen. Wenn der innere Kern von Belastungen befreit ist, werden die wirklichen Bedürfnisse wahrgenommen und die Potenziale wieder verfügbar. Die innere Stimme übernimmt dann die Führung im Prozess einer fortlaufenden Selbstentfaltung. Aus der Mitte der Person, dem Zentrum des Selbst, entspringen entwicklungsfördernde Impulse, die mit den äußeren Prozessen so kooperieren, dass wir weiter wachsen können. So tragen neue Erfahrungen entscheidend zu einer Ausdehnung des Selbstverständnisses und der Identität bei. Darum sollte man bereit sein, sich mit Widrigkeiten des Lebens und Krisen konstruktiv auseinanderzusetzen, um die dahinterstehenden Botschaften zu erkennen und neue Wege zu gehen. Die Auflösung behindernder Lebensmuster, die durch Prägungen entstanden sind, macht tiefere Schichten der Existenz zugänglich. Dann kann man auch erkennen, wie inneres Erleben mit den äußeren Umständen intelligent kooperiert und der Mensch von etwas Größerem durchdrungen ist. Um dieses All-Eine zu gewahren, muss man alles loslassen, womit man sich gewöhnlich identifiziert. Das Selbst wird sich dann seines universellen Ursprungs bewusst. Es ist nicht mehr auf die Person beschränkt, sondern ist hinter, innerhalb und jenseits aller Wesen und Formen. Das Eintauchen in diesen umfassenden Strom des Seinsganzen bewirkt Frieden, Gelassenheit und Freude. Angesichts dieses erhebenden Zustandes vermindert sich der Drang, sich selbst mit seinen Wünschen in den Vordergrund zu stellen. Die Liebe wird bedingungslos, und unser Mitgefühl gilt allen Menschen. Das eigene Handeln wird auch nicht mehr am persönlichen Erfolg gemessen, sondern an der Bedeutung für die gesamte Schöpfung. Wenn wir das Ego abbauen, wirkt das Göttliche durch den Menschen in der Welt. So kann das Ich dem Selbst dienen und es in seinen vielfältigen Facetten durch die Person scheinen lassen.

Die Frage nach der Natur des Selbst ist so alt wie die Suche nach dem Wesen und Urgrund des Menschseins. Sie lässt sich daher nicht so einfach beantworten, weil durch ihre Komplexität implizite spekulative Anschauungen und Menschenbilder mit einfließen.

Auch spielt die Art und Weise, wie man das Selbst zu begreifen versucht – ob durch Kontemplation, Meditation, äußere Beobachtung oder philosophische Reflexion –, eine entscheidende Rolle. So ist es nicht verwunderlich, dass mystische Einsichten, psychologisch-anthropologische Konzepte und religiöse Mythen das Selbst in unterschiedlicher Weise beschreiben. Das Selbst ist das subtilste aller subtilen Dinge. Für Nietzsche (Nietzsche in Jones, 1984, S. 376) ist das Selbst gut versteckt: »... von allen Goldminen ist die eigene die letzte, die man ausgräbt.«

Das Selbst ist ein geheimnisvoller Begriff, der auf ein verborgenes Ordnungsprinzip verweist. Komplizierten und schwer fassbaren sprachlichen Konstrukten wird oft die Nützlichkeit abgesprochen, weil sie leicht missverstanden werden können. Dennoch muss es ein Motiv geben, weshalb immer wieder, über viele Epochen hinweg, auf ein »Selbst« Bezug genommen wird. Die Entfaltung des Lebens wird zu Beginn instinktiv und von einfachen Affekten gesteuert. Verknüpfen sich später die sich weiter differenzierenden Emotionen allmählich mit Vorstellungen und Bildern, entstehen daraus ganzheitliche Schemata, die ein funktionierendes Fortleben gewährleisten. Pragmatisch betrachtet, braucht der Mensch einen modellhaften Entwurf von sich und der Welt, um handeln, kommunizieren und in Beziehung treten zu können. Diese Modelle sind klarerweise subjektiv, kulturabhängig und bilden nur unzulänglich die Wirklichkeit ab. Die mannigfaltigen Einflüsse und Entwicklungsschritte werden einerseits durch diese innere Struktur geordnet und gedeutet, andererseits adaptieren sich auch ständig ihre Koordinaten und Kapazitäten. Nach Piaget (vgl. 1975) wird der fortwährende Aufbau von Wirklichkeitskonzepten durch die bereits erwähnten funktionellen Invarianten *Assimilation* und *Akkommodation* geleistet. Würden wir neue Lebenserfahrungen nur aufgrund früherer Wahrnehmungen interpretieren, käme unsere Entwicklung zum Stillstand. Hätten wir aber keine Grundmuster, mit denen wir Erlebtes abgleichen könnten, würde unser Leben jeden Halt verlieren. Da das Selbst stets den Ausgleich zwischen den Kräften sucht, hat es eine nützliche Funktion in der Evolution. So kann sich der Mensch in jeder Sekunde ändern und trotzdem mit sich selber identisch bleiben.

Solche und ähnliche Fragestellungen, die die implizite Struktur betreffen, werden mit dem Selbst in Verbindung gebracht.

Das Thema ist weit und herausfordernd, reicht es doch von psychologisch sehr konkreten Inhalten, wie etwa der Entstehung von Selbstbildern, Identität oder Selbstwert, bis tief in allgemeine weltanschauliche Ideen, die im Selbst die göttliche Natur des Menschseins erkennen wollen. Die Frage ist natürlich berechtigt, ob es angesichts dieser unklaren Ausgangslage nicht zielführender wäre, von vorneherein das Bemühen einzustellen. Es ist aber gerade das Rätselhafte und Unaussprechliche, es sind die großen Fragen des Seins, die von jeher Philosophen, Naturwissenschaftler, Mystiker, Anthropologen und Psychologen in den Bann ziehen. Wenn wir danach fragen, was den Menschen im Innersten zusammenhält, ihn vom Grunde her ausmacht oder seine Entwicklung antreibt, stoßen wir zwangsläufig an Grenzen, weil das, worin auch das Erkennen seinen Ursprung hat, nicht durch das Wachbewusstsein erfasst werden kann. Es ist wie der Versuch, mit der rechten Hand die rechte Hand ergreifen zu wollen, oder wie wenn man in einem von Wolken verhangenen Himmel die Sonne erblicken möchte.

So greift man grundsätzlich zu kurz, will man das Selbst lokalisieren oder es in Namen, Formen, Farben oder Gewichten zu fassen versuchen. Deshalb ist es nicht verwunderlich, dass die Hirnforschung außer zeitweiligen kohärenten Aktivitätsmustern keine verlässlichen Spuren des Selbst sichtbar machen kann. Dennoch ist es logisch nicht vertretbar, das Selbst zu negieren oder jenen einen metaphysischen Aberglauben zu unterstellen, die darin ein notwendiges Konstrukt erkennen. Vielleicht ist das Selbst eben nicht von fester Struktur und klaren Umrissen, sondern abwechslungsweise das oder jenes, dort oder da, wie das Verhältnis von Welle und Teilchen in der Mikrophysik.

Mystiker raten, will man sich seiner transmateriellen Wirklichkeit gewahr werden, alles loszulassen, was wir je über das Selbst gedacht oder gewusst haben. Glaubt man jedoch, vom Selbst etwas erkannt zu haben, sollte man nicht daran festhalten, denn je nach Blickwinkel, Entwicklungsstadium oder Bewusstseinszustand ändert sich dementsprechend der Befund. Deshalb muss man stets bereit sein, sich von dem, was man schon über das Selbst in Erfahrung gebracht hat, wieder zu trennen und zum Ursprung der Kontemplation zurückzukehren. Auch wenn diese Suchbewegung vielleicht niemals an ein Ende gelangt, kann sie unverhoffte Früchte hervorbringen.

1. *Aus diesem Grunde nehmen Sie bitte wieder eine stabile und komfortable Haltung ein, beginnen bewusst etwas tiefer zu atmen und nach innen zu spüren.*

2. *Gehen Sie der Frage nach: Wer bin ich? Lassen Sie bitte alles zu, was ihnen dazu spontan einfällt, ohne es zu kommentieren.*

3. *Anschließend notieren Sie bitte wieder Ihre Eindrücke.*

Aus meinem eigenen Selbstversuch führen die ersten Einsichten zu folgendem vorläufigem Bild: Es gibt jemanden, der wahrnimmt. Ich bin es, an diesem Ort und zu dieser Zeit, der sich auf diese Fragen einlässt. Es gibt eine letzte Instanz, jemanden, der hinter der Frage steht und Antworten aufnimmt. Trotz großer Verrenkungen ist jener, kaum im Blick, schnell wieder entglitten, wie ein Auge, das sich selbst aus dem Augenwinkel heraus betrachten möchte. Es gibt also ein verdecktes Selbst. Die innere Unruhe, die mich bei diesen Überlegungen erfasst, lege ich zunächst zur Seite, um mich den offensichtlichen Antworten zuzuwenden, die durch die Frage »Wer bin ich?« in meinen Erkenntnisraum gelangen.

Das sind zunächst Eigenschaften der Person, wie etwa Herkunft, Alter, Beruf, Fähigkeiten, Temperament, die mich in ihrer ganz individuellen Konstellation von anderen unterscheiden. Es kristallisieren sich aber auch Merkmale heraus, die für alle Menschen gelten, wie sterblich, begrenzt, vernunftbegabt, leidend oder veränderbar zu sein. Zwischen den auftauchenden Inhalten, die als Gedanken oder Bilder erscheinen, entstehen Pausen, woraufhin ich zunächst die Frage »Wer bin ich?« wiederhole.

Dann beobachte ich die inneren Abläufe und bemerke, wie sie kommen und gehen. Dabei dehnen sich die Zeiträume aus, in denen nichts passiert. Nun lenke ich meine Aufmerksamkeit auf diese Leerräume. Das löst Spannungen, Herzklopfen und Enge aus. Bewusst vertiefe ich meinen Atem. Dann beruhigen sich die Körperphänomene, und ich nehme eine eigenartige Entrückung wahr. Es fühlt sich an, als würde der Bewusstseinsraum diffuser und klarer zugleich. Die Inhalte meines Bewusstseins verschwimmen, die Körperempfindungen werden unspezifischer, die Umgebung wird diffuser, und meine Grenzen werden durchlässiger, so dass Inneres und Äußeres ineinander übergehen. Die Zeit scheint stehenzubleiben.

Obwohl ich noch in gleicher Weise sitze, bin ich nicht mehr so, wie ich vorher war. Zentriert und offen, von einem kühlen Luftstrom durchströmt, treten meine individuellen Wesenszüge in den Hintergrund; das vertraute Bild, das ich von mir selbst habe, verliert zunehmend seine Konturen. Der Drang, zurückzukehren, lässt nach, während der Wunsch, tiefer einzutauchen, zunimmt. Vertraute alltägliche Ängste, Pläne, Aufgaben, Konflikte oder Verpflichtungen verstummen so sehr, dass sich die gewöhnliche Lebensschwere verflüchtigt. Ich fühle mich frei und lebendig. Feine Strömungen von milder Gelassenheit und stillem Erstaunen breiten sich aus. Alles ist eins, und alles ist in Ordnung. Inneres und Äußeres, Differenz und Gleichheit, Großes und Kleines, Schweres und Leichtes, Individuelles und Universelles sind nicht mehr voneinander unterschieden, sondern Ausdruck des Ganzen. Alles, was geschieht, was früher war und was später sein wird, verschmilzt zu einem.

Zurückgekehrt in das gewöhnliche Gewahrsein, bleiben Freude und Zuneigung zu allem, was ist. Die Quintessenz der Weisheitslehren, die im Selbst die göttliche Natur des Menschen sehen, ist gegenwärtig!

Der subjektive und der universelle Pol des Selbst sollen nun gedanklich näher beleuchtet werden, um zu veranschaulichen, dass sich beide Sichtweisen ergänzen und für unser Anliegen wertvoll sind. Um von vorneherein Missverständnissen vorzubeugen, sollen kurz einige begriffliche Klärungen dargelegt werden.

Das Selbst wird in drei unterschiedlichen Zusammenhängen Erwähnung finden. Der menschlichen Existenz wohnt uranfänglich ein natürlicher Wachstumsimpuls inne. Wenn dieses ursprüngliche Selbst auf eine liebevolle und fördernde Umgebung trifft, können die Reifungsprozesse natürlich ablaufen. Das Selbst dehnt sich angstfrei aus, integriert neue Erfahrungen und differenziert seine eigene Struktur. Der Mensch fühlt sich in seinem Leben, das von fortwährenden Entwicklungen geprägt ist, in Ordnung, spontan, kreativ und lebendig. Er kann seine Stärken leben, seine Potenziale entfalten und weiß um seine Schwächen. Dieses Selbst wird als ursprünglich, unverfälscht, wahr, natürlich, integriert oder gesund bezeichnet.

In hohem Maße missachtende, gewalttätige oder vernachlässigende Einflüsse können jedoch, insbesondere in kritischen Entwicklungsphasen, zu massiven Beschädigungen des Selbst führen. Offenheit und Kreativität werden zurückgedrängt, der entstehende innere Boden bleibt brüchig, und das lebendige Lebensgefühl verschwindet. Aus der Not heraus bildet sich ein kompensatorisches Selbst. Dieses wird auch als entstellt, falsch, krank, blockiert oder desintegriert bezeichnet.

Wenn vom universalen Selbst die Rede ist, wird von der Annahme ausgegangen, dass der Mensch in seinem Innersten mit dem All-Einen verbunden ist. Dieser Funke Gottes wird auch als transpersonales, höheres, kosmisches Selbst oder als innere Weisheit bezeichnet. In dieser transzendenten Repräsentanz des Göttlichen ist das Individuelle mit dem Universalen vereinigt. Das Selbst oder Anteile davon, die man nicht reflektieren kann, werden als unbewusst gekennzeichnet. Dementsprechend als bewusst beschrieben wären dann jene Selbst-Aspekte, die im Bewusstsein phänomenal erscheinen.

Das individuelle Selbst

Geht man zunächst von einer alltäglichen Bedeutung aus, so wird der Ausdruck »selbst« immer dann verwendet, wenn jemand die eigene Urheberschaft betonen möchte. »Ich habe das Buch selbst geschrieben« oder »ich bin mir selbst untreu geworden« sind Aussagen, die auf eine konkrete Person verweisen, die etwas bewirkt, empfindet oder besitzt. Es soll damit ausgeschlossen werden, dass jemand anderer gemeint sein könnte. Das Selbst eines Menschen steht für seine unverwechselbaren Eigenschaften, die ihn von anderen unterscheiden. Es besitzt ein Zentrum und eine Ausdehnung, so dass etwas innerhalb oder außerhalb dieses »Selbstes« sein kann.

Diese Person kann auch über ihr Selbst nachdenken, wenn sie nach innen spürt, sich beobachtet oder ein Bild von sich entstehen lässt. In diese Vision können charakteristische Eigenschaften einfließen, die ich von mir weiß oder wie sie mir von anderen zugeschrieben werden: Aussehen, Bedürfnisse, Anliegen, Ziele, Stärken, Schwächen, Charakterzüge oder geheime Motive. Zunächst wird also das Selbst hauptsächlich als Komposition der individuellen Persönlichkeit aufgefasst. Es können aber auch übergeordnete Gesichtspunkte dazukommen, wie etwa Vernunftbegabung, Selbstreflexionsvermögen oder Willenskraft.

Das Selbst kann dann noch unter zwei weiteren Blickwinkeln betrachtet werden. In jeder Minute meines Lebens verändert es sich, und gleichzeitig bleibt es trotz aller Umformungen identifizierbar. Ich bin mir bewusst, dass ich der bin, der geboren wurde, auch wenn ich heutzutage in vielen Belangen jemand anderer sein mag. Dieser Aspekt des Selbst gibt dem Individuum die Sicherheit, bei allen Veränderungen ein ganzes Zusammengehöriges zu sein, also eine unveränderte Subjektivität zu besitzen. Im Fließenden existiert also etwas, das mit sich selbst identisch bleibt; gleichbleibende und variable Formationen scheinen ineinander verwoben zu sein.

Mystiker glauben, dass das Selbst, obgleich tief im Menschen verankert, in seiner innersten Schicht vom Seinsganzen durchdrungen ist. Indem sich der Mensch durch Reifungsprozesse und eigenes Bemühen dessen bewusst wird, wächst er zu sich selbst hin und begreift seine eigentliche Bestimmung. Erst dann, so die spirituellen Traditionen, ist man selbst verwirklicht, wenn das Selbst die Totalität des All-Einen, die göttliche Natur des Menschen widerspiegelt. Die individuelle Seele ist dann in der Einheit des Lebendigen aufgegangen. Das Selbst ist wie ein feines Gewebe, das überallhin ausgedehnt ist, in allem durchscheint, durch alles wirkt, sich aber auch in Formen kristallisieren kann. Im Menschsein bringt sich das Selbst in allen Facetten zum Ausdruck, von der Subjektgewissheit bis zur göttlichen Natur.

Das entstehende Selbst

Erst nach umfassenden Reifungsschritten ist der Mensch imstande, sich als Subjekt zu begreifen. Dieser Prozess soll hier nur in seinen ersten entscheidenden Phasen deutlich gemacht werden, da diese Erkenntnisse für eine moderne spirituelle Praxis, die emotionale Störungen mit berücksichtigen möchte, wichtig sind.

Präexistenzielles Stadium

Wenn wir über den Verlauf der menschlichen Existenz nachdenken, taucht unversehens die Frage auf, wann sie ihren Anfang hat oder woraus sie entspringt. Überlegungen, die hinter die erste Schnittstelle, die Zeugung, zurückgehen, gelten als äußerst fragwürdig.

Jemand erlebte beispielsweise in einer Sequenz veränderten Bewusstseins, dass er vor seiner Existenz die Eltern aus einer dunklen Schlucht zog und danach seiner eigenen Zeugung beiwohnte. Wenn der Klient danach mit seinem Schicksal besser umgehen kann, weil er zu erkennen glaubt, nicht mehr nur Opfer seiner Lebensbedingungen zu sein, dann ist das zumindest erstaunlich. Infolge weiterer Bedeutungsfindung wertete er die ärmlichen Verhältnisse in seiner Kindheit, über die er sich häufig beklagte, nun als herausfordernde Aufgabe. Dadurch könne er sich mit dem Schicksal vieler benachteiligter Menschen besser identifizieren. Das führte zu einer bahnbrechenden Wende in seinem Leben. Anstatt, wie früher, mit seinem Reichtum zu prahlen, engagierte er sich für Afrika und spendete großzügig für ein Waisenhaus. Er konnte nun seinem beschwerlichen Lebensweg einen Sinn abgewinnen und haderte nicht mehr damit, von seinen Eltern, die ihn oft alleine ließen, nicht genügend gefördert worden zu sein. Seine existenzielle Grundstimmung veränderte sich ebenfalls; er erlebte mehr Freude und Zufriedenheit und weniger resignative Trauer, die ihn zeitlebens begleitete.

Selbstverständlich soll dadurch Armut nicht stillschweigend gerechtfertigt werden. Da die Bedingungen des Lebens bisher nur bruchstückhaft erschlossen wurden, wäre es jedoch vermessen, von vorneherein diese Erfahrung als Fantasien zu verwerfen. Es könnte nämlich auch sein, dass sich das Umfeld, in das wir hineingeboren werden, nicht rein zufällig konstituiert, sondern mit unserem Leben in einem sinnvollen Zusammenhang steht. So könnte es mögliche Existenzformen geben, die in die individuelle Verkörperung hineinwirken und über den physischen Tod hinausgehen. Familientherapeuten vermuten, dass Lebensprobleme über Generationen hinweg erhalten bleiben, bis sie endgültig aufgelöst sind. Sie werden als unbewusste Aufträge weitergegeben. Themen, Probleme oder Aufforderungen wirken demnach nicht nur, wenn sie explizit ausgesprochen werden, sondern auch implizit. Die Idee der *morphogenetischen Felder* (vgl. Sheldrake, 1990) die Informationen über Raum- und Zeitgrenzen hinweg transportieren können, scheint in diesem Zusammenhang plausibel zu sein. Das Leben beginnt gewissermaßen, bevor es beginnt, ob durch transbiographische Existenzformen oder prägende Botschaften.

Pränatale Phase und Geburt

Für die pränatale Psychologie nimmt das Abenteuer Mensch mit der Befruchtung der Eizelle seinen Anfang. Aus einem winzigen Wirkzentrum, das vorerst überwiegend von biologischen Programmen gesteuert wird, entwickelt sich in kürzester Zeit ein erlebnisfähiges Wesen. Es ist von Beginn an, geschützt und versorgt durch den mütterlichen Leibraum, mit der Lebenswelt aufs innigste verbunden. Der Embryo entwickelt sich nicht zur Welt hin, sondern ist immer schon in ihr. Diese unauflösbare Verwobenheit, ein Ort uranfänglicher Verbundenheit, läuft allen Einflüssen voraus. Wenn man in therapeutischen Prozessen psychisch kranke Klienten auffordert, tiefer nach innen zu spüren, fühlen sie sich überraschenderweise oftmals sicher und geborgen oder sehen kraftspendende Bilder, wie ein ruhiges Meer oder eine Sonne. Es ist höchst erstaunlich, dass sie trotz massiver Verletzungen in der Kindheit von einer inneren Schicht sprechen, die davon nicht beschädigt scheint. Später, wenn der universelle Pol des Selbst in den Mittelpunkt rückt, wird angenommen, dass das entstehende Leben neben dieser heilen Einheit mit der Welt noch von einer transzendentalen Kraft getragen ist.

Die embryonale Nestwärme kann schon früh von heftigen Umwelteinflüssen gestört werden. So ist es nicht belanglos, ob ein Kind erwünscht ist oder nicht. Sitzungen mit veränderten Bewusstseinszuständen zeigen, dass lange andauernde Hassgefühle, die infolge einer unwillkommenen Schwangerschaft auftreten, zu so starken atmosphärischen Spannungen führen können, dass sie das Ungeborene erschüttern. Spätere lebensverneinende Einstellungen sowie das Gefühl, kein Lebensrecht zu haben, können daraus hervorgehen. Genauso werden liebevolle und angenehme Milieus eine wohlige Grundstimmung vermitteln, die etwa zu folgender Aussage führen kann: »Ich fühle mich wohlig, getragen und mit dem Leben verbunden.«

Nachträgliche Beschreibungen von möglichen intrauterinen Konflikten können natürlich nicht präzise die Wirklichkeit abbilden, da sie mit den kognitiven Werkzeugen des Erwachsenenalters gedeutet werden. Trotzdem ist es erstaunlich, in wie vielen Fällen das rekonstruierte Material nahe am tatsächlichen Erleben der Mutter oder naher Angehöriger angesiedelt ist.

Es ist faszinierend, welche großen Schritte in kurzer Zeit im Mutterleib erfolgen. Nach acht Wochen sind die inneren und äußeren Organe angelegt. Dass dies nicht nur ein physiologisches Geschehen, sondern auch ein seelischer Vorgang ist, scheint unbestritten.

So erlebte ein Mann im Holotropen Atmen in dramatischer Weise seine eigene Herzbildung nach. Danach fühlte er sich von zärtlichen Gefühlen durchströmt. So verstand er, weshalb in vielen Traditionen das Herz als symbolischer Ort der Liebe betrachtet wird.

Wenngleich das Wissen davon, wer ich bin und was mit mir geschieht, noch im Dunklen bleibt, erlebt der Embryo schon elementare Zustände von Spannung und Entspannung, Ausdehnung und Kontraktion. Die Befindlichkeiten, Bewegungen und Geräusche der Umgebung berühren diffus, gedämpft durch den Schutz der Gebärmutter, das subjektive Erlebnis- und Energiefeld des Embryos. Vibrationen und Stöße von Energie lösen Antworten aus.

Ab dem vierten oder fünften Schwangerschaftsmonat verfügt der Fötus bereits über einfach strukturierte Erlebnisschemata, aus denen sich lockere Selbst- und Umweltumrisse herauskristallisieren könnten. Das aufkeimende Selbst, das sich selbst noch nicht erkennen kann, wird durch adaptive Prozesse weiter differenziert. Es ist reagibel und formbar.

Feinfühlige mütterliche Beziehungsgebärden können die organisierenden Impulse des Ungeborenen günstig beeinflussen. Übliche Kommunikationsstile werdender Mütter legen nahe, dass dem Kinde ein eigenständiges Selbst schon zugeschrieben wird. Dies umso mehr, als das kleine Lebewesen in der heutigen Zeit durch Ultraschallaufnahmen in einem sehr frühen Stadium bildlich dargestellt werden kann. Hat sich beispielsweise ein

Elternpaar schon auf einen Namen geeinigt, wird dieser auch immer wieder genannt. Wenn dazu noch der Bauch gestreichelt wird und angenehme Töne gesummt werden, verankern sich erste stabilisierende Identitätsmuster.

Nach der Geburt, wenn die Bildung des bewussten Selbst rasch fortschreitet, werden diese Dialoge lebensnotwendig. Kinder, mit denen nicht kommuniziert wird, verkümmern.

Schwere körperliche Krankheiten, Süchte oder unangemessene Tätigkeiten wie auch psychische Belastungen, akute Krisen oder chronische Konflikte können das intrauterine Gleichgewicht empfindlich stören. Dies gilt ganz besonders, wenn es während dieser Zeit zu Scheidungen, Todesfällen oder Gewalterfahrungen kommt. Traumatisierungen sind umso folgenschwerer einerseits, je wehrloser der Betroffene ist, und andererseits, je differenzierter die Erlebnisfähigkeit ist. Insofern können wir davon ausgehen, dass negative Vorkommnisse in den letzten Schwangerschaftswochen äußerst gravierende Spuren hinterlassen können.

So werden etwa Tritte in den Bauch der Mutter während der Schwangerschaft als lebensbedrohliche Erschütterungen wahrgenommen. Diese werden dann, um die weitere Entwicklung nicht zu gefährden, aus dem Erleben ausgesondert. Dieser Schutzmechanismus der Abspaltung kann zu späteren seelischen Einschränkungen führen. Unmotivierte Ängste, Existenzsorgen oder ein diffuses Unbehagen können darin begründet liegen.

Ein massives Bedrohungspotenzial haben missglückte Abtreibungsversuche, wie wir aus Holotropen Atemsitzungen wissen. Klienten in veränderten Bewusstseinszuständen berichteten von krassen Szenen, in denen es zu Todesängsten, bildhaften Gewaltszenarien und körperlichen Lähmungen kam. In der Abtreibungsdebatte wurde lange Zeit die These, dass der Mensch immer schon Mensch ist und nicht erst durch die Geburt zum Menschen wird, zurückgewiesen, weil sie als ideologische Speerspitze des Konservatismus galt.

Zärtliche Berührungen, anmutige klassische Musik oder harmonische Bewegungen im Freien können das Ungeborene angenehm stimulieren sowie Sicherheit und Freude vermitteln. So kann die Zuneigung Erwachsener zu bestimmten Melodien durchaus mit pränatalen Erinnerungen zusammenhängen. Da das korrespondierende Wirk- und Erlebnisfeld des Fötus noch keine expliziten Gedächtnisformen ausgebildet hat und trotzdem Erinnerungsspuren möglich scheinen, kann vermutlich von einer impliziten, zellulären oder morphogenetischen Speicherung ausgegangen werden.

Vor allem veränderte Bewusstseinszustände können zu diesen Ebenen vordringen. Eindrucksvoll und realitätsnah werden in diesem Zusammenhang Geburtssequenzen geschildert, wie der folgende Bericht einer Psychologin zeigt. Lassen Sie sich einfach von der Erfahrung anmuten, ohne noch das Gelesene zu kommentieren:

»Es ist heiß und eng und unbehaglich. Ich bin gefangen, in mir und überhaupt. So heiß und so eng. Ich spüre einen Druck auf meinem Kopf, und mein Körper reagiert automatisch. Er grunzt und tobt und presst auf diesen Druck. Der Druck wird stärker, und mein Körper presst stärker, und die Kraft kommt, und es presst mich; ich presse mich, Druck und Pressen und Kraft und Zorn und Gewalt und kein Halten mehr, kein Denken, Gewalt: Ich muss hier raus, hier raus, raus … Draußen Zorn, Gerüche, Schleim, viel Schleim in Mund und Nase, Schleim, Gerüche, Licht, Zorn.

Die Unterlage ist hart, es kratzt, ich liege auf dem Rücken und schaue ins Licht, schaue in ein Gesicht. Ich werde gewiegt, ich bin immer noch zornig, ich werde getröstet, geschneuzt, mein Zorn schmilzt dahin, ich bin müde und gleichzeitig empört ob all der Unpässlichkeiten, ich bin müde, es ist angenehm, es ist tröstlich.«

Danach sagt sie:

»Das war meine Geburt, mein Gott, wie realistisch … Wie konnte das passieren, wieso mir? Ich, die immer die Kontrolle über meinen Körper hatte, wie konnte mein Körper Dinge tun, die ich nicht befohlen habe? Wie erstaunlich.«

Eine Geburt ist ein natürlicher Prozess, ein intensives Durchgangsstadium im Sinne einer Reifungskrise. Von einem Geburtstrauma kann erst dann gesprochen werden, wenn schwerere Komplikationen auftreten. Wenn die Geburt sich über zwölf bis vierzehn Stunden hinzieht und das Baby blau zur Welt kommt, können Eindrücke, fast erstickt oder eingeschlossen zu sein, zu Ängsten vor engen Räumen oder späteren Gefühlen der Enge, insbesondere in der Halsgegend, führen.

Das Wiedererleben von Geburtsprozessen kann auf das Leben eine sehr positive Wirkung haben, weil beklemmende Ängste, die das perinatale Geschehen begleiten können, abgebaut werden. Die Auseinandersetzung mit Geburt und Tod, die archetypisch Wandlung und Durchgang symbolisieren, hat generell für den Alltag eine befreiende und Energie spendende Wirkung, so die Ansicht vieler, die dies in veränderten Bewusstseinszuständen erleben konnten. Wer sich noch intensiver mit diesen Erfahrungsebenen auseinandersetzen möchte, findet in den Werken von Stanislav Grof (vgl. 1985), insbesondere in *Geburt, Tod und Transzendenz,* oder in meinem Buch *Dimensionen der menschlichen Seele* noch ausführlichere Beschreibungen.

Phase des Säuglings und Kleinkindes

Das Selbst des Säuglings steht nun vor einer großen Herausforderung. Der intrauterine Schutzraum mit seinen homöostatischen Regulationen sorgt nicht mehr automatisch für Sicherheit, Wärme und Nahrung. Obwohl die Entwicklung weiter gediehen ist, nehmen vorübergehend die Abhängigkeit und Verletzlichkeit zu. Dies ist nicht besonders erstaunlich, denn immer dann, wenn ein wichtiger Schritt bevorsteht, durchlaufen wir labile Phasen mit erhöhter Irritierbarkeit. Die Natur sorgt nicht mehr im vorher gekannten Ausmaß für die Befriedigung der Bedürfnisse, sondern das Baby ist auf den Willen und die empathischen Fähigkeiten der wichtigsten Bezugspersonen angewiesen.

Informationsverarbeitende Prozesse befähigen den Säugling, sich als jemand im Raum wahrzunehmen. In diesen Konturen kann aber nur dann ein sicherer »Selbstboden« errichtet werden, wenn die Bezugspersonen verlässlich und präsent sind. Das ist die Grundlage, auf der später angstfrei Bindungen eingegangen und Loslösungen vollzogen werden können. So bleibt es für das Selbsterleben nicht folgenlos, ob nun die Mutter auf das Schreien des Säuglings empfindsam antwortet, ihn aufnimmt und beruhigt oder betrunken vor dem Fernseher sitzt, sich gestört fühlt und dementsprechend ungehalten reagiert. Wenn dies des Öfteren passiert, beginnt das Baby zu resignieren und zu verstummen.

Frühe Erlebnisse von drastischer Gewalt können in diesem wehrlosen Stadium nur bewältigt werden, wenn der Säugling seine Empfindungen durch Kontraktionen neutralisiert, um das Schmerzgefühl zu reduzieren. Das ursprünglich sich ausdehnende Neugierverhalten muss zurückgezogen und der lebendige Kreislauf von Spüren und Reagieren blockiert werden, um die inneren Kerne vor überfordernden Reizen, wie in folgendem Beispiel, zu schützen: »... Ich sah meinen Vater, wie er sich über mich bückte, der ich als etwa Zweijähriger schlafend in meinem Bettchen lag, und mich wach prügelte ...«

Seelische und körperliche Grausamkeiten in frühester Kindheit hinterlassen schwerwiegende Belastungen, die nur heilen können, wenn verdrängte Affekte, wie Wut oder Schmerz, in einem geschützten Rahmen ausgedrückt und integriert werden. Das aufkeimende Selbst baut zwangsläufig dieses Bedrohungspotenzial in seine Struktur mit ein, so dass ungünstige Selbst- und Fremdbilder fatalistische Lebenseinstellungen heraufbeschwören. So festigen sich Überzeugungen wie: »Ich bin nichts wert«,

»Die anderen sind immer nur böse auf mich«, »Ich darf meine Bedürfnisse nicht äußern« oder »Ich bin ohnmächtig«. Eine wesentliche Aufgabe des Selbst, ein Bild von sich zu gewinnen, in dem das eigene Dasein naturgemäß als wert- und sinnvoll erlebt wird, ist damit zunichtegemacht. Das untergräbt die Bildung eines Persönlichkeitszentrums, aus dem heraus kraftvoll agiert werden kann. Das entfremdete oder verformte Selbst, das durch Gewalt, Verwahrlosung und Gefügigkeit entstanden ist, wirkt unlebendig und fassadenhaft. Es verursacht in sozialen Situationen häufig Missverständnisse, da die dunkle Brille, die sich durch die früheren Lebensereignisse gebildet hat, zu erheblichen Fehldeutungen der inneren und äußeren Wirklichkeit führen kann.

Nur durch liebevolle Blicke, aufmerksame Zuwendung oder sicherheitsspendende Gesten lernt der Säugling, sich selbst und die Welt neugierig zu erforschen, auf Anregungen zu antworten und auch Probleme zu bewältigen. Die Empfindungsfähigkeit und Reagibilität wächst weiter, so dass absichtsvoll interagiert werden kann. Locker zusammengesetzte Selbst-Aspekte verschmelzen allmählich immer mehr zu einem ganzheitlichen Selbstgefühl.

Aus dem unscharfen Selbst und den bisher eher durchlässigen Grenzen wird nun mit zunehmender Dauer ein Wesen, das schon bemerkt, dass es seine Umgebung beeinflussen kann. Waren früher vor allem Lust oder Schmerz prägnant, verfeinert sich die Textur der Emotionen zunehmend: Freude, Traurigkeit, Wut, Langeweile oder Angst werden wahrgenommen.

Die Mutter ist auch nicht mehr ausschließlich darauf bedacht, die Bedürfnisse des Kindes zu erfüllen, sondern enttäuscht gelegentlich. So erlebt es, dass es auch Hindernisse und Konflikte gibt. Bestimmte Ziele beim Spielen können nur erreicht werden, wenn man Fertigkeiten einübt und ausdauernd dabeibleibt. Die beginnende Selbständigkeit des Kindes, das sich auch über einen längeren Zeitraum mit sich selbst beschäftigen kann, darf aber nicht über die feinnervige Sensibilität dieses kleinen Wesens hinwegtäuschen, das manchmal durch das schnelle Größenwachstum robust wirkt. Zu große Anforderungen oder zu wenig Halt können zu schwerwiegenden Belastungen führen. Eine empathische Haltung dem Kleinkind gegenüber ist unverzichtbar, da sich das Selbst im Spiegel der Bezugspersonen entwickelt. Sie werden genauestens wahrgenommen, imitiert und in sich aufgenommen.

Das gilt nicht nur für explizites Verhalten, sondern auch für unbewusste Fantasien und Projektionen. Das Kind identifiziert sich damit, wenn der Vater es als bösartige Hexe oder die Mutter in ihm eine talentierte Eisprinzessin sieht. Nicht selten werden Kinder für die unerfüllten Wünsche der Eltern funktionalisiert. So können sich stillschweigend falsche Selbst-Aspekte einschleichen, die im Laufe des Lebens die wirklichen Anliegen und Bedürfnisse verdecken. Gilt diese Art von Vereinnahmung für viele Bereiche, dann kann man auch von einem kompensatorischen Selbst sprechen.

Andererseits bewirkt rücksichtsvolle Aufmerksamkeit, die gerade in leidvollen Augenblicken die wirklichen Bedürfnisse erkennt, den Aufbau von neuen Fähigkeiten. Wenn das Kind sich beim Spielen verletzt und von der Mutter getröstet und beruhigt wird, lernt es, wie durch die elterliche Fürsorge Angst und Schmerz besänftigt werden können. Darüber hinaus prägen sich die hilfreichen Gesten ein und können in späteren Jahren als emotionaler Anker für die Bewältigung von Krisen zur Verfügung stehen. So weiß ich, dass bittere Erfahrungen vorübergehen können und nicht unbedingt zu weiteren Komplikationen führen müssen. Auch bin ich in der Lage, mir selbst gut zuzureden, mich zu beruhigen oder mich zu trösten. Das Selbst wird zum eigenen Gefährten, der liebevoll, begleitend und unterstützend wirkt.

Durch die Ausreifung des Gedächtnisses in Verbindung mit der Sprache können die eigenen Erlebnisse zeitlich und räumlich geordnet werden, so dass bewusste Kommunikation über Wünsche, Gefühle und Eindrücke erfolgen kann. Das Selbst gewinnt die biographische Dimension, integriert neue Wahrnehmungsinhalte und sondert widersprechende Eindrücke aus. Immer klarer werden dabei die Grenzen zwischen Innen und Außen abgesteckt. Dies ist auch durch die zunehmende Komplexität notwendig. Das Umfeld wird weiter, andere Menschen gewinnen an direktem Einfluss, und bisherige unvertraute Situationen erfordern Anpassung und kreative Lösungen.

Durch die erhöhte Erfassungskapazität können immer mehr Aspekte in das Selbst, das zunehmend über die Ich-Funktionen organisiert wird, aufgenommen werden. Gerade aus der Abstimmung zwischen Ich und Selbst erwächst Identität. Ich weiß, wer ich bin, durch mich und dadurch, wie ich von anderen erlebt werde. Ich kann auch auf unterschiedliche Situationen verschieden reagieren und bin doch derselbe. Der Mensch erfährt sein Selbst als ein eigenständiges Zentrum und als Gesamtumfang, einen Bereich der Meinigkeit und Subjektivität. Darin lotet das Spürbewusstsein nicht nur die Bedürfnisse und die jeweils eigene Befindlichkeit aus, sondern es kommen zunehmend existenzielle Fragen auf: Warum lebe ich? Warum geschieht dies oder jenes? Warum ist das mein Vater und nicht jemand anderer?

Auch wenn die Hartnäckigkeit, mit der Antworten verlangt werden, nicht immer angenehm ist, ist es für die Persönlichkeitsentwicklung sehr wichtig, wenn man sich dafür Zeit nimmt. Erste Berufsfantasien (Feuerwehrmann, Profifußballer, Bäuerin u. a.) zeugen davon, dass Visionen, Ideale und Idole vorstellbar sind. Kritische Nachfragen zu Verhaltensweisen der Eltern oder anderer Personen zeugen davon, dass das Handeln an Moralvorstellungen und Werten gemessen wird. Das Selbst, das früher aus sich heraus agierte, kann nun betrachtet, analysiert und bewusst verarbeitet werden. Das Selbst kann sich selbst reflektieren und intentional erfassen. Innere Potenziale, Antriebe, Motive, Empfindungen und Wahrnehmungen werden im Selbst repräsentativ hinterlegt. Ziele werden angestrebt, Wünsche verwirklicht und Absichten verfolgt. Der Wille und die eigene Bemühung werden als Triebfedern der weiteren Entfaltung eingesetzt.

Je sicherer, achtsamer und offener sich interaktionelle Erfahrungen gestalten, desto mehr Selbstvertrauen, Selbstsicherheit und innere Stabilität können aufgebaut werden. Das gilt nicht nur für die Kindheit, sondern auch für das ganze Leben. Wer kennt nicht den Umstand, im Kreise freundlicher Mitmenschen sich leichter zeigen und besser über seine Fähigkeiten verfügen zu können? Umgekehrt ziehe ich mich zurück, fühle mich von mir abgeschnitten oder erleide eine Selbstwertkrise, wenn andere mich abwerten oder ignorieren. In wenigen Augenblicken kann ein Hochgefühl in das Gegenteil umschlagen. Nur wenn genügend gute innere Selbst-Repräsentanzen vorhanden sind, kann man das auffangen und bewältigen. Der Mensch ist ein geschichtliches Wesen, das Selbst erfährt sich in einem kontinuierlichen Prozess, sieht sich selbst als Urheber von Handlungen, die von kognitiven Akten und emotionalen Zuständen angestoßen werden. Selbst- und Weltbilder werden weiter durch Kommunikation und gefühlte beziehungsweise gedachte Wirklichkeitsentwürfe ausgebaut, so dass sich Visionen und Utopien entwickeln können. Aus der Fähigkeit, im Geiste auf Probe zu handeln, entwickeln sich Kompetenzen, die gerade für Problemsituationen oder Krisen benötigt werden.

Ichstrukturelle Fähigkeiten, wie die Kontrolle von Impulsen, die Regulation von Gefühlen, die differenzierte Wahrnehmung von sich selbst und anderen, das Eingehen und Lösen von Beziehungen, das Alleinseinkönnen oder die Bewältigung von Konflikten bewahren das Selbst vor Regression und Zerfall. Dadurch steigt auch die Risikobereitschaft, sich auf neue Situationen, wie Reisen in fremde Länder, sich auf veränderte Bewusstseinszustände einzulassen oder unbewusste Motive aufzudecken. Dadurch wird das Selbst weiter geformt und seine Flexibilität erhöht. Jede Veränderung ruft zunächst Spannungen hervor und labilisiert die Psyche, bevor sie von den Entwicklungsanstößen profitiert. Besonders in existenziellen Findungskrisen oder intensiven spirituellen Prozessen ist es von beträchtlichem Nutzen, diese Engpässe zuzulassen und zu durchschreiten, um Weitung zu ermöglichen. Das personale Selbst befindet sich qualitativ jetzt auf einer Ebene, die im Laufe des Lebens nur noch weiter ausgebaut und verfeinert wird.

Das personale Selbst gibt dann dem Individuum durch seine beständigen Integrationsleistungen ein Gefühl von Ganzheit und innerer Heimat, trotz intensiver Durchgangskrisen. Die psychischen Muster, die durch genetische Konstitution, Prägung und Gewohnheit aufgebaut wurden und den Umgang mit der Umwelt regulieren, sind dementsprechend widerstandsfähig. Dies dient auch dem Überleben, weil der Mensch nicht in jeder neuen Situation andere Strategien entwerfen muss, sondern selbstverständliche Erlebnis- und Handlungsschablonen zur Verfügung hat. Man muss dann nicht befürchten, auf absolut unbekanntes Terrain zu gelangen und inneren Antrieben oder äußeren Reizen ausgeliefert zu sein.

Dementsprechend schwer ist es auch auf der anderen Seite, pathogene Muster aufzulösen, was in psychotherapeutischen Prozessen manchmal schmerzlich zu akzeptieren ist. Was lange aufgebaut wurde, kann nicht schnell abgebaut werden. Dieses Gefüge der Beständigkeit ist jedoch nicht unwandelbar. Durch langwierige Bewusstseins- und Transformationsprozesse können auch die zeitüberdauernden Strukturen des Selbst verändert werden. Darauf baut auch die Psychotherapie, die krankheitswertige Verformungen des Selbst, die zu selbstzerstörerischen Lebensstilen führen, beheben möchte. Dann werden Lebendigkeit, Kraft und Wachstum an die Stelle existenzgefährdender Destruktivität treten. Ein gesundes Selbstgefüge ist für den spirituellen Weg unabdingbar, wie an den fatalen Folgen eines beschädigten inneren Kerns besonders offensichtlich wird.

Schizophrenie

Über krankheitswertige Fehlentwicklungen des Selbst lässt sich prägnant veranschaulichen, welche zentrale Stellung es innerhalb der Psyche einnimmt. Ganz besonders eignen sich hierfür schizophrene Erkrankungen, denen ein gänzlich desintegriertes Selbst zugrunde liegt, und frühe Beschädigungen des Selbst, wie sie in der sogenannten *Borderline-Struktur* zu finden sind. In der schizophrenen Erkrankung verfügt das Selbst über kein eigenständiges Zentrum mehr, die Demarkationslinien zwischen inneren Vorgängen und äußeren Geschehnissen existieren nicht mehr. Durch den Zusammenbruch der seelischen Architektonik besetzen mannigfache Identitäten den Binnenraum.

Auf dem Weg zu meiner Praxis sagte eine Stimme zu einem Klienten, dass er nach links abbiegen müsse, weil sonst seine Freundin ausgepeitscht würde. Einige Minuten später habe er einen ohrenbetäubenden Knall gehört, der sein Hörorgan verletzt hätte und weswegen er sich tags darauf einen Termin beim Arzt organisieren müsse. Daraufhin erschien eine furchterregende Gestalt, die ihn anal vergewaltigte. Bei mir angekommen, legte er sich für einige Minuten vor die Haustüre, weil ihm die Kraft entzogen wurde. Dann erzählte er mir von sehr unruhigen Tagen, in denen aufsässige Stimmen ihn ständig mit unangenehmen Befehlen traktierten. Er habe auch die Mutter in der Küche, nur mit Dessous bekleidet, gesehen. Sie wolle ihn unsittlich belästigen. Sein Vater musste ihn durch zwanzigfaches Abklatschen von diesen Erscheinungen befreien. Die Krankheit brach vor einigen Jahren bei einem Zeltlager aus, von dem er schwach und übermüdet heimkehrte. Dann legte er sich ins Bett und stand eineinhalb Jahre nicht mehr auf. Als sein Bart lang war, glaubte er, Jesus zu sein, der das Leid der Welt zu tragen hätte. Zunächst wurde von den behandelnden Ärzten ein chronisches Ermüdungssyndrom diagnostiziert, weil er ihnen nichts von Halluzinationen oder Stimmen berichtete. Bald wurde jedoch das Ausmaß der psychischen Krankheit erkannt.

Die Organisation des Selbst ist in psychotischen Zuständen ohne jede Beständigkeit. Es wird fortwährend, abhängig von den gegenwärtig dominanten Stimmen und Halluzinationen, neu formiert. Da es keine ordnende oder integrierende Autorität besitzt, können Empfindungen und Wahrnehmungen nicht durch vorhandene Selbst- und Weltbilder gedeutet werden. Ungerichtet nehmen Assoziationen, Fantasien, unbewusste Inhalte oder Gedankenfetzen in Form von realen Personen oder Situationen, die die Seele übervölkern, Gestalt an. Da dieses Geschehen nicht durch die konsensuale Wirklichkeitsauffassung korrigiert werden kann, bleibt es im zwischenmenschlichen Kontakt unverständlich. Das Selbst kann nicht mehr im gesellschaftlichen Weltgefüge verortet werden, der perspektivische Entwurf des »In-der-Welt-Seins« ist verlorengegangen.

Das, was innerlich passiert, erscheint wirklich, in einer wirklichen Welt, die es für andere nicht gibt. So zieht sich der besagte Klient zurück, kapselt sich ab und kommuniziert, ausgehend von den wahnhaften Vorstellungen, nur noch hinsichtlich pragmatischer Alltagsanliegen. Das einzelgängerische Verhalten verstärkt bizarre Attitüden und pathologische Prozesse. Sein Vertrauen schenkt er nur Menschen, die sich auf diese unsichtbaren Welten einlassen.

Neue Welten mit beziehungslosen Selbsten und wechselnden Identitäten, die sich ständig ändern und für andere unzugänglich bleiben, entstehen aus dem Nichts. Gedanken, Gefühle, Leibeswahrnehmungen und Beziehungen sind vom Selbst entkoppelt. Die Gedanken sind unklar und zerfahren, weil sie nicht in stabilen Bedeutungen verankert sind. Mitunter reißen sie ab, legen sich quer, werden entzogen oder beeinflusst. Nicht zu beherrschen sind aber bedrängende Halluzinationen und aufdringliche Stimmen. Das Heft des Handelns ist vollkommen aus der Hand genommen.

Dem Selbst fehlen zwei wichtige Merkmale: das Gefühl der

Urheberschaft und die Begrenzung, so dass neben den obengenannten Belastungen noch erschwerend hinzukommt, dass sich Themen aus dem persönlichen Unbewussten ungefiltert mit kollektiven Symbolen und Mythengestalten vermengen: Etwa ein homosexueller Christus, der vom Kreuze herab befiehlt, dass man ihn auf den Kopf stellen müsse, oder die drei Meter hohe und böse Muttergestalt, die sich von Menschenopfern ernährt. Treten bestimmte Gestalten häufiger auf, fungieren sie meist als Eckpfeiler eines ausgebauten Wahnsystems. Es ist vergleichbar mit traumähnlichen Zuständen, in denen sich die kurz vor dem Einschlafen auftauchenden Impressionen zu Szenen zusammenbrauen.

Durch Kontroll- oder Zwangsmechanismen und Verflachung der Affekte, die den Patienten apathisch erscheinen lassen, wird vergeblich versucht, die anstürmenden Bilder und Impulse einigermaßen in den Griff zu bekommen. Unabhängig von der inadäquaten Verarbeitung von Reizen, die zu fehlerhafter Realitätsprüfung führt, sind die Werkzeuge des Gehirns, sind Wachheit, Orientierung und Merkfähigkeit intakt. Der Kontakt zur realen Umwelt ist ausgedünnt, gestaltet sich sonderbar autistisch oder findet gar nicht mehr statt.

Das Erleben ist ambivalent und kann leicht von einem Zustand in den anderen kippen, vom Lachen ins Weinen oder von abrupten affektiven Entladungen bis hin zu katatonen Erstarrungsphänomenen.

In den meisten Fällen ist eine medikamentöse Stützung vonnöten. Psychotherapeutische Maßnahmen können helfen, den unweigerlichen sozialen Rückzug zu bremsen und den Betroffenen aus dem Gefängnis dieser Welten zu befreien. Kontaktbarrieren können abgebaut und Vertrauen kann geweckt werden, wenn man die verrückten Bemerkungen ernst nimmt und den Patienten nicht vom Gegenteil überzeugen möchte. Durch die verlässliche und mitfühlende therapeutische Beziehung werden nämlich lockere Selbstkonfigurationen angebahnt. Dann sollten die der Person eigentlich zugeordnete Stimme und die individuellen Bedürfnisse aus dem polyphonen Chor herausgespürt werden, um ihren Einfluss zu steigern.

Man darf sich nicht in seiner empfindsamen Teilhabe beirren lassen, wenn auf Wohlfühltage rasch schlechte Tage voller Bedrängnis folgen, denn geteiltes Leid ist auch hier halbes Leid. Durch die Präsenz und Resonanz des Therapeuten können die eigenen Wünsche eindeutiger und als zu sich selbst gehörig identifiziert werden: »Ich wäre gerne mal mit einer Frau zusammen« oder »Ich würde gerne ein Fußballspiel besuchen«. Nun gilt es, durch weiterführende Explorationen erwünschte Handlungen im Geiste durchzuspielen, um zu realisieren, dass man selbst etwas bewirken kann. Erst wenn ich mich selbst wieder als Ursprung des Handelns empfinde und über meine Fähigkeiten verfüge, können neue Spielräume entstehen. Gleichzeitig kann man lernen, von gängelnden Stimmen und furchterregenden Bildern einen Schritt zurückzutreten. Wenn jemand einen metzelnden Teufel sieht oder aufgefordert wird, den Fernseher während eines spannenden Filmes auszuschalten, kann man sich etwa mit folgenden Sätzen davon distanzieren: »Das ist eine Erscheinung«, »Das hat nichts mit mir zu tun«, »Ich ignoriere das, denn es ist nur ein Geräusch«. Hilfreich ist auch, an etwas anderes, das mir Spaß macht, zu denken, den Kopf zu drehen und sich auf eine andere Wahrnehmung zu konzentrieren oder einfach die Hände auf den Bauch zu legen und bewusst dorthin zu atmen.

Diese Maßnahmen können zwar die Wahnwahrnehmungen nicht verhindern, aber relativieren, so dass sich der Betroffene aus der vollen Identifikation etwas löst und einen Abstand dazu einnimmt. Das Selbst kann so wieder besser mit dem eigenen Willen verknüpft werden und neue Prioritäten aufbauen. Das sind kleine Schritte und langwierige Prozesse, die auch von empfindlichen Krisen heimgesucht werden können. Insbesondere dann, wenn der Therapeut im Wahnsystem zu einer bösen Stimme wird. Wenn man diese Stimme isoliert, indem man zwischen der eigentlichen Person und seiner als Vorstellung erscheinenden

Stimme unterscheidet, kann der Therapeut wieder in seine vertrauensvolle Position zurückkommen.

Mit Menschen in psychotischen Zuständen kann durchaus auch an der Integration von Gefühlen, zwischenmenschlichen Konflikten oder unbewussten Motiven gearbeitet werden. Dabei sollten soziale Hilfestellungen, die sekundären Krankheitsfolgen betreffend, nicht zu kurz kommen. Das kann sich beispielsweise um Unterstützung bei der Suche einer Wohngemeinschaft, der Organisation von Unternehmungen oder gesellschaftlicher Anlässe handeln. Verletzungen, die durch eine mögliche Einweisung in die Psychiatrie, Kontaktabbrüche von Freunden oder Ablehnung von engsten Verwandten zugefügt wurden, sollten entdramatisierend behandelt werden. Auch wenn noch psychotische Erscheinungen zurückbleiben, können sie seltener auftreten und als weniger drangvoll erlebt werden, so dass eine begrenzt autonome Lebensweise durchaus möglich scheint. Wenn ich an den obengenannten Patienten denke, käme er ohne die verständnisvolle Betreuung seiner Eltern, regelmäßige Termine beim Psychiater und kontinuierliche psychotherapeutische Begleitung wohl nicht um eine Hospitalisierung herum.

An dieser Stelle muss nochmals darauf hingewiesen werden, dass im Zuge der antipsychiatrischen Bewegung und der aufkommenden transpersonalen Psychologie das Leiden von Menschen mit psychotischen Erkrankungen manchmal unterschätzt oder gar als durchbrechendes metaphysisches Bewusstsein missverstanden wurde. Nach heutigen Erkenntnissen ist in den meisten Fällen nicht davon auszugehen, dass es hier um missglückte Einheitserlebnisse handelt, sondern schlicht um eine Desintegration der Ordnungssysteme des Selbst. Wie wichtig diese für einen fruchtbaren inneren Boden sind, aus dem sich der Mensch entfaltet, soll nun noch weiter konkretisiert werden.

Borderline-Erkrankung

Die Einsicht, dass spirituelle Fortschritte ein stabiles Gefäß brauchen, besagt nichts anderes, als dass der Mensch tief in seiner Personalität gegründet sein muss, um die unermesslichen Energien, die durch eine Öffnung zum Seinsganzen evoziert werden, halten zu können. Schwache Ich-Funktionen, wie schon angedeutet, haben katastrophale Auswirkungen, wenn das Selbst zwar vorhanden, aber schwer labilisiert und auf einem niedrigen Niveau integriert ist. Die Dynamik und Statik des Erlebens geraten dann genauso aus den Fugen wie die Koordination des Handelns. Solche Menschen werden als brüchig, chaotisch und impulsiv beschrieben. In deren Nähe fühlt man sich meistens unwohl, ohnmächtig oder aggressiv, manchmal auch fasziniert und fürsorglich.

Bei einer Betriebsfeier wird jemand von seinem Kollegen mit folgenden Worten veralbert: »Ich wäre auch gerne mal ein Langschläfer wie du.« Er wollte damit andeuten, dass sein Arbeitskamerad einen geruhsamen Job habe. Anstatt nun auf diese ironische Bemerkung schlagfertig zu reagieren, erhob dieser sich, nahm ein volles Glas Wein und schüttete es jenem ins Gesicht. Fassungslos verstummte die Gesellschaft, und von diesem Augenblick an war die Party zu Ende.

Was passierte eigentlich? Obwohl der Betroffene immer wieder durch ausgezeichnete Leistungen glänzt, rückt er sich selbst in ein schlechtes Licht. Infolge seines niedrigen Selbstwerts sah er in der Situationskomik eine beschämende Bloßstellung, einen massiven Angriff auf den noch verbliebenen Reststolz. Da dem Selbst positive Zuschreibungen fehlen, ist es kein vertrauensvoller Ort, der in Konfliktsituationen Rückhalt geben kann. Ohne diese Sicherheit fühlt er sich in öffentlichen Wortwechseln unverhältnismäßig schnell gekränkt und existenziell bedroht. Die aufkommenden Vernichtungsängste lösen ohnmächtige Wutgefühle aus. Aufgrund konturloser Selbstgrenzen kann er zwischen dem, was in ihm abläuft, und dem, was im anderen vorgeht, nur mangelhaft unterscheiden. Die natürliche Schutzschicht der Seele ist folglich geschwächt.

So treffen ungefilterte Reize auf ein labiles Zentrum, wodurch primitive Notfallreaktionen ausgelöst werden, die die kognitiven Mechanismen außer Kraft setzen. Unkontrollierbare Affekte gewinnen die Oberhand und verhindern selbstgesteuertes Handeln. »Ich weiß nicht, was mit mir geschehen ist«, so die spätere Aussage, die darauf hindeutet, dass die Fähigkeit, absichtsvoll zu agieren, erheblich geschmälert war. Er ist nicht Herr in seinem Hause, weshalb unberechenbare Antworten in angespannten Situationen tonangebend sind. Durch ein inkohärentes Selbst erlebt er sich nicht als integrierte Ganzheit. So kann er mit sich selbst nicht in einen geordneten Dialog treten, kann für sich selbst nicht Gefährte und Wegbegleiter sein.

Die fehlende Subjektgewissheit beeinträchtigt auch die Wahrnehmung von anderen. Fragt man beispielsweise einen Klienten, wie denn der Ehepartner insgesamt sei, so wird daraufhin keine Beschreibung erfolgen, die im Zuhörer ein Bild von dieser Person hervorruft, sondern es werden konfus Situationen geschildert, die zeitnah von Bedeutung waren. Konversationen werden wörtlich und überbetont nachgeahmt, so dass der Therapeut Wichtiges und Unwichtiges nicht mehr auseinanderhalten kann. Wenn er sich dann selbst in das Gespräch einbringt, dann kann ohne Vorwarnung vom Klienten ein Nebenkriegsschauplatz eröffnet werden. Erkundigt er sich interessehalber, wie viel der Flug der letzten Urlaubsreise gekostet hat, kann das einen heftigen Konflikt nach sich ziehen. Jener hat darin einen Vorwurf gehört und sich wütend verbeten, ihm zu unterstellen, dass er verschwenderisch sei.

Da das Feingespür für emotionale Bewegungen angesichts häufiger Affektdurchbrüche erheblich eingeschränkt ist, fehlen auch Zwischentöne in der Beurteilung von anderen Menschen. Einer kindlichen Idealisierung, die Schwachstellen ausblendet, stehen entwertende Strategien gegenüber, die vernichtend sein können. Je nachdem, welche Seite mobilisiert wird, dementsprechend radikal ändern sich die Meinungen. Emotional bedeutsame Personen werden entweder als übertrieben gut oder abgrundtief böse erlebt. Diese Spaltung kann auch ein und dieselbe Person innerhalb kürzester Zeit treffen.

So lobte ein Klient, der schon mehrere Therapien hinter sich hatte, meine Interventionen in der ersten Sitzung als außergewöhnlich und originell. Er könne sich auch nicht vorstellen, dass es im deutschsprachigen Raum einen besseren Therapeuten gäbe. In der dritten Stunde kritisierte er mich dann scharf, weil ich mich von einem lauten Geräusch aus der Nebenwohnung kurz ablenken ließ. Ich sei unaufmerksam, könne seine Motive nicht entschlüsseln, und überhaupt wäre es besser, zu jemand anderem zu gehen. Ich sei sowieso mit seiner Problematik überfordert.

Diese Art von »Schwarz-Weiß-Schablonen« bedeuten, dass die Ausdifferenzierung des Selbst in einem frühen Stadium, in dem es nur zwei Zustände gab, nämlich Spannung oder Entspannung, Unwohlsein oder Wohlsein, Gut oder Böse, steckengeblieben ist. Dieses frühkindliche Ordnungssystem operiert nur über ein radikales »Entweder-oder«. Entweder es besteht große Gefahr, oder es werden unerfüllbare Sehnsüchte geweckt. Die Selbst- und Objektrepräsentanzen dieser Menschen sind polar angeordnet, also noch nicht integriert.

Das bedeutet, dass bewertete Empfindungen aus meinem Inneren oder von der Außenwelt noch unverbunden und getrennt sind. Es gibt also noch kein subjektives Erlebniskontinuum, in das die Gegenpole eingebunden sind.

Eine Existenz, die von Extremen geprägt ist, beschwört aber auch bei Mitmenschen unerträgliche Wechselbäder herauf. Diese kräftezehrenden Zwickmühlen stellen vor allem Paarbeziehungen auf eine harte Probe. Nähe und Intimität, sofern vom »guten Segment« zugelassen, werden nur bis zu einem gewissen Grad als positiv erlebt. Ab einer bestimmten Grenze fühlt sich dann der Betroffene von dem anderen verschlungen und der Gefahr ausgesetzt, die eigene Autonomie und Identität zu verlieren. Eine tiefsitzende Vernichtungsangst aktiviert dann das »böse Segment« und lässt das Gegenüber als bedrohlich und verschlingend erscheinen. Flucht, heftige Wut und Abgrenzung führen wieder zur Distanzierung, die ihrerseits wieder Verlassenheitsängste mobilisiert. Mit dem erneuten Versuch, sich anzunähern und anzuklammern, beginnt der destruktive Kreislauf von vorne.

Die Selbst- und Fremdzerstörung ist der illusorische Versuch, durch die Vernichtung des Alten ein neues, besseres Selbst aufzubauen, in einer neuen und besseren Welt. So kann man sich anschaulich vorstellen, dass Menschen, die unter einer Borderline-Problematik leiden, nicht zur Ruhe kommen und einen hohen Preis zu zahlen haben, vor allem auch deshalb, weil sie die Schuld an den Konflikten vor allem bei den anderen suchen. Freundschaften werden strapaziert, Arbeitsverhältnisse geraten durcheinander, und Beziehungen gehen in die Brüche. Dem seelischen Chaos folgt somit ein soziales.

Ein nur auf niedrigem Niveau integriertes Selbst ist schnell überfordert, wirkt bruchstückhaft und hat keine zureichenden Bewältigungsstrategien zur Verfügung. Es ist den chaotischen Impulsen hilflos ausgeliefert und vom Zerfall bedroht. Die Wahrnehmung kann so heftig von den intensiven Gefühlsschwankungen dominiert werden, dass es zu vorübergehenden Verkennungen der Realität kommen kann. So fuhr mich eine Klientin an, ich solle sie nicht anschreien, obwohl ich leise sprach. Im Gegensatz zu psychotischen Erkrankungen sind diese jedoch nicht dauerhaft, sondern nur auf bestimmte Situationen bezogen und jederzeit korrigierbar.

Grundsätzlich wird die Umwelt als unwirtlich erlebt, weshalb das Selbst sich zurückziehen muss, statt zu wachsen und sich auszudehnen. Das Alleinsein bereitet jedoch große Schwierigkeiten, weil sich die zerstörerische Konfliktdynamik nach innen wendet, bis nichts mehr übrig bleibt außer Leere und Angst. Das engt die Spielräume erheblich ein, weil die innere Stimme, die Sicherheit und Orientierung gibt, nicht gehört werden kann. Da die stürmischen und wenig regulierten Erregungszustände in impulsiven Wut- und Schmerzattacken zum Ausdruck kommen, können natürlich keine befriedigenden Antworten oder Lösungen gefunden werden. Das kann schließlich in lähmende Resignation und verdüsterte Zukunftsperspektiven umschlagen. Solche Menschen erleben sich dann vom Leben abgeschnitten und fühlen sich in der eigenen Haut unwohl. Die Fähigkeit, Liebe anzunehmen und zu geben, scheint dann nur noch sehr eingeschränkt möglich zu sein, was den Zustand weiter verschlimmert. In dieser unberechenbaren und belastenden Art des Lebens, in der das Selbst sich immerfort bedroht fühlt, fehlen Phasen innerer Ruhe, Zufriedenheit oder Stetigkeit nahezu gänzlich.

Der Versuch, die fehlende Lebendigkeit mit regressiver Bedürfnisbefriedigung, wie maßlosem Essen, süchtigem Trinken oder promiskuitiven sexuellen Aktivitäten auszugleichen, muss fehlschlagen. Zudem ist in vielen Fällen der Suchtmittelmissbrauch der letzte Ausweg, die überschüssigen Affekte zu beruhigen und den aufwendigen Lebensstil zu bändigen. Leider führt das aber nicht zu nachhaltigen Lösungen, da eine heile Welt nur vorgetäuscht wird. Die selbstzerstörerische Lebensweise setzt sich nun auf einer anderen Ebene fort und führt in eine unauflösbare Sackgasse, wenn keine Hilfe in Anspruch genommen wird. Die Heilung eines in seinen Grundfesten erschütterten Menschen ist langwierig und vollzieht sich, wie wir wissen, nur in kleinen Schritten. Die ungünstige Ausgangslage stellt Therapeuten vor große Herausforderungen. Der Betroffene vermisste in entscheidenden Phasen seines familiären Lebens Geborgenheit, Vertrauen, Wertschätzung und Liebe. Stattdessen erlebte er körperliche Gewalt, seelische Grausamkeiten oder infolge chronischer Konflikte und endloser Streitereien dauerhaften Stress. Der lebendige Kern, der sich eigentlich ausdehnen möchte, musste sich verkleinern und verhärten, um das Weiche darin zu schützen und die Schmerzen zu lindern. Da immer wieder frische Wunden hinzukamen, bildeten sich einerseits hochempfindliche und andererseits unsensible Regionen. Diese polare innere Konfiguration inszeniert sich in chaotischen und destruktiven Manövern, die von ausufernder Affektivität und Ohnmachtsgefühlen begleitet werden. Die für das Erwachsenenalter inadäquaten Reaktionen können als frühkindliche Bewältigungsversuche verstanden werden. Im Wechselspiel von Zerstörung und Erstarrung werden Beziehungen in Mitleidenschaft gezogen, Aufgaben nur unvollständig bewältigt und zusätzliches Konfliktpotenzial aufgebaut.

In der psychotherapeutischen Begleitung muss man ersetzen, was früher gefehlt hat, ausdrücken lassen, was unterdrückt wurde, und fördern, was sich zeigen möchte, um in die natürliche Entwicklungsbewegung zurückzukehren. Da der therapeutische Umgang mit schweren Schädigungen in der klinischen Forschung umfassend aufbereitet wurde, soll hier nur ein Aspekt, der aus der Dynamik fehlgeleiteter Selbstdeutungen entspringt, dargelegt werden.

Die therapeutische Beziehung wird oft nach kurzer Zeit auf eine harte Probe gestellt, besonders wenn sich Klienten missverstanden, gekränkt und abgewertet fühlen. Das kann unversehens passieren. Der Klient fragt den Therapeuten: Wie viel Uhr ist es? Der Therapeut antwortet: Haben Sie es eilig? Daraufhin fühlt sich der Klient nicht ernst genommen und wird von einer mörderischen Wut überwältigt. Er schreit den Therapeuten an, er solle diese schlaumeierischen und entwertenden Interventionen bleibenlassen. Das bestärke ihn im Eindruck, dass er sein Handwerkszeug nicht verstünde. Genau an solchen Punkten muss der Therapeut anders reagieren als die Umwelt, die sich abwenden würde. Er muss standhalten, präsent und verlässlich bleiben, um den hochschlagenden Gefühlswellen ein Gegenüber zu bieten, wie ein Fels in der Brandung. Wenn er den Klienten in seiner Ohnmacht versteht, kann eine Vertrauensbasis entstehen. Dabei gilt folgender Grundsatz: Nicht alles muss gesagt werden, aber das, was gesagt wird, sollte echt und wahrhaftig sein. Deshalb ist Kritik, Angriffen oder Diskussionen über das Setting gelassen zu begegnen. Dies ist in der Regel nicht persönlich gemeint, sondern geht eben aus negativen Selbstüberzeugungen hervor: Ich bin nichts wert, ich bin störend oder überflüssig, und die anderen sind böse zu mir! Diese Position beruht auf vergangenen Erfahrungen, ist also ein Irrtum in der Zeit, durch den die gegenwärtige Situation und die wirklichen Bedürfnisse entstellt werden.

Durch das fassadenhafte Auftreten, verursacht durch die schmerzlichen Erfahrungen von Verwahrlosung, Gewalt und Gefügigkeit, werden diese Menschen häufig als »unecht« erlebt und dafür kritisiert. Dies ist natürlich keine Hilfe, weil sie sich abgewertet fühlen und die Panzerung zwangsläufig verstärken. Wer lügt, manipuliert oder nicht authentisch ist, macht dies in der Regel aus einer seelischen Notlage heraus. Dabei entsteht eine Spannung, die sich in Gesten oder Fehlleistungen ein Ventil verschafft. Kriminalisten achten sehr genau auf das, was nonverbal kommuniziert wird. Wenn jemand kurz aus dem Blickkontakt geht, kann das heißen, dass etwas nicht stimmt, worüber er berichtet. Insofern sagt jemand auch die Wahrheit, wenn er lügt, aber eben verdeckt und implizit. Das Selbst möchte echt sein, schafft es allerdings nur auf Umwegen. Die Aktivierung alter Muster beruht auf dem Irrglauben, sich dadurch aus der Affäre ziehen zu können. In Wirklichkeit wird aber der Wachstumsimpuls abgelenkt, wie ein Pfeil, der in die falsche Richtung zielt. Wenn nun der Therapeut nicht, wie erwartet, mit gleicher Münze zurückzahlt, dann kommt es zu einem Aha-Effekt. Die Menschen sind also nicht so böse wie immer angenommen, sondern der andere hält meine Gefühle aus und schätzt mich. So kann sich der Klient als eine Person von Wert entdecken, die würdig ist, von anderen respektiert und nicht verurteilt zu werden. Der nach innen gerichtete Spürsinn kann nun angstfreier die wirklichen Gefühle, Wünsche oder Motive, die hinter den Inszenierungen liegen, herausfinden. Der Betroffene ist dann nicht mehr der Spielball feindlicher Kräfte, vor denen er sich schützen muss, sondern kann sich, basierend auf eigenen Werten und Einstellungen, in seinem Verhältnis zur Umwelt neu bestimmen. So können Wahrnehmungsraster, die bisher vorwiegend negative Eindrücke hervorgehoben haben, sich angenehmen Erlebnissen öffnen. Die Körperempfindungen werden fließender, das Herz wird leichter und die Atmung freier. Das wiederhergestellte Selbst befähigt den Menschen zu lebendigem, ganzheitlichem und gegenwärtigem Kontakt. Es kann dynamisch, schöpferisch und flexibel auf die Herausforderungen des Lebens reagieren.

Dieser lang andauernde Heilungsprozess geht auch am Therapeuten nicht spurlos vorüber. Manchmal fühlt er sich durch die Intensität des Geschehens labilisiert, zwischendurch verzweifelt und ausgeliefert. Diese Momente existenzieller Unsicherheit sind in der Regel Resonanzen auf die destruktive Psychodynamik des Klienten. Wenn sie konstruktiv eingebracht werden, können sie den Bewusstwerdungsprozess vertiefen. Die therapeutische Bezugsperson wird nämlich dann in der Seele als sicherer Ort repräsentativ verankert. Mutiger können dann alte Mauern abgerissen und neue Fundamente, denen Selbstachtung und Offenheit zugrunde liegen, errichtet werden. Wenn wir Klienten also spüren lassen, dass wir uns mit ihren Problemen auseinandersetzen, sie verstehen und respektieren, brauchen sie nicht mit uns um Anerkennung zu kämpfen oder Dramen zu inszenieren, nur um gehört zu werden.

Anstelle der inneren Leere tritt ein erneuertes Selbst, das Substanz und Flexibilität ausstrahlt.

Das befreite Selbst

Von der kranken Seite aus betrachtet wurde offenkundig, welchen Stellenwert das Selbst besitzt. Durch den Abgleich mit den bisherigen Lebenseindrücken sucht es die bestmöglichen Strategien, um Schwierigkeiten zu meistern, die Weiterentwicklung zu gewährleisten und seinen Erhalt zu sichern. Für das normale Alltagsbewusstsein erstreckt sich das Selbst von der atmosphärischen Körpergrenze bis zum Innersten, dem Wesenskern, der inneren Mitte oder dem Zentrum einer Person. Im alltäglichen Gewahrwerden eines subjektiven Erlebniskontinuums kann sich der Mensch in der Welt zurechtfinden und verorten.

So ist das Selbst stets bemüht, die unterschiedlichen Ebenen und Bereiche einer Person zu integrieren und als zusammengehöriges Ganzes erscheinen zu lassen. Dieses Wesensfeld wandelt sich fließend entlang der Lebensspur. Über alle Veränderung hinweg trägt es ein überdauerndes Muster in sich. So weiß ich, dass ich dieses Selbst bin.

Auch wenn sich das Selbst nicht lokalisieren lässt, ist es lebendig, schöpferisch, kraftvoll und beinhaltet alles, was der Mensch war, ist und werden möchte. Es ist das Gefühl, der Gedanke, die Erinnerung, die spontane Geste oder das Lächeln. Wenn wir die Schutzschichten des Selbst abtragen und die Beschädigungen unseres inneren Kerns heilen, fallen unnötige Ängste ab. Dieses aufkeimende ursprüngliche Selbst bewirkt ein angenehmes Körpergefühl, in dem sich der Klient lebendiger fühlt. Er kann seinen spontanen und kreativen Impulsen wieder trauen, ist also wieder mehr mit dem Fluss des Lebens verbunden.

Für Karen Horney (1975, S. 176) sorgt das wahre Selbst »für das pulsende innere Leben; es bewirkt die Spontaneität aller Gefühle, sei es Freude, Sehnsucht, Liebe, Ärger, Furcht oder Trauer. Es ist außerdem die Quelle spontaner Interessen und Energien, ... die Fähigkeit zu wünschen und zu wollen, es ist jener Teil in uns, der sich ausdehnen, wachsen und selbst erfüllen will. Es ist die ursprüngliche Kraft, die uns zur persönlichen Entwicklung drängt und mit der wir wieder eine volle Identifikation erlangen können.«

Der Mensch verkörpert das Selbst, wenn die Energien wieder in die richtigen Bahnen gelenkt werden. So kann es seiner eigentlichen Bestimmung, den Menschen zur Ganzheit zu führen, wieder gerecht werden.

1. *Für einen Moment nehmen Sie bitte wieder eine komfortable Haltung ein.*

2. *Stellen Sie sich vor, wie die Wunden, die Ihnen früher zugefügt wurden, heilen und Sie sich mit den schicksalhaften Seiten Ihres Lebens anfreunden und versöhnen können. Im Kontakt zu Ihrem Innersten breitet sich ein wohliges Gefühl aus.*

3. *Wie würde sich unter diesen Umständen Ihr Leben anfühlen, und was könnte sich an Ihrem Lebensstil ändern?*

- Ich bin eine wertvolle Person, die in ein sinnerfülltes Leben geboren wurde. In meinem Inneren bin ich geborgen und sicher. Es ist eine Quelle der Inspiration, Heilung und Kraft. Jederzeit und an jedem Ort der Welt kann ich mich bewusst dorthin wenden, um mich zu vergewissern oder anzuvertrauen.
- Vorurteilsfrei und respektvoll kann ich anderen Menschen begegnen, mich in gleichberechtigte Beziehungen einlassen, mit ihnen in lebendigen Kontakt treten, ohne Umwege Konflikte klären und meine Resonanzen zum Ausdruck bringen.
- Gefühlen gegenüber bin ich freundlich eingestellt, weil sie mir eine lebendige, farbige und klangvolle Atmosphäre verleihen.
- Die Freude will sich ausbreiten, der Ärger möchte etwas in Ordnung bringen, die Trauer bemerkt und die Angst berücksichtigt werden. Wenn sich die Intensität steigert, erlaube ich mir, ihr Raum zu geben, bis sie wieder abklingt.
- Ohne Denkblockaden erlebe ich mich zu kreativen Lösungen fähig, traue mich originell zu handeln und kann Konventionen relativieren. Das, was ich bin, kann und habe, ist mein Sein. Es ist unmöglich, jemand anderer oder anders zu sein. Nichts von dem, der ich bin, ist überflüssig. In jedem

Detail spiegelt sich mein Leben, ist Ausdruck und Botschaft meiner gesamten Situation. Mein befreites Selbst erlebt sich in jedem Augenblick als vollkommen, weil es weiß, dass es immer auf dem Weg ist.

1. *Wenn Sie nun noch einmal kurz in die Stille gehen, sich leer machen und dann wieder sich selbst vor dem geistigen Auge erscheinen lassen. Dabei richten Sie bitte die Aufmerksamkeit auf das, was in Ihnen noch unfertig ist oder sich entwickeln möchte. Das können berufliche Pläne, Persönlichkeitseigenschaften, private Unternehmungen etc. sein.*

2. *Stellen Sie sich vor, wie Sie sich auf einem Weg befinden, der hinter Ihnen und vor Ihnen bis zum Horizont reicht. Wenn Sie sich umdrehen, sehen Sie abgeschlossene Projekte und Aufgaben, und vor Ihnen liegen Pläne und offene Anliegen. An der Stelle des Weges, an der Sie sich gerade befinden, spüren Sie den Boden unter ihren Füßen und wie die Erde Sie trägt. Dann lassen Sie den Atem etwas tiefer gehen und nehmen den Atemstrom bewusst wahr. Das Ein- und Ausatmen geschieht von ganz alleine.*

3. *Nun lassen Sie mit dem Ausatmen die inneren Spannungen und Gedanken los. Dann erlauben Sie sich einfach, folgende Sätze leise nach innen zu sprechen:*
   Ich bin auf meinem Wege dort, wo ich bin.
   Ich bin immer ein Gehender.
   Ich bin, wie ich bin, vollständig in Ordnung.
   Es ist einfach so, wie es ist.

Wenn Sie sich erlauben, diese Erkenntnis anzuwenden, werden Sie angstfreier und friedlicher leben und erkennen, dass alles, was geschieht, zu Ihrem Besten ist. Innere Prozesse und äußere Ereignisse können direkter miteinander kommunizieren, wenn die essenziellen Bedürfnisse nicht mehr durch die Hintertüre kompensatorisch ausgeglichen werden müssen, sondern authentisch die nächsten Schritte vorbereiten. Beziehung ist dann nicht besitzergreifend, sondern die Partner können sich autonom und hingebungsvoll verbunden fühlen. Ein lebendiges Zusammensein, ob in Gesprächen, körperlichen Begegnungen oder gemeinsamen Projekten, ist frei von versteckten Verpflichtungen oder Manipulationen. Das gesunde Selbst ermöglicht das lebendige und freie Im-Kontakt-Sein mit anderen und begrüßt neue Erfahrungen. Das Streben nach Persönlichkeitsentfaltung bezieht dann auch die unauflösliche Verbundenheit mit dem Ganzen mit ein.

Die Freude an Anerkennung, Wertschätzung und Liebe wirkt beglückend, wenn der Funke überspringt, über die eigennützigen Interessen hinausgeht und allen zur Verfügung steht.

Die Verwirklichung der innewohnenden Potenziale dient der Transformation des Menschen und der kreativen Umgestaltung des Lebensraums in der Verantwortung für die Schöpfung. Aus dem Bewusstsein eines kraftvollen inneren Zentrums können Einfluss und Macht auf den Schutz des Lebendigen beschränkt werden. Der Mensch möchte wachsen und sich im Einklang mit der Evolution durch Differenzierung und Integration hervorbringen.

Selbstaktualisation

Das Selbst repräsentiert auch eine dynamische Kraft, die vorwärtsstrebt und zur Entfaltung der Persönlichkeit beiträgt. In unserem Inneren wirkt eine Energie, von der enorme Impulse und Wachstumsanreize ausgehen. Die implizite Tendenz zur Selbstorganisation, zur Emergenz höherer Zustände oder zur *Autopoiesis* wird längst als wachstumsleitendes Prinzip anerkannt, etwa in der Chaosforschung, in der Neurologie oder in natürlichen Körperprozessen.

Denken wir nur an die Selbstheilungskräfte, die trotz der immensen Fortschritte in Medizin und Psychotherapie über jeden Zweifel erhaben sind. Wer an Grippe erkrankt ist, muss sich vor allem Zeit und Ruhe gönnen. Das Fieber verbrennt die schädlichen Eindringlinge, und durch die Bettruhe wird die dafür notwendige Energie aus dem Bewegungsapparat abgezogen. Ein verschleppter Infekt wird häufig mit monatelangen Schwächegefühlen bezahlt. Wenn der Selbstorganisation des erkrankten Körpers Steine in den Weg gelegt werden, um die Alltagstauglichkeit schnell wiederherzustellen, kommt es zu nachhaltigeren Störungen.

Psychotherapeutische Verfahren sollten in ihrer Interventionstechnologie besonderes Augenmerk auf die Tendenz zur Selbstheilung legen. Angesichts der Hybris der Moderne, die glaubt, den Menschen nach ihrem Willen gestalten zu können, ist das gar nicht mehr so selbstverständlich. Der egozentrische Zeitgeist läuft Gefahr, die fachmännischen Kompetenzen im Vergleich mit der Selbstregulation zu überschätzen. So kann es sehr schädlich sein, jemanden, der herzzerreißend weint, darin zu unterbrechen, bevor es sich von selbst legt. Genauso ist es wenig hilfreich, autonome Körperreaktionen, wenn etwa der ganze Körper zittert oder sich schüttelt, gewaltsam zu unterbrechen. Solche Phänomene sind befreiend und reinigend, weil belastende Introjekte ausgestoßen werden. Das, was vor langer Zeit verdrängt wurde, meldet sich. Es möchte gesehen werden und daher sich vollständig zeigen. Wenn durch die Aufhebung von Abspaltungen unterdrückte psychische Energien frei werden, können Wunden heilen, und das bewusste Erleben des Selbst kann verbreitert werden. Durch eine achtsame und ermutigende Unterstützung der ablaufenden Prozesse gewinnt die Seele zusätzliche Spielräume und erneuert sich von innen her.

Deshalb gibt es in solchen Situationen nur eine Intervention: Lassen Sie zu, was kommt; erlauben Sie sich, alles auszudrücken, was in Ihnen ist. Der Fluss muss in einem geschützten und freien Raum über die Ufer treten dürfen, um das Land fruchtbar zu machen. So können sich tiefsitzende Spannungen lösen und die darin eingeschlossenen Energien befreit werden.

Insbesondere in der Arbeit mit veränderten Bewusstseinszuständen ist die Anerkennung der inneren Weisheit von hoher Bedeutung, weil die Selbstheilungskräfte mobilisiert und gleichzeitig die Wahrnehmungsschwellen gesenkt werden. Was für die Leib- und Seelenkunde gilt, ist für den spirituellen Weg unabdingbar, denn tiefe Seinserfahrungen sind nicht eigenmächtig herstellbar.

Die spirituellen Übungen sollen einfach, ohne Erwartungsdruck, durchgeführt werden, bis die Regie des Selbst die Zeit für reif hält, ins metaphysische Bewusstsein durchzubrechen. Wenn das Selbst als Triebfeder der Entwicklung betrachtet wird, müssen die Potenziale, Fähigkeiten und Antriebe eines Menschen, aus denen Visionen hervorgehen, dort hinterlegt sein. Dabei ist es erforderlich, eine Unterscheidung zu treffen, die gar nicht so einfach ist. Visionen, die aus dem natürlichen Selbst und seinen essenziellen Wachstumsbedürfnissen hervorgehen, und solchen, in denen das Ego mit deformierten Selbst-Anteilen zusammenspielt.

Fehlende Bewusstwerdungsprozesse, insbesondere bei unverarbeiteten traumatischen oder belastenden Lebensereignissen, begünstigen egozentrische Lebensstile, denen Machtbegehren, Entwertung und Manipulation zugrunde liegen.

Wenn man anderen etwas Schlechtes wünscht, richten sich die feindseligen Impulse gegen das eigene Selbst, das sich dann verschließt und abkapselt. Durch menschenverachtende Einstellungen wird man unglücklich, unfrei und unzugänglich für inspirierende Ideen. Diese falsche innere Orientierung kann dann häufig nur durch erschütternde Ereignisse korrigiert werden.

Wie ich schon erwähnt habe, ist der Bezug auf die Ressourcen des Selbst in der psychospirituellen Begleitung unentbehrlich. Es macht einen immensen Unterschied in der Entfaltung eines heilsamen Gruppenprozesses, ob sich der Leiter selbstherrlich und manipulierend verhält oder sich in den Dienst der Weisheitskräfte stellt. Im Kontakt mit dem Selbst ist man näher am Puls des Geschehens. Das merkt man daran, dass intuitive Bilder und kreative Interventionen leichter zugänglich werden oder günstige Zufälle hilfreich mitwirken.

Intentionen, die aus einem befreiten Selbst und egobereinigten Strategien erwachsen, werden von einer spirituellen Energie protegiert.

Diesen Zusammenhang konnte ich über viele Jahre feststellen. In Zeiten, in denen ich meine spirituellen Übungen diszipliniert durchführe und mich dem größeren Ganzen bereitwillig zur Verfügung stelle, verschmelzen Fähigkeiten, Aufgaben und äußere Umstände zu einer Einheit, in deren Strahlkraft geschieht, was geschehen soll. Wenn nun, beispielsweise am Ende eines gelungenen Seminars, die Teilnehmer meine Arbeit als hervorragend einstufen, darf man das nicht auf sich alleine beziehen, sondern sollte sich der Wirkkräfte des All-Einen bewusst sein. Nicht nur aktuell für diese fragliche Situation, sondern auch rückblickend – denn das Leben selbst ist darin eingebunden.

Genetische Anlagen, anregende Lebensumstände und die Förderung von entscheidenden Personen wirken immer zusammen. So berichten erfolgreiche Menschen, dass sie sich erst dann wirklich froh und zufrieden fühlen, wenn sie ihr Glück nicht nur sich selbst zuschreiben.

Dann öffnet sich das Herz, denn man braucht nicht festzuhalten, was gegeben wurde. Es kann dorthin zurückfließen, wo es herkommt. Das nimmt auch die Angst vor den nächsten Aufgaben. Achtsamkeit und Mitgefühl zu üben, andere zu fördern oder Anteile des Vermögens zu spenden verbindet den individuellen Erfolg mit dem Seinsganzen.

In der folgenden Kontemplation wollen wir aus unserer Wesensmitte, dem Bereich des unverfälschten Selbst, eine Vision aufsteigen lassen:

1. *Gehen Sie bitte wieder für einige Minuten in die Stille, vertiefen Sie den Atem und lassen Sie mit dem Ausatmen alles los, was gerade im Inneren abläuft, bis Sie sich frei und offen fühlen. Mit jedem Atemzug gelingt es Ihnen, etwas tiefer zu landen, bis Sie im Innersten ankommen.*

2. *Lassen Sie sich jetzt in Gedanken dort nieder und warten Sie, bis Ihnen gezeigt wird, wie Ihr Weg weitergehen könnte. Spüren Sie für einen Augenblick die Energie, die von diesem Bild ausgeht, und kehren Sie wieder zurück.*

Das Bedürfnis nach Selbstverwirklichung, die Tendenz zur Selbstaktualisierung ist der Motor, der die Transformation des Menschen in Gang hält. In uns und in der Natur wirkt etwas, das stets aus alten Formen neue hervorbringt und dafür sorgt, dass nichts seine Gestalt auf Dauer behält. Im Selbst sind potenzielle Entwürfe eines jeden Lebens deponiert. Manche davon können vielleicht noch nicht erfasst werden, weil man dafür noch nicht vorbereitet ist. Es ist wie in psychotherapeutischen Erkenntnisprozessen, wenn etwa unbewusste Motive oder Potenziale, zu denen der Klient noch keinen Zugang hat, vom Begleiter schon erkannt werden. Dennoch wirken sie bereits implizit, ähnlich einer unerledigten Aufgabe, einer offenen Gestalt oder der Sogkraft eines künftigen Ziels. Das Selbst ist bestrebt, die Kluft zwischen dem Wirklichen und Möglichen zu überwinden. Es sind die Gelegenheiten, die sich, wie aus heiterem Himmel, auftun und dann plötzlich existenzielle Entscheidungen herbeiführen, an die man früher überhaupt nicht gedacht hat. Dabei lässt das Selbst nur sichtbar werden, was schon latent vorbereitet wurde.

Völlig unerwartet wurde mir im Alter von dreißig Jahren die Leitung eines psychotherapeutischen Krankenhauses für Suchtkranke angeboten. Obwohl der Trägerverein Schwierigkeiten zu überwinden hatte, weil ich von meiner Ausbildung her Psychologe und kein Arzt war. Da mein Vater unter Alkoholproblemen litt, hatte ich nicht nur einen professionellen, sondern auch einen sehr persönlichen Zugang zu meiner Aufgabe, der ich mich dann leidenschaftlich widmete.

Es scheint so zu sein, dass dem Menschen Möglichkeiten mitgegeben werden, die sich realisieren oder vervollständigen möchten bzw. zur Realisation drängen. Dies ist aber nicht nur von der persönlichen Seite aus zu betrachten, sondern auch von einer universellen. Das Projekt selbst hat eine Anziehungskraft und möchte verwirklicht werden; unabhängig davon, wer daran beteiligt ist. Die Aufgabe ist im Universum, im großen Selbst deponiert, sie will sich manifestieren.

Lange bevor ich mein zweites Buch, *Dimensionen der menschlichen Seele,* in Angriff nahm, sah ich in einer tiefen Meditation den Umschlagentwurf. Erst als ich es zehn Jahre später in Händen hielt, erinnerte ich mich wieder daran. Interessant dabei ist, dass ich damals noch nicht vorhatte, ein Buch zu schreiben, und dass ich an der graphischen Gestaltung überhaupt nicht mitgewirkt habe. Anscheinend war es in mir und im universalen Raum potenziell vorhanden. Nun mussten diese beiden Attraktoren zusammenkommen. Gesteuert durch einen unerkannten Prozess, eine implizite Kraft des Selbst, die den eigenen Binnenraum überschreitet, wurde stillschweigend an dieser Möglichkeit weitergearbeitet. Unvermutet kam die Leiterin eines Verlagslektorats, die die Schwester eines damaligen Seminarteilnehmers ist, auf mich mit der Anfrage zu, ob ich nicht Lust hätte, über meine Arbeit ein Buch zu schreiben.

Eine unbewusste Formkraft, die kein Innen und Außen kennt, musste demzufolge diesem erfolgreichen Projekt beigestanden haben. Zur Dynamik der Selbstaktualisierung tragen also offene Gestalten, Visionen, Intentionen und die Ziehkräfte, die von dem Nutzen und der Ästhetik des möglichen Ergebnisses ausgehen, entscheidend bei. Der Emergenz höherer Zustände liegen selbstorganisierende Prozesse zugrunde, die sich aus unsichtbaren Korrelationen entfalten.

Die Tendenz zur Realisation potenzieller Energieträger braucht aber auf dem Weg zur Manifestation, wenn sie sich im Bewusstsein eines Menschen offenbart, eine eindeutige Bejahung. Wenn ein Ruf für eine Aufgabe aus dem Selbst erfolgt, muss ich mich dafür bewusst entscheiden und Ambivalenzen bewältigen, um sie fruchtbringend erfüllen zu können.

Als mir die Aufgabe des jetzigen neuen Buches angetragen wurde, setzte eine heftige innere Auseinandersetzung ein. Ich hatte nämlich andere Lebenspläne und wusste nicht, ob nun alte Muster heraufbeschworen wurden oder ob mir eine Aufgabe auferlegt wurde. Zunächst ist es wichtig, den Gegenstimmen respektvoll zu begegnen. So wollte ich das Leben gerne mehr genießen, häufiger Urlaub machen und Spaß haben. Dies wäre aufgrund meiner bisherigen Lebensgewohnheiten durchaus ein Fortschritt. So war die Frage berechtigt, ob neurotische Motive, wie der Wunsch nach Anerkennung oder die Sicherung des Überlebens, ausschlaggebend sind. In einer Kontemplation bekam ich die Antwort, dass nicht die Inhalte einer Aufgabe, sondern der Umgang damit darüber entscheidet, ob kranke Schemata wiederholt werden. Zweitens war es erforderlich, finanzielle Opfer zu bringen, da ich Seminare absagen musste. In einer weiteren Kontemplation wurde mir schnell klar, dass dies kein wirkliches Hindernis ist. Auch der Umstand, dass wiederum ein Verlagsvertreter Interesse an diesem neuen Projekt bekundete, bereinigte rasch die äußeren Bedenken. Plötzlich gab es einen Moment, als alle Überlegungen zu einem kräftigen »Ja, das mache ich« zusammenfanden. Eine ungeahnte Energie ging davon aus, so dass ich nicht mehr das Gefühl hatte, die Entscheidung nur für mich alleine zu treffen, sondern sie vollzog sich.

Nun stellte sich mir ein zweites Hindernis in den Weg. Stolz berichtete ich Kollegen, dass sich wegen meines letzten gelungenen Buches wieder ein renommierter Verlag für ein anderes Vorhaben an mich gewendet hätte. Durch meine spirituellen Übungen wuchs im Laufe der Zeit die Überzeugung, dass nicht das Ansehen, sondern die Aufgabe im Vordergrund stehen sollte. So begann ich, mir die Leserschaft vorzustellen und herauszufinden, welche Erkenntnisse über das Leben, die ich im Laufe der Jahre gewinnen durfte, diesen Menschen eine Hilfe wäre.

Der dritte wichtige Punkt ist der Wille, der bereit sein muss, fortwährend innere Widerstände zu überwinden. Jede größere Aufgabe fordert die ganze Persönlichkeit heraus, bewirkt also nicht nur einen inhaltlichen Kompetenzgewinn, sondern transformiert auch ihr Binnengefüge. Nur wer ausdauernd dabeibleibt, kann diese Hürde meistern. Wenn sich die erste Euphorie gelegt hat und die dem Projekt innewohnende Dynamik noch nicht spürbar in Gang gekommen ist, kann nur der Wille diese Kluft überbrücken. Aufkommende Unlust, plötzliche Energielosigkeit und erhöhte Ablenkungsbereitschaft sind beharrende Tendenzen, die sich dagegen wenden. Jede Veränderung des Selbst wird auch von Ängsten und Unsicherheiten vor dem Neuen, die durchschritten werden müssen, begleitet. Die Entschlossenheit kann dann zurückkehren, wenn man in diesen krisenhaften Momenten zur kraftspendenden Gnade des Selbst zurückkehrt.

Außerordentlich hilfreich dabei ist, zu meditieren, sich die Vision in Erinnerung zu rufen und die Intention zu vergegenwärtigen. Generell ist die Meditation nicht nur eine inspirative Quelle, sondern sie erhöht auch die Bereitschaft, dem Selbst zu dienen und sich dem Ganzen einzuordnen. Die Kraft, die aus dem Selbst entspringt, arbeitet Hand in Hand mit dem All-Einen. Seelische Prozesse und äußere Vorgänge sind nicht nur aufeinander abgestimmt, sondern bilden ein wachstumsförderndes Kontinuum. Bestärkt durch eine egofreie Vision und Intention, treten der persönliche Wille und das eigene Bemühen als realisierende Wirkkraft mit hinzu. Indem man an sich selbst arbeitet, also alte Muster transformiert, und sich den übertragenen Lebensaufgaben hingebungsvoll stellt, überschreitet Selbstverwirklichung die persönlichen Grenzen und ist nichts anderes als

Weltverwirklichung. Echtes Wohlbefinden bindet immer die Gemeinschaft aller Lebewesen mit ein.

Innere Stimme

Das befreite Selbst hat nicht nur eine innovative Funktion, sondern ist auch ein weiser Weggefährte. Es begleitet, fördert und führt das Leben. Die Reichweite des Selbst, das einen direkten Draht zum Verborgenen besitzt, weist weit über das Individuelle hinaus. Im Alltag ist es die innere Stimme, auf die wir uns stets besinnen können, auch wenn wir sie inmitten der Gedankenvielfalt nicht immer registrieren. Sie ist eine Quelle der praktischen Intuition, die kreative Ideen hervorbringt, instinktives Handeln inspiriert und uns vor destruktiven Schritten warnt. Es ist das Bauchgefühl, durch das Entscheidungen über das kognitive Abwägen hinaus erst ganzheitlich oder rund werden.

Die innere Stimme entstammt der Intuition. Sie ist gewissermaßen nicht auf bisher erworbenes Wissen, vertraute Inhalte oder erarbeitete Kompetenzen beschränkt. Vom Wesen her ist die Intuition transpersonal: Sie überschreitet also die Grenze des Alltagsbewusstseins, der Biographie, der Veranlagung, der Örtlichkeit und Umweltbedingungen. Sie ist mit den universellen Speichern der Kultur- und Naturgeschichte verbunden und besitzt den Schlüssel zur Schatztruhe spiritueller Weisheiten. So kann ein unerwartetes Flow-Erlebnis, wodurch eine zukunftsweisende Entscheidung eingeleitet wird, diesen weitverzweigten Hintergrund implizieren, ohne dass wir im Einzelnen davon Kenntnis besitzen.

Während ich mit einem bekannten parapsychologischen Medium das Grundstück betrat, auf dem das Haus mit unseren möglichen neuen Praxisräumen errichtet werden sollte, hatte ich sonderbare Empfindungen. Starke Vibrationen mit einem Gefühl unendlicher Weite durchströmten meinen Körper. In diesem Augenblick wusste ich tief in mir, dass ich das Kaufrisiko eingehen möchte. Wenn ich mich heute, nach über 25 Jahren, noch daran erinnere, wird mir ob der Klarheit und Richtigkeit dieser damaligen inneren Stimme heute noch warm ums Herz. Viele Klienten berichten immer wieder, dass sie schon an der Eingangstüre eine heilsame und stabilisierende Energie verspürten.

Häufig nehmen wir aber die innere Stimme nicht wirklich ernst. Für eine Familie, die eine Reise nach Indien gebucht hatte, kamen während der Vorbereitungen, einige Wochen vor Antritt der Tour, Zweifel auf. Der eine Partner riskierte es auszusprechen, dass er keine Lust mehr zum Wegfahren verspüre. Da sie aber schon vor einem Jahr diese Unternehmung vorbereitet und gebucht hatten, empfanden sie eine Absage als zu kompliziert. Dort angekommen, wurde das Gebiet, das sie durchwandern wollten, von heftigem Unwetter und Überschwemmungen heimgesucht.

Ein Therapeut sah im Geiste, wie sein erwachsener Klient an der Hand seiner Mutter spazieren geht. Daraufhin fragte er ihn, ob er denn Schwierigkeiten hätte, sich von ihr zu lösen, und traf damit ins Schwarze. Der Klient führte weiter aus, dass es für ihn eine große Belastung sei, wenn seine Frau einige Tage zu einer Fortbildung wegfahre. Das Alleinsein bereite ihm überhaupt angsterfüllte, schlaflose Nächte.

Die psychotherapeutische Prozessarbeit lebt von intuitiven Bildern, die unbewusste oder nicht kommunizierte innere Zustände des Klienten widerspiegeln. Die innere Stimme kann auch bei Interventionen korrigierend eingreifen. Ich bin drauf und dran, eine schnelle Antwort auf die Frage, ob die Klientin einen Konflikt mit der Arbeitskollegin ansprechen solle, zu geben und wurde durch ein ungutes Bauchgefühl von dieser Intervention abgehalten. Nachdem ich schwieg, kam sie erst zum eigentlichen Thema, nämlich dass bei ihrem Mann vor einigen Tagen Lungenkrebs diagnostiziert wurde und sie panische Ängste entwickelte.

Die innere Stimme ist nicht nur hörbar, sondern kann auch sichtbar werden. In einer Gruppensitzung ist ein Teilnehmer wütend, weil ihm beim Holotropen Atmen die Begleitperson zu nahe kam. Normalerweise unterstütze ich dann den Ausdruck von Wut, um das dahinterliegende Muster einer möglichen Gewalterfahrung herauszuarbeiten. Doch ich sah ein Bild, wie er, geborgen von mehreren Menschen, friedlich ruhte. Daraufhin bat ich einige Gruppenmitglieder, sich dicht neben ihn zu setzen. Plötzlich fing er an zu weinen, bat die anderen, noch näher zu rücken, und schlief sanft ein. Später, in der Aufarbeitung, sprach er von einem behütenden Mutterleib und unendlich viel Zeit. Zu Hause erfuhr er von seiner Mutter, dass er ca. fünf Wochen zu früh und unter schwierigen Umständen auf die Welt gekommen war.

Um die innere Stimme zu stärken und die intuitiven Fähigkeiten zu erweitern, ist es günstig, bewusst vorgefertigte Konzepte loszulassen und dem Spürbewusstsein mehr Raum zu geben. Dazu ist es dringlich geboten, Resultate, die aus diesen Prozessen hervorgehen, nicht persönlichen Vorzügen zuzuschreiben, denn wir bedienen uns einer Weisheit, die größer und mehr ist, als wir fassen könnten. Wir sollten bescheiden annehmen, was uns durch diese subtilen Vorgänge offenbar wird. Die innere Stimme ist variantenreich und kann bis zu überwältigenden Gotteserfahrungen reichen. Nicht zu unterschätzen ist ihr Signalwert, wenn man schädliche Gewohnheiten abbauen will.

Jemand, der abends noch eine gesellschaftliche Verpflichtung zu erfüllen hatte, fühlte sich plötzlich etwas unwohl. Kurz bevor er in seinen Anzug schlüpfte, stellte er sich vor, wie er den Termin telefonisch absagte. In der Realität missachtete er diesen Hinweis, überforderte sich und wurde gegen Mitternacht mit einem Schwächeanfall ins Krankenhaus eingeliefert. Am nächsten Morgen verließ er gegen ärztlichen Rat die Klinik. Später entwickelte sich bei ihm ein Burn-out-Syndrom, und er war über zwei Jahre arbeitsunfähig.

Unaufdringlich und ausdauernd kümmert sich die innere Stimme um unsere Entwicklung, macht auf ungesunde Verhaltensweisen aufmerksam und begleitet uns durch Hindernisse. Die innere Stimme ist immer gegenwärtig, ob als Gefühl, Leibempfindung, Satz, Bild, Symbol, Zufall, Begegnung oder Vision, ob in kleinen alltäglichen oder in großen schicksalhaften Entscheidungen.

Im Jahre 1986, nach einem Feuerlauf, hatte ich urplötzlich die Idee, meine Stelle als Krankenhausleiter zu kündigen, um mich ganz dem Holotropen Atmen und der Integration spiritueller Ansätze in die traditionelle Psychotherapie widmen zu können. Begleitet wurde dieser Gedanke von Visionen und enormen Energieschüben. Nach reiflicher Überlegung teilte ich dieses Anliegen meinem Arbeitgeber mit. Kurz darauf unterbreitete er mir ein Angebot, das viele meiner damaligen Kollegen vor Neid erblassen ließ. Er bot mir die Stelle eines Direktors an, dem drei psychotherapeutische Krankenhäuser untergeordnet waren. Dann müsste ich mich nicht mit dem Tagesgeschäft herumschlagen, könnte die konzeptionelle Arbeit vorantreiben und wäre für die Personalpolitik zuständig. Das vorgeschlagene Gehalt nebst möglichen Nebeneinkünften ging weit über das Übliche hinaus. Dieser einmaligen beruflichen Chance stand der Elan meiner Eingebung gegenüber. Nach Gesprächen mit meiner Frau und vertiefenden Kontemplationen nahm ich das Herz in beide Hände und kündigte.

Wie von einer unsichtbaren Regie geführt, verlief der weitere Weg so wunderbar, dass ich diesen Entschluss niemals ernstlich bereute. Nur einmal, nach kurzer, schwerer Krankheit, kamen Zweifel auf. In einem Wink des Schicksals, der die Richtung ändert und zu anderen Ufern führt, kumuliert die innere Stimme zu einem Ruf des Selbst. Regelmäßige Meditationen und ernsthafte Ego-Transformation ebnen den Weg für diese Art inneren Beistands. Darüber hinaus ist es durchaus möglich, direkten Kontakt zu dieser Instanz herzustellen. Dazu muss man inmitten des Alltagsbetriebs einfach innehalten, loslassen, sich leer machen und hören, was von innen kommt. Dabei ist alles von Belang, ganz gleich ob in Form von Sätzen, Bildern, Körperempfindungen, Gesten oder Symbolen. Wenn Sie dann diese Eindrücke mit berücksichtigen, können Sie sicher sein, dass Sie fähig sind, gute Entscheidungen in ihrem Leben zu treffen. Um den Kontakt zur inneren Stimme zu erleichtern, sollen nun einige Übungen dargeboten werden.

Übungen

Körperspürbewusstsein ausweiten

Das Spürbewusstsein nimmt als Sinnesorgan der inneren Stimme einen zentralen Platz ein, um feine körperliche Strömungen oder flüchtige Signale wahrnehmen zu lernen. Dazu brauchen Sie nichts anderes zu tun, als in regelmäßigen Abständen bewusst nach innen zu horchen:

1. *Legen Sie sich einfach auf den Rücken, atmen Sie etwas tiefer und spüren Sie, wie sich gerade Ihre Körpersphäre anfühlt. Finden Sie heraus, welche Bereiche etwas angespannter und welche lockerer sind. Nichts weiter, einfach registrieren.*

2. *Lassen Sie in Ihrer Vorstellung den Atemstrom einfach zu den kontrahierten Körperstellen hinfließen und atmen Sie aus, begleitet von einem Ton, der die Empfindung, die Sie dort verspüren, ausdrückt. Gehen Sie in dieser Weise Stelle für Stelle durch, und dann registrieren Sie einfach, was sich ändert. Durch diese basale Übung werden Sie die feinstofflichen Schwingungen Ihres Leibes besser kennenlernen.*

Die Quelle im Zentrum

Sicherheit und Wirkungskraft wird der Körpermitte, dem Schwerpunkt oder *Hara,* zugeschrieben. Diese und die folgenden Übungen können im Stehen oder im Liegen durchgeführt werden:

Die Hände einfach auf den Bauch legen und den Atem bewusst in die Mitte lenken. Dabei stellen Sie sich vor, wie in Ihrem Zentrum eine Quelle mit kristallklarem Wasser entspringt, aus der Sie schöpfen können.

Der innere Ruhepol

Ähnlich wie in der vorigen Übung können Sie sich auch vorstellen, wie aus diesem inneren Ort ein kräftiger Baum herauswächst, der Sicherheit und Ruhe spendet. Jederzeit können Sie dort Zuflucht suchen.

Weise Helfer

Durch eine weitere Imagination können Sie sich in Ihrer Mitte Rat holen. Sie brauchen sich nur vorzustellen, wie Sie dort einer weisen Frau, einem spirituellen Lehrer oder einem Menschen, dem Sie vertrauen, begegnen und sie oder ihn um Rat fragen.

Die wahren Bedürfnisse

Eine Eingangstür zum ursprünglichen Selbst öffnet sich, wenn Sie Ihre essenziellen Bedürfnisse herausfinden:

1. *Denken Sie eine Woche zurück und vergegenwärtigen Sie sich eine Situation, in der Sie unter dem Einfluss eines lebensfeindlichen Musters standen und sich danach unglücklich fühlten.*

2. *Atmen Sie wieder etwas tiefer und fragen Sie sich, welche frühere Situation oder welches alte Lebensgefühl Sie wiederholt haben?*

3. *Schauen Sie ein wenig dahinter, und vielleicht entdecken Sie, was Sie eigentlich bräuchten, wie etwa Sicherheit, Liebe, Anerkennung oder Kontakt. Vielleicht fällt Ihnen auch eine Geste oder ein Satz ein, der auf dieses »wahre Bedürfnis« eingeht.*

Zentrum und Umfang

Halten Sie für die nächsten beiden Übungen Wachsmalstifte, Zeichenblock, Schreibpapier und Stifte bereit:

1. *Legen Sie sich auf ein Ihrer Größe entsprechendes, helles Packpapier und lassen Sie jemanden Ihre Umrisse einzeichnen.*

2. *Gehen Sie wie folgt vor: Zunächst zeichnen Sie ein Zentrum, dann markieren Sie die Grenzen, und im dritten Schritt fügen Sie alle Aspekte ein, die Sie von sich selbst kennen. Das kann mittels beliebiger Formen, Farben. Symbole oder Sätze geschehen.*

Wer bin ich wirklich?

3. *Strecken Sie sich bitte flach auf einer bequemen Unterlage aus, registrieren Sie bewusst den Atem und legen Sie einfach alles, was Sie beschäftigt, in Ihrer Vorstellung zur Seite.*

4. *Lassen Sie ein Bild von sich vor Ihrem geistigen Auge erscheinen und lächeln Sie diesen Menschen liebevoll an. Dann wagen Sie einen Blick hinter die Kulissen in das Innere und versuchen herauszufinden, wie dieser Mensch jenseits seiner Rollen wirklich ist. Wenn Sie wieder zurückgekommen sind, können Sie einfach Ihre Eindrücke aufschreiben.*

Aktivierung der Selbstaktualisation

Das Selbst, so wurde gesagt, trägt einen Wachstumsimpuls in sich. Wenn wir jahrelang ignorieren, wozu wir angeregt oder aufgefordert werden, können wir diese Signale nur mehr schwach empfangen. Deshalb ist es notwendig, die Tendenz zur Selbstaktualisierung zu stärken und die Sensibilität dafür wieder zu erhöhen:

1. *Jetzt wäre es günstig, wieder eine komfortable und stabile Position einzunehmen, die Augen zu schließen und ganz bewusst den Atem etwas tiefer werden zu lassen. Konzentrieren Sie sich einfach für ein paar Minuten darauf, tiefer ein- und länger auszuatmen.*

2. *Spüren Sie nach innen, von welcher Region gerade ein angenehmes Gefühl, leichte Vibrationen oder Pulsationen ausgehen. Dann verstärken Sie in ihrer Vorstellung diese Energie, indem Sie dorthin atmen, bis sie Sie ganz erfüllt. Erlauben Sie sich, in diesem Zustand so lange zu bleiben,*

bis Sie von selbst wieder mit Ihrer Aufmerksamkeit zurückkehren. Lassen Sie sich einfach noch ein wenig von dieser Stimmung tragen. Vielleicht kommen Sie auch mit Anregungen für Ihre Vorhaben oder Ihre erforderlichen inneren Schritte in Kontakt.

Das universale Selbst

Das unverfälschte Selbst, eine Quelle von Kraft, Lebendigkeit und Geborgenheit, hat die Tendenz, den Menschen über viele Stationen hinweg zu seiner eigentlichen Natur zu führen. Die Auffassung, dass ich das Selbst bin, wird sich als zu eng erweisen. Der Schritt zum universalen Selbst ist nicht so gewaltig, da es sich offenbaren möchte und uns deswegen einlädt, erkannt und integriert zu werden. Das Selbst ist nicht nur alleine das, was zu mir gehört, sondern es ist auch metaphysisch, verweist auf etwas Unfassbares und Unbeweisbares.

Wie könnte man das verstehen, wenn, wie von vielen Weisheitslehrern angenommen, im Selbst das universale Licht des All-Einen aufleuchtet?

Weiter vorne wurde das Selbst als Kraftzentrum der Person beschrieben. Da es nicht unabhängig und nur aus sich heraus existieren kann, muss es seine Energie irgendwoher beziehen. Vielleicht, so vermuten Mystiker, von einem größeren Ganzen, mit dem das Individuum in permanenter Resonanz steht. Des Weiteren wird angenommen, dass der Mensch sogar aus diesen Vibrationen des Unendlichen geformt ist, von dort herkommt und dorthin zurückkehrt.

Diese umgreifende Seinsdimension ist gedanklich nicht angemessen zu fassen. Man kann nur dem Pfad der geistigen Lehrer folgen, um diesem grenzenlosen und schwingenden Sein zu begegnen. Wenn man eine Zeitlang meditiert, trifft man zunächst auf einen geheimnisvollen Umstand. Der Weg nach innen scheint unendlich, denn man findet kein absolut Innerstes, keinen letzten Boden oder keinen Schlusspunkt, der das Ende der Reise verheißt. Jede Ebene öffnet eine Tür zur nächst tiefer liegenden, wie in einem offenen System.

Ähnlich ergeht es uns, wenn wir einem Horizont entgegengehen. Dabei wird schnell klar, dass die Welt dort nicht aufhört, sondern dass nur die Reichweite des Blickes das Gesehene beschränkt. Verlassen wir die Erde Richtung Weltraum, dann werden sich immer neue Horizonte auftun, bis wir uns nicht mehr vorstellen können, dass es eine tatsächliche Grenze des Universums gibt. Ähnlich aufgebaut ist der Mikrokosmos. Jede Forschungsepoche konnte noch kleinere Bausteine der Materie entdecken. Begrenzt wird der Weg in das Innere der Materie nur durch den Aktionsradius des Menschen. Es ist vergleichbar dem Prinzip ineinandersteckender chinesischer Schachteln. Hat man eine geöffnet, ahnt man, dass in ihr eine weitere steckt. Neuere Ansätze in der Physik sprechen von einem flüchtigen Tanz von Energie, in dem auf- und abtauchende virtuelle Teilchen durch ein Netz von Beziehungen, die nur in Relation zum Ganzen hin verstanden werden können, definiert werden. Die für unsere Sinnesorgane unterscheidbaren materiellen Objekte sind also nur eine Seite der Medaille. Dahinter eröffnet sich eine verborgene Welt, in der alles miteinander verbunden scheint – ein Strömen und Fließen.

Ähnliche Visionen über den Zustand der Materie wurden von Mystikern und Yogis bekannt. Vor kurzem erzählte mir eine Klientin, dass sie sich während einer Meditationssitzung, als die gewöhnlichen Denkmuster wegfielen, von einem harmonischen Klang und einem feinen Rhythmus pulsierender Energien eingehüllt fühlte. Ein unendlich weites Feld tat sich auf, nichts mehr war wie vorher. Beeindruckt von dieser Allverbundenheit, kehrte sie glückselig und gelassen zurück.

Wenn wir innehalten, werden wir gewahr, dass es in uns etwas Größeres, Strömendes und Weites gibt, darin Seele, Körper und Geist einschwingen und eins mit allem werden. Dort fühlen wir uns ruhig, sicher und stark. Diese Heimat ist immer bei uns, überall und jederzeit. Es ist nur ein ganz kleiner Schritt dorthin: einfach der Öffnung nach innen folgen! Der Mensch kann, unabhängig von den unberechenbaren Wirren des Schicksals, auf etwas vertrauen, das ihm ganz nahe ist.

Für C. G. Jung ist mitten in uns das All-Eine präsent:

»Dieses Etwas ist uns fremd und doch so nah, ganz uns selber und uns doch unerkennbar, ein virtueller Mittelpunkt von ... geheimnisvoller Konstitution ... Ich habe diesen Mittelpunkt als das Selbst bezeichnet ... (es) ... könnte ebenso wohl als der ›Gott in uns‹ bezeichnet werden. Die Anfänge unseres ganzen seelischen Lebens scheinen unentwirrbar aus diesem Punkt zu entspringen, und alle höchsten und letzten Ziele scheinen auf ihn hinzulaufen.« (C. G. Jung, 1971, S. 134 f.)

Wenn die Alltagsgeräusche leiser werden, öffnet sich das Ohr des Herzens. Meister Eckhart drückt dies in einem einfachen Vierzeiler aus: »Ich will sitzen und will schweigen und will hören, was Gott in mir rede.« Im Christentum heißt es: »Das Reich Gottes ist in dir«, im Buddhismus: »Schau nach innen, du bist der Buddha«, im Yoga: »Gott wohnt in dir als du«, im Hinduismus: »*Atman* (das individuelle Bewusstsein) und *Brahman* (das universale Bewusstsein) sind eins«, im Islam: »Wer sich selbst kennt, kennt seinen Herrn«.

Direkt in uns können wir eine Seinsqualität finden, die alle Vorstellungen und Konzepte sprengt. Ob als Licht, Verbundenheit oder Gnade erlebt – es scheint vollkommen, faszinierend und klar. Es ist die vibrierende Energie, die den Menschen in außergewöhnlichen Augenblicken durchrieselt, der Glanz in den Augen, die elektrisierende Berührung, die glitzernde Pracht über dem Scheitel und das Licht hinter dem Herzen. Es ist wie ein inneres Lächeln voller Güte und Liebe, das durch alles hindurchscheint, gleichzeitig aber alles und nichts, jedes und keines davon ist. Das universale Selbst leuchtet unaufhörlich in allen Lebewesen, in der Natur und im Kosmos, in unterschiedlichen Formen und Farben. Diese Strahlung kann sich ausbreiten oder verdichten. Jeder erlebt es anders, und es ist trotzdem wie aus einem Stoff. Das unvergängliche Licht des Selbst im Innersten jedes Menschen erscheint in vielfältiger Ausprägung. Wer es in sich erlebt, erkennt es plötzlich nicht mehr nur als eigenen Kern, sondern auch in jedem Menschen, überall, wo man hinsieht.

Einmal erlebte ich mich in der Meditation wie von einem blau leuchtenden Lichtkegel eingehüllt, der sich dann zu einer winzigen Perle zusammenzog. Danach sah ich die Weltkugel von außen und alle Menschen durch ein lilafarbenes Band verbunden. Das universale Selbst ist innerhalb und jenseits der Mannigfaltigkeit des Lebens, alles durchpulsend. Es wurde weder geboren, noch wird es sterben. Alles, was existiert, ist von dieser Natur, ohne etwas dahinter oder davor. Es kann nicht mehr vermessen werden, da darin Vergängliches und Ewiges, Endliches und Unendliches zusammenfallen. Für Muktananda (1987, S.41) wohnt es für immer im Herzen aller Menschen, »... kleiner als das Kleinste und größer als das Größte«.

Einer Seminarteilnehmerin erschien das Selbst symbolhaft als Schale: »Diese tönerne Schale mit dem geflochtenen Rand ... diese Schale nahm an Größe ab, wurde kleiner, kleiner, die kleinste Dimension, die ich erfahren konnte, wurde zum Schnittpunkt zweier sich in mir kreuzender Linien von weit außen dem Schnittpunkt immer näher, um dann langsam auseinanderzugehen zum Großen, größer zum ewig Großen. Das Kleinste und das Größte wurden dadurch für mich als dasselbe wahrnehmbar, als etwas, das miteinander zusammenhängt, voneinander abhängig ist. Es war eine völlig unspektakuläre Erfahrung von Ewigkeit – ganz kurz nur geschaut, aber sicher für immer in mir, nicht mehr zu vergessen.«

Das universale Selbst aktualisiert sich im zeitlosen Licht, das in jedem Teilchen existiert, im *Om,* das in jeder Zelle vibriert, im Heiligen Geist, der alles durchdringt. In den Erscheinungen des Weltlichen, die von den Fundamenten des All-Einen getragen werden, verwirklicht sich ein übergeordneter Plan, und inmitten unseres Wesens realisiert sich der evolutionäre Drang des Universums nach Optimierung. Das Selbst, als Zentrum des Individuums, ist untrennbar mit der kosmischen Ordnung verknüpft. Die organisierende Kraft, die die Ausbildung der Persönlichkeit steuert, ist also überpersönlich und nicht lokal. Das Universale ist, wie in einem Hologramm, in uns eingefaltet, so dass unser tiefstes Inneres stets mit dem Seinsganzen verbunden ist.

Das personale Selbst ist im universalen Selbst in zweifacher Hinsicht aufgehoben: Es ist in ihm beherbergt und hat sich zugleich überschritten. Durch das Licht im Herzen ist der Mensch mit dem Universalen verbunden. Über diese Brücke kommuniziert das letzte Geheimnis mit uns. Im Grenzenlosen und Formlosen sind alle Weisheiten und Schlüssel des Lebens zu finden. Das universale Selbst ist immer zugänglich und anregend, aber nie aufdringlich. Wer sich dorthin begibt, wird von heilsamen Atmosphären und fördernden Inspirationen durchflutet.

Über die innere Stimme und Zufälle bringt sich diese innere Weisheit immer wieder in Erinnerung, geduldig, bis sich eine weitere Gelegenheit zur Reifung ergibt. Sie braucht aber für ihre Wirksamkeit unsere Einwilligung, unsere Hingabe und Beharrlichkeit. Wir haben die Freiheit der Wahl.

Natürlich können wir dem Impuls nach Selbstverwirklichung auch im Wege stehen, ihn schwächen, ignorieren oder ablehnen. Der Veränderung stellen sich oftmals unsere eigenen Widerstände entgegen, weil wir nur ungern Vertrautes und Gewohntes aufgeben und Angst vor dem Ungewissen haben. Lieber wäre es mir wohl, wenn sich die Umgebung ändert, statt dass ich mich selbst dazu auffordere. Doch es kann keine authentische Veränderung der Welt geben, ohne dass wir uns selbst verändern. In der Evolution regiert weder purer Zufall noch blinde Vorherbestimmung. Nur im Lichte eines klaren Geistes kann sich unsere eigentliche Wesensnatur offenbaren.

Dies ist gerade jetzt für das Überleben der Menschheit von immenser Bedeutung. In Zeiten der Postmoderne, die von einer eigenartigen Ambivalenz geprägt ist: auf der einen Seite Desorientierung, Gewaltzuwachs, religiöser Fanatismus, Beziehungslosigkeit; auf der anderen Seite Solidarität, Liebe und spirituelle Sehnsucht. Die Kluft scheint krasser zu werden angesichts einer sich immer schneller drehenden Welt. Wir müssen aufpassen, dass wir uns nicht selbst vollends verlieren. Deshalb ist die immerwährende Botschaft der spirituellen Lehrer aktueller denn je: Werde langsamer, halte inne, kehre heim, schweige und höre, was aus der Stille deines Herzens kommt.

Transformierende Bewusstseinsprozesse und spirituelle Übungen reinigen, stabilisieren und öffnen den Menschen, um die gnadenhafte Einsicht in seine göttliche Natur tragen und mit Verantwortung erfüllen zu können. Die einst angelegte Öffnung zur Welt hin muss durch die mitfühlende und sorgende Umsicht bewusst erweitert werden, bis ich das Fremde umschließe. In der totalen Identifikation mit allem, was existiert, gehe ich in allen Lebewesen und der Schöpfung auf. Die Weltoffenheit wird zur Weltverbundenheit, in der ich mich als ein Sandkorn im Sand oder ein Wassertropfen im Meer begreife.

Das Leben wird unter dem Einfluss des universalen Selbst gegenwärtiger, weil im Vertrauen auf das, was geschieht, Vergangenes losgelassen und Zukünftiges offen angenommen werden kann. Wenn ich die Dinge einfach so passieren lasse, wie sie passieren, kann ich fehlerfreier handeln. Wer das Göttliche in jedem Menschen sieht, dessen Urteile werden mitfühlender und milder, weil klar wird, dass jeder Mensch nur so sein kann, wie er ist. Das Mögliche wird nämlich erst dann wirklich, wenn alle Bedingungen erfüllt sind, bis dahin bleibt es unmöglich. Diese Erkenntnis kann die inneren Dialoge beruhigen und den Geist stillen. Dann ist es nicht mehr notwendig aufzufallen, und alle Dramen und Storys, Emotionen und Konflikte können weiterziehen. Es gibt kein Äußerliches mehr, das mir widerfährt: Immer ist es auf mich bezogen, bin ich darin enthalten oder hat es mit mir zu tun.

Das nicht mehr gebundene und begrenzte Bewusstsein weiß, dass der Mensch durch das Allumfassende existiert und es sich auch durch ihn manifestiert.

Das frühere »Ich bin«, das das Selbst noch über unterschiedliche Merkmale definieren und sich als autonomes Zentrum erleben musste, verliert auf diesem Pfad sein Ich und wird selbst zum fließenden Sein, das sich in der Totalität des All-Einen bezeugt und würdigt. Das Selbst bin nicht nur mehr ich, sondern es ist das Viele. In den Handlungen des Einzelnen vergegenwärtigt sich der Wille Gottes.

Starke Persönlichkeiten, die der Schöpfung und dem Wohle der Menschheit dienen, handeln intuitiv, aus der inneren Weisheit heraus, spontan richtig. Ihre Werke werden von der bezaubernden Atmosphäre und dem tiefen Frieden des großen Geistes durchstrahlt. Der Weg zum universalen Selbst kann gebahnt werden, wenn regelmäßig seelische Konflikte bereinigt und spirituelle Übungen durchgeführt werden. Durch folgende spezielle Visualisierungen kann diese Spur aufgenommen werden.

Übungen

Bis zur Öffnung gehen

1. *Am besten bereiten Sie sich innerlich vor, indem Sie leise in Ihrer Meditationsposition das Mantra »Om Namah Shivaya« wiederholen. Es bedeutet: Ich achte meine innere Weisheit.*

2. *Begeben Sie sich bitte in eine komfortable Liegeposition. Dann atmen Sie ruhig ein und aus und erlauben dabei Ihrem Atem, ein wenig tiefer zu fließen. Nun lassen Sie alles los, was Ihnen in den Sinn kommt. Allmählich auch das, was Sie im Leben erlebt haben, wer Sie geworden sind und was Sie gemacht haben. Einfach alles fallen lassen, bis Sie sich ganz unbeschwert fühlen.*

3. *Folgen Sie Ihrem Atem bis zu einem inneren Ort, an dem Sie sich sicher und aufgehoben fühlen. Dort lassen Sie sich nieder und registrieren einfach, was auftaucht. Dann gehen Sie noch einige Schritte weiter, bis Sie vielleicht zu einer Öffnung kommen, durch die etwas Größeres scheint. An dieser Schwelle bleiben Sie für eine Weile, schauen sich um und achten darauf, was geschieht und wie Sie sich fühlen.*

4. *Kehren Sie wieder langsam zurück und notieren Sie Ihre Eindrücke.*

Das Licht in mir

1. *Beginnen Sie zunächst wieder damit, tiefer zu atmen und alles loszulassen.*

2. *Stellen Sie sich vor, wie irgendwo in Ihrem Inneren ein unvergängliches, daumengroßes Licht leuchtet. Lassen Sie dieses Licht immer größer und größer werden, bis es Sie schließlich ganz ausfüllt und durch Sie hindurchscheint.*

3. *Alternativ dazu können Sie sich bildhaft vorstellen, wie Sie sich dem Licht annähern und selbst das Licht werden.*

Das Licht im anderen

Ich nehme das daumengroße Licht in mir wahr und sehe, wie es in gleicher Weise in den anderen leuchtet. Es ist ein und dasselbe Licht in allen Menschen, in allen Lebewesen, in der gesamten Natur. Experimentieren Sie damit, wenn Sie das nächste Mal spazieren gehen.

Gedankenexperiment: Ich bin alles

1. *Nehmen Sie bitte für einen Moment wahr, was gerade in Ihrer Umgebung geschieht.*

2. *Versuchen Sie Sätze zu bilden mit »Ich bin das und das und das …« Erlauben Sie, sich experimentell mit allem, was Sie bemerken, zu identifizieren. Auch wenn Sie Nachrichten hören, lassen Sie sich davon anmuten. Ich bin dieser Mensch, der krank ist, an Hunger leidet oder einen Wettbewerb gewann. Dann fühlen Sie genau wie dieser. Das können Sie auch mit Tieren, Bäumen, Bergen etc. machen.*

Manche berichteten, dass sie atmeten wie ein Baum, sich frei fühlten wie ein Adler und stark wie ein Felsen, den sie gerade sahen.

Das universale Selbst ist in allem

Wie zuvor bitte ich Sie, in allem, was sich ereignet, dem Leuchten nachzuspüren. Stellen Sie sich vor, wie es aus allem heraus Ihnen wie ein Lächeln entgegenkommt.

Ich diene dem universalen Selbst

Konzentrieren Sie sich in den nächsten Stunden darauf, dass durch Ihre Aktivitäten stets das innere Licht durchscheint. Wenn Sie jemandem die Hand zur Begrüßung geben, Auto fahren, arbeiten oder mit Ihrem Partner sprechen, dann machen Sie das aus Ihrem Herzen heraus. Stellen Sie sich vor, wie Ihr Beitrag, Ihre Gedanken und Ihre Aktionen nützlich und hilfreich sind.

Erweckung der Kundalini

Solide psychische Fundamente sind eine gute Voraussetzung, um wahrhaftig, lebendig und mutig die Geheimnisse des Lebens zu erforschen. Deshalb sollte jemand, der sich auf die spirituelle Suche begibt, niemals aufhören, sich mit seinen unbewussten Motiven und destruktiven Mustern auseinanderzusetzen. Wenn das universale Selbst, das im Menschen eingefaltet ist, mobilisiert wird, können ungeahnte Potenziale freigesetzt werden. Wenn anfangs stürmische energetische Wellen auftreten, die alle Seinsebenen durchdringen, dann werden Räume für die Manifestation des Größeren in uns geschaffen. Einmal erweckt, tritt es unmittelbar ein und übernimmt die weitere Regie. Wenn diese geheimnisvolle Tür aufgestoßen wurde, dann gibt es kein Zurück mehr.

Deshalb ist vorab sorgfältig zu prüfen, ob man sich wirklich auf einen lebenslangen Transformationsprozess einlassen möchte. Es wird oft zu wenig bedacht, dass ein abgebrochener spiritueller Weg große Probleme verursachen kann. Wenn provozierte Kräfte gehemmt werden, ist es, wie wenn man Gas gibt und gleichzeitig auf die Bremse tritt. Wer kosmische Gewalten anruft, muss sich darüber im Klaren sein, dass man dann nicht einfach wieder zur alten Tagesordnung zurückkehren kann. Man muss sich auf eine unbestechliche Dynamik einstellen: Verantwortungsloses Handeln wird direkter konfrontiert, Doppelbödigkeiten werden kontrastreicher erlebt, und totale Hingabe wird eingefordert. Auch wenn von einem faszinierenden Abenteuer die Rede ist, muss man sich auf eine harte Lebensschule einstellen. Ketten müssen gesprengt, Begrenzungen abgebaut und Muster, die bisher Halt gegeben haben, aufgelöst werden. Man muss sich auf diesen Vertrag einlassen und kann die Bedingungen zwischendurch nicht verändern. Dann allerdings liegen wunderbare und besondere Geschenke bereit: unermessliche Freude, durchströmende Liebe, grenzenlose Verbundenheit und außergewöhnliches Vertrauen.

Vor vielen Jahren, in einer Zeit großer persönlicher Umbrüche, wollte ich es wissen. Ich entschloss mich, ein Meditationsintensivseminar zu besuchen. Während einer Sitzung fing plötzlich mein ganzer Körper an zu zittern. Angenehme Wellen inneren Schauers durchrieselten mich. Lebendig und glücklich empfand ich mich. Wenige Augenblicke später wurde ich unendlich müde und konnte mich kaum noch bewegen. In mein Hotelzimmer zurückgekehrt, kamen starke Ängste auf. Nur mit Mühe konnte ich Panikattacken in Schach halten. Plötzlich bekam ich wie aus heiterem Himmel hohes Fieber, das mich ins Bett zwang und Widerstandskräfte zum Erliegen brachte. Wieder kurz darauf erlebte ich mich unendlich frei, gelassen und voller Liebe. Noch Tage danach profitierte ich von diesem positiven Lebensgefühl.

Später wurde mir klar, dass sich eine Initiation ereignet hatte. Das Unbehagen, der frei gewordenen Kräfte nicht mehr Herr zu werden und die Kontrolle zu verlieren, löste vermutlich auch frühkindliche Ängste vor Einbrechern aus. Ich erlebte in diesem Moment das universale Selbst als höhere Macht, die in mich eintrat. Durch die ansteigende Temperatur erlahmte meine hohe Erregtheit, und mir blieb nicht anders übrig, als mich dem Geschehen hinzugeben. Das war in diesem Moment die beste Lösung, denn nur so konnte ich realisieren, dass es zu meinen Gunsten geschah. Dabei wurden mir auch die Größe und Herrlichkeit dieser Energien bewusst.

Entsprechend östlichen Weisheitslehren kann man auch von *Kundalini-Prozessen* sprechen. Der Begriff *Kundalini* besagt, dass jedem Menschen ein latentes spirituelles Energiepotenzial innewohnt. Dieses wird mit einer dreieinhalbmal aufgerollten Schlange verglichen, die am Ende der Wirbelsäule schläft. Die Schlange symbolisiert in diesen Traditionen Evolution, spirituelle und physische Gesundheit; sie steht aber nicht für Korruption und Verführung. Das Sanskritwort Kundalini ist demnach wortwörtlich mit »Schlangenkraft« zu übersetzen.

Wenn diese aktiviert wird, dann beginnt ein umfassender

Transformationsprozess, wie C. G. Jung unmissverständlich bemerkt: »Wenn es gelänge Kundalini zu erwecken, so dass sie aus ihrer bloßen Potenzialität herausträte, dann würde man unweigerlich eine Welt in Gang setzen, die völlig anders wäre als die unsere. Es wäre eine Welt der Ewigkeit.« (In: Grof 1986, S. 84.)

Wenn man dieser Idee weiter nachgeht und sie etwas aus dem weltanschaulichen Hintergrund herauslöst, kann sie für uns sehr hilfreich sein. Die spirituelle Geburt wird auch als zweite Geburt des Menschen bezeichnet. Sie kann durch unterschiedliche Faktoren eingeleitet werden.

Schicksalsschläge, wie schwere Krankheiten, plötzlicher Tod eines Angehörigen oder Verlust von Heimat, können die Beschäftigung mit spirituellen Themen anbahnen, wenn danach gefragt wird: Warum ist das gerade mir passiert? Auch existenzielle Erschütterungen des bisherigen Lebensstils (Krise in der Mitte des Lebens oder Burn-out-Syndrom) können die Augen öffnen und eine produktive Unruhe stiften. Starre Strukturen werden aufgebrochen und innerste Schichten freigelegt. So können bislang gebundene psychospirituelle Energien ins Fließen kommen.

Aber auch die natürliche Sehnsucht, wissen zu wollen, wer man wirklich ist, kann innere Aufbrüche bewirken. Wer mit ganzem Herzen dem Sinn des Lebens auf die Spur kommen möchte und dafür keine Auseinandersetzung scheut, kann erweckt werden, ohne sich noch einer spirituellen Übungspraxis unterzogen zu haben. So las eine Frau ein Buch von einem geistigen Lehrer, und plötzlich wurde ihr Herz von einem warmen Lichtstrom umhüllt. Wenn jemand unter dem Einfluss des universalen Selbst steht, richtet sich der innere Kompass danach. Zufällig sah jemand in einer fremden Stadt ein Gebäude, in dem gerade ein Retreat stattfand. Unerschrocken bat er um Einlass, und kurze Zeit später sah er sich von einem leuchtenden Blau erfüllt. Dabei hatte er den Eindruck, endlich nach Hause zu kommen. Es ist wie ein Blitz, der kurzzeitig die kosmische Verbindung in hellem Lichte erscheinen lässt. Solche Begegnungen mit der göttlichen Natur gehen durch und durch, lassen den Menschen in seinen tiefsten Schichten erzittern, überwältigt von einer machtvollen Energie und überrascht von einem nie zuvor gekannten Glücksgefühl. Das lässt den Menschen demütig werden, denn bescheiden erkennt er, dass es sich hierbei nicht um eine persönliche Errungenschaft handelt, wie der folgende Bericht eindrucksvoll belegt:

»Ein Schauer erfasst mich, ich spüre wie … sich etwas in mich hineingebiert. Dann ist der Satz in mir: ›Gott gebiert sich in mich hinein.‹ Ich bin überwältigt von diesem Vorgang. Es dauert eine Weile, dann ist der Vorgang plötzlich vorbei: ›Es ist vollbracht.‹ Mir wird klar, dass dieser Vorgang zu einem spirituellen Weg dazugehört; es ist wie eine zweite, spirituelle Geburt. Eine immanente große Demut und Dankbarkeit macht sich in mir breit. Gott nimmt von mir Besitz, wird dadurch ganz zu mir. Gefühl der Ekstase und des Einheitsbewusstseins, trage Gott in meinem Herzen. Ich habe die Gewissheit, dass er mich nie mehr verlassen wird, ich spüre große Liebe.«

Die Erweckung der Kundalini ist nicht planbar oder von einer bestimmten Technik abhängig, sondern das kosmische Licht beginnt dann zu leuchten, wenn die Zeit gekommen ist. Es ist auch ein Akt der Gnade. Dabei muss man nicht kurzschlüssig annehmen, dass es einen personalen Gott geben muss, der die Gnade spendet. Das wäre zu menschlich gedacht, denn auch Atheisten, die nicht in Verdacht stehen, an einen himmlischen Vater zu glauben, erleben manchmal einen wunderbaren Sonnenuntergang als Gnade. Es übersteigt unsere Vorstellungskraft, was da genau passiert. Man kann sich für das Unerklärliche nur vorbereiten, indem man beschließt, zu suchen und zu üben; doch man hat darüber keine Macht, kann es nicht eigenhändig herstellen.

Zuletzt möchte ich noch auf den Umstand eingehen, dass in Gegenwart spiritueller Meister vielen Schülern unvermittelt Kundalini-Erweckungen zuteil wurden. Im Lichte der Liebe, Präsenz und Zentriertheit eines Gurus entzündet sich die Flamme im Herzen der Suchenden. Die Initiation durch einen gnadenspendenden Akt eines Meisters wird im Siddha-Yoga *Shaktipat* genannt. Die Übertragung der spirituellen Kraft erfolgt dabei durch Berührung, durch einen Blick oder durch Gedanken des Gurus, der dann auch Verantwortung für den psychospirituellen Reifungsprozess des Schülers mit übernimmt: »Nachdem der Guru die spirituelle Kraft eines Schülers erweckt hat, wird er dessen Führer und Beschützer.« (Muktananda, 1979, S. 53)

Shaktipat, die Fähigkeit, den inneren Aspekt der Kundalini zu erwecken, wird nach einer alten Überlieferung von einem Guru an seinen Nachfolger weitergegeben. Diese Aufgabe hat einen hohen Stellenwert und ist mit großer Verantwortung belegt. In Erzählungen wird auch darauf hingewiesen, dass von Gegenständen, die ein Guru berührt hat, oder Kleidungsstücken, die er getragen hat, eine segensreiche Wirkung ausgeht, weil sie von kosmischer Energie durchtränkt sind.

Die Meisternatur hat es in sich, allgegenwärtig zu sein, Zeiten und Räume zu überwinden, um in uns lebendig zu werden. So wichtig die Schirmherrschaft eines Lehrers ist, die Führung durch das All-Eine erfolgt vor allem aus dem Inneren heraus. Deshalb ist es nicht verwunderlich, dass man mit Aussagen wie »Du bist der Buddha«, »Du bist Christus«, »Du bist dein Meister« oder »Suche den Guru in dir« auf sich selbst zurückverwiesen wird, um das innewohnende Guruprinzip zu realisieren.

Im Holotropen Atmen, das Muktananda als eine westliche Form der Kundalini-Arbeit bezeichnet hat, schilderte eine Seminarteilnehmerin ihre Form der Erweckung so: »Anfangs spüre ich meinen Schädelknochen sehr zentral. Vor allem spüre ich die Stelle, die schmerzt, wenn ich, was seit langer Zeit kaum noch vorkommt, Migräne habe. Ich betaste meinen Schädelknochen, spüre ihn ganz bewusst und nehme die leichten Unebenheiten des Knochens wahr. Die Stelle, die schmerzt, äußert sich bildlich wie ein Spalt im Schädelknochen. Dieser Spalt hat unregelmäßige Ränder. Dann kommt mein Körper in Bewegung. Orgiastische Empfindungen und Gefühle stellen sich ein. Lachen; tiefes, befreiendes Lachen öffnet meinen Brustraum, weitet den Hals und entspannt das Zwerchfell. Dann sehe ich eine halbrunde, moosige, total ebene Wiese vor mir, eingefasst von Gebirgen. Am Horizont steigt in Wellenbewegungen regenbogenfarbenes Licht herauf. Ich spüre mich auf der Matte liegen, und zwar so, als läge ich auf zwei großen Händen, die zu einer Schale geformt sind. Von oben kommt helles, weißes, sehr starkes Licht. Ein Lichtkegel steht direkt über mir. Ursprung dieses Lichtes ist das Auge Gottes – das Wesen allen Anfangs.«

Wenn die Kundalini erwacht, wird die innere Führung aktiv, die den Menschen von der Zersplitterung zur Ganzheit, von der Dunkelheit zum Licht führen möchte. Sie nimmt diesen Auftrag sehr genau und mit großer Dynamik auf, denn der Schüler muss für die Entfaltung des All-Einen gereinigt, geweitet und frei werden. Spannungen werden demnach verstärkt, um sie ganz aufzulösen, latente Krankheiten werden akut, um chronische Belastungen zu reduzieren, und konfliktreiche soziale Situationen konstellieren sich, um Schattenaspekte, Ego und Karma abzubauen. So ist es keineswegs verwunderlich, dass heftige Erschütterungen und außergewöhnliche Phänomene diesen Prozess begleiten. Es kann zu autonomen Körperreaktionen, wie Zuckungen, Zittern, Schütteln, oder zu unmotivierten Weinkrämpfen kommen. Auch werden ungewohnte Bewegungen ausgelöst, wenn beispielsweise der Arm nach oben geschleudert wird oder der Eindruck entsteht, als würde der Kopf wie von einer unsichtbaren Hand nach hinten gezogen. Veränderte Atemmuster, etwa Hyperventilieren, reichern Energie an und reinigen die subtilen Kanäle. Dadurch können abwechselnd Hitze- und Kälteempfindungen auftreten und den Eindruck vermitteln, über gigantische Kraftreserven zu verfügen. Geistliche Gesänge jeglicher Art, wie etwa Mantren oder christliche Choräle, vibrierende Summtöne oder fremde Laute, können wie von selbst ausgestoßen werden.

Wenn sich die Kundalini bewegt, wird gereinigt, gelöst und geöffnet. Da diese Deprogrammierungs- und Transformationsprozesse sich selbst organisieren, greift man am besten nicht ein, sondern lässt einfach zu, was geschieht. Wirklich problematisch wird es erst dann, wenn man versucht, diese Befreiungs- und Öffnungsbestrebungen zu bremsen. In erster Linie geht es darum, für die Natur Gottes transparent und durchlässig zu werden. Dazu muss erst Ballast abgeworfen und müssen Prägungen beseitigt werden. Das bisherige Koordinatensystem verändert sich dermaßen, dass man eine gewisse Zeit braucht, um die innere Stabilität wiederzugewinnen.

Auch wenn vor möglichen Komplikationen im Zusammenhang mit Kundalini-Phänomenen gewarnt wird, so ist doch unmissverständlich festzustellen: Glaubt man an die innere Weisheit des universalen Selbst, dann ist ihre Aktualisierung grundsätzlich zu begrüßen. Vorübergehende Schwierigkeiten sind eher Zeichen von Durchgangskrisen, wie sie auch in anderen Zusammenhängen zu beobachten sind. In der Psychotherapie ist es ganz selbstverständlich, dass sich anfangs das Krankheitsgeschehen intensiviert, bevor die heilsame Wirkung eintritt. Man sollte sich diesem dynamischen Geschehen nicht in den Weg stellen, sondern mit ihm gehen. Bei heftigen Affekten ist es sinnvoll, diese eher zu beobachten, als sie auszuagieren. Wenn spirituell erfahrene Psychotherapeuten zur Seite stehen, können nicht aufzulösende emotionale Muster in einem geschützten Rahmen bearbeitet werden, um die dahinterliegenden Probleme zu verstehen und zu lösen. Dabei sollte man sich aber aller Wertungen enthalten, wenn beispielsweise unerwartet extreme Eifersuchtsgefühle oder sexuelle Bilder aufkommen. Es sind unerlöste Aspekte der Seele, die sich zeigen müssen, um sich verabschieden zu können. Zu vermeiden sind in jedem Falle Ablenkungsmanöver oder Suchtmittel, da sie irritierend wirken.

Wenn man das Gefühl hat, dass diese Vorgänge schädlich wären, kann man kurz in sich gehen, um zu überprüfen, ob man vielleicht Widerstände errichtet hat, sich gerade ablenkt oder im Außen abreagiert. Dann wäre es günstig, einfach in das wohlwollende Beobachten zurückzukehren. Nur wer nachgibt und sich klarmacht, dass die innere Weisheit in Aktion ist, kann dieser ein guter Gefährte sein. Falls doch die Intensität schwer zu verkraften ist, können einfache Arbeiten oder ruhige Spaziergänge stabilisierend wirken. Eine weitere Möglichkeit besteht darin, das Erlebte einfach kreativ zum Ausdruck zu bringen, wie etwa zu malen, zu schreiben oder in Ton zu formen. Das Wiederholen eines Mantras, Beten oder Kontemplationen stärken das Vertrauen in die innere Weisheit. Wenn man sich nach Initiationserlebnissen matt und kraftlos fühlt, hängt das mit dem hohen Innendruck zusammen, der erforderlich ist, um chronische Verspannungen abzubauen. Der Müdigkeit einfach nachzugeben ist das Mittel der Wahl – und nicht durch Aufputschmittel für Abhilfe zu sorgen.

Die energetischen Erfahrungen werden immer auch von bildhaften und inhaltlichen Eindrücken begleitet. Durch die mobilisierten Leibareale öffnen sich die Speicher, in denen karmisch bedeutsame Lebenseindrücke abgelegt sind. Sie werden mit Leben erfüllt und strömen von der Peripherie ins Zentrum des Bewusstseins. So können längst vergessene Szenen, ähnlich wie bei Nahtoderfahrungen, gegenwärtig werden. Wenn ich zum Beispiel jemanden betrogen habe, können die Erlebnisse des Betroffenen mir so nahegehen, dass ich das gerne ausgleichen möchte.

Aber nicht nur biographische Themen rücken in den Fokus. Sollten Sie mit merkwürdigen Bildern aus früheren Epochen oder von anderen Kontinenten in Kontakt kommen, dann heißt das nicht, dass sie verrückt werden. Durch die Energetisierung werden auch abgelagerte Eindrücke, die sich anscheinend nicht nur auf die jetzige Lebensgeschichte beziehen, wachgerufen. Deshalb evozieren Kundalini-Erfahrungen mitunter veränderte Bewusstseinszustände, um sie integrieren zu können. So hat jemand Jesus beim Kreuzweg begleitet und sich kurze Zeit darauf als indische Tempeltänzerin gesehen. In vielen Fällen weisen dergleichen Visionen auf karmische Verstrickungen hin, von denen man erlöst werden möchte. Hier ging es, nach Meinung des Klienten, um eine schuldhafte Beziehung. Solche Aussagen sollten nicht unbedingt vonseiten des Begleiters kausal mit dem Konzept früherer Leben verknüpft werden, sondern durch Feindifferenzierungsarbeit sollten mögliche andere Sinnhorizonte mit erschlossen werden.

Auch wenn manchmal aufsehenerregende Phänomene in Erscheinung treten, wird erfahrungsgemäß nie die Grenze der Belastbarkeit überschritten, wenn man sich in obengenannter Weise verhält. Wenn man sich der Kundalini-Kraft anvertraut, wird man von einer sicheren Hand geführt. Obgleich die Grenzen ausgelotet werden müssen, um alte Muster zu verändern und Blockaden zu sprengen, wird man nicht überfordert.

Kundalini-Erweckungen können auch nahezu unbemerkt oder subtil verlaufen. Der Grad der Intensität ist auch vom Temperament und vom Ausmaß der Blockaden abhängig. Wenn sich der spirituelle Weg allmählich vertieft, das Ego beharrlich transformiert wird und die liebevolle Einstellung zum Leben zunimmt, dann sind solche Menschen sicherlich längst erwacht, ohne dass dies von auffallenden Erscheinungen begleitet wurde. Manchmal werden sogar dramatische Phänomene zur Schau getragen, wenn ein Suchender andere aus der spirituellen Gemeinschaft oder seinen Meister beeindrucken möchte. Als ein berühmter Guru die Meditationshalle betrat, sah er etliche Schüler, die wilde Bewegungen machten und dabei furchterregende Schreie ausstießen. Er befahl ihnen, ruhig zu sein. Danach hörte etwa die Hälfte auf. Dann erklärte er, dass es sich bei jenen um keine wirklichen Kundalini-Phänomene handeln könne, denn sonst hätten sie nicht so rasch den Prozess stoppen können. Dieser besagte Meister wurde auch einmal von einem Fernsehjournalisten gefragt, wie man Kundalini erwecke. Nach einer kurzen Berührung des Armes fingen die Gliedmaßen des Reporters zu schütteln und zittern an. Ja, ich verstehe, versicherte dieser mit belegter Stimme.

Wenn das Erwachen erst mal begonnen hat, kann man den weiteren Verlauf zwar irritieren oder zurückdrängen, aber nicht mehr abbrechen oder ungeschehen machen. Irgendwann wird man davon wieder eingeholt, wenn man es zwischendurch vergisst. Möglicherweise sind noch einige Aufgaben zu erledigen, bevor man bereit ist, weiterzugehen.

Der subtile Zentralkanal im Inneren der Wirbelsäule wird in den indischen Traditionen als »Gasse der großen Kundalini« *(Sushumna)* bezeichnet, durch die die angeregte göttliche Energie fließt, um auf ihrem Wege zum Scheitel feinstoffliche Zentren zu aktivieren. Wenn man daran denkt, dass das Rückenmark mit dem Gehirn und allen Nerven verbunden ist, dann gibt es gewisse Entsprechungen.

Im Hinduismus und im tibetischen Buddhismus nennt man ätherische Knotenpunkte, die wie Transformatoren wirken, *Chakren.* Diese Zentren sammeln, transformieren und verteilen durchfließende Energieströme und dienen gleichzeitig als Antennen für kosmische Schwingungen. Sie scheinen eng mit dem Leib verschränkt und verbinden ihn mit den seelisch-geistigen Sphären. Erst wenn die aufsteigende Kundalini die Chakren belebt, können deren feinstoffliche Resonanzen bewusst erlebt werden. Gewöhnlich sind sie also latent oder von Spannungen überformt.

Speziell beim Holotropen Atmen konnte ich beobachten, dass oftmals Spannungen, die von Prägungen, Stress oder unverarbeiteten Erlebnissen verursacht wurden, in körperlichen Regionen auftreten, die traditionell bestimmten Chakren zugeordnet werden. Beim Aufstieg der Kundalini werden Sperren aufgehoben, Ballast wird abgebaut und die Schwingungsfrequenz der Chakren erhöht. Das ist aber nicht alleine ein physischer Vorgang, denn den jeweiligen Chakren werden auch bestimmte Themen zugeordnet, die integriert werden müssen. Die Blockaden in den Chakren können auch als Entwicklungsschwellen betrachtet werden. Somit ist die Öffnung von Chakren gleichbedeutend mit der Verwirklichung von Bewusstseinspotenzialen.

Das System der Chakren sollte man allerdings nicht zu eng oder dreidimensional angeordnet sehen, sondern eher als nichtlokale Entsprechungen signifikanter Durchgangsstadien begreifen. Die feinstoffliche Struktur muss nicht als solche verifiziert werden, wenn man sich hauptsächlich auf die wertvollen Hinweise konzentriert, die durch die Ausarbeitung dieser Transformationsebenen nahegebracht werden. Deshalb werde ich sie nun summarisch skizzieren und vor allem auf die zu integrierenden Themen eingehen. Ich orientiere mich dabei an den in der spirituellen Literatur – vgl. Tart (1978), Govinda (1979), Muktananda (1986), Dychtwald (1981), Greenwell (1998), Chaudhuri (1978) und Kripananda (1995) – genannten sieben Hauptchakren.

Zunächst muss die Kundalini in ihrem latenten und manifesten Zustand gesehen werden. Alles, was hinter unseren vitalen Funktionen wie Herzschlag, Atemrhythmus oder Stoffwechsel steht, also unbewusst und unwillkürlich abläuft, wird von einem Beweger latent bewegt. Erst wenn diese Kraft bewusst wird, sich also in ihrer spirituellen Natur zu erkennen gibt, manifestiert sie sich und übernimmt auch die Regie für das seelisch-geistige Wachstum.

In dieser Symbolik bewegt sich die Schlangenkraft, die am Fuße der Wirbelsäule schläft, nach dem Erwachen nach oben, um die Chakren zu mobilisieren. Ein Seminarteilnehmer hatte folgendes Erlebnis:

»Ich bin vorher ruhig und leer. Nichts ist da. Ich atme. Plötzlich schießt durch mein Wurzelchakra Energie – wie wenn ein Stöpsel herausgezogen worden wäre. Diese Energie breitet sich explosionsartig im Becken aus. Mir wird ganz warm, sexuelle Gefühle gehen hindurch. Wärme fließt die Wirbelsäule hinauf. Im Halsbereich entsteht auch eine Öffnung, durch die Energie einströmt. Ich öffne den Mund ganz weit. Mein Kopf streckt sich nach hinten. Es fließt durch den Mund. Kehlige Laute, ein Würgen kommt, dann wieder Fließen. Meine Gliedmaßen fühlen sich ganz weich an, ganz geschmeidig. Ich bewege mich zur Musik geschmeidig und leicht.«

Bei solchen Vorgängen werden Spannungsfelder abgebaut, die um diese Energieknotenpunkte herum abgelagert sind, um allmählich die volle Funktionsfähigkeit wiederherzustellen. Wenn sich die Chakren wie Blütenkelche öffnen, kann die umfassende Wirkung aber erst dann eintreten, wenn der Suchende die gestellten Aufgaben bewältigt. Ich werde gleich die gängigen körperlichen Stellen beschreiben, in deren Nähe die Chakren in Form von sich öffnenden Lotosblüten angesiedelt sind. Wenn man von einem Energieleib ausgeht, sollte man sich aber vor einer überwiegend materiellen oder räumlichen Deutung hüten. Die dort anzutreffenden Entwicklungsaufgaben sind jedenfalls ausschlaggebender.

- *Muladhara* (Wurzelchakra): der vierblättrige Lotos am unteren Ende der Wirbelsäule. Kosmologisch steht es für die ursprüngliche Lebensenergie und die grundsätzliche Verbundenheit mit der Welt. Es ist der Sitz der latenten Kundalini, die die vitalen Funktionen reguliert und nach ihrem Erwachen dem Menschen aufzeigt, dass die Sicherheit nicht mehr in der Ansammlung materieller Güter gesehen werden sollte, sondern im Geborgensein durch den Schoß der Erde. Der Kosmos und der eigene Körper werden als von Gott beseelt erfahren. Das Verhalten gegenüber Natur und Schöpfung wird achtsam und liebevoll. Um dorthin zu gelangen, müssen die Angst vor dem Tod, die Furcht vor Kontrollverlust und die vielfältigen Fixierungen an äußerliche Werte überwunden werden. Dies kann zu zeitweiliger psychischer Destabilisierung führen, weil alte Angstmuster explosionsartig aufbrechen und lange unterdrückte Befürchtungen akut werden können.

- *Svadhisthana* (Milzchakra): der sechsblättrige Lotos, an der Wurzel des Fortpflanzungsorgans. Die sexuelle Triebkraft wird bei der Öffnung dieses Chakras als universelle schöpferische Seinsenergie erlebt. Wenn dort Blockaden gelockert werden, können Menschen leichter ihre Kreativität nutzen. Die hinzugewonnene Sinnlichkeit bereichert nicht nur

Paarbeziehungen, sondern belebt auch die Ausstrahlung. Interessanterweise wirken dann Menschen auch anziehender und humorvoller.

Zu beachten ist, dass zunächst massive sexuelle Energien, wie nach Öffnung eines Staudammes, in die Psyche schwappen können. Unaufgearbeitete Triebkonflikte, pornographische Fantasien oder ungewohnte Wünsche können in den Vordergrund drängen und seelische Krisen verursachen. Das kann auch mit dramatischen Trennungen, schweren Enttäuschungen oder Abhängigkeitstendenzen einhergehen. Nach einiger Zeit entspannt sich aber die Situation, weil man die schöpferische Urkraft des Eros wahrnehmen kann. Wenn allmählich die Zentrierung auf die Sexualität nachlässt, kommt es zu einem vitalisierenden Wohlbefinden, das den ganzen Körper durchströmt.

- *Manipura* (Nabelchakra): der zehnblättrige Lotos in der Nabelgegend (Solarplexus). Repräsentiert das Element Feuer, die Kräfte der Verwandlung und die Bereitschaft zur Macht. Vom eigenen Willen werden Impulse gesetzt, um spirituelle Ziele zu verwirklichen. Die Zentrierung auf den kosmischen Urgrund verleiht gelassene Stabilität. Vernunft und Gefühle streben nicht mehr auseinander, sondern vereinen sich, um nützlich zu agieren. Die Stärke, die aus der Mitte entspringt, ist klar und zielbewusst. Die mitgegebenen Potenziale und Talente werden achtsam gefördert, weil man sich seiner Verantwortung in der Welt bewusst ist. Aufzulösen sind also Anteile, die sehr eng mit dem Ego zusammenhängen, wie etwa übertriebenes Dominanzstreben, ungerechtfertigte Machtausübung und die Angst vor den eigenen Fähigkeiten.

- *Anahata* (Herzchakra): der zwölfblättrige Lotos in der Herzgegend. Bei Öffnung dieses Chakras werden Liebe, Mitgefühl, Altruismus und Hingabe verstärkt. Wenn das Herz seine Pforten öffnet, wird die Zuwendung nicht mehr von Bedingungen abhängig gemacht und kann sich prinzipiell auf alle Menschen richten. Wie eine Blume, an deren Pracht man sich selbstverständlich erfreut, dienen Menschen mit starker Herzensenergie durch ihre angenehme Ausstrahlung und unaufdringliche Hilfsbereitschaft selbstlos der Schöpfung. Abgebaut werden mangelnde Sensibilität, Passivität, Einsamkeit, Kummer und Eifersucht.

- *Vishuddha* (Halschakra): der sechzehnblättrige Lotos am Halsansatz. Ein Mensch mit diesem aktivierten Bewusstseinspotenzial besitzt die Fähigkeit, subtil zu kommunizieren, so dass seine Mitteilungen inspirierend sind. Öffnet sich dieses Zentrum, so findet man leichter die richtigen Worte und eine vertrauenerweckende Tonlage. Es ist allgemein bekannt, dass ein und derselbe Satz, von verschieden Personen gesprochen, zu ganz unterschiedlichen Wirkungen führen kann. Zu überwinden sind demagogisches und arrogantes Verhalten, in der die Rede zu Machtzwecken oder Denunziation missbraucht wird.

- *Ajna* (Brauenchakra): der zweiblättrige Lotos zwischen den Augenbrauen. Durch die Freilegung des »dritten Auges« erweitert sich die Wahrnehmung bis hin zu parapsychologischen Begabungen und erleuchtungsähnlichen Zuständen. So werden verborgene Seinsdimensionen transparent. Die auftretenden außersinnlichen Wahrnehmungen sollten eher als Nebenwirkungen gesehen werden und nicht als spektakuläre Errungenschaft, aus der Kapital zu schlagen wäre.

Die Klarheit und Sicherheit, die aus der nondualen Tiefenschau erwachsen, zeigen sich in spontan richtigem Handeln, wie es Selbstverwirklichten immer wieder zugeschrieben wird. Man kann sich das so vorstellen, dass dieses Chakra einen »direkten Draht« zum universalen Selbst besitzt und somit die relevanten Informationen und entsprechenden Reaktionsmöglichkeiten intuitiv zugänglich werden. Da Instinkte, Triebkräfte und Impulse dadurch besser beherrscht werden können, entstehen mehr Freiräume für die Umsetzung der spirituellen Praxis. Reaktionsmuster, die der kompensatorischen Bedürfnisbefriedigung dienen und den spirituellen Fortschritt hemmen, müssen zurückgelassen werden. Da alte Sichtweisen und Identifizierungen unbrauchbar werden, sind vorübergehende Labilisierungen denkbar.

- *Sahasrara* (Kronenchakra): der tausendblättrige Lotos im Scheitelbereich. Im Erreichen dieses Chakras wird das spirituelle Potenzial des Menschen vollkommen realisiert. Durchströmende kosmische Energien und die Verkörperung des zeitlosen Seins kündigen die Einheit mit dem universalen Selbst an. Im durchdringenden Strahl der Sonne, eingebunden in die Totalität des All-Einen, kann das transzendente Bewusstsein verweilen. Hier bricht der Mensch zum wahren Menschen durch, wenn er die Angst vor der Auslöschung seiner individuellen Existenz und dem großen Tod durchsteht. Zwischenzeitlich fällt man in ein Nichts, das zunächst als Vakuum und Verlassenheit erlebt wird. Die letzte Hürde, die von heftigen Erschütterungen begleitet wird, kann der Mensch nur nehmen, wenn ein unverbrüchliches Vertrauen in die innere Weisheit besteht.

Für Patanjali (vgl. 1987 u. 1990) liegt hinter dem Schleier unserer gewöhnlichen Gedanken und Gefühle die ewige Quelle des natürlichen Glücks, der Intelligenz, der Liebe und Güte. Diese ewige Quelle ist das wahre Selbst und die reine Bewusstheit – eine tiefe transzendente Kraft, aus der heraus wir existieren. Wenn wir nicht länger mit unserem Ego und unserer Geschichte des Lebens identifiziert sind, wird der Weg zu einem glücklichen und zufriedenen Dasein frei. Da keine Spaltungen mehr existieren, fließt die kosmische Energie ungehindert durch die Chakren. Erleuchtet vom Unfassbaren und durchströmt von Liebe, kann der Mensch zum Leben einfach ja sagen. Das ursprüngliche Selbst der Person und das universale Selbst der Schöpfungskraft gehen so ineinander über, dass die vorauslaufende Verbundenheit mit der Welt zu einer bewussten Einheit des Lebendigen wird, wie es in folgender Erfahrung eines Seminarteilnehmers schön beschrieben wird:

»Gott ist in mir, und ich bin in Gott. Das Licht ist in mir, und ich bin im Licht. Das Universum ist in mir, und ich bin im Universum. Die Welt ist in mir, und ich bin in der Welt. Das Leben ist in mir, und ich bin im Leben. Das Holz ist Holz, und der Baum ist ein Baum. Es gibt keine Fragen mehr und auch keine Antworten. Es ist, was es ist, nicht mehr und nicht weniger.«

Die Psychotherapie löst die Fesseln des entstellten Selbst, und der spirituelle Weg befreit zum universalen Selbst. In der bewussten Gegenwärtigkeit der Totalität des All-Einen werde ich zu dem, der ich wirklich bin. Obwohl ich einen Weg gehe, komme ich dort an, wo ich immer schon war und stets sein werde.

Übungen

Der innere Beweger

1. *Stellen Sie sich in die Mitte eines Raumes und schließen Sie für kurze Zeit die Augen. Dann legen Sie die Hände auf den Bauch, atmen zu den Händen hin und konzentrieren sich ganz auf Ihr inneres Zentrum.*

2. *Fantasieren Sie, wie von dort eine Energie ausgeht, die hinter allen körperlichen Funktionen steht. Sie kräftigt Ihren Herzschlag und hält den Atemrhythmus aufrecht. Dann lassen Sie diese Kraft in Ihre Beine und Arme fließen, bis daraus ganz von selbst eine Bewegung entsteht.*

3. *Lassen Sie das so lange geschehen, bis Sie von alleine wieder ins Stehen zurückkommen. Dann atmen Sie wieder ruhig und öffnen die Augen.*

Aktivierung des universalen Selbst

1. *Ich schlage Ihnen vor, entweder eine komfortable Meditationshaltung einzunehmen oder sich bequem auf den Rücken zu legen. Dann tief ein- und ausatmen und alles loslassen, was gerade vor Ihrem geistigen Auge abläuft. Mit jedem Ausatmen auch innere Blockaden lösen und dann ein wenig tiefer gehen.*

2. *Stellen Sie sich vor, wie am Ende der Wirbelsäule eine verborgene Energie ruht. Sie können sich dafür die erwähnte dreieinhalbmal aufgerollte Schlange, ein verschlossenes inneres Licht oder Feuer oder etwas anderes ausmalen, was Ihnen gerade in den Sinn kommt.*

3. *Erlauben Sie Ihrem Atmen, genau dorthin zu gehen und diese Stelle intensiver wahrzunehmen und aufbrechen zu lassen. Sie können beim Ausatmen durchaus einen Ton mitschwingen lassen. Falls es zu vibrieren beginnt, lassen Sie dies einfach zu. Dazu können Sie folgenden Satz leise murmeln: Möge die göttliche Energie in mir erwachen und sich ausbreiten.*

Chakrenenergetisierung

1. *Zur Vorbereitung für diese Übung bitte ich Sie, auf einen großen Bogen weißen Packpapiers Ihre Umrisse einzuzeichnen. Dann fügen Sie mit Wachsmalstiften die Chakren in Kreisform dort ein, wo sie, wie oben beschrieben,*

angesiedelt werden. Sie können dafür die Farben intuitiv aussuchen. Dann schreiben Sie einen Aspekt, der diesem Potenzial zugeordnet wird, mit hinzu.

2. *Legen Sie sich auf den Rücken oder nehmen Sie wieder eine komfortable Meditationshaltung ein. Imaginieren Sie, wie ein Lichtstrom vom Steißbein ausgehend durch die Chakren fließt.*
   Sie können sich an einem Tag auf ein Chakra konzentrieren und an einem weiteren zum nächsten übergehen, bis Sie mit allen praktiziert haben. Es ist aber auch möglich, das Licht in einer Sitzung durch alle fließen zu lassen. Dann achten Sie einfach darauf, was geschieht, wie Sie sich fühlen, welche Bilder auftauchen oder in welche Zustände Sie kommen.

Im Anschluss an die Übungen können Sie wieder Ihre Erfahrungen in einem Begleitjournal notieren. Alle Übungen können Sie bedenkenlos immer wieder durchführen.

Auf dem Weg zur Ganzheit

Das universale Selbst führt den Menschen von der Dunkelheit ins Licht und von der Zersplitterung zur Ganzheit. Dieses Ziel hat auch in den vielfältigen Angeboten des psychologischen und esoterischen Marktes oberste Priorität. Die rege Nachfrage beweist, dass der Wunsch, wieder ganz zu werden, viele Menschen umtreibt. Für den Suchenden ist es jedoch nicht ganz einfach, zu unterscheiden, ob nun eine bestimmte Richtung einen fundierten Hintergrund besitzt oder eher einfältige Welt- und Menschenbilder vertritt, in denen spirituelle Einsichten grob vereinfacht dargestellt werden. Ein Buch, das lange Zeit die Bestsellerliste in den USA anführte, verheißt: »Wenn du etwas wirklich willst, bekommst du es auch, wenn du das Universum darum inständig bittest.« Selbstverständlich wird dann für mehr Reichtum, einen attraktiven Partner, einen sportlichen Sieg und lebenslange Gesundheit gebetet. Inzwischen ist daraus ein ganzer Industriezweig entstanden.

Je oberflächlicher Konzepte sind, desto anmaßender werden sie in der Regel verkündet. Diese autoritären Wahrheiten sind unkompliziert und sprechen infantile Wünsche an, so dass es kein Wunder ist, dass sie abhängigkeitsförderndes Potenzial besitzen. Dazu tragen meistens noch unrealistische Versprechungen und schnelle Rezepte bei, wie »In dreißig Tagen zur Erleuchtung« oder »Klopfen Sie sich frei«. Das ist natürlich auf den ersten Blick attraktiv, weil suggeriert wird, dass mit wenig Einsatz viel zu erreichen ist. Wurden früher im Psychomarkt wirklichkeitsfremde Sehnsüchte geweckt, so ist das jetzt in der breiten Palette esoterischer Praktiken zu beobachten. Ein unüberschaubarer Markt an Selbstverwirklichungsangeboten, geistigen Zentren und esoterischen Wegen erregt Neugierde und Misstrauen zugleich. Auf diesem Gebiet tummeln sich eine Menge Scharlatane, die großen Schaden anrichten können, wenn ihnen psychisch kranke Menschen in die Hände fallen.

In einer Zeit um sich greifender Krisen ist die Sinnsuche zu einem gesellschaftlichen Bedürfnis geworden. Ganzheitliche Heilmethoden wie *Ayurveda* oder *Shiatsu* sind genauso beliebt wie kurzzeitige Klosteraufenthalte zur inneren Einkehr oder das Erlernen von Zen-Disziplinen wie Bogenschießen – alles, um die Persönlichkeit zu entfalten. Psychosomatische Kliniken, Kuranstalten und Wellness-Hotels können heutzutage nur dann im Wettbewerb bestehen, wenn sie auch Yoga und Meditation im Angebot haben. Trainingskonzepte für die Wirtschaft ohne spirituellen Kontext sind kaum noch zu vermitteln. Führende Unternehmensberater in den USA sprechen von »selbsttranszendierendem Wissen«, dem für die ökonomische Balance einer globalisierten Welt immer mehr Bedeutung zukomme. Sogar im Sport sollte durch die Aufstellung von Buddhastatuen auf dem Dach eines Trainingsgebäudes der Energiefluss erhöht werden.

Demgegenüber wird jeglicher unaufgeklärter Religiosität von Vertretern eines »neuen Atheismus« der Kampf angesagt, so Richard Dawkins (vgl. 2007), ein Oxfordianer, mit seinem Bestseller *Gotteswahn*. Diese Schriften richten sich vor allem gegen einen fanatisierten Glauben, der mühsam errungene Freiheiten aufs Spiel setzt und Terror verbreitet.

Die berechtigte Kritik an dogmatischen Auswüchsen darf jedoch nicht zu einer pauschalen Ablehnung von spirituellen Ansätzen führen, denn Modeströmungen weisen auch auf bisher vernachlässigte Aspekte hin. Es ist auch wirklich die Zeit für einen Paradigmenwechsel gekommen, in der die mystische Seite des Menschseins neue Beachtung findet. Materialistische Einstellungen werden zunehmend in Frage gestellt, weil sie für zerstörte Ressourcen, wachsende Armut und Bedrohungen durch die Natur verantwortlich gemacht werden. Vor noch nicht allzu langer Zeit haben in der psychologischen Forschung Sinn- und Glaubensfragen, obwohl aufs engste mit dem Menschsein verbunden, kaum Beachtung gefunden. Das Bedürfnis nach Spiritualität wurde dazumal sogar im Sinne eines Regressionsbedürfnisses pathologisiert und als eine Indikation für eine psychotherapeutische Behandlung gewertet. Der aufgeklärte, seiner selbst bewusste Mensch sollte autonom und unabhängig sein von etwas Größerem. Ganz genau kann ich mich noch daran erinnern, wie Kandidaten für die Psychotherapieausbildung nicht zugelassen wurden, wenn man herausfand, dass sie einer religiösen Gemeinschaft angehörten.

Heute stellt sich die Situation vollkommen anders dar. Ein Psychotherapeut, der die geistig-existenzielle Dimension des Menschen nicht mit einbezieht, gilt als hoffnungslos unmodern. Achtsamkeit, Akzeptanz, Mitgefühl und Weisheit werden mittlerweile in vielen psychotherapeutischen Richtungen als positive Therapeutenvariablen geschult. Außerdem ist klargeworden, dass psychische Erkrankungen ausgelöst werden können, wenn Sinnhorizonte wegbrechen und man nicht mehr weiß, wofür man lebt. Zum Beispiel wird derzeit in der klinischen Psychologie im Bereich der Anpassungsstörungen eine neue Kategorie diskutiert, nämlich die *Verbitterungsstörung*. Sie besagt, dass jemand deshalb leidet, weil er keinen tieferen Sinn im Leben findet. Diese »existenzielle Verbitterung« sei nur durch eine Art Weisheitstherapie, die auch Sinnarbeit leistet, in den Griff zu bekommen. Erst diese breitere Perspektive kann eine tiefere Atmosphäre von Heilung und Genesung hervorrufen. Echte Psychotherapie muss nach C. G. Jung (1972, S. 465) das Numinose mit einschließen: »Es ist so, dass der Zugang zum Numinosen die eigentliche Therapie ist, und insoweit man zu den numinosen Erfahrungen gelangt, wird man vom Fluch der Krankheit erlöst.« Wir kommen dabei mit einer transzendenten Energie in Kontakt und spüren die tiefe Kraft, aus der heraus wir existieren.

Diese Anschauung hat nun auch das Parkett wissenschaftlicher Tagungen erobert, die sich vermehrt mit Glaubensfragen, Glückssuche, Intuition und Weisheit auseinandersetzen. So etwa befasste sich ein Weltkongress mit der Frage nach dem »wahren Glück« des Menschseins. Die dort vorgestellten empirischen Studien bestätigen, dass der Mensch nur dann ein zufriedenes Leben führen könne, wenn er sich für andere Menschen einsetzt, wertvolle Ziele verfolgt und sich den positiven Aspekten des Lebens öffnet. Die längst vergessene Feststellung Sigmund Freuds (1975, S. 318 f.), »... dass der normale Mensch nicht nur viel unmoralischer ist, als er glaubt, sondern auch viel moralischer, als er weiß ...«, wird mit neuem Leben erfüllt.

In Boomzeiten fällt es nicht leicht, das Wesentliche differenzierend im Blick zu behalten und der Versuchung zu widerstehen, unkritischen Ideologien, die schnelle und angenehme Lösungen bieten, aufzusitzen. Ganzheitliche Sichtweisen erwecken aufgrund ihres umfassenden Erklärungsanspruchs zu Unrecht den Eindruck der Vollständigkeit. Das ist gefährlich, wenn man bedenkt, wie wenig wir bisher über das menschliche Sein wissen.

Manches werden wir vielleicht überhaupt nicht in Erfahrung bringen können, weil das Bewusstsein die Bedingungen und Prägungen seines Erkennens nicht außer Kraft setzen kann.

Daher bleibt zwangsläufig Wissen stets subjektiv und perspektivisch. Das muss man sich immer wieder bewusst machen, um nicht der Gefahr dogmatischer Verengung zu erliegen. Man muss aufpassen, nicht die schmale Grenze von ganzheitlichen zu totalitären Ansichten zu überschreiten. Wir haben die Sehnsucht, genau wissen zu wollen, wo es langgeht, und das macht sogar große Geister anfällig für primitive und barbarische Weltanschauungen.

Martin Heidegger zum Beispiel konnte sich der Faszination des Nationalsozialismus nicht entziehen. Er, der sich zeitlebens mit der grundlegenden Frage nach dem *Sein* beschäftigte, gab 1966 in einem Interview mit dem *Spiegel* (1976, S. 193 ff.) zu,

1933 von der Größe und Herrlichkeit des nationalen Aufbruchs überzeugt gewesen zu sein.

Auch Karlfried Graf Dürckheim stand damals im Bann des Nationalsozialismus. Er arbeitete während des Krieges als Mitarbeiter des Auswärtigen Amtes in Japan mit dem Auftrag, die dort praktizierten Erziehungsmethoden wissenschaftlich zu erforschen. Die Nationalsozialisten waren an den pädagogischen Techniken, mit denen die Japaner damals die gesamte Gesellschaft durchmilitarisierten, ebenso interessiert wie an ihren sakralen Meditations- und Bewusstseinsübungen. 1942 veröffentlichte Dürckheim (vgl. Trimondi, 2002) in Japan eine Nazipropagandaschrift *Neues Deutschland – deutscher Geist.* Selbst soll er über diese Zeit gesagt haben: »Ein Nazi war ich nicht, aber auch kein Anti-Nazi.« Nach dem heutigen Wissensstand kann diese subjektive Bewertung bezweifelt werden, da er von Anbeginn Mitglied der SA war und vor allem in Japan als Propagandafunktionär wirkte.

Es geht mir hier nicht um Verurteilung. Für mich persönlich sind Martin Heidegger und Graf Dürckheim hochgeschätzte geistige Lehrer gewesen, die selbst viele Wandlungen durchgemacht haben. Vielmehr will ich für die Möglichkeit sensibilisieren, dass wir uns in einer vergleichbaren Situation ähnlich verhalten könnten. Einerseits sind es kindliche Wünsche nach einer heilen Welt, die blind machen; anderseits geht man mit sich selbst meistens unkritischer um, je anerkannter man ist. Therapeuten beispielsweise, die einen hervorragenden Ruf haben, können eigene Schwächen nur schwer zugeben. Das führt dann im Konfliktfall dazu, dass Klienten eher die Fehler bei sich suchen, wenn sie die therapeutische Beziehung als unbefriedigend erleben. Sie verbieten sich, den Helfer zu kritisieren, aus Angst, ihn dann zu verlieren.

Das angestrebte Ganzsein des Menschen könnte auch im Sinne eines harmonischen Idealismus so missverstanden werden, dass man die Vergänglichkeit und Verletzlichkeit unseres Daseins ausklammern möchte. Die Verdrängung dieser existenziellen Wunde macht anfällig für harmonisierende Weltanschauungen. Krankheit, Tod, Konflikte und Schwierigkeiten gehören essenziell zum Leben. Diese Grundbedingungen des Daseins umgehen zu wollen weckt überhöhte Erwartungen und führt zu einer Spaltung zwischen Ideal- und Realzustand der Persönlichkeit. Wenn moralische Ansprüche nicht mehr mit dem gelebten Leben Schritt halten können, erkrankt man an einer Neurose. Die Diktatur von Sollensforderungen, die den Blick für realistische Einschätzungen trüben, erzeugt Minderwertigkeitsgefühle und unbewussten Selbsthass. Nicht selten sind spirituelle Adepten darin gefangen.

Vollkommene Selbstverwirklichung ist nur durch einen langen Weg zu erreichen. Deshalb ist es ratsam, davon auszugehen, dass wir uns diesem Ziel nur annähern können. Mit Sicherheit ist es weniger schädlich, vollkommen zu sein und es nicht zu merken, als umgekehrt. Das Ego kann sich überall aufpfropfen, und insbesondere jene, die es bekämpfen möchten, sind davor am wenigsten gefeit. Um lebendig, authentisch und wahrhaftig werden zu können, muss man sich seiner selbst bewusst werden, Spaltungen aufheben und Grenzen öffnen. Dadurch wächst das Fundament für ein zufriedenes Leben. Glücklich werden wir nicht durch Perfektionsansprüche, sondern nur dann, wenn wir bereit sind, an uns zu arbeiten.

Der »Weg zur Ganzheit« bezieht sich demnach vor allem auf das *Unterwegssein.*

Offene Spiritualität

Offene Spiritualität unterstützt immer das unmittelbare Gewahrsein. Die Berührung mit dem Göttlichen kann nur persönlich und frei von Dogmen erfahren werden. Erst wenn die Konzepte und Gedanken zur Seite treten, lichtet sich der Schleier, weil wir direkt wahrnehmen, was ist. Das ist Erleuchtung ohne Überhöhung, eine tiefe Einsicht in das, was geschieht. Der Weg dorthin verläuft auf mehreren Ebenen: Bewusstwerdung des universalen Selbst, transpersonale Identitätserweiterung und Entfaltung einer unabhängigen Persönlichkeit.

Lange Zeit haben sich Spiritualität und Psychotherapie nicht nur nebeneinanderher entwickelt, sondern sogar kritisch beäugt, als würde das eine dem anderen schaden. Auch wenn die Kluft inzwischen kleiner geworden ist, braucht es sicher noch einige Zeit, bis sich ein integrales Verständnis durchsetzt. Unglaubliche Synergieeffekte könnten daraus erwachsen. Die Psychotherapie sieht es als ihre Aufgabe, Menschen zu helfen, die am Leben leiden. Im Mittelpunkt stehen dabei Ängste, Minderwertigkeitskomplexe, Süchte und Beziehungsprobleme. Aber auch Menschen mit Depressionen, Stress oder psychosomatischen Beschwerden wird geraten, sich psychotherapeutisch behandeln zu lassen, nachdem medikamentöse Versuche gescheitert sind. In jüngerer Zeit sind es auch Identitätsprobleme, Traumata, existenzielle Verunsicherung, Burn-out-Syndrome oder Mobbing, deren Bewältigung im Psychischen gesucht wird. Dann gibt es auch einigermaßen gesunde Personen, die Interesse an der Entfaltung ihrer Persönlichkeit haben, sich selbst besser verstehen oder in Entscheidungsfragen gecoacht werden wollen. Die Hauptarbeit besteht darin, mehr Bewusstheit über die innerseelischen Bedingungen zu erlangen, sein Gewordensein auf dem Hintergrund der Lebensgeschichte zu verstehen und sich von Einschränkungen früherer Erfahrungen freizumachen, um entsprechend den vorhandenen Potenzialen das Leben zu gestalten. Wer wieder Verantwortung für sein Leben übernimmt, sich selbst und andere wertschätzen kann und bereit ist, Konflikte direkter auszutragen, ist offener für neue Erfahrungen. Darüber hinaus kann das Leben tiefer erfahren werden, wenn man sich seiner Emotionen bewusst ist, sie zeigen kann, fähig ist, zu leiden und Krisen zu durchleben. Aus der Versöhnung mit der eigenen Geschichte erwachsen neues Zutrauen zu sich selbst sowie authentisches, kreatives und spontanes Handeln. Psychotherapie ist also eine Hilfe auf Zeit, um Störungen zu beheben und die Entwicklung wieder in Fluss zu bringen.

Erweiterte Selbsterforschung durch veränderte Bewusstseinszustände, wie sie etwa im Holotropen Atmen, in schamanischen Reisen oder spontanen Entgrenzungen erfahrbar wird, vermittelt ein transpersonales Identitätsgefühl. Dabei wird ersichtlich, dass das, was den Menschen ausmacht, mehr ist als nur seine Lebensgeschichte, Rollen oder soziale Einflüsse. Paranormale Wahrnehmungen, der Zugang zu kollektiven Speichern und universellen Wissensstrukturen machen deutlich, dass die Person von einem Wesensfeld, das Raum- und Zeitgrenzen überschreitet, umgeben ist. Der Schritt zur Spiritualität als einem lebenslangen Weg der Bewusstseinstransformation ist klein. Mit dem Erwachen des universalen Selbst rückt die Sehnsucht, dem Geheimnis des Lebens auf die Spur zu kommen, in den Vordergrund. Weitere Triebfedern der spirituellen Suche sind, zu erkennen, wer man wirklich ist, einen tieferen Sinn im Leben zu finden, die Wurzeln des Seins zu ergründen und ein zufriedenes Leben zu führen. Die Mystik offenbart ihre Schätze demjenigen, der dem Wohlergehen aller dient, sein Ego zurückstellt und aus dem universalen Selbst heraus lebt.

Da früher diese unterschiedlichen Felder als voneinander unabhängig betrachtet wurden, waren Komplikationen vorprogrammiert. Wenn man beispielsweise im Laufe einer psychotherapeutischen Behandlung mit religiösen Themen, Lichterfahrungen oder erweiterten Seinszuständen in Kontakt kam, wurde dies allein mit frühkindlichen Sehnsüchten oder biographischen Belastungen in Zusammenhang gebracht. So sah jemand eine strahlende blaue Perle vor seinem inneren Auge, und der Therapeut interpretierte das als unbewussten Wunsch nach Reichtum oder Ansehen. Erlebte man sich plötzlich von etwas Größerem getragen, wurde daraus eine Sehnsucht nach Harmonie oder eine nicht gelöste Abhängigkeit von der Mutter gefolgert. Zweifellos kann man nicht ausschließen, dass diese Deutungen auch manchmal zutreffen können, doch meistens liegt man damit falsch. Wenn psychische Blockaden, die den inneren Kern schützen, gelockert werden, beginnt sich auch das universale Selbst auszudehnen. Die daraus hervorströmenden selbstorganisierenden Energien beinhalten enorme Heilungsressourcen. Wenn sich ein Klient aber missverstanden fühlt, zieht er sich zurück und lässt die Schutzschicht wieder dicker werden. Der Therapeut stellt sich sozusagen mit seinen Konzepten gegen das natürliche Wachstum des Klienten.

Ein anderes Problem ergibt sich daraus, dass sich viele Menschen von einem spirituellen Weg erhoffen, dass auch ihre Lebensprobleme gelöst werden. Das kommt nicht von ungefähr, denn es wird ja auch propagiert, dass man sich dadurch vom Leiden befreien und im Leben glücklicher werden kann. In der Tat ist das Ziel spiritueller Praxis auch die Transformation der alten Identität. Die neue Identität verheißt mehr Frieden und Freude. Hier gibt es natürlich starke Überschneidungen zur Psychotherapie. Die Mittel sind aber nicht zureichend, wenn man weiß, dass unbewusste Inhalte aufgedeckt werden müssen, um frühkindliche Überforderungen zu bewältigen oder seelische Defizite auszugleichen. Loslassen, Meditieren oder mit dem universalen Selbst in Kontakt treten kann die Psyche vorübergehend beruhigen oder Kraft spenden, aber nicht wirklich die Probleme lösen. Wenn spirituelle Lehrer zum Entidentifizieren von Gefühlen auffordern, kann das nur gelingen, wenn keine emotionalen Fixierungen vorliegen. Ansonsten müssen Affekte erst zugelassen und ausgedrückt werden, um klären zu können, welche erlebten Lebensereignisse dahinterstehen.

Wenn ein Kursteilnehmer nach einer Meditation hasserfüllt aufspringt, weil das Gesicht seines gewalttätigen Vaters erscheint, muss man erst die tieferliegende Szene bearbeiten, um diese Spannung zu lösen. Die Aufregung mit weiterer Meditation zu beschwichtigen führt in eine Sackgasse, weil sich durch die Abwehr dieser heftigen Emotion der Impuls nach innen wendet und dort Schaden anrichtet. Innere und äußere Konflikte dürfen nicht unintegriert bleiben, sonst werden die Effekte des spirituellen Übens vermindert.

Im Vorstand einer spirituellen Gesellschaft, alle langjährig Meditierende, gab es dauerhafte unausgesprochene Probleme. Diese wurden tabuisiert, und das Konfliktpotenzial wurde unterdrückt. Anstatt dem angestauten Ärger Luft zu verschaffen, sollten Achtsamkeits- und Mitgefühlsübungen für Abhilfe schaffen. Daraufhin wurden die Aggressionen verdeckt ausagiert. Die Grüppchenbildung verstärkte sich, und es wurde mehr übereinander statt miteinander geredet. Die internen Schwierigkeiten nahmen zu, und die Gesamtatmosphäre verschlechterte sich erheblich. In unruhigen Meditationssitzungen, organisatorischen Unzulänglichkeiten und Vertrauenskrisen mit dem spirituellen Leiter repräsentierten sich indirekt die chronischen Spannungen. Erst nachdem die Betroffenen entschieden, sich supervisorischem Beistand anzuvertrauen, veränderte sich die Situation grundlegend zum Positiven, weil die persönlichen Animositäten offen ausgetragen wurden. Der Irrtum besteht darin, dass man annimmt, Wut oder andere heftige Gefühlsregungen loslassen zu können, bevor sie integriert worden sind.

Ein zweites wichtiges Problem liegt meines Erachtens in der falschen Vorstellung, dass Spiritualität hierarchisch über der Psychotherapie steht und sie einschließt. Der Trugschluss, dass, wer das Göttliche erfahren hat, gleichzeitig von allen Lebensproblemen erlöst ist, hat zu mächtigen Problemen in den spirituellen Gemeinschaften geführt. Ein bekannter Meditationslehrer bekennt freimütig über seine jahrelange spirituelle Praxis:

»In der gesamten Zeit bin ich nicht eine einzige meiner Neurosen losgeworden.« (Ram Dass in: Zundel/Fittkau, 1989, S. 474)

Jetzt gibt es für die Lösung der persönlichen Probleme allerdings auch spirituelle Techniken, die in der Endphase der Bearbeitung nützlich sein können. Da viele Übungen darauf abzielen, sich von bisherigen Konzepten und Vorstellungen zu entidentifizieren, relativieren sie auch pathologische Gewohnheiten. Wenn Menschen in der Psychotherapie Einsichten in die unbewusste Dynamik ihrer psychischen Probleme gewonnen und sie dementsprechend umfassend bearbeitet haben, bleiben sie trotzdem häufig mit alten Mustern identifiziert, weil durch die oftmalige Wiederholung problematisches Verhalten so stark vorgebahnt wird, dass es bei bestimmten Reizen *(Triggern)* in Sekundenschnelle ausgelöst wird. Die Angst vor dem gewalttätigen Vater wurde zwar erkannt, die Gefühle ausgedrückt, aber es gibt auch eine Fixierung an das Muster, so dass unvermittelt Autoritätskonflikte auftreten können. Hier können nun meditative Techniken helfen, aus verbliebenen Resten ganz auszusteigen. Da keine Einsicht, kein Ausdrücken mehr erforderlich ist, kann dann das bewusste Loslassen das letzte Mosaiksteinchen zur Befreiung sein. Insofern können spirituelle Übungen zu einer Lockerung der schematischen Abläufe beitragen. Außerdem wird durch die Erfahrung des All-Einen die Lebensgeschichte relativiert, so dass man leichter aus der Opferrolle auszusteigen vermag. Darüber hinaus können in einer spirituellen Grundstimmung, die auf Wertschätzung und Liebe ausgerichtet ist, Verletzungen leichter heilen. Das konnte ich gerade in der Arbeit mit veränderten Bewusstseinszuständen eindrucksvoll erleben. Nach einer intensiven Prozessarbeit gegen Ende einer holotropen Atemsitzung, wenn noch meditative Musik läuft, erleben die meisten, die einfach noch auf ihrem Platz liegen und nachspüren, eine ausgesprochen heilsame Atmosphäre. Jede Art von Heilung geschieht auch im Bunde mit dem universalen Selbst. Die transpersonale Psychologie und Psychotherapie bezieht in ihre Anwendung beides ein, Problembewältigung und spirituelle Öffnungen.

»Der Weg zur Ganzheit« will also Seelisches integrieren, Transpersonales zulassen und sich auf Spirituelles stützen. Wenn jemand an Lebensproblemen leidet und sich nicht mit Spiritualität befassen möchte, ist es natürlich möglich, sich alleine darauf zu konzentrieren. Wenn es dann in psychotherapeutischen Behandlungen vereinzelt zu spirituellen Phänomenen kommt, sollten diese aber wertschätzend als Erfahrung, so wie sie sich zeigt, betrachtet und nicht umgedeutet werden. Etwas anderes ist es, wenn jemand einen spirituellen Weg geht. Dann kann man schwerlich die seelische Integration und die transpersonalen Bedingungen des Daseins außer Acht lassen. Immer dann, wenn das Loslassen schwerfällt und starke emotionale Probleme in den Vordergrund treten, sollte man eine Bearbeitung der unbewussten Dynamik anempfehlen. Die Schwachstellen der Psyche müssen berücksichtigt werden, will man eine authentische, unabhängige und freie Spiritualität fördern.

Weil der Mensch ein unteilbares Ganzes ist, kann man sich nicht auf einem Gebiet entwickeln und die anderen Gebiete vernachlässigen. Seelische, transpersonale und spirituelle Prozesse sind so stark ineinander verschränkt, dass zwar vorübergehend bestimmte Themen in den Vordergrund rücken können, aber alle Seiten gewürdigt werden müssen. Das ist, was als »Weg zur Ganzheit« gemeint ist. Wir wissen aus vielfältigen Erfahrungen, dass Psychotherapie bei spirituellen Fragestellungen an ihre Grenzen gestoßen ist und dass spirituelle Traditionen oftmals emotionale Probleme zu wenig ernst nahmen. Dies führte zu Verdrängungen und Symptombildungen und behinderte den inneren Fortschritt ganz erheblich. Die Früchte, die man in einem Bereich erarbeitet hat, verloren ihre Qualität, weil andere Aspekte zurückblieben. Wenn sich aufgeklärte Spiritualität die Erkenntnisse der humanistischen und transpersonalen Psychologie zunutze macht, können spirituelle Einstellungen von unbewusster Dynamik befreit und neu ausbalanciert werden. Mitgefühl verkommt dann nicht zu oberflächlicher Nächstenliebe, die in moralischem Druck oder unreflektierten Harmoniebedürfnissen gegründet ist und bei der das Herz nicht mehr mitschwingt. Es ist dann ein lebendiges In-Beziehung-Sein, das auch Unterschiede und Konflikte kennt, ohne diese überzubetonen.

Demut, bei der die Grenze zur Selbstverkleinerung und Unterwürfigkeit schnell überschritten werden kann, wird im Einklang mit den Fähigkeiten und Kompetenzen kraftvoll und ausdrucksstark. Leidenschaftliche Hingabe zu einem spirituellen Meister zerfließt dann nicht in abhängiger Unterwürfigkeit, sondern bleibt sich selbst treu in würdevoller Anerkennung der erhaltenen Gnade. Hingabe ist nicht Abhängigkeit, sondern fokussiertes und umfassendes Engagement. Autonomie der Persönlichkeit bedeutet dann nicht schrankenlose Freiheit des Ego, sondern ist mit der Einsicht verbunden, dass man aufeinander angewiesen ist und gemäß seiner Leistungsfähigkeit Verantwortung für das Ganze zu tragen hat. Wünsche zu relativieren bedeutet nicht, den Dingen keinen Wert beizumessen oder auf alles zu verzichten, sondern sie nur richtig einzuschätzen und mit einzubeziehen, dass sie vergänglich sind. Es geht also um ein Loslassen von der Illusion, durch Befriedigung von Wünschen dauerhaft zufrieden zu werden. Sinnesfreuden werden demzufolge als Ausdruck der Fülle des Lebendigen erlebt, ohne dass sie immer ausgelebt werden müssen. Ein moderater Lebensstil beinhaltet einen Genuss ohne Reue, Bedürfnisbefriedigung ohne Sucht. Sinnlichkeit ist ein »Mit-allen-Sinnen-Wahrnehmen«, um herauszufinden, was mir guttut, und nicht einfach das tun, was mir vorübergehende Spannungsreduktion verschafft, aber danach ein Gefühl der Leere und eine Tendenz des »Immer-Mehr« zurücklässt. Disziplin wird so zum zielgerichteten Fokus eines übergeordneten Willens, wobei eigene Schwächen akzeptiert werden können, so dass sich kein destruktives Perfektionsideal aufbaut.

Autonomie und Abhängigkeit kommen also ins Gleichgewicht, indem ich mich möglichst von Fremdbestimmung löse und mir gleichzeitig bewusst bin, ohne das Größere nicht existieren zu können. Daraus erwächst eine egotransformierte Persönlichkeit mit beeindruckender Ausstrahlung, die dem universalen Selbst dient.

Bei dieser abenteuerlichen Reise zur Ganzheit können erfahrene Wegbegleiter so manche Klippe bewältigen helfen. Es gibt unterschiedlichste Angebote für Selbstverwirklichung und die Lösung psychospiritueller Probleme. Die Psychotherapie kann nunmehr schon auf eine längere Geschichte zurückblicken und wird auch an Universitäten gelehrt, so dass für den Schutz des Klienten bestimmte Standards herangezogen werden können.

Etwas schwieriger wird die Bewertung, wenn Psychotherapeuten spirituelle Begleitung andienen oder spirituelle Lehrer sich berufen fühlen, auf persönliche Probleme einzugehen. Auf der sicheren Seite ist man, wenn der Begleiter mit beiden Gebieten vertraut ist, durch eine psychotherapeutische und transpersonale Ausbildung sowie einen soliden langjährigen spirituellen Weg. Die transpersonale Psychologie und Psychotherapie versucht gerade, diesen Spagat zu bewältigen, weil sie herausgefunden hat, dass die Trennung zwischen emotionalen Problemen, persönlichen Wachstumspotenzialen und spirituellen Erfahrungen eher künstlicher Natur ist. Personen, die diese ganzheitliche Hilfestellung anbieten, werden im Folgenden *psychospirituelle Begleiter* genannt. Die Bedingungen und der Rahmen dieser Tätigkeit sind noch sehr jung und deshalb nicht zureichend abgesteckt, weswegen hier einige wichtige Kriterien dazu ausgeführt werden. Davon zu unterscheiden (teilweise mit Überschneidungen) sind spirituelle Lehrer und Meister, die eine bestimmte Tradition vertreten. Sie wirken kraft ihres eigenen spirituellen Weges, ihrer Berufung, Präsenz und Gnade.

Begleitung

Ein indisches Sprichwort besagt: »Wenn man in eine fremde Stadt kommt und einen bestimmten Ort sucht, kann man das auf zweierlei Weise tun: Man kann entweder Straße für Straße ablaufen, bis man dorthin kommt, oder man kann aber auch einen Einheimischen fragen, um sicherer ans Ziel zu gelangen.«

Auch wenn man einen bestimmten Beruf ausüben möchte, ist es jedem klar, dass zuvor eine Lehre absolviert werden muss. Wer krank ist, vertraut sich in der Regel den Fähigkeiten eines Arztes an. Wer sich seiner selbst bewusst werden und viel lernen möchte, braucht vorübergehend gute Wegbegleiter.

Mittlerweile ist es nicht mehr befremdlich, einen Psychotherapeuten aufzusuchen, wenn die Ursachen des Leidens in seelischen Konflikten zu suchen sind. Vor nicht allzu langer Zeit war dieser Schritt noch verpönt. Ich kann mich noch gut erinnern, wie vor dreißig Jahren ein Politiker seine Sitzungen nur in die späten Abendstunden legen wollte, um unerkannt zu bleiben. Die Menschen hatten damals Angst, als schwach oder verrückt gebrandmarkt zu werden. Doch man hat erkannt, dass es ohne neutrale Instanz fast unmöglich ist, unbewusste destruktive Motive aufzudecken, Schattenaspekte zu klären oder blinde Flecken ausfindig zu machen. Genauso kann für psychospirituelle Transformationsprozesse ein Spiegel, der mich auf Selbsttäuschungen aufmerksam macht, entscheidend für den inneren Fortschritt sein. So ist es notwendig, unterscheiden zu lernen, ob es sich bei einem Konflikt vorwiegend um enttäuschte Ego-Bedürfnisse oder um eine wahrhaftige Auseinandersetzung handelt. Auch das vielfältige Spektrum an möglichen außergewöhnlichen Bewusstseinszuständen muss sorgfältig differenziert werden können. Jemand erlebte während einer sexuellen Begegnung am Meeresstrand eine tiefe Verbundenheit zur Natur. Danach las er tantrische Schriften und pries in großen Tönen seine plötzliche Gotteserfahrung. Flüchtige Einheitserfahrungen werden in solchen Fällen schnell als Erleuchtung interpretiert.

Vor allem aber bei Rückschritten, spirituellen Krisen und Ego-Tod-Erfahrungen sind kompetente Hilfestellungen unumgänglich, da in Transformationskrisen meistens mystische Inhalte mit psychopathologischem Material verwoben sind. Es gibt auch einen spirituellen Abwehrmechanismus, der persönliche Probleme verleugnet und umdeutet. Eine Person musste eine Gruppe verlassen, weil sie sich dem Leiter gegenüber kritisch äußerte. Eine andere Teilnehmerin sprach danach davon, dass sie eine Vision hatte, dass die Betroffene eine Hexe sei, die Ungemach über die Gruppe hätte bringen können. Deshalb sei es nichts als der göttliche Wille, dass sie nun nicht mehr dabei ist.

Konstruktive Konfrontationen können auch die Bescheidenheit und Demut vor dem Größeren in uns stabilisieren, da die Gefahr der persönlichen Überhöhung immer akut ist. Dies gilt ganz besonders, wenn der Weg glatt verläuft und »tolle Erlebnisse« möglich waren, die missionarischen Eifer und überwertige Ideen nach sich ziehen können. Darüber hinaus verfügen kompetente Begleiter über ein Repertoire an Übungen und Hilfestellungen, die dem inneren Prozess einen sicheren Rahmen geben. Praktische Tipps für eine angemessene Lebensweise, vor allem in turbulenten Zeiten, können darüber hinaus Orientierung verleihen.

Da auch von spirituellen Lehrern immer wieder schwerwiegende Entgleisungen ans Tageslicht kommen, scheint es gar nicht so einfach, die Spreu vom Weizen zu trennen. Das Sprichwort »Wo viel Licht ist, ist auch viel Schatten« trifft hier ganz besonders zu. Aus gutem Grunde ist vorher genau zu prüfen, wo ich mich hinwende. Im Verlauf der Geschichte traten etliche religiöse Autoritäten auf, die massenhaft Anhänger um sich scharten und dann die Menschen ausbeuteten und seelisch in den Abgrund führten. Zahlreiche selbsternannte Meister haben leichtgläubige Menschen dazu verlockt, ihren Besitz zugunsten der Gemeinschaft aufzugeben, die Familien zurückzulassen und sich vollkommen den autoritären Anweisungen unterzuordnen. Denken wir an die Auswüchse der Bhagwan-Bewegung, in deren Blütezeit der Guru tagtäglich in einem nagelneuen Rolls-Royce gefahren werden musste, oder an sexuelle Übergriffe, Machtmissbrauch oder Alkoholeskapaden von anderen bekannten Meistern. Die Frage, wem man vertrauen kann, ist demnach von hoher Bedeutung.

Das Problem dabei ist, dass solche Verfehlungen vielleicht erst mit zunehmendem Bekanntheitsgrad und wachsender Anhängerschaft akut werden. Verleugnung ist ein weiterer Mechanismus, der bei Schülern dann eintritt, wenn sie sich schon einer längeren Praxis unterzogen haben und nicht glauben wollen, was passiert ist. Durch haarsträubende Begründungen und Verschwörungstheorien werden dann letzte Zweifel am Vorgehen beseitigt. Wenn dann aufsehenerregende Fälle, wie die Massenselbstmorde der Volkstemplersekte in Guyana oder Tote nach einer Verabreichung eines Drogencocktails in einer therapeutischen Gruppe in Berlin, die Öffentlichkeit schockieren, kommt es zu pauschalen Verunglimpfungen. Zu allem Überfluss stand der behandelnde Therapeut während der von ihm geleiteten Sitzung selbst unter dem Einfluss von Psychedelika.

Solche oder ähnliche Missbrauchsfälle dürfen aber nicht den Blick trüben, denn dem stehen viele gegenüber, die kompetent ausgebildet sind, sich selbst einer langjährigen Übungspraxis unterzogen haben und mit ihrem Wissen wertvolle Dienste leisten.

Mit zwei Fragen werde ich mich zunächst beschäftigen: Wie kann man erkennen, ob jemand, der psychospirituelle Methoden anbietet, vertrauenswürdig ist? Mit welchen Mitteln wirkt ein spiritueller Meister?

Grundsätzlich ist zu bedenken, dass verantwortungsvolle Begleiter keine schnellen Ergebnisse versprechen oder mit oberflächlichen Rezepten werben. Wer darüber hinaus seine eigenen Methoden benutzt, um andere schlechtzureden, verheißt nichts Gutes, denn viele Wege führen nach Rom und hilfreiche Begleiter gibt es in allen Richtungen. So sind auch die Ziele mystischer Wege weltweit relativ einheitlich: Ego-Abbau, Üben des Mitgefühls und Verbundenheit mit dem Universalen. Der Weg nach innen ist steinig, und wer das nicht vermittelt, ist ihn selbst nicht gegangen. Realistisch hingegen ist ein Angebot, das darauf verweist, innere Vorgänge gemeinsam zu erkunden, Hindernisse zu bewältigen und Anleitungen für Übungen zu geben.

Ein aussagekräftiges Indiz für die Solidität ist auch die Art und Weise, wie mit Zweifeln, Kritik und Misstrauen, die zu jeder Praxis gehören, umgegangen wird. Wenn man dafür nicht abgewertet wird, sondern Respekt erfährt, dann ist das ein gutes Omen. Zweifel sind in der Regel Zeichen einer engagierten Wahrheitssuche und dienen als wichtige Schnittstelle für die nächsten Schritte. So kann es gut sein, dass jemand für sich bemerkt, dass die Begleitung nicht mehr erforderlich ist, oder gerne anderes kennenlernen möchte. Wenn die persönliche Entwicklung des Klienten beziehungsweise Schülers im Mittelpunkt steht und nicht der Hochmut oder die Konzepte des Begleiters, können vorübergehende Bindungen konstruktiv gelöst werden. Dauerhafte Abhängigkeit ist Gift für eine emanzipierte Spiritualität. Schüler, die einen Ashram dazu benutzen, ihrer weltlichen Verantwortung zu entfliehen, sind dort fehl am Platze. Deshalb sollen Verhaltensweisen, die darauf hindeuten, konfrontiert und mögliche Heilserwartungen abgebaut werden.

Bevor Interessierte sich für eine bestimmte Richtung psychospiritueller Entwicklung entscheiden, sollten sie genau abwägen, ob sie das wirklich wollen. Es ist besser, noch ein wenig zu warten, falls Zweifel oder Unsicherheiten auftauchen. Verantwortliche spirituelle Begleiter nehmen die Bedenken ernst und empfehlen, diese erst zu klären, bevor irgendwelche Verpflichtungen eingegangen werden. Lehrende sollten selbst lange Schüler gewesen sein, denn nur dann können sie sich entsprechend einfühlen und wissen, wovon sie sprechen. Ein weiterer Punkt ist die Offenheit, Schattenaspekte anzuerkennen. Wer die Liebe erweitern und Geduld üben möchte, kommt auch mit Hass, Destruktivität und Anspannung in Kontakt. Dies ist nicht moralisch zu bewerten, sondern liegt in der Natur des Menschen. Deshalb sollte das nicht ausgeblendet, sondern einfach wahrgenommen und von seinem Ursprung her verstanden werden. Eine gewisse Skepsis ist auch dann angebracht, wenn existenzielle Entscheidungen, wie Aufgeben von Beruf, Familie oder sozialem Umfeld, gefordert werden. In den allermeisten Fällen ist nicht das Weggehen aus dem Alltag die Lösung, sondern sich möglichen Konflikten zu stellen, sich mit hinderlichen Strukturen auseinanderzusetzen und die eigenen Muster zu hinterfragen.

In psychotherapeutischen Ausbildungen wird immer wieder darauf hingewiesen, dass die Kompetenz erst dann wirksam wird, wenn sie von Verlässlichkeit, Aufrichtigkeit und Authentizität getragen ist. Das sind die Basisvariablen jeder guten Begleitung. Das gilt ganz besonders, wenn es in Krisen unumgänglich ist, informell zu reagieren und mehr Termine einzuräumen, um Stabilität zu gewährleisten. Sachverständige psychospirituelle Begleiter sehen Inneres und Äußeres in einem sinnvollen Zusammenhang. Alles, was sich ereignet, kann zu wertvollen Einsichten verhelfen. So ist es allgemein bekannt, dass gehäuft auftretende Unfälle eine passive Aggression gegen sich selbst sein können. Dabei sollte man solche Erkenntnisse nicht besserwisserisch aufoktroyieren, als würde man über allem stehen. Ausschlaggebend ist immer, dass Begleiter sich als Assistenten des universalen Selbst und der Selbstheilungskräfte verstehen. Das ist aber auch nur dann wirklich möglich, wenn sie beständig an ihrem eigenen Ego arbeiten, spirituelle Übungen durchführen und ein bewusstes Leben führen. Anderen Menschen Empfehlungen auszusprechen, an die man sich selbst nicht hält, ist doppelbödig.

Kritik und Konfrontation, die aus einer achtsamen Haltung entspringen, sind ein wichtiges Mittel, Suchende voranzubringen. Wenn der Begleiter zu allem ja und amen sagen würde, wäre es schwer, Fehler zu beheben oder Widerstände abzubauen. An dieser Stelle möchte ich einen Schwenk zu Meister-Schüler-Verhältnissen machen, weil von Außenstehenden Konfrontationen oft schief aufgefasst werden.

Spirituelle Gurus sind unbestechlich und direkt, so dass ihre Aktionen manchmal sonderbar wirken. So war ein Mann Chauffeur einer berühmten Sufimeisterin. Während einer Autobahnfahrt befahl sie ihm plötzlich, anzuhalten. Dann teilte sie ihm mit, dass er nun das Auto zu verlassen habe und ab sofort nicht mehr ihr Fahrer sei. Er war schockiert und schimpfte monatelang, dass sie ihn nur ausgenützt hätte. Erst nach zweieinhalb Jahren begriff er, dass er durch die ständige Nähe zur Meisterin überheblich geworden war, andere Schüler schlecht behandelt und schon längst seine spirituellen Übungen unterbrochen hatte. Das aufgeblähte Ego war ein fundamentales Hindernis, das es zu überwinden galt. Nachdem er das eingesehen hatte, war er für diese provozierende Geste außerordentlich dankbar und nahm mit großer Hingabe seine Meditationen wieder auf. Er empfand es als großes Glück, wieder zum einfachen Schüler geworden zu sein, der beim Essen Schlange steht und Geschirr spülen hilft. Auch wenn er nicht mehr den früheren Rang in der Gemeinschaft innehatte, erlebte er sich dem Wesentlichen näher.

Gurus, Zen-Meister oder Mystiker widersprechen in ihren Aktionen oft unserem logischen Verstand, sprengen die gewöhnlichen Verhaltensmuster und lassen sich nicht durch vorgefasste Einschätzungen aus der inneren Ruhe bringen. Ihre einzige Aufgabe sehen sie darin, die harte Schale des Ego zu knacken und uns zu unserem innersten Wesen zu führen. Dass das manchmal auch mit Konfrontation, Abgrenzung und Zurückweisung verbunden sein kann, ist angesichts der Unempfindlichkeit und Festigkeit unserer mitgebrachten Panzer einleuchtend. Es geht dabei aber nicht um eine eigensinnige Aktion des Meisters, sondern nur darum, dass der Schüler aufwacht.

Gurumayi (1989, Bd.2, S.372) erzählte vom Guru Muktananda folgende Geschichte:

»Bhagawan Nityananda verhielt sich manchmal ganz seltsam. Wenn ihn jemand etwas fragte, was er besser nicht gefragt hätte, hob er einen Stein auf und verjagte ihn. Manchmal wünschte ich, wir hätten dabei sein können, wenn er das tat, nur um die Freude eines solchen Moments zu spüren. Wer von seinen Kieselsteinen getroffen wurde, wurde entweder reich oder sehr gelehrt oder ein großer Yogi. Der Kieselstein hatte eine sehr spirituelle Wirkung.«

Wenn jemand seinen Meister gefunden hat, kommt es in der Folge entscheidend darauf an, sich mit seinen Interventionen zu arrangieren und sich mit ganzem Herzen hinzugeben. Die Vertiefung der Hingabe darf aber nicht mit blindem Vertrauen verwechselt werden, denn echte Wahrheiten sind krisenfest und halten der Auseinandersetzung stand. Nicht Abhängigkeit und Unterwürfigkeit sind das Ziel, sondern Verantwortlichkeit und gegenseitige Achtung. Da ein wahrer Meister den langen Weg der spirituellen Transformation selbst gegangen ist, ist die spirituelle Führung nicht auf Zwang oder Angst gegründet, sondern von Respekt und Liebe getragen. Gelebte Transparenz, Bescheidenheit, Güte, Toleranz und Wahrhaftigkeit sind untrügliche positive Kennzeichen. Nach längerem Zusammensein mit dem Guru sollte der Schüler erkennen, dass er sich in positivem Sinne zu verändern beginnt. Wenn seine Autonomie zunimmt und er mehr Bewusstheit über sich selbst erlangt, kann er sicher sein, die richtige Wahl getroffen zu haben. Persönliche Anweisungen von einem Menschen akzeptieren wir in letzter Konsequenz nur dann, wenn wir ihn aufrichtig, gütig, authentisch und wahrhaftig erleben. Für die Prüfung eines spirituellen Meisters sollte man allerdings nicht allein sein Verhalten heranziehen, sondern die erspürte Geisteshaltung.

In der buddhistischen Sicht ist der Meister der »spirituelle Freund«, eine Verkörperung von Weisheit und Mitgefühl, mit dessen Hilfe dem Schüler zur Wissensschau und Erlösung verholfen werden soll. Die Übertragung der transzendenten Qualitäten findet von Herz zu Herz und von Wesen zu Wesen statt. Über die intensive Beziehung zum Guru wird die Spiegelung der eigenen Entwicklung in einer klaren Weise ermöglicht, so dass der Schüler nicht nur subtile Unterstützung, sondern auch Rückmeldungen und Hilfen erhält. Da der Meister selbst den Weg der direkten Erfahrung bis zum Ende gegangen ist, ist er in der Lage, in den Erfahrungen des Schülers die vorhandenen Probleme zu erkennen und ihn durch ritualisierte Übungen und Anweisungen für die nächste Stufe vorzubereiten. Im selbstverwirklichten Zustand handelt der Guru aus dem höheren Selbst heraus spontan richtig, weil er absichtslos und frei von persönlichen Interessen ist. Er kann zwar dem Schüler nichts abnehmen, aber Ermutigung spenden, den Weg der Befreiung weiterzugehen und die Hindernisse zu überwinden. Im Zen-Buddhismus wird das Bild von der Henne und vom Küken gebraucht. Das Küken pickt von innen die Schale auf, und die Henne hilft von außen etwas nach, um das Küken in die Freiheit zu bringen. Die spirituelle Kraft des Meisters kann auch wortlos auf den Schüler überströmen. Dafür ist nicht einmal die körperliche Anwesenheit des Gurus erforderlich. Durch Mitgefühl und segenspendende Akte lässt er die Menschheit an seiner universellen Liebe teilhaben. Im Äußeren zeigt er sich als persönlicher spiritueller Lehrer, dem wir begegnen können, und innerlich steht er für den göttlichen Funken, der als höheres Selbst, als weiser innerer Führer tief in uns wohnt. Beides zusammen ist das, was in den östlichen Traditionen als Guru-Prinzip verstanden wird. Die intensive Hingabe an den Guru ist die Verehrung der göttlichen Qualität, die in allen Wesen aufleuchtet.

Meister und Schüler sind in tiefster Weise durch die Gemeinsamkeit des Seins verbunden. Die katalytische Kraft des Meisters steht außerhalb der gewohnten Rollen, ist unabhängig von persönlichen Beziehungen und allein vom Wirken der überfließenden kosmischen Energie bestimmt. Der Meister nimmt unsere Erfahrungen geduldig an, ermutigt uns nach Rückfällen und geht uns bei eruptiven Durchbrüchen einen Schritt voraus. Der Prozess der Begleitung erfolgt über lange Strecken fast unmerklich und kann dann auch wieder durch verbale Kommunikation und Feedback direkt und persönlich werden. Die Aufgabe des Schülers ist dabei, sich allen Prozessen aufrichtig zu stellen. Da der Meister in seinem Seinszustand unabhängig von Raum und Zeit wirken kann, ist sein Beistand nicht auf persönliche Begegnung angewiesen, sondern kann zum Beispiel auch in die Meditation einfließen. Wahre spirituelle Meister erinnern den Schüler stets daran, dass er nach innen schauen muss, weil er alles, auch den wahren Guru, in sich selbst findet. Die innere und die äußere Führung sind integrierte Pole eines universellen Prozesses. Die Person des Meisters steht dann nicht mehr im Vordergrund, denn der Schüler findet seinen Guru im Inneren und versteht, dass er gefunden hat, was immer schon in seiner Mitte war: das universale Selbst.

Bevor sich die spirituelle Perspektive im Alltag festigt, sind einige Schwellen zu beachten.

Faszination und Ernüchterung

Es ist gar nicht so einfach zu beschreiben, wann der bewusste »Weg zur Ganzheit« anfängt. Er beginnt, bevor er beginnt. Rückblickend sind es meistens viele Stränge, die dorthin geführt haben. Die meisten Suchenden erwähnen, dass es schon in der Kindheit Situationen gab, in denen Kontakte zu transzendenten Welten auftraten, die größtenteils um Beistand gebeten wurden. Engelbilder, innere Gespräche mit Gott oder Schutzgeistern, aber auch Visionen von Licht oder tiefe Verbundenheit mit der Natur wurden nachträglich in ihrer Qualität als Öffnungserlebnisse wahrgenommen. Nur allzu oft wird die kindliche der erwachsenen Mystik gegenüber als unreif oder präpersonal abgewertet. Betrachten wir dies jedoch von einem universellen Standpunkt aus, ist das unzulässig, denn jedes Stadium hat seine eigene Richtigkeit für den gesamten Prozess. Das universale Selbst wirkt jenseits von Prägungen und Strukturen. Bei kindlichen Begegnungen mit Religiosität wird aber auch von Übergriffen in kirchlichen Zusammenhängen, Zwang zum Beten oder scheinheiligen Ritualen gesprochen. Bei betont atheistischer Erziehung werden demgegenüber geheime Kirchenbesuche mit Freundinnen erwähnt. Dann gibt es noch die Eltern, die den Kindern eine strikte anthroposophische Einstellung beibrachten oder mit ihren kleinen Kindern indische Ashrams aufsuchten, um sie schon frühzeitig an das Meditieren heranzuführen. In all diesen Fällen hat sich eine ambivalente Haltung ausgebildet: einerseits eine ausgeprägte Angst vor Spiritualität, andererseits aber auch eine tiefe Sehnsucht danach.

Wenn Menschen ihre Lebensgeschichte unter diesem Aspekt betrachten, fällt überdies auf, dass plötzlich »Zufälle« im Zusammenhang mit der weiteren Geschichte entdeckt werden, so als würde es eine unerkannte Regie geben. Auch das motivierte diese Menschen, sich eingehender mit Sinnfragen zu beschäftigen.

Bitte nehmen Sie sich ein wenig Zeit, um innezuhalten und zurückzublicken. Vergegenwärtigen Sie sich prägende Situationen in Ihrer Kindheit, die mit Religiösem oder Transzendentem verbunden waren.

Diese Erfahrungen, die vielleicht schon in Vergessenheit geraten sind, können eine gute Verpflegung für die weitere Reise sein. Nun wenden wir uns dem bewussten Erwachen zu. Im erwachsenen Leben gibt es vielleicht einen Zustand oder ein Ereignis, durch das Sie den Schritt in ein bewusstes Leben vollzogen haben. Um diese wichtige Nahtstelle herauszufinden, müssen wir uns zunächst mit dem unbewussten Lebensstil auseinandersetzen, weil er auch später immer wieder durchbrechen kann.

Erlauben Sie sich bitte, wahrzunehmen, wie Ihr Alltag verlief, als Sie vielleicht einfach so dahinlebten.

Wer nicht über sein Leben nachdenkt, sich nicht kritisch mit seinem Verhalten auseinandersetzt und sich vorwiegend an äußerlichen Werten ausrichtet, dessen Existenz verläuft eher automatisch und ist weniger am eigentlichen Sein orientiert. Die sogenannte »Man-Persönlichkeit« tabuisiert von der Norm abweichendes Verhalten und lebt verborgene Wünsche geheim aus. Eigenen problematischen Eigenschaften gegenüber ist sie blind. Unreflektiert werden diese aber bei anderen heftig kritisiert. Fremde Situationen werden nicht vorurteilsfrei aufgenommen, sondern überstürzt durch die Brille bisheriger Erfahrungen bewertet. Von Zuschreibungen anderer kann man sich aber nur schwer distanzieren, weil äußeres Ansehen einen hohen Stellenwert hat. Wie andere über mich denken könnten, beeinflusst in großem Maße das Verhalten. Das Spürbewusstsein ist nur mäßig ausgeprägt, so dass innere Zustände nur undifferenziert wahrgenommen werden können. Seelische Konflikte kommen vorwiegend in körperlichen Beschwerden zum Ausdruck. Denkweisen, Gefühle, Einstellungen und Ziele sind stark von gesellschaftlichen Konventionen geprägt. So geht man auch nicht davon aus, dass das Handeln von unbewussten Motiven und verborgenen Interessen geleitet sein könnte. Da Entscheidungen nicht von dem Bedürfnis nach existenzieller Weiterentwicklung getragen sind, verlaufen sie in vorgegebenen Bahnen. Die fortschreitende Entfremdung wird häufig durch Konsum kompensiert. Im Laufe der Zeit beginnt sich das Leben im Kreis zu drehen und besitzt immer weniger Spielräume, weil der innere Horizont weiter verengt wird.

Bitte konzentrieren Sie sich nun auf den Zeitpunkt, als Sie begannen, sich mit Sinnfragen auseinanderzusetzen, und achten Sie darauf, was da in Ihrem Leben geschah.

Der Krug geht jedoch nur so lange zum Brunnen, bis er bricht, und das ist oft der Zeitpunkt erwachender Bewusstwerdung. Die innere Unruhe, dass vielleicht etwas falsch läuft, kann nicht wirklich besänftigt werden. Es kann auch sein, dass man Langeweile empfindet, sich plötzlich leer fühlt und Lebensentwürfe wegbrechen. Seelische Krisen, körperliche Krankheiten oder schicksalhafte Erfahrungen brechen urplötzlich die Fassade auf. Das sind fruchtbare Augenblicke – Anstöße, in denen sich der innere Entwicklungsimpuls Gehör verschafft. Man beginnt, sich mit sich selbst auseinanderzusetzen, erforscht die unterschiedlichen inneren Kräfte und klärt, ob das, was man tut, auch den wirklichen Bedürfnissen entspricht. Bisherige Maßstäbe werden in Frage gestellt, weil die eigenen Bedürfnisse und Gefühle stärker berücksichtigt werden. Konflikte werden offener geklärt. Durch diese Art der Auseinandersetzungen werden gewohnheitsmäßige Lebensstile hinterfragt, Ziele abgeändert und das eigene Verhalten auf Wahrhaftigkeit überprüft. Lebendigkeit und Authentizität gewinnen an Wert, und neue Erfahrungen werden ungeduldiger gesucht.

In dieser Zeit des Aufbruchs befassen sich die Menschen mit seelischen Problemen und Sinnfragen. Nun kann es sein, dass sich dann jemand Unterstützung in psychotherapeutischen, transpersonalen oder spirituellen Richtungen sucht. In einem Umfeld von Krisen, seelisch bedeutsamen Themen oder spontanen transpersonalen Zuständen, wie in Todesnähe oder bei Anwendung spezieller Bewusstseinstechniken, erfolgt oft der »Ruf des universalen Selbst«. Nachdem sich etwas zusammengebraut hat, brechen die Dämme, und es öffnen sich Türen zu neuen Welten. Schlagartig werden sinnvolle Zusammenhänge meines bisherigen Lebens klar. Kein Stein soll mehr auf dem anderen bleiben, vieles muss geändert und entwickelt werden. Das ist eine spannende Aufgabe, die die ganze Aufmerksamkeit auf sich zieht und zwischenzeitlich mit euphorischen, glücklichen und erhebenden Momenten verbunden sein kann. Das Göttliche offenbart sich manchmal in überwältigender Weise. Das motiviert, für den inneren Weg einen Platz im Leben frei zu machen und alte Gewohnheiten aufzugeben.

Wenn sich jemand für einen psychospirituellen Weg entschieden hat, werden leidenschaftlich die Anregungen umgesetzt und die Übungen durchgeführt. Die ganze Aufmerksamkeit gilt diesen oder ähnlichen Themen. Wie kann ich seelischen Ballast abwerfen, mein Karma auflösen oder der Erleuchtung in großen Schritten näherkommen? Stillschweigend mischen sich in dieses ehrgeizige Bestreben unbewusste Erlösungssehnsüchte. Frei von Leid und Missbehagen soll das Leben werden. In dieser Hochstimmung sollte man darauf achten, keine weitreichenden Entscheidungen auf die Schnelle zu treffen, sondern zunächst innezuhalten und abzuwarten. Es ist nicht einfach in diesen Wellen der Begeisterung und Faszination, die von den neuen Chancen ausgehen, einen klaren Blick zu behalten. Festgefahrenes kommt ins Fließen, spannende Einsichten vertreiben die Langeweile, und der Mut zur Veränderung stärkt das Selbstbewusstsein. Nichts ist mehr so wie früher. Doch die Angehörigen und Freunde können nicht mehr Schritt halten. Das führt zu Komplikationen, denn man möchte gerne über seine Erfahrungen sprechen, möchte mitteilen, wovon das Herz voll ist. Der Partner wird aber argwöhnisch, wenn auf einmal seine Frau um halb sechs in der Früh zum Meditieren aufsteht, sich plötzlich nicht mehr für gesellschaftliche Verabredungen interessiert oder keinen Pauschalurlaub mehr buchen möchte. Stattdessen spricht sie von Klosteraufenthalten, Retreats oder Selbsterforschungsgruppen mit veränderten Bewusstseinszuständen. Fährt sie alleine dorthin, zieht der Partner im Nachhinein ihre Erfahrungen in Zweifel oder schimpft auf die unsinnige Geldausgabe. Dem Leiter gegenüber, von dem sie hingerissen erzählt, hegt er großes Misstrauen. Freunde hätten ihm auch schon mitgeteilt, dass sie in letzter Zeit etwas komisch geworden sei und ihre Ansichten nicht zu ihr passten. Die Suchende fühlt sich mit ihrer Begeisterung oft zurückgewiesen, abgelehnt, alleine und ungerecht behandelt. Das sind kritische Momente. Wichtig ist aber, sich jetzt nicht als Opfer der Umwelt zu fühlen, sondern zu verstehen, dass jemand, der den Kontext nicht kennt, natürlicherweise zunächst mit Abwehr und Eifersucht reagiert. Hin und wieder kann man aber auch Interesse durchhören, denn die Sinnsuche lässt niemanden kalt. Am besten ist es, nicht mit der Tür ins Haus zu fallen und nur so viel zu erzählen, wie der andere auch aufnehmen und verarbeiten kann; vielleicht sogar darauf zu warten, bis er interessiert nachfragt. Bewahren Sie ihre Transformationserfahrungen als Schatz, den man nur dem offenbart, der sie verstehen kann.

Manchmal wird auch der Alltag etwas vernachlässigt, weil man sich einer anderen Welt zugehörig fühlt. Das Bisherige verliert an Bedeutung und Gewicht. Es kommt zu einseitigen Betrachtungen und Überbewertungen. Ein Tagebuch, in das Sie Ihre Einsichten und Erfahrungen einfach so, wie sie sind, aufschreiben, erweitert den Bezugsrahmen, und Sie können allmählich herausfinden, was auch dem Alltag standhält.

Die Aufnahmekapazität der Persönlichkeit ist nun aber jenen bahnbrechenden Erfahrungen noch nicht ganz gewachsen. Um ein stabiles Fundament zu schaffen, das die aufkommenden Kräfte tragen kann, müssen die inneren Strukturen neu justiert werden. Dabei landet man zunächst wieder auf dem harten Boden der Realität, wenn man bemerkt, dass spektakuläre Heilserwartungen fehlschlagen, weil eine dauerhafte Veränderung gewohnheitsmäßiger Lebensmuster nur sehr schwer gelingt. Nach erfolgversprechenden Schritten wird man mit den Bedingungen seines Gewordenseins, mit seiner Schicksalhaftigkeit und seiner neurotischen Struktur konfrontiert. Was zunächst wie ein Rückschritt aussieht, bedeutet nichts anderes, als dass die Persönlichkeit des Suchenden für den weiteren inneren Weg vorbereitet wird. Es ist natürlich auch eine Weggabelung, die manche abbrechen lässt, denn die Erfahrungen sind nicht mehr so glücklich und aufregend wie zuletzt.

Das Gefäß der Persönlichkeit muss einerseits geweitet und andererseits stabilisiert werden. Das ist ein wichtiges Durchgangsstadium, das zu starken Stimmungsschwankungen und Gegensätzen führen kann. Einmal fühlt man sich vom universalen Selbst geführt, dann ist man wieder weit davon entfernt und agiert wider bessere Einsicht. Nimmt man sich in Gesellschaft vor, weniger über andere abwertend zu sprechen und egozentrische Bedürfnisse zurückzustellen, dann kann tatsächlich das krasse Gegenteil eintreten. Will man achtsam mit seinen Triebkräften umgehen, können plötzlich sexuelle Fantasien oder Essverhalten extrem zunehmen. Dann gibt es Phasen, in denen die Einkehr sehr betont wird, und kurz darauf, wie aus heiterem Himmel, fühlt man sich veräußerlicht und agierend. Dieser Kontrast wird in der Regel sehr schmerzhaft erlebt, weil man eben schon erfahren hat, wie die andere Seite schmeckt. Wer über eine längere Zeit die Übungen regelmäßig durchgeführt hat, weiß, wie unkompliziert ein Rädchen ins andere greift, wenn man mit dem universalen Selbst in Kontakt ist und einen moderaten Lebensstil pflegt. Man kennt diese tiefe Ruhe, Zufriedenheit und Freude, aber man spürt sie nicht mehr. Man kann sich auch wieder weniger auf seine intuitiven Eingebungen verlassen und kämpft mehr gegen äußere Widrigkeiten, anstatt sie anzunehmen.

Alte Muster, oberflächliche Lebensstile und selbstdestruktive Tendenzen werden sichtbar. Es werden auch Zweifel wach, ob die früheren erlebnisreichen Erfahrungen überhaupt real gewesen sind. Es ist eine harte Arbeit, vor der der Suchende steht, um mehr Echtheit, Lebendigkeit und innere Freiheit zu erlangen. Die Zeit, in der die spirituelle Entwicklung wie von selbst lief, ist vorbei, und man hat den Eindruck, dass kein Ende des Wegs in Sicht ist. In dieser Zeit wird auch die Übungspraxis nachlässiger und diskontinuierlicher, weil die Disziplin nicht mehr von der Kraft toller Erfahrungen lebt. Man redet zwar noch spirituell, aber nicht mehr aus der Praxis heraus, weil man sich davon längst abgekoppelt hat. Es entsteht ein Doppelleben, eine Kluft zwischen Schein und Sein, die sich schmerzhaft anfühlt. In dieser Phase ist zuallererst wichtig, sich so anzunehmen, wie man ist, denn es gibt keinen Weg zur Ganzheit ohne Hindernisse, jede Praxis kennt diese Mühsal. Ein Schüler sagte einmal zu Shunryu Suzuki (2001, S. 100): »Manchmal bin ich lustlos und entmutigt in Bezug auf das Leben und die Zen-Praxis.« – »Das ist gut«, antwortete Suzuki. »In jeder Praxis gibt es solche Momente.«

Man sollte sich keine zu großen Ziele stecken, sondern einfach in kleinen Schritten denken. Es gibt niemanden, der diese Schwierigkeiten nicht kennt. Man muss immer wieder von neuem beginnen, seine Bereitschaft auffrischen, einen nächsten Anlauf wagen, ohne Erwartungen auf schnelle Ergebnisse. Spirituelle Übungen wollen für sich selbst, ohne große Gegenleistung, regelmäßig und konstant durchgeführt werden. Sie sollen alltäglich werden, so wie wir täglich unterwegs sind, auf dem nie endenden Pfad nach innen. Es gilt, sich den Aufgaben des Lebens zu stellen, ganz gleich ob es um die Verwirklichung von Projekten, Veränderung von alten Mustern oder Ego-Transformation geht. Am besten ist es, der inneren Stimme zu folgen, um herauszufinden, was dem Ganzen dient.

Inventur und Aufbruch

Regelmäßige und umfassende Inventuren, die alle Bereiche des Menschseins einbeziehen, können dabei sehr nützlich sein. Diese »furchtlose moralische Bestandsaufnahme«, wie sie von den Anonymen Alkoholikern genannt wird, sollte unabhängig davon, ob man nun Lehrer oder Schüler ist, durchgeführt werden. Bevor man sich an die Untersuchung der eigenen Schwächen macht, sollte man aber überprüfen, ob man dazu in der richtigen Geistesverfassung ist, ob man also ruhig und unvoreingenommen an die Sache heranzugehen fähig ist oder ob Wut, Eifersucht, Neid oder Selbstgerechtigkeit den Blick trüben. Um Probleme zu lösen, müssen wir umsichtig und klug die Umstände klären, genauso wie man eine Kleidung prüft, ob sie gewaschen werden muss. Wir müssen der Wahrheit ins Auge blicken, denn:

»Tatsachen sind nicht beängstigend. Doch wenn du versuchst, ihnen auszuweichen, ihnen den Rücken zu kehren und davonzulaufen, dann ist das beängstigend.« (Krishnamurti in: Föllmi, Danielle u. Olivier, 2004, 17. Okt.)

Wir müssen damit aufhören, uns selbst und anderen gegenüber die harten Tatsachen zu verschweigen, sondern der Wahrheit vertrauen lernen. Dieser erste Schritt kann sehr befreiend sein, auch wenn er zunächst erschrecken mag. Wer Fassaden bröckeln lässt, weil er Leid und Enttäuschung zugibt, findet zum großen Sein. Aus der Erkenntnis der Wahrheit kann Heilung erwachsen, denn aus unseren Irrtümern und Schwächen lernen wir am meisten.

Für diesen Zweck werden wir exemplarisch einige Bereiche des Alltags genauer beleuchten. Diese können Sie auch ergänzen und verändern.

Bitte lesen Sie einfach zunächst die folgenden Punkte durch, um die für Sie richtige Form der Auseinandersetzung zu finden. Legen Sie sich dafür auch einen Zeichenblock, Malstifte und einen Schreibblock zurecht.

Wir betrachten zunächst die **Beziehung zum Körper,** der Gefäß und Gefährt der menschlichen Entwicklung ist. In den Yogaschriften heißt es, dass der Leib der Tempel des Geistes ist, mit dem wir pfleglich und gewaltlos umgehen sollten. Eine stabile Balance zwischen Spannung und Entspannung sowie Kraft, Beweglichkeit und Ausdauer sind die Grundlage physischen Wohlbefindens. Um einen vitalen Grundzustand aufrechtzuerhalten, bedarf es auch gesunder Ernährung und einer achtsamen Haltung im Genießen. Das betrifft auch die Sexualität, die tiefer erlebt werden kann, wenn in ihr die Liebe verwirklicht wird.

> ***Inventurfragen:*** *Wie ist das Verhältnis von Spannung und Entspannung, Bewegung und Ruhe? Wie ist mein Umgang mit Essen, Trinken und sonstigen Genüssen? Erlebe ich meine Sexualität als ganzheitlich? Wie kräftig und ausdauernd fühle ich mich? Gibt es Bereiche meines Leibes, die ich vernachlässige? Was würde ich gerne verändern?*

In einem nächsten Schritt schauen wir auf das Thema **Beziehungen.** Im Ausgleich von Geben und Nehmen, von Pflicht und Lust entfaltet sich unser soziales Leben. Auf den Fundamenten von Verlässlichkeit und Wahrhaftigkeit können langfristige Bindungen entstehen oder aufgelöst werden. Dafür sollten Konflikte und Probleme offen angesprochen und konstruktiv bewältigt werden. Durch einen vertrauensvollen Austausch mit anderen Menschen finden wir in der Welt Heimat wie auch geistige und emotionale Nahrung. Beziehungen fördern darüber hinaus seelisches Wachstum, weil in ihnen begrenzende Einstellungen, Muster, Rollen oder Vorurteile gespiegelt werden.

> ***Inventurfragen:*** *Wie fühle ich mich in meinen Beziehungen? Welche Rollen spiele ich, und was lebe ich nicht? Welche Muster behindern mich, und durch welche Gewohnheiten vernachlässige ich Beziehungen? Wie gehe ich*

mit Konflikten um? Überprüfe ich Beziehungen, oder lasse ich gerne alles beim Alten?

Nun rücken wir das **Arbeitsfeld** in den Fokus. Der Beruf ist ein wichtiger Baustein der Identität und des persönlichen Ausdrucks in der Welt. Wenn ich mit meinen erlernten Fertigkeiten sorgfältig umgehe und auch mindere Tätigkeiten bewusst vollbringe, kommt das einer spirituellen Übung gleich. Gewissenhaft sollte man seine Talente entfalten und vor verantwortungsvollen Aufgaben nicht zurückweichen.

Inventurfragen: *Fühle ich mich in meinem Beruf wohl? Sehe ich meinen Beruf als Aufgabe, als Berufung oder als Belastung? Mit welchen Bereichen gehe ich achtsam und mit welchen gleichgültig um? Wie kann ich mich in meinem Beruf weiterentwickeln? Welche Tätigkeiten fallen mir schwer, und vor welchen Aufgaben habe ich Angst? Wie kann ich diese Hindernisse überwinden?*

Auch die **Verantwortung dem Ganzen gegenüber** ist für ein sinnerfülltes Leben ausschlaggebend. Innere Entwicklung und äußere Verantwortung müssen Hand in Hand gehen. Die Fortentwicklung von Solidarität, Freiheit, Gesundheit und Umweltbewusstsein kann nur gelingen, wenn man bereit ist, seine erworbenen Fähigkeiten und Potenziale der Gesellschaft zur Verfügung zu stellen. Persönliches Mitgefühl erstreckt sich dann auf das Schicksal der Welt und des Kosmos. Der innere Weg ist auch ökologisch und politisch.

Inventurfrage: *Wie drückt sich zurzeit meine Verantwortung der Welt gegenüber aus, im Kleinen und im Großen?*

Die **spirituelle Praxis** sollte auch überprüft werden. Nur wer bereit ist, regelmäßig zu meditieren, Mitgefühl zu üben und das

Ego zu transformieren, kann den großen Geist im Alltag verankern. Gelebte Disziplin, Beharrlichkeit und Hingabe sind die Voraussetzungen, um spirituelle Fortschritte zu erzielen. Ein Leben im Einklang mit der inneren Weisheit heißt auch, Oberflächlichkeiten abzubauen und Gewohnheiten zu verändern.

> ***Inventurfragen:*** *Wie regelmäßig führe ich zurzeit meine Übungen durch? Welchen Platz nimmt das Ego ein, und wie groß ist die Bereitschaft, Mitgefühl in die Welt zu bringen? Kann ich die Übungen fokussiert durchführen, oder lenke ich mich ab? Bin ich bereit, trotz Widerständen die Übungsdisziplin aufrechtzuerhalten?*

Daraus ergibt sich die Frage, mit wie viel Ausdauer ich grundsätzlich meine **Ziele** verfolge. Veränderung kann nur gelingen, wenn man seine Vorhaben umsetzt. Dafür müssen andere Wünsche zurückgestellt und innere Widerstände überwunden werden.

> ***Inventurfragen:*** *Gebe ich Ziele schnell auf, wenn Schwierigkeiten auftreten? Kann ich auf Annehmlichkeiten verzichten, um Visionen zu verwirklichen?*

Der spirituelle Weg fordert auf, das eigene Schicksal als Lebensschule anzuerkennen. Das ist aber nur möglich, wenn ich mich nicht mehr als **Opfer der Umstände** sehe, sondern erkenne, dass ich selbst kreiere, was mit mir geschieht.

> ***Inventurfragen:*** *Wie häufig versinke ich in Selbstmitleid und mache andere für meine Probleme verantwortlich? Bin ich mit meinem Schicksal versöhnt?*

Zum Schluss der Inventur sollen unsere destruktiven Muster auf den Prüfstand kommen. Durch negative Einstellungen, egozentrische Verhaltensweisen und gewohnheitsmäßige Disziplinlosigkeiten schädigen wir uns selbst und andere. Spiritueller Fortschritt ist eng mit der Veränderung lebensfeindlicher Schemata verknüpft.

> ***Inventurfragen:*** *Welche Lebensmuster verhindern Lebensfreude? Wie schädige ich mich und andere? Wie viel Kraft und Zeit wende ich auf, um destruktive Gewohnheiten abzubauen?*

Eine aufrichtige Konfrontation setzt augenblicklich Transformationsenergie frei. Die wahrhaftige und klare Sicht auf sich selbst ist aber nur dann von Erfolg gekrönt, wenn sie von einer gütigen und mitfühlenden Atmosphäre getragen ist. Nur wer sich in seinen Fehlern akzeptiert, kann diese auch beseitigen. Obwohl wir stets unvollkommen und unfertig bleiben werden, lohnt sich der Aufwand. Wenn man sich leidenschaftlich und geduldig bemüht, wird das innere Licht das Leben durchstrahlen.

Integration des Schattens

Die psychischen Regulations- und Bewusstseinssysteme integrieren fortwährend unterschiedliche Strebungen, um das innere Gleichgewicht aufrechtzuerhalten, zielgerichtet handeln zu können und das Überleben zu sichern. Störende Reize werden deshalb, noch bevor sie Schaden anrichten können, ausgesondert. Dafür gibt es einen einfachen Mechanismus: Es wird eine Barriere gegen das Bedrohliche errichtet. Diese schützt nicht nur vor äußeren Gefahren, sondern auch vor intrapsychischen Unwägbarkeiten. Vor allem der sogenannte *Schatten* spielt dabei eine große Rolle. Jede Grenze, die gezogen wird, muss gesichert werden, und je undurchlässiger sie sein soll, desto tiefere Gräben durchziehen die Seele. Das vermindert zwangsläufig die Lebendigkeit, hemmt die Entwicklung, und der Lebensfluss gerät ins

Stocken. Für die psychospirituelle Entwicklung, die das Erleben von Ganzheit anstrebt, ist die Überwindung der Fragmentarisierungen des Seelenfelds von großer Tragweite. Auch wenn der Schatten eng mit dem Ego verknüpft ist, soll er hier aufgrund seiner speziellen Dynamik gesondert behandelt werden.

Nur wer riskiert, seinem Schatten zu begegnen, sich mit der harten Wirklichkeit zu konfrontieren, wird dem Schatz des universalen Selbst näherkommen. Als Schatten versteht C. G. Jung (1964, S. 71) den »... negativen Teil der Persönlichkeit, nämlich die Summe der versteckten, unvorteilhaften Eigenschaften, die mangelhaft entwickelten Funktionen und die Inhalte des persönlichen Unbewussten«.

Es sind zunächst die ins Abseits gedrängten dunklen Seiten des Menschen – minderwertige, irrende, triebhafte und leidende.

Bitte notieren Sie kurz, welche Eigenschaften, Triebkräfte, Fantasien oder Zustände Sie bei sich ablehnen, tabuisieren oder als minderwertig empfinden?

Es sind aber auch die verkümmerten Aspekte, die nicht gelebten Potenziale und unverwirklichten Ziele. Schattenaspekte können lebensgeschichtliche oder gesellschaftliche Muster repräsentieren und sich auf psychische Inhalte, Gefühle oder Zustände beziehen. Der Schatten kann sich aber auch als Krankheit oder körperliche Spannung zeigen.

Lassen Sie sich bitte für den nächsten Augenblick auf diesen Aspekt ein: Unter welchen Krankheiten leiden Sie immer wieder? Worin behindern Sie diese Leiden? Was können Sie dadurch nicht entfalten?

Diese vielfältigen Erscheinungen des Schattens sind jedoch nicht klar voneinander zu trennen, sondern sind ineinander verschränkt, miteinander verbunden und schaukeln sich gegenseitig hoch. Der Grad der Dichte und Tabuisierung entscheidet darüber, wie stark das zu Vermeidende vom Bewusstsein ferngehalten werden muss.

Als *offenen Schatten* würden wir jenen bezeichnen, zu dem ich selbst und andere Zugang haben. So weiß eine Person, dass sie wehleidig ist, und kann das auch jederzeit bekennen. In diesen Bereich fallen auch solche Anteile, die bewusst geworden sind. Dann gibt es Eigenschaften und Zustände, die ich vor anderen geheim halte, den sogenannten *versteckten Schatten.* Jemand neidet seinem Freund den Erfolg, aber gibt vor, sich mit ihm zu freuen. Von einem *unbewussten persönlichen Schatten* würde man dann ausgehen, wenn man ihn selbst nicht erkennt. Sobald dieser bewusst wird, muss man mit heftigen Reaktionen rechnen. Eine friedliebende Person, die das erste Mal mit ihrer gewalttätigen Seite in Kontakt kommt, ist davon bestürzt. Wenn sich Menschen raffgierig oder ausbeuterisch verhalten, fallen sie meistens aus allen Wolken, wenn sie darauf aufmerksam gemacht werden. Gewöhnlich werden diese unliebsamen Eigenschaften anderen zugeschrieben und dann dort bekämpft.

Erlauben Sie sich, kurz darüber nachzudenken, welche Eigenschaften Sie an anderen Personen ablehnen und wie diese mit Ihnen selbst im Zusammenhang stehen könnten?

Der persönliche unbewusste Schatten kann sich auch mit archetypischen Bildern aus dem kollektiven Unbewussten verbinden. Im veränderten Bewusstseinszustand erlebte ein Teilnehmer folgende Sequenz:

»Plötzlich vernahm ich aus der linken Ecke des Raumes kommend ein starkes Schnaufen bzw. ein unheimliches Zischen. Es befand sich dort ein feuerspeiendes Ungeheuer, welches mich mit furchterregenden Augen wütend anstarrte. Es erfasste mich eine entsetzliche Angst, ich fühlte mich existenziell bedroht; es wurde mir blitzartig bewusst: Davonlaufen ist nicht die Lösung!

Stell dich dieser Auseinandersetzung! (...) Meine Kräfte wuchsen spürbar, ich fühlte mich für diesen Kampf gewappnet. Da bemerkte ich zu meinem großen Erstaunen: Das Ungeheuer wurde in dem Maße kleiner, wie meine Kräfte wuchsen. Es dauerte eine lange Zeit: Immer wieder dieser Wechsel, einmal war das Ungeheuer, dieser Dämon riesig, übermächtig, furchterregend, dann wieder ich. Dennoch, irgendwann erfasste mich eine tiefe Furcht, und vor lauter Angst wurde mir richtig übel, es befiel mich ein starkes Würgen. Dann aber spürte ich in meinen Händen eine übermenschliche Kraft. So stürzte ich mich auf das Ungeheuer und wollte es erwürgen. Plötzlich wurde mir bewusst: Ich muss dieses Dunkle gar nicht vernichten. Es war ein wunderbares leichtes Gefühl in mir. Aus dem Ungeheuer wurde dann ein schönes Pferd. Ich schwang mich auf das herrliche Tier, und gemeinsam ritten wir durch blühende Landschaften, weite fruchtbare Täler, durch karge und dennoch beeindruckende Wüsten.«

Der Gegensatz zwischen der Moral und dem Bösen wird in der biblischen Geschichte faszinierend von Kain und Abel verkörpert. Aber auch Schattengestalten wie Judas, Hagen oder Luzifer sowie religiöse Bestrafungsszenarien, wie sie unter anderem in den krassesten Höllenbeschreibungen vorkommen, zeigen, dass diese Auseinandersetzung den Menschen schon lange begleitet. Nicht jedoch die Ausmerzung des Schlechten ist die Lösung, sondern die Anerkennung. Wenn die Vollkommenheit, das Gute, Reine und Edle zu sehr betont wird, ist garantiert das Gegenteil ganz nahe. Freud (1975, S. 318 f.) weist darauf hin, dass »... die Natur des Menschen im Guten wie im Bösen weit über das hinausgeht, was er von sich glaubt, das heißt, was seinem Ich durch Bewusstseinswahrnehmung bekannt ist«. Kein Krieg könnte geführt werden, wenn nicht ein Schatten auf den Feind projiziert würde.

Ein *sozialer Schatten* bildet sich dann, wenn eine Gemeinschaft bestimmten Themen ausweicht oder massive Verbote und enge Verhaltensregeln vorgibt. In spirituellen Gruppen ist es vor allem der Umgang mit Macht, Geld und Sex, der zu Komplikationen führt. Wenn die Gebote von Keuschheit und Entsagung ein hohes Gewicht haben, kann man sicher sein, dass die triebhaften Neigungen zunehmen und finanzielle Untreue an der Tagesordnung ist. Natürlich können auch Älterwerden, Sterblichkeit oder Verletzlichkeit ausgegrenzt werden. Der moderne Jugendwahn verhindert eine bejahende Haltung dem Alter gegenüber. Je enger die Moralvorstellungen und je rigider die Normen, desto größer wird der Schatten, und desto mehr dominiert das Trennende und Polarisierende. Das Unterdrückte entfaltet eine eigenständige und unfassbare Dynamik. Man stagniert und fühlt sich energielos, weil die vitalen Kräfte für die Verdrängung benötigt werden. Die Wahrnehmung muss abgelenkt und eingeschränkt werden, was durch noch einseitigere Bewertungen bestärkt wird. Dennoch beschleicht einen eine diffuse Unsicherheit, denn man weiß nicht recht, wer man ist, und ahnt, dass etwas nicht stimmt.

In der Meditation bewirken unerlöste Schattenaspekte Unruhe, Verspannungen, Zweifel und das Gefühl der Gottesferne. Die mangelnde Integration des Schattens kann auf dem spirituellen Weg verheerende Folgen haben: Rigidität, unbarmherzige Strenge, subtile Aggressivität, Falschheit, Härte gegen sich und andere, Zweifel und Fassadenhaftigkeit. Jemand, der seine täglichen Meditationsübungen unterbrach, träumte, von seinem Meister dafür verprügelt zu werden. Eine Frau, die während der Meditation eine sexuelle Empfindung verspürte, bestrafte sich anschließend mit Nahrungsentzug. Da wir mit dem Schatten innerlich immer verbunden bleiben, kann er nicht im Äußeren getilgt werden. Erst wenn wir den dunklen Bruder (die Schwester) in uns akzeptieren, die Gegensätze von Gut und Böse in uns selber finden, brauchen wir das Böse nicht abzuspalten, wie es bei scheinheiligen, frömmelnden und verkniffenen Helfern nicht selten geschieht.

Im Schatten können auch ungelebte Träume, nicht entfaltete kreative Potenziale oder Talente stehen. So beispielsweise, wenn jemand seine künstlerischen Seiten abwertet und klassische Musik von vorneherein ablehnt, weil er in der Schule als unmusikalisch gebrandmarkt wurde. Im späten Erwachsenenalter entdeckt diese Person ihre Vorliebe für das Cello, vertraut sich einer Lehrerin an und erlebt sich vollständiger. Schon als Kind träumte ein anderer Klient von einer Weltreise. Jedoch erfüllte er sich diesen Wunsch später nicht. Dann schloss er sich einer Gruppe an, die gegen den Ausstoß von CO_2 bei Flugzeugen massiv vorging. Insbesondere hatten sie die Touristikunternehmen, die große Reisen organisierten, im Visier.

Halten Sie bitte für einen Moment inne und stellen Sie sich folgende Frage: Welche Fähigkeiten habe ich brachliegen lassen und welche Lebensträume nicht verwirklicht?

Sogar erhebende und glückliche Zustände können in die Schattenzone geraten, wie dies des Öfteren bei spirituellen Öffnungen oder mystischen Durchbrüchen geschieht. Im veränderten Bewusstseinszustand spürte eine Frau Wellen von Glückseligkeit infolge einer tiefen Gotteserfahrung. Kurz darauf begann sie an deren Echtheit zu zweifeln. Sie wollte nicht darüber sprechen und schämte sich, solche Illusionen zu haben. Zwei Tage später wollte sie abreisen, weil das alles nur Humbug sei. Im Gespräch mit ihr fiel mir in der Mitte ihres Bildes, das sie nach der Sitzung gemalt hatte, ein großer Schwan auf. Ich ermutigte sie, kurz die Aufmerksamkeit darauf zu lenken. In dem Moment erinnerte sie sich wieder an die beglückende Situation.

Eine Reintegration von fremd anmutenden Zuständen, die in der Folge abgespalten wurden, kann die Neuausrichtung innerer Schemata fördern, so dass diese Erfahrungen auch verarbeitet werden können. In einem erweiterten Sinne umfasst der Schattenbereich also alles, was ich nicht als zu mir selbst gehörig anerkenne, also das ganze Sein minus der Ich-Identifikationen. Wir können schrittweise selbst errichtete Mauern abbauen und uns mit dem Schatten vertraut machen, auch wenn er vielleicht nicht immer integriert werden kann. Dieser Bewusstwerdungsprozesss wird manchmal von heftigen Ängsten begleitet, weil die gewachsene Identität erschüttert wird. Dennoch lohnt es sich, denn danach erleben wir uns durchlässiger, lebendiger und verbundener. Es ist eine Aufgabe, der wir uns frühzeitig stellen sollten, denn spätestens in Todesnähe werden wir von dem eingeholt, wovor wir im Leben davongelaufen sind. Halluzinationen von grauenhaften Todesgöttern und feuerspeienden Drachen können dann auf dem letzten Schritt für Unruhe sorgen. Wenn massive Schattenaspekte chronisch abgespalten werden und diese dann ungewollt ins Bewusstsein drängen, können Depressionen in offenen Selbsthass umschlagen und sogar Suizide auslösen. Die Grenze bricht zusammen, die Person wird von den überschwemmenden Energien mitgerissen, und der Lebenswille erlahmt.

Schattenarbeit sollte feinfühlig die inneren Widerstände berücksichtigen, denn nur dann können nachhaltige Wirkungen erzielt werden. Wenn der Schatten im Spiel ist, hinterlässt er einige Hinweise. So ist es auf einer ersten Stufe wichtig, flüchtige Ahnungen, die Angst oder Unbehagen signalisieren, nicht zu vertreiben, sondern ihnen noch mehr Raum zu geben und genauer hinzuspüren, was mich in Unruhe versetzt, was ich befürchte oder nicht wahrnehmen möchte. Ein gutes Indiz sind auch jene Eigenschaften, wofür ich mich schäme, oder Ereignisse, die besonders hohe emotionale Wellen schlagen. Es ist allerdings zu bedenken, dass diese Unsicherheiten nicht nur von problematischen oder schwierigen Themen ausgehen, sondern auch von Gefühlen wie Freude oder Lust, die bisher im Leben noch keinen angemessenen Platz fanden. Auch Mitmenschen, die ich absolut nicht ausstehen kann, sind oft Träger meiner nach außen verlagerten Schattenaspekte. Hilfreich ist es, sich kurzzeitig mit deren Verhaltensweisen, die ich ablehne, zu identifizieren, um herauszufinden, ob sie nicht auch mir eigen sind.

Sogar Personen, die man verehrt oder beneidet, sind in dieser Hinsicht bedeutend. Ein spiritueller Meister, der unermessliche Liebe und Mitgefühl ausstrahlt, spiegelt vielleicht auch Eigenschaften wider, die ich mir noch nicht zutraue. Ganz ähnlich verhält es sich mit dem Erleben totaler Verbundenheit, wie es in Erleuchtungserfahrungen häufig beschrieben wird. Es ist ein Zustand der Grenzenlosigkeit, der existiert, aber aufgrund meiner Schranken noch nicht erkannt werden kann. Reintegrierte projizierte positive Zustände können so im Inneren neue Strukturen für spätere Erfahrungen bilden. In der spirituellen Übungspraxis sind dann Schattenaspekte wirksam, wenn man Schwierigkeiten hat, zu meditieren, loszulassen oder zu vertrauen. Auch Ego-Anteile, starke Anziehung, Abstoßung, Fixierungen, chronische Krankheiten oder Schicksalsschläge können Schattenaspekte widerspiegeln. Reichhaltiges Material finden wir in Angstträumen und Situationen des Erschreckens. Eine dunkle Gestalt, von der man entführt wird, ein Riese mit einer großen Keule oder bedrohliche Fabeltiere sind relevante Hinweise auf Schattenkonstellationen, die es sich bewusstzumachen gilt. Um sich aber wirklich öffnen zu können, muss man erst einmal akzeptieren, dass man sich selbst nur unzureichend kennt, dass es verwerfliche Strebungen in uns gibt und dass der Seinsumfang weit größer ist, als wir je zu ahnen glaubten. Der Schatten ist keine Sünde, sondern eine natürliche Daseinsbedingung und ein Tor zum Unbewussten. Dann ist davon auszugehen, dass sich etwas in uns gegen neue Erkenntnisse wehrt und wir intensiven Ängsten ausgesetzt sind, wenn wir mit diesen Energien in Kontakt kommen. Deshalb ist eine sichere und verlässliche Begleitung in der Schattenkonfrontation unerlässlich.

Vom Ablauf her können folgende Phasen beobachtet werden: Man bemerkt, dass es etwas Unerlöstes gibt. Dann geht man tiefer in es hinein und nimmt wahr, womit es zusammenhängen könnte. Die begleitenden Emotionen und Affekte sollten jedoch nicht abgeschoben, sondern durchgearbeitet werden. Man muss sie radikal fühlen, spüren und schmecken. Wenn diese

Mobilisierung einen Zusammenbruch der bisherigen Einstellungen und ein unabwendbares Chaos auslöst, dann ermutigen uns die spirituellen Schriften, einfach weiterzugehen, denn wer Gott näher kommen möchte, muss durch die dunklen Gebiete hindurch. Das Licht des universalen Selbst zeigt kontrastreich die Probleme auf, die zu bewältigen sind. So ist der Schatten auch ein Seismograph und verlässlicher Ratgeber, wo man in seiner Entwicklung wirklich steht und was man zu tun hat. Wenn man sich dem widersetzt, wird man nicht die Demut und Bescheidenheit erlangen, aus der erst echtes Mitgefühl, Hingabe und bedingungslose Liebe hervorgehen. Daraufhin stellen sich Entspannung und Frieden ein. Wenn ich dann auch noch verstehe, was geschehen ist, kann ich mich neu organisieren. Dadurch erweitert sich meine Identität. Der Weg zum Selbst oder zur Ganzheit ist also nur dann erfolgversprechend, wenn man den Schatten nicht ausklammert, sondern ihm begegnet. Um erleuchtet zu werden, darf man die Augen nicht vor dem verschließen, was unangenehm ist. Überwindet man diese Barriere, warten mannigfaltige Bereiche des Seins, die erkannt werden wollen, und außergewöhnliche Energien, von denen wir uns führen lassen können.

Erweiterung und Vertiefung des Bewusstseins

Die genetischen Anlagen sowie die Lebens- und Kulturgeschichte begrenzen die Identität und die Erfassungskapazität des Bewusstseins. Das, was der Mensch zu sein glaubt, ist also nur ein Ausschnitt seines wirklichen Wesens. Wie am Beispiel des Schattens klargeworden ist, können diese willkürlich gesetzten Schranken geöffnet werden. Verwundert stellt man dann fest, dass man weit mehr ist als nur Lebensgeschichte, Rollen, Körper, sinnliche Wahrnehmung oder das bewusste Ich. Die Transpersonale Psychologie, die Ende der 60er Jahre aus der Humanistischen Psychologie hervorging, interessiert sich genau für diese Fähigkeit zur Transzendenz, die sogar im Alltag unbewusst wirksam ist. Während eines Spaziergangs folgt jemand mit einigen Metern Abstand und blickt zu seinem Vordermann, denkt vielleicht auch über ihn nach. Nach kurzer Zeit dreht sich dieser um, weil er etwas gespürt hat, obwohl er keine gängige sinnliche Wahrnehmung beschreiben könnte. Manchmal weiß man spontan, wer anruft, wenn das Telefon klingelt. Wenn Kinder sich fern der Heimat aufhalten und ihnen etwas zustößt, berichten Eltern, dass sie zu jenem Zeitpunkt ein mulmiges Gefühl verspürten. Wenn über parapsychologische Themen diskutiert wird, berichten erstaunlich viele Menschen von Erfahrungen, in denen sie jenseits der bekannten Sinneskanäle Wissen erlangten. Sie sprechen von Ahnungen, Wahrträumen, Hellsehen, zweitem Gesicht oder Visionen. Charakteristisch ist ein Durchbrechen der vertrauten Grenzen von Räumlichkeit, Zeitlichkeit, Kausalität und Dreidimensionalität. Das Bewusstsein scheint in der Lage zu sein, sich so zu verändern oder zu erweitern, dass es Zugang zu einer anderen Wirklichkeit bekommt. Diese subtile Welt ist näher, als man vermutet, und bricht manchmal unerwartet auf. William James (1982, S. 366), der Begründer der Religionspsychologie, der außergewöhnliche Zustände untersucht hat, kommt zu der Erkenntnis, dass »... der alltägliche Wachbewusstseinszustand, das rational-empirische Bewusstsein, ... nur ein besonderer Typ von Bewusstsein ist ..., während überall jenseits seiner, von ihm durch den dünnsten Schirm getrennt, mögliche Bewusstseinsformen sind, die ganz andersartig sind ... und unser Sein tief beleben können«.

Übersinnliche Phänomene oder *PSI-Effekte* gelten heutzutage als bewiesen. Die entsprechenden Theorien, weshalb und wie genau parapsychologische Wahrnehmungen zustande kommen, weisen jedoch noch große Lücken auf. Das macht diesen Grenzbereich auch für ein breites Spektrum von Halbwahrheiten und missbräuchlicher Verwendung anfällig. Dem kommt auch entgegen, dass Menschen von jeher einer gewissen Faszination erliegen, wenn es darum geht, die Zukunft auszuforschen. Denn wer erfährt nicht gerne, welcher Partner einem vorherbestimmt ist, welche beruflichen Aufgaben in Zukunft warten oder woher bestimmte Probleme kommen und wie man sie ohne eigenes Zutun zu lösen vermag. Die Neigung, einfache und rasche Lösungen zu bevorzugen, lässt die Schwächen und Unannehmlichkeiten, denen paranormale Wahrnehmungen ausgesetzt sind, in den Hintergrund treten. Wenn man sie nämlich eins zu eins in ein dreidimensionales und kausales Verständnis überträgt, gerät man leicht in eine Sackgasse. In die Zukunft zu sehen oder über Ortsgrenzen hinaus Ereignisse wahrzunehmen ist zwar möglich, aber nicht ohne weiteres herstellbar oder objektiv zu fassen. Zudem können die zugänglichen paranormalen Informationen jederzeit durch Projektionen, Wunschvorstellungen oder Probleme des Mediums entstellt werden. Oftmals werden aber auch Aussagen formuliert, die für die meisten Menschen zutreffen. So zum Beispiel, wenn ein Hellseher einem Ratsuchenden tief in die Augen blickt und verkündet, dass er immer wieder Probleme zu bewältigen habe, manchmal unter Angst leide oder mit sich selbst nicht im Reinen ist.

Dann gibt es noch zwei Effekte (vgl. Lucadou, 1995), die erheblich einen sachgerechten Umgang mit diesen Phänomenen erschweren. Zunächst muss man sich damit abfinden, dass übersinnliche Wahrnehmungen instabil, unverlässlich und nicht beliebig wiederholbar sind. Sie widersetzen sich unserer Kontrolle, so dass sie kaum absichtsvoll oder zielgerichtet eingesetzt werden können. Dann treten auch immer wieder unerklärliche Verschiebungen bezüglich Zeiträumen, Ortsangaben oder Personen auf. So kann ein Hellseher eine Krankheit erspüren; bei genauerer Analyse handelt es sich aber um die Beschwerden des Bruders. Oder ein Unfall, der in der Vergangenheit eines Klienten gesehen wurde, ereignete sich tatsächlich, aber in der Zukunft. Dann scheinen Häufigkeit, Dauer und Intensität von außersinnlichen Wahrnehmungen nicht unabhängig vom Lebenswandel und vom Ego. Sensitive Menschen verlieren ihre Fähigkeiten, wenn sie nur eigensüchtige Zwecke verfolgen. Ich habe das schmerzlich erfahren müssen.

Als junger Erwachsener sah ich Situationen oft detailliert voraus: ob es nun Prüfungsthemen in der Schule, bedeutsame Begegnungen oder auch Probleme von nahestehenden Personen waren, über die ich nichts wissen konnte. Ich war so davon fasziniert, dass ich gerne und oft darüber sprach. Auch wollte ich beim Glücksspiel davon profitieren. Nach einiger Zeit verlor ich diesen Zugang zur anderen Welt und wollte dies anfangs nicht wahrhaben. Nach heftigen Auseinandersetzungen und Krisen brach ich schließlich alle Brücken ab, hörte mit den täglichen Yoga-Übungen auf, las keine einschlägige Literatur mehr, konzentrierte mich ganz auf die objektiven Wissenschaften und wandte mich gegen alles Esoterische.

Nach etwa fünfzehn Jahren, während meiner Tätigkeit als Psychotherapeut in einem psychiatrischen Krankenhaus, wurden mir wieder übersinnliche Eingebungen zuteil. Folgendes geschah: Am Ostersonntag, als ich zu Hause frühstückte, tauchte plötzlich in mir eine Szene auf, ähnlich einem Traumbild, in der sich eine Patientin aus einem Fenster stürzte. Sofort fuhr ich in die nahe gelegene Einrichtung, und tatsächlich hatte sich genau das ereignet. Die Patientin wurde von einem Pfleger von der hausinternen Kirche zur geschlossenen Abteilung begleitet, und als sie im Flur ein geöffnetes Fenster sah, riss sie sich los und sprang in die Tiefe. Zum Glück landete sie auf einem Rosenstrauch und konnte mit nur leichten Verletzungen geborgen werden. Zur Krankengeschichte: In einem Zustand geistiger Umnachtung tötete sie Monate zuvor ihre zwei kleinen Kinder und verletzte ihren Mann schwer. Vor ihrem Selbstmordversuch hörte sie, wie die Mutter Gottes zu ihr sagte, dass sie jetzt ihre Kinder sehen könne, wenn sie sterben würde. Als ich über dieses Geschehen mit ihr arbeitete, erlebte sie tiefe Trauer und Schmerz über das, was sie ihren Kindern angetan hatte. Nach vielen Monaten intensiver Psychotherapie begann sie allmählich, mit sich selbst Frieden zu schließen.

Für mich war dieses Ereignis so einschneidend, dass ich den Faden von früher wieder aufnahm. Ich arbeitete an mir, meditierte wieder und befasste mich eingehend mit veränderten Bewusstseinszuständen. Nachdem ich mich später dann von Stanislav Grof im Holotropen Atmen hatte ausbilden lassen, richtete ich meine Arbeit immer mehr nach der Transpersonalen Psychologie aus und entschloss mich zu einem langfristigen spirituellen Weg. Ohne diese wiedererlangten Fähigkeiten könnte ich mir nicht mehr vorstellen, Menschen in die tiefen und weiten Räume des Bewusstseins zu begleiten. Heute kann ich das Resümee ziehen, dass der innere Zugang zur anderen Wirklichkeit eine gewisse persönliche Reife voraussetzt. Nur wer das Ego transformiert, sich der Kraft des universalen Selbst anvertraut und regelmäßig meditiert, kann sichergehen, mit diesen Kräften in rechter Weise umzugehen. Wer den Bezugspunkt zum All-Einen stets erneuert und den Weg nach innen konsequent beschreitet, wird belohnt. Da das Göttliche alles umfasst, kann es von jedem Punkt aus erfahren werden. Unabhängig von der Situation und von der Verwirklichungsebene, immer kann es vergegenwärtigt werden. Man braucht nur den Schleier der Gedanken und Vorstellungen zu lüften, um in der eigenen Mitte das höchste Selbst zu finden.

Die vertikale Transzendenz, das Tiefergehen, ist nur durch persönliche Erfahrung möglich. Dabei können drei Transzendenzgrade verwirklicht werden.

Der erste Grad oder die **Ebene des Beobachters** tritt dann ein, wenn man sich vom Ich und seinen Objekten allmählich löst. Dafür ist die stille Meditation besonders geeignet. Die auftauchenden Bilder, Vorstellungen und Empfindungen werden zwar registriert, dann aber nicht ergriffen. Zusätzlich wird dieser Prozess durch die Beruhigung des Atems unterstützt. Dabei wird das aktive Denken abgebaut, das gegenwärtige Gewahrsein gepflegt und das Spürbewusstsein verfeinert. Der Bewusstseinsstrom kann dann einfach fließen. Durch das fortwährende

Entidentifizieren werden die Pausen zwischen den Gedanken länger und die Zwischenräume größer. Überhaupt zeigt sich die einzigartige Wirklichkeit, die nur durch ein verfeinertes Bewusstsein aufgespürt werden kann, im »Zwischen«. Zwischen aufsteigenden und absteigenden Gedanken, zwischen den Atemzügen und Bewegungen, zwischen Tun und Nicht-Tun, zwischen den Lauten, Bildern, Gefühlen und Werten. Erst wenn man innehält und still wird, kann man die Zwischentöne hören und die Fülle in der Leere entdecken. Das bewirkt mehrere Veränderungen. Man realisiert die Vergänglichkeit der vordergründigen, äußerlichen und oberflächlichen Bezugspunkte, auf denen die Identität aufgebaut ist. Es entsteht ein Freiraum, in dem das universale Selbst ins Zentrum rückt. Die Sehnsucht nach dem tieferen Grund des Seins wächst. Das erleichtert die Versöhnung mit dem Schicksal und das Heraustreten aus der Opferrolle, weil man sich stärker in der Verantwortung für die Umstände des Lebens sieht. Da sich die mentale Aktivität verringert, nimmt die innere Ruhe zu. Alles, was passiert, darf so sein, wie es ist. Die Sachzwänge wirken nicht mehr so belastend, und Kränkungen des Lebens können besser relativiert werden. Sogar destruktive Gefühle können in diesem Zustand umgepolt werden. Wenn zum Beispiel aufwallende Leidenschaft erlebt wird, kann daraus Hingabe erwachsen. Ein bebender Zorn kann zu kraftvoller und klarer Zielgerichtetheit transformiert werden. Da diese heftigen Affekte enorme Potenziale bieten, sollten sie nicht verdrängt, sondern ähnlich den Gedanken registriert, betrachtet und reflektiert werden. Dadurch wird man lebendiger und flexibler, weniger starr und humorlos. Die Balance von Verspüren und Loslassen beruhigt die Sprunghaftigkeit des Geistes, öffnet das Bewusstsein und schafft Spielräume für das Wesentliche.

Im zweiten Grad der Transzendenz begegnet man kosmischen Qualitäten. Im **metaphysischen Bewusstseinszustand** können die Welt und das Sein von ihrem Grunde her erfasst werden. Nicht mehr die expliziten Formen alleine werden wahrgenommen, sondern auch die ihnen innewohnende Natur. Visionen,

Schwingungen, Klänge, tiefe Liebesgefühle und harmonische Grundstimmungen können dieses Aufbrechen begleiten. Das unvergängliche Licht des universalen Selbst, das im Innersten jedes Menschen leuchtet, erscheint in vielfältiger Ausprägung; wir erleben es plötzlich nicht mehr nur als eigenen Kern, sondern auch in jedem Menschen, überall, wo wir hinsehen. Alles wird in der Strahlkraft des göttlichen Funkens wahrgenommen. Die Öffnung der oberen feinstofflichen Zentren (Chakren) durch die aufsteigende spirituelle Energie (Kundalini) beschleunigt diese Prozesse. Durch die Verfeinerung der Sinne werden die kosmischen Qualitäten des Seins anschaulich nachvollziehbar, und der Urgrund des Seins wird in seiner Wesensstruktur erkannt. Geburt und Tod werden nicht mehr nur als Zeichen der Vergänglichkeit, sondern auch als Schöpfungsprinzipien, die in der Kontinuität des Seins aufgehoben sind, gesehen. Die Verbundenheit mit dem Seinsganzen wird in einer so großartigen Weise transparent, dass gleichzeitig Glückseligkeit und Demut erlebt werden. Dadurch entsteht die innere Freiheit, um zum bewussten Teilnehmer des kosmischen Spiels zu werden. Die Handlungen folgen spontan diesem Fließen, sind authentisch und kreativ. Während jeder Aktion besteht ein direkter Bezug zum universalen Selbst, woraus geistige Klarheit, Tiefe und Helligkeit in das Leben fließen. So wird das Phänomen des Yoga-Schlafs, eine von spirituellen Meistern vielfach praktizierte Technik des Ruhens, verständlich. Aus dieser scheinbaren Inaktivität heraus können sie hellwach und spontan richtig handeln. Das Ich steht ganz im Dienste des höheren Selbst und ist durch Mitgefühl, Achtsamkeit und Konzentration ganz auf die evolutionäre Entwicklung ausgerichtet. Das gewöhnliche Weltverständnis bricht zusammen, weil die Essenz nicht in den Dualismen zu finden ist, nichts nur einer Seite zugehört, sondern alles allein vom Ganzen her bedacht wird. Ausgezeichnet beschreibt das Hermann Hesse (1993, S.263) in *Siddhartha:* »Es gibt ... die Möglichkeit, die Zeit aufzuheben, alles gewesene und seiende und sein werdende Leben als gleichzeitig zu sehen, und da ist alles gut, alles ist vollkommen, alles ist Brahman. Darum scheint mir das, was ist, gut, es scheint mir Tod wie Leben, Sünde wie Heiligkeit, Klugheit wie Torheit, alles muss so sein, alles bedarf nur meiner Zustimmung, nur meiner Willigkeit, meines liebenden Einverständnisses, so ist es für mich gut, kann mir nie schaden.«

Es ist eine besonders große Herausforderung, sich vollends dem Fluss des Geschehens anzuvertrauen und der Versuchung zu widerstehen, das Ego aufzublähen. Aus einem erhebenden Gefühl kann nämlich leicht Arroganz und Großtuerei erwachsen. Die Transformation des Ego bleibt immer aktuell, unabhängig davon, in welchem Grade der Bewusstseinstranszendenz man sich befindet.

Der dritte Grad der Transzendenz wird dann erlangt, wenn das **nonduale Tiefenbewusstsein** stabil verfügbar ist. Dieses umschließt das ganze Spektrum des Bewusstseins – transzendiert alles, schließt alles ein. Es ist, wie wenn man in ein tiefes Meer eintaucht. Je tiefer man kommt, desto ruhiger, gelassener und friedvoller wird der Zustand, auch wenn an der Oberfläche hohe Wellen schlagen. Der Träger der Erfahrung ist das Universum, und ich bin das Universum. Während in der Stufe davor die Identität des Erlebenden noch existiert, erfährt man nun die Totalität des All-Einen, jenseits jeder Form, Gestalt, Substanz, Kultur und Zeit. Es ist vor allem Anfang und hinter jedem Ende. Es ist dort, wo es alles und nichts gibt und die Zeit sich verläuft. Dafür stehen verschiedene Begriffe wie Einheitserfahrung, Erleuchtung, *Samadhi, Satori* oder *Unio mystica*. Der unsterbliche Geist erfährt im Seinsganzen seine letzte Verankerung; er fließt und strömt, ist ungeschieden, absolut, unbegrenzt, substanzlos und leer. Durch die totale Aufhebung der Dualität aller Fixierungen und festen Strukturen werden wir so vom Göttlichen durchsetzt, dass wir es selbst sind – Mensch und Gott zugleich.

Alle mystischen Wege wollen das große Erwachen herbeiführen. Selbstverwirklichung ist letztendlich nichts anderes, als im universalen Selbst vollends aufzugehen. Die Einheit mit dem All-Einen ist die Krönung des spirituellen Wegs, weil die revolutionäre Transformation des Menschen darin ihren Abschluss findet. Und doch passiert nichts anderes als die Verwirklichung des Lebens, so, wie es angelegt ist. Menschen, die aus diesem dritten Grad der Transzendenz leben, haben eine unwiderstehliche Ausstrahlung, erstaunliche Fähigkeiten von Konzentration und Aufmerksamkeit, verströmen echte Güte und wahrhaftiges Mitgefühl. Sie sind tief verwurzelt in der Liebe zum Sein. Diesem Zustand kann man sich aber auch punktuell annähern. Weil uns Gott so nah ist, kann auch die Erleuchtung nicht so weit entfernt sein. Sie ist keine Utopie, sie findet in vielen Momenten des Lebens statt und ist überall anzutreffen. Jeder Augenblick, in dem ich heller werde, mich verbunden fühle oder verstehe, wer ich wirklich bin, ist ein Moment der Erleuchtung. Sie ereignet sich mitten im Leben, in der tagtäglichen spirituellen Praxis oder in der Auseinandersetzung mit Hindernissen. Jede irdische Erfahrung kann zur Transformation beitragen und den Funken Gottes entzünden. Egal, welche Methode wir zur Bewusstwerdung anwenden, immer werden wir zum Nullpunkt gelangen und dorthin geführt, wo nur noch das Om existiert und der Anfang und das Ende eins werden.

Holotropes Atmen als transpersonale Selbsterfahrung

Ein Weg zur Ganzheit muss den Körper, die Seele und den Geist einschließen, Heilung ermöglichen, spirituelle Öffnungen bewirken und eine Übungspraxis initiieren. Diesem integrativen Anliegen ordnen sich die Konzepte der transpersonalen Psychologie unter. In sie fließen Einsichten aus veränderten Bewusstseinszuständen, Ansätze westlicher Psychologien, Erkenntnisse moderner Psychotherapie und das überlieferte Wissen mystischer Traditionen mit ein. Das Holotrope Atmen kann als vortrefflicher Praxisweg der transpersonalen Psychologie angesehen werden. Es oszilliert zwischen körperlichen, seelischen und geistigen Wachstumsprozessen. Der Begriff *holotrop* bedeutet sinngemäß

»in Richtung Ganzheit gehen«. Der Begründer des Holotropen Atmens, Stanislav Grof, entwarf eine neue Kartographie der Psyche, um die vielfältigen Erfahrungsdimensionen zu ordnen. Die lebensgeschichtliche oder psychodynamische Ebene kann durchaus mit den Inhalten verglichen werden, wie sie auch in der traditionellen Psychotherapie zugänglich werden. Es werden aber auch Erlebnisse aus frühester Babyzeit (präpersonale Ebene), von der Geburt (perinatale Ebene) und im Mutterleib (pränatale Ebene) berichtet. Speziell auf Erfahrungen jenseits vertrauter Raum- und Zeitgrenzen (transpersonale Ebene) und auf mystische Zustände (spirituelle Ebene) soll hier Bezug genommen werden, weil durch sie die transpersonale Wesensnatur des Menschen erfahrbar wird. Das Holotrope Atmen gibt dem Praktizierenden die Möglichkeit, außergewöhnliche Erfahrungsräume zu betreten und die Angst vor dem Ungewöhnlichen abzulegen. Außerdem können dadurch tiefgreifende Heilungsprozesse begonnen, das schlummernde Potenzial der Kundalini geweckt und Zugänge zur spirituellen Welt eröffnet werden. Hervorzuheben ist auch die immense Kraft der universellen Liebe, von der man in solchen Sitzungen durchdrungen werden kann.

Vor langer Zeit durfte ich als Teilnehmer einer Atemsitzung, die Stanislav Grof leitete, einem eindrucksvollen Vorgang beiwohnen. Eine Frau fiel in einen extremen Zustand. Sie zitterte über Stunden hinweg am ganzen Leib, stieß immer wieder furchtbare Schreie aus und wurde wie von Energiewellen geschüttelt. Gegen ein Uhr nachts, als die anderen Gruppenmitglieder längst den Gruppenraum verlassen hatten und ich alleine mit Stan noch neben ihr saß, verebbten allmählich die Bewegungen, ihr Körper entspannte sich mehr und mehr, und plötzlich kehrte tiefer Frieden ein. Stan brachte ihr eine Tasse Tee. Sie trank ihn, lächelte und sagte: »Danke, dass ihr bei mir geblieben seid. Ich bin glücklich und voller Liebe!«

Am nächsten Morgen, als wir über Heilmechanismen diskutierten, betonte Stanislav Grof: »Beim Holotropen Atmen geht es darum, dass wir dem inneren Prozess – der inneren Weisheit –

vertrauen und nicht mit unseren Konzepten im Wege stehen.« Die radikale Achtung des inneren Prozesses, der einer größeren Weisheit folgt, ist für die Arbeit mit veränderten Bewusstseinszuständen unumgänglich. Diese Orientierung an den Wirkkräften des universalen Selbst bringt einen umfassenden Transformationsprozess ins Rollen. Das konnte ich bei mir wie auch bei vielen Menschen beobachten, die ich in den letzten fünfundzwanzig Jahren in diese Welten begleiten durfte. Derartige Erlebnisse, in denen die rational-empirische Welt etwas zur Seite tritt, können natürlich auch heftige Erschütterungen auslösen. Wenn beispielsweise die Schläge des Vaters durch Verfärbungen der Haut sichtbar werden, der Körper sich von selbst bewegt oder man panischen Ängsten ausgesetzt ist, dann wirkt das zunächst bestürzend. Allerdings werden durch das Erleben nur verdrängte Themen sichtbar, die sich auflösen möchten. Das, was sich meldet, muss sich dabei vollständig ausdrücken können, um alte Wunden ganz zu heilen.

Im veränderten Bewusstseinszustand kann es auch vorkommen, dass man sich plötzlich außerhalb des Körpers erlebt, zukünftige Ereignisse vorhersieht oder verstorbenen Angehörigen begegnet. Man kann sich auch in fremden Zeit- und Kulturräumen bewegen oder sich mit anderen Lebewesen identifizieren. Vielleicht erfährt man sich sogar nicht mehr als Einzelwesen, sondern vielmehr als transparent und verbunden mit allem. Alle diese Erfahrungen dienen letztlich der Vertiefung und Erweiterung des inneren Weges. Da ich an anderer Stelle (vgl. Walch, 2009) ausführlich und detailliert auf diese hervorragende Möglichkeit der Selbsterfahrung eingegangen bin, soll hier nur eine kurze Beschreibung folgen, um zu verstehen, unter welchen Umständen holotrope Atemerfahrungen, von denen öfter die Rede war, zustande kommen.

Das Holotrope Atmen ist eine natürliche psychospirituelle Methode, um veränderte Bewusstseinszustände hervorzurufen. Dadurch können seelische Probleme gelöst werden und Durchbrüche zu spirituellen Erfahrungsräumen gelingen. Es wird zumeist in Gruppen durchgeführt, kann aber auch im Einzelsetting angeboten werden. Im Zusammenspiel von beschleunigter Atmung *(Hyperventilation),* unterstützender Musik und prozessorientierter Körperarbeit werden die Grenzen des empirischen Alltagsbewusstseins geöffnet und psychische Barrieren überwunden, um bedeutsames seelisch-geistiges Material freizusetzen.

Eine Atemsitzung findet in einem speziell vorbereiteten Gruppenraum statt. Er ist etwas abgedunkelt, und Arbeitsinseln mit Matten, Kissen, Decken etc. sind eingerichtet. Die Gruppenmitglieder – etwa zwischen sechzehn und dreißig Personen – haben sich in Paaren zusammengefunden: jeweils ein Erfahrender und ein Begleiter. Die Rollen werden dann in der nächsten Atemsitzung gewechselt. Der Begleiter oder *Sitter* hat die Aufgabe, darauf zu achten, dass der Erfahrende, der mit geschlossenen Augen in einem Trancezustand auf dem Rücken liegt, sich sicher fühlen kann, insbesondere bei intensiven emotionalen Regungen, heftigen Bewegungen und starkem körperbetontem Ausdruck. Er gibt auch nährenden Beistand oder kraftvollen Widerstand, je nachdem, was der Erfahrende braucht. Es kann aber auch sein, dass er während der ganzen Sitzung ruhig und aufmerksam daneben sitzt. Sitter berichten immer wieder, dass im Dienen und Helfen ihr eigener Prozess sinnvoll ergänzt wird. Zu Beginn der Sitzung – die Erfahrenden liegen also mit geschlossenen Augen auf dem Rücken – wird eine Entspannungsübung durchgeführt, um sich leichter öffnen zu können. Am Ende dieser Übung werden die Teilnehmer aufgefordert, dynamischer zu atmen und alles zuzulassen, was sich an Körpergefühlen, Bildern, Tönen und Bewegungen einstellt.

Die Beeinflussung des Atemrhythmus wurde von alters her in den unterschiedlichsten Mysterienschulen praktiziert, um tiefere Selbsterkenntnis zu erlangen. In der Geschichte der Psychotherapie hat uns vor allem Wilhelm Reich (vgl. 1978) darauf aufmerksam gemacht, dass sich Widerstände gegen bedrohliche psychische Inhalte über die Verflachung des Atems aufbauen.

Umgekehrt kann schnelleres Atmen Blockaden beseitigen, das Erleben erweitern und intensivere Gefühle evozieren. Das EEG zeigt in der Hyperventilation vorwiegend *Theta-* und *Deltawellen,* die nach dem Hirnforscher Johannes Holler (vgl. 1991) auf die Aktivierung von Selbstheilungskräften und visionären Fähigkeiten hinweisen. Das Holotrope Atmen erhöht einerseits die Erregbarkeit der Nervenzellen im Gehirn und lockert andererseits hemmende Faktoren, die normalerweise für die adäquate Informationsverarbeitung zuständig sind. Im durchschnittlichen Wachbewusstseinszustand werden eingehende äußere wie innere Informationen fortlaufend mit Gedächtnisspuren verglichen und durch vergangene Erfahrungen interpretiert. Nicht dazu passendes Material wird ausgefiltert, um die Komplexität zu reduzieren. Man muss sich nur vorstellen, dass in einer Sekunde ca. elf Millionen Sinneseindrücke auf uns einwirken, wovon etwa vierzig bewusst verarbeitet werden können. Im Holotropen Atmen wird jedoch der Filter durchlässiger, so dass wir mehr Informationen über uns gewinnen können.

Der Prozess wird durch evokative Musik noch weiter intensiviert. Im ersten Teil der Atemsitzung werden eher schnellere Rhythmen, wie Trommelmusik, gespielt, um die Dynamik des Atmens zu unterstützen. Daran anschließend sollen dramatische Stücke klassischer oder ethnischer Prägung sowie Filmmusik Durchbrüche erleichtern. Im letzten Drittel hilft integrierende, langsame oder spirituelle Musik beim allmählichen Zurückkommen. Musik fördert Bewegung, Dynamik, Kreativität und Ruhe. Sie öffnet die individuellen und kollektiven Archive des Menschen, macht Spannungen deutlicher, löst inneres Chaos in dynamischer Weise auf und lässt verborgene Harmonien hervortreten. Die Musik suggeriert nicht Inhalte, sondern vertieft und verstärkt den Erfahrungsverlauf, indem bedeutsame Szenen, Bilder und Zustände prägnanter werden.

In der Gruppe baut sich ein dynamisches Atemfeld auf, ein gemeinsamer Erfahrungsraum, aus dem heraus individuell ganz unterschiedliche Eindrücke verarbeitet werden. Der eine atmet laut, schreit oder führt starke Bewegungen aus, ein anderer geht tief nach innen und wirkt ganz »weit weg«. Auch wenn, von außen betrachtet, die Szenerie äußerst fremdartig oder dramatisch anmutet, werden nur Erfahrungen zuteil, die ohnehin latent vorhanden sind. Das Schlimmste, was also passieren kann, ist, dass man einem Thema oder einem Zustand begegnet, der in uns bereits unbewusst wirkt. Für psychospirituelle Wachstumsprozesse ist es vorteilhaft, wenn diese Energien bewusst verfügbar werden, denn nicht das, was wir erleben, macht in der Regel Probleme, sondern eher das, was wir nicht erleben. Deshalb kann man getrost loslassen, sich vertrauensvoll einlassen und zuversichtlich zulassen, was gegenwärtig wird.

Im holotropen Bewusstseinszustand verlagert sich natürlicherweise die Regie von der kognitiven Vorherrschaft auf die tieferliegende Kraft der inneren Weisheit. Die Person, das Ich, nimmt mehr die Position des Zeugen der Erfahrung ein und überlässt das aktive Handeln dem inneren Geschehen. Die Zensur und Kontrolle sind stark gelockert (»innere Zensurschwäche«), so dass flüssig, assoziativ und spontan fluktuierendes Material aus tieferen Schichten der Seele ins Bewusstsein strömt. Es ist eine Trance, vergleichbar mit kraftvollen Traumsequenzen, in der sich kaleidoskopartig Assoziationen verdichten, Bilder ablaufen und zugehörige Körperresonanzen einstellen. Tiefsitzende Spannungen und konfliktbehaftete Anteile der Psyche werden durch das Holotrope Atmen so heftig aufgeladen, dass sie von der Peripherie des Unbewussten in das Bewusstsein drängen. Dabei kann es auch zu äußerst authentischen Regressionen bis zum Beginn des Lebens kommen. Früher dachte man, dass die Erinnerungsspuren von Erwachsenen maximal bis ins dritte, unter Umständen auch ins zweite Lebensjahr zurückreichen. Heute geht man sogar von vorgeburtlichen Erinnerungsspuren aus, auf die wir normalerweise keinen Zugriff haben. Zudem scheint man über diese impliziten Gedächtnisstrukturen auch Zugriff auf morphogenetische Felder (vgl. Sheldrake, 1990 u. 1991) zu haben, die mit dem kollektiven Unbewussten und dem gesamten

Informationspool der Menschheitsgeschichte verbunden sind. Das Zeitbewusstsein der Erfahrenden ist verändert, die Denkprozesse sind bildhafter, ganzheitlicher und weniger zerlegend; die Emotionen sind fließender, runder und weniger blockiert. Die körperlichen Empfindungen sind direkter und lösen schneller die dazu passenden Vorstellungen und Bilder aus.

Psychospirituelle Begleiter für das Holotrope Atmen sollten therapeutisch erfahren und umfassend für diese Arbeit ausgebildet sein. Aufmerksam gehen sie während einer Atemsitzung durch den Raum und unterstützen zunächst durch ihre innere Haltung die Gesamtatmosphäre. Sie sind Teil einer größeren Einheit und Assistenten der inneren Weisheit. Sie sind nicht Schöpfer des Prozesses, sondern dessen Helfer, ganz im Sinne der ursprünglichen Bedeutung des Begriffes Therapie, der vom Griechischen *therapeia* kommt und mit »dienen und heilen« übersetzt werden kann. Gemäß Stanislav Grof (1993, S. 284) orientiert sich der Gruppenleiter vor allem an dem, was sich zeigt. Dabei relativiert er seine eigenen Heilungskonzepte zugunsten der selbstregulatorischen Kräfte. Er führt aus: »Der Therapeut ist kein aktiv Handelnder, der die Veränderungen im Klienten durch bestimmte Interventionen verursacht, sondern jemand, der intelligent mit den inneren Heilungskräften des Klienten kooperiert.«

Die Betreuer übernehmen einerseits eine steuernde und schützende Funktion in der äußeren Realität, andererseits wirken sie durch Zentrierung, Resonanz, Intuition und Spontaneität. Wer nämlich dort, wo er ist, auch wahrhaftig anwesend ist, stiftet durch seine Präsenz Frieden. Sie werden dann aktiv, wenn etwa der zu Begleitende oder der Sitter den Therapeuten ruft, bei Aggressionsausdruck Widerstand erforderlich ist oder nährende Unterstützung gesucht wird. Die Körperarbeit führt den inneren Prozess über Blockierungen hinweg, fokussiert das Erleben und ermöglicht dadurch den Ausdruck zurückgenommener Impulse. Chronifizierte Spannungen, die häufig zu Stagnationen und einem Gefühl des Feststeckens im Leben führen, lassen sich damit auflösen und integrieren.

Eine Atemsitzung dauert in der Regel drei bis vier Stunden. Am Ende, wenn der Erfahrende zurückkommt und sich in Ordnung fühlt, verarbeitet er seine Erfahrungen noch mit Hilfe des »intuitiven Malens«, das einerseits die inneren Bilder widerspiegelt, aber auch auf einer symbolischen Ebene zu einer weiteren Integration des Erlebten beiträgt. Die Erfahrenden verlassen dann einzeln den Raum, wenn für sie der Prozess wirklich abgeschlossen ist. Das heißt in der Konsequenz, und darauf legte Grof allergrößten Wert, dass es keine festgelegten Zeiten gibt, wann eine Atemsitzung fertig ist. Der Erfahrende kann sogar Schaden davontragen, wenn er durch den Gruppenleiter zu früh aus dem Prozess herausgeholt wird. Denn was begonnen wurde, soll auch sein organisches Ende finden können.

Die Erfahrungen aus den Atemsitzungen werden später in der Gruppe besprochen, so dass das Erlebte sinnvoll auf den Alltag bezogen werden kann. Deshalb wird großer Wert auf die weitere Verarbeitung und Integration gelegt. Im Vordergrund steht dabei das intuitive Verstehen, weniger das Erklären oder Interpretieren. Was sagt mir die Erfahrung im Augenblick? Mit welchen gelebten oder ungelebten Aspekten könnte sie im Zusammenhang stehen? Wie ist die Einstellung zu meiner Erfahrung? Welche Symbole auf dem Bild sprechen mich an und welche stoßen mich vielleicht ab? Was könnten sie für mich bedeuten etc.? Dabei ist es wichtig, Geduld aufzubringen, wenn Unklares und Unverstandenes zurückbleiben, denn es kann oft Monate dauern, bis sich eine Erfahrung vollständig enthüllt. Die Bedeutung der Erfahrung wird dann häufig noch durch ergänzende Erlebnisse, Träume, äußere Ereignisse und Gespräche klarer. Die Aufarbeitung ist wie ein gemeinsames »kreatives Puzzlespiel«, in dem sich vielfältige Sinnhorizonte eröffnen und eine tiefgreifende Bewusstwerdung dessen, was Leben ist, deutlicher wird.

Die Ebenen, die noch mit der individuellen Existenz und Biographie assoziiert werden können, sind üblicherweise leichter nachvollziehbar. Wenn jemand in der frühen Kindheit vernachlässigt wurde und während der Atemsitzung sich plötzlich nachts im Kinderbettchen alleingelassen fühlt, dann können Ängste im Erwachsenenalter durch das Nacherleben dieser verheerenden Situationen verstanden, integriert und emotional korrigiert werden. In dem breiten Spektrum an möglichen Zuständen stellen transpersonale oder spirituelle Erfahrungen eine große Herausforderung an den Intellekt dar. So beschreibt eine Seminarteilnehmerin, wie sich in ihrem Inneren die Liebe und Herrlichkeit Gottes entfaltete:

»... Dann tritt zwischen den aktiven Atemphasen immer wieder Ruhe ein. In diesen Ruhephasen geht der Körper von sich aus einerseits in bestimmte Positionen, und andererseits spüre ich ihn nicht mehr und gleite in andere Bewusstseinszustände still und lautlos hinein ... Es ist so viel Licht da, göttliches, strahlendes Licht. Seine Gegenwart ist überwältigend. Die Arme heben sich, und beide Hände legen sich mit den Handrücken über die Stirn und über das dritte Auge. Die Hände schützen mich noch vor der überwältigenden Macht und Schönheit Seines Lichts. Es ist zu viel für mich, und Tränen der Seligkeit, des Überwältigtseins brechen aus ... Das ganze Sein ist ausgebreitet, Ihm entgegen. Frieden, Seligkeit, Glück, Liebe, Schönheit, eingetaucht in das Eine, aufgehoben, wie eine Blüte, die sich ganz öffnet, sich Ihm entgegenhaltend ... Tränen strömen unentwegt, tiefes Weinen dringt aus dem Innersten ... Es ist nicht Schmerz über Irdisches, es sind Erschütterung und Erlösung, die Überwältigung durch Seine Schönheit – unglaublich (der Kopf schüttelt sich leicht hin und her), unglaublich, dass so viel Schönes und Erhabenes existiert, unauslöschbar.«

Robert Spaemann (2006, S. 15), ein zeitgenössischer Moralphilosoph, gibt uns zur Beurteilung von möglichen Gotteserfahrungen einen hilfreichen Hinweis:

»Angesichts der überwältigenden Dauer und Allgemeinheit des Gerüchts von Gott und angesichts der Gotteserfahrungen vieler Menschen trägt derjenige die Begründungspflicht, der dieses Gerücht als irreführend und diese Erfahrung als Einbildung abtut.«

Der Kontakt zur göttlichen Natur der menschlichen Existenz ist für spirituelle Menschen ein erstrebenswertes Ziel. Nur wer sich bereitmacht, Ballast abwirft und sich öffnet, scheint dazu in der Lage. Dies bedeutet auch, sich mit Strukturen auseinanderzusetzen, die auf den ersten Blick vielleicht gar nicht zu enträtseln sind, wie in folgender Atemerfahrung:

»Ich spüre, dass ich wieder atmen muss, atme sehr heftig. Plötzlich halte ich einen vom Körper abgetrennten Kopf in der Hand. Blut fließt heraus. Ich habe getötet, ich habe Macht! Während dieser Episode habe ich das Gefühl, in einem anderen Leben zu sein. Das abgetrennte Haupt sehe ich ganz deutlich vor mir. Schwarzes Haar, bärtig, blutüberströmt. Triumphierend halte ich es, von anderen bejubelt. Es ist, als wäre alldem ein Kampf auf Pferden vorangegangen. Das abgetrennte Haupt ist so deutlich neben mir, dass ein starkes Empfinden des Grauens aufsteigt. Ich schreie: »Nein!« Ein Gefühl von Schuld und tiefer Reue bringt mich zum hemmungslosen Weinen. Ich empfinde Erlösung.«

In der Wesensnatur des Menschen scheinen auch Informationen abgelegt, die mögliche frühere Existenzen nahelegen. So könnten in Atemsitzungen auch unabgeschlossene Situationen oder Konfliktkonstellationen von vorhergehenden Inkarnationen eine Rolle spielen.

Das ist ein sehr umstrittenes Thema. Werde ich nach Vorträgen gefragt, ob es nun frühere Leben gibt oder nicht, kann ich nur paradox erwidern: Es gibt sie, und es gibt sie nicht, je nachdem, wie es der Erfahrende nach der Durcharbeit selbst sieht und welche Antworten aus seinem Inneren kommen. Natürlich kann es auch sein, dass man durch den veränderten Bewusstseinszustand auch Zugang zu Lebensinformationen anderer Lebewesen hat, genauso wie kollektive Strukturen in der individuellen Seele repräsentiert sind. Menschen, in deren Erfahrungskontext mögliche frühere Leben auftauchten, fühlten sich danach von Verstrickungen, die durch unbewusste Inszenierungen karmischer Muster und Dramen sichtbar wurden, befreit. Dies kann natürlich auch, wenn man dies familiendynamisch interpretiert, mit überlieferten Themen und Aufträgen von Ahnen zusammenhängen. Auch könnten infolge individueller Probleme bestimmte Szenarien, in denen sich Erinnerungen, Fantasien, archetypische Inhalte und erworbenes Wissen vermengen, hervorgerufen werden. Aufgrund unseres Wissensstands wäre es jedoch unverantwortlich, die Möglichkeit der Reinkarnation auszuschließen.

Erfahrungen aus holotropen Atemsitzungen haben einerseits eine starke innere Wirkung für die betreffende Person und werden andererseits von Außenstehenden oft äußerst skeptisch aufgenommen. Dies hat damit zu tun, dass die Erfahrung auf eine Außenwelt trifft, die in ihrer weltanschaulichen Voreingenommenheit oft unfähig ist, ihr inneres Wesen begreifen zu können. Wir können nicht Erfahrungen in veränderten Bewusstseinszuständen mit den Kriterien einer szientistisch orientierten Erkenntnistheorie untersuchen. Gefordert sind vielmehr ein hohes Ausmaß an Flexibilität, Einfühlung, Liebe und Achtsamkeit sowie eine Einstellung, die möglichst frei von Vorurteilen und Ressentiments ist. Man muss die Erfahrungen für sich selber sprechen lassen – und wie es Metzger (1975, S. 12), ein Klassiker der psychologischen Forschung, treffend ausdrückt:

»Das Vorgefundene einfach hinnehmen, wie es ist, auch wenn es ungewohnt, unerwartet, unlogisch, widersinnig erscheint und unbezweifelten Annahmen oder vertrauten Gedankengängen widerspricht … Der Sache mit Liebe und Ehrfurcht gegenübertreten, Zweifel und Misstrauen aber gegebenenfalls zunächst vor allem gegen die Voraussetzungen und Begriffe zu richten, mit denen man das Gegebene bis dahin zu fassen versuchte.«

Aus dem Gesagten lässt sich vielleicht schon erahnen, dass das Holotrope Atmen ohne ein tiefes Vertrauen in das, was geschieht, also in die grundsätzliche Sinnhaftigkeit des inneren

Prozesses, nicht auskommen kann. Wir kommen nur so weit, wie unsere Hingabe und unser Mut reichen, auf die innere Weisheit zu hören. Regelmäßige Meditationen und Rituale betonen die spirituelle Ausrichtung des Holotropen Atmens. Diese Art transpersonaler Selbsterfahrung führt unmittelbar zum innersten Kern und enthüllt die Geheimnisse des Lebens auf wunderbare Weise.

Die Mystik des Lebens

Das Sein und Werden ist voller Geheimnisse. Das innere Gewebe des Lebens ist aus unendlich vielen Fäden geknüpft. Die verborgene Ordnung, an der sich das Menschsein orientiert, ist nur durch die Gnade der Selbstverwirklichung zu entdecken. Wer mutig und ausdauernd sucht, kann den Schlüssel zu einem segensreichen Leben finden. Dank meiner spirituellen Lehrerin und der Offenheit zahlreicher Menschen, die sich mir in psychotherapeutischen Prozessen, veränderten Bewusstseinszuständen und spirituellen Übungen anvertrauten, konnte ich ein zentrales Grundprinzip unseres Leben verstehen lernen: Alles, was geschieht, ist sinnvoll und dient unserer Entwicklung. Indes ist der Weg zur Ganzheit kein automatischer Vorgang, sondern erfordert eine Kraftanstrengung und die Bereitschaft, alles dafür zu tun. Nur wer leidenschaftlich sucht und sich selbst riskiert, wird die Früchte des Lebens ernten. Ein hoher Aufwand ist zu leisten, um beständig Bewusstheit über sich zu erlangen, zum Wesenskern vorzudringen, ausdauernd das Ego zu transformieren und dem zu vertrauen, was einfach geschieht. Entbehrungen, Krisen, Zweifel und Engpässe sind dabei zu überstehen.

So musste eine junge Frau, nachdem sie sich für einen spirituellen Weg entschied, eine strapaziöse Krankheit durchmachen. Sie geriet in Panik, weil sie kurz vor der Beendigung eines wichtigen beruflichen Projekts stand. In der Fantasie sah sie das enttäuschte Gesicht ihres Projektleiters, der ihr das Fehlen ankreidete. Sie bangte um ihre Karriere. Das hohe Fieber legte sich wie ein schwerer Mantel auf ihre Gliedmaßen, und sie versank in einen Dämmerzustand. Plötzlich hatte sie eine Vision: Völlig unbeschwert saß sie in einer blühenden Wiese und malte ein Bild. Das war für sie ungewöhnlich, da sie seit der Schule keine Farben mehr zur Hand genommen hatte, weil sie glaubte, unbegabt zu sein. Nach einigen Tagen des Leidens fühlte sie sich plötzlich gereinigt, frisch und empfindsam. Als sie wieder an ihre Arbeitsstelle zurückkam, konnte sie, von unvergleichlichen Ideen inspiriert, die Qualität des Projekts noch entscheidend verbessern.

Wenn die gewohnten Abläufe gestört werden oder eine höhere Gewalt eingreift, ist es für einen Suchenden elementar, den aufkommenden Hader loszulassen und innezuhalten. Hilfreich kann dabei sein, sich zunächst bewusst zu machen, dass es ein Leben ohne Schwierigkeiten nicht gibt. Das Leiden ist allgegenwärtig, ob nun jemand einsam ist oder Probleme mit seinem Partner hat, verzweifelt gegen die Kinderlosigkeit kämpft oder mit seinen Kindern schwere Zeiten durchmacht, an einem körperlichen Gebrechen leidet oder als Spitzensportler depressiv ist, einen Karriereknick zu beklagen hat oder sein Vermögen verliert. Natürlich ist der Schweregrad von Schicksalen unterschiedlich, aber man wird keinen Lebenslauf ohne Hindernisse finden.

Dann ist es wichtig, davon auszugehen, dass auch die schwierigsten Situationen vergänglich sind, auch wenn sie lange bestehen. Es gibt immer eine Zeit vor der Krise und eine Zeit danach. Schwere Zeiten genauso wie glückliche Momente sind nicht von Dauer. Darüber hinaus enthält jede Störung ein kreatives Potenzial, einen verborgenen Sinn und eine Lernchance. Deshalb sollte man nicht verkniffen und erbost warten, bis der Spuk vorbei ist. Genau inmitten dieser Barriere ist eine faszinierende Botschaft zu finden. Man muss sich auf den Engpass einlassen, tiefer in seine Struktur eindringen, um erkunden zu können, was sich dadurch ausdrücken möchte. Inmitten der Schwierigkeit ist die Lösung zu finden. Wenn man sich ablenkt, betäubt oder wegschaut, verzichtet man auf dieses Geschenk. Am besten ist, die Störung zu vergegenwärtigen, indem man innere Resonanzen, mögliche Bilder oder Zustände zulässt. Dann kann man auch direkt fragen, wie etwa: Was möchtest du mir sagen oder mitteilen? Wenn man in diesem Prozess bemerkt, wie sich Spannungen lösen, dann ist es günstig, trotzdem noch weiter zu kontemplieren. Symbole oder traumähnliche Sequenzen, die im geschwächten Zustand leichter ins Wachbewusstsein strömen, können weitere wichtige Hinweise geben. Zudem können dadurch bisher verleugnete Aspekte der Persönlichkeit zum Vorschein kommen. Auf jeden Fall sollten die Einsichten notiert oder vielleicht sogar in ein Bild gebracht werden. Krisen können, wie wir wissen, auch Entwicklungsschübe auslösen und ruckartig klarmachen, was zu tun ist. Dabei werden oft vertraute Denkgewohnheiten aufgebrochen und Prioritäten neu geordnet.

Jede Situation kann bereichernd sein, auch wenn sie noch so überflüssig scheint. Jean Gebser (in: Müller, 1999, S. 54) vertritt die Einsicht, »dass alles, was uns geschieht, gestaltend und kräftigend zu unserem Leben, nämlich zu uns selber gehört und dass es somit durchaus abwegig ist, sich über Missgeschick und dergleichen zu beklagen …«.

Jedes Hindernis ist ein Wegweiser und ein ermutigender Lehrer. Es sind Perlen, die darin versteckt sind. Um sie nicht zu übersehen, sieht Keshab (in Haich, 1958, S. 41) das Leben selbst als die wichtigste Schule an: »Ich bin ein vollkommener Schüler. Ich lerne von allem.« Diese Einstellung folgt auch der Einsicht, dass inneres Erleben und äußere Situationen eng miteinander verwoben sind. C. G. Jung (vgl. 1984) hat dafür den Begriff *Synchronizität* eingeführt. Dieser besagt, dass der psychische Zustand mit einem gleichzeitigen oder zukünftigen objektiven Ereignis korreliert, obwohl kein Kausalzusammenhang ersichtlich ist.

Als sich zum Beispiel jemand in Heidelberg beim Spazierengehen verirrte, kam er plötzlich an der Stadthalle vorbei, in der noch am Abend eine Veranstaltung mit einem bekannten spirituellen Lehrer stattfand. Kurzerhand entschloss er sich, daran teilzunehmen. Das war der Beginn eines langjährigen spirituellen Weges. Vor nunmehr dreißig Jahren leitete ich eine psychotherapeutische Ausbildungsgruppe. Darin saß ein junger Mann, der vorschlug, dass wir statt der Abendsitzung zu einem Vortrag nach Salzburg fahren sollten. Dort spreche Stanislav Grof über eine neue Art von Psychotherapie. Ich willigte spontan ein. Damit begann für mich ein Weg, der sowohl privat als auch beruflich umwälzende Veränderungen mit sich gebracht hat. Heute wäre für mich ein Leben ohne diese Perspektive nicht denkbar.

Jenseits der empirischen Alltagswelt gibt es verborgene Wirklichkeitsebenen, die ohne feste Grenzen sind und scheinbar beständig miteinander kommunizieren. Wenn wir bereit sind, uns von vielgestaltigen, amorphen, zeittranszendenten und mehrdeutigen Zeichen innerlich bewegen zu lassen, dann tauchen wir in ein Feld ein, von dem enorme Impulse ausgehen. Ein Schriftsteller, der seinen Zug versäumte, ging in der Bahnhofsgegend an einem Café vorbei, dessen Schaufenster mit einem Gesteck, das die Inschrift »Lyrische Variation« trug, geschmückt war. Er fühlte sich davon angesprochen, kehrte ein und lernte dort einen Verleger kennen, der später seinen Roman veröffentlichte. Natürlich ist es nicht vorneherein entschieden, ob wir solche Fingerzeige auch aufnehmen. Zur Realisation ist unser eigenes Zutun erforderlich. Manchmal muss man es auch riskieren, spontane Entscheidungen zu treffen, andere vielleicht vor den Kopf zu stoßen und Sicherheitsbedenken zurückzustellen. Das Leben kreiert immer wieder Situationen, in denen wir wachsen können. Wenn die Kundalini erwacht ist, geschieht dies noch in einem viel stärkeren Ausmaß. Durch die Dynamik der schöpferischen Kraft reagiert das Gesamtfeld rasch und direkt, so dass fortwährend neue Lernfelder konstelliert werden, durch die wir augenblicklich mit signifikanten Themen in Berührung kommen. Erst wenn deren Integration erfolgt ist, kehrt Ruhe ein.

Die Idee korrespondierender Kräfte, aus denen sich die sogenannten Zufälle formen, kann man sich vielleicht folgendermaßen vorstellen: Alles, was wir denken, fühlen oder anstreben, hinterlässt im Universum eine energetische Spur, in die eine Information eingefaltet ist. Da etwas im Individuum noch nicht abgeschlossen ist, wirken diese Energieträger als Attraktoren und ziehen solche Informationen an, die dazu passen könnten. Der synergetische Zusammenschluss bewirkt eine Verdichtung. So manifestieren sich aus potenziellen Kräften reale Umstände. Die freien Radikale in der Chemie werden zu neuen Elementen, wenn sie Verbindungen eingehen. Das muss zeitlich und räumlich nicht unbedingt in einem logischen Zusammenhang mit unserem Erleben stehen. Das reale Hervortreten von sinnfälligen Ereignissen folgt dem Prinzip nichtlokaler Korrelationen, da kausale, zeitkonsistente und dualistische Denkfiguren transzendiert werden. So kann in einigen Jahren etwas wirksam werden, was schon längst in Vergessenheit geraten war.

Ein Absolvent eines englischen Internats hatte sich ursprünglich Mathematik als Leistungsfach ausgewählt. Durch bestimmte Umstände war eine Kombination mit notwendigen anderen Fächern jedoch nicht möglich gewesen. Jahre später, als er sich an der Universität Oxford bewarb, wurde ihm das angestrebte Studium versagt, weil er Mathematik nicht im »Higher Level« absolviert hatte. So schrieb er sich für eine andere Richtung ein. Zufällig begegnete er in einem Seminar einem Professor, der an diesem College Mathematik lehrte. Er klagte ihm sein Leid, woraufhin er ihn in allen Instanzen unterstützte, um ausnahmsweise doch wechseln zu können. Dies wurde dann genehmigt, und er bestand die mathematischen Prüfungen mit exzellenten Noten.

Wenn wir das Leben vom Ende her betrachten und zurückblicken, werden uns wahrscheinlich viele solcher Schlüsselsituationen einfallen, die eine wundersame Wende herbeigeführt haben. Die unbezweifelbare Existenz zielgerichteter Prozesse kann man aus vielen Biographien herauslesen, die durch »zufällige« Begegnungen und überraschende Ereignisse entscheidend angestoßen wurden. Das Leben wird von einer geheimnisvollen Regie geführt. Auch wenn diese unsichtbare Hand gewiss zugegen ist, muss sie dennoch ergriffen werden. Um das zu gewährleisten, ist das Leben, so wie es auf mich zukommt, zu achten. Das Gegebene kann man besser annehmen, wenn man innerlich zunächst einen Schritt zurücktritt, weil man dann bemerkt, dass der Kreislauf der Dinge zum Leben gehört.

Dann ist es auch wichtig, den Kontakt zum universalen Selbst aufzubauen, um durch den größeren Bezugspunkt die notwendige Sicherheit zu gewinnen, das Schwierige durchzutragen. Das macht vieles leichter. Man sollte sich stets bewusst sein, dass das All-Eine, aus dem heraus diese schöpferische Kraft wirkt, überall zu finden ist. Manchmal genügen einfach ein Gebet, das Murmeln eines Mantras, wie etwa »Om Namah Shivaya«, eine kurze Meditation oder ein bewusster Atemzug, um den Bezug zur inneren Weisheit herzustellen. Wenn dazu noch am Abbau des Ego gearbeitet wird, kann nicht mehr viel schieflaufen, denn das ist der Königsweg der Selbstverwirklichung. Das hat darüber hinaus den Vorteil, dass karmische Bedingungen, denen vor allem egozentrische Lebensstile zugrunde liegen, schneller beseitigt werden können.

Der Begriff *Karma* kommt aus dem Sanskrit und besagt, dass jede Handlung unweigerlich Folgen nach sich zieht; insofern ist jeder einzelne Mensch für die ganze Welt verantwortlich. Jeder Gedanke, jede Empfindung und jede Handlung sind ein Energieträger, der sich ausbreitet. Wenn man beispielsweise schlecht über jemanden denkt und ihn schädigt, bringt man etwas in Unordnung. Das erzeugt natürlich Effekte, auch wenn diese vielleicht nicht unmittelbar ersichtlich sind. Da ist einmal der Zustand, der durch negative Intentionen in mir selbst hervorgerufen wird. Wer Hass empfindet, verengt das Herz und beschleunigt die Atmung. Dadurch entsteht eine Spannung, die sich belastend auf die Selbstempfindung und die Kommunikation auswirkt. Wird dieser destruktive Affekt dann noch in die Tat umgesetzt, wird der Konfliktpartner entsprechend reagieren, intrigieren oder mir Schlechtes wünschen. Diese Zwietracht, die manchmal Jahre andauern kann, vergiftet und erschwert das Leben. Dies hat zur Folge, dass ich keinen inneren Frieden finden kann. Dann gibt es häufig zusätzliche Wirkungen, die aber nicht in unmittelbaren Zusammenhang mit dieser Situation stehen müssen. So kann es sich ergeben, dass man in einer Situation, in der man selbst Hilfe bräuchte, übersehen wird oder auf Ablehnung stößt. Wie ich andere behandelt habe, wirkt in gewisser Weise auf mich zurück. Wer diesen Zusammenhang erst einmal in seiner radikalen Konsequenz durchschaut, kann enorme Einsichten darüber gewinnen, wie Leiden entsteht. Da man beständig mit dem konfrontiert wird, was man inszeniert hat, kann man aus heiklen Situationen eine Menge lernen, wenn man sie analysiert und kontempliert. Sie geben uns darüber Aufschluss, was zu verändern ist.

Drei Arten von Karma können unterschieden werden: *Gegenwärtiges Karma* sind die Effekte und subtilen Eindrücke, die ein Individuum im Hier und Jetzt fortwährend erzeugt. *Vergangenes Karma* sind die Umstände und Bedingungen, die sich jetzt zeigen und die wir in der Vergangenheit, die sich weit über unsere Lebensgeschichte hinaus erstrecken kann, verursacht haben. Von *potenziellem Karma* kann man sprechen, wenn man in der Vergangenheit etwas verursacht hat, das sich bisher aber noch nicht manifestiert hat. Die Art und Weise, wie wir leben, wird immer Konsequenzen haben. Das gilt selbstverständlich auch für positive Einstellungen. Wer regelmäßig seine Übungen durchführt, Mitgefühl übt und seinem Nächsten Gutes tut, wird glücklicher. Selbst wenn dadurch Leiden nicht aus dem Leben verschwindet, werden begünstigende Faktoren die Bewältigung von problematischen Verläufen vereinfachen.

Eine achtzigjährige Frau, die zeitlebens Hilfesuchende in ihrem Haus aufgenommen und für sie gebetet hatte, musste sich einer schweren Herzoperation unterziehen. Überraschend positiv überstand sie schwerste Komplikationen. Sogar der behandelnde Professor kümmerte sich in einer ungewöhnlichen Weise um sie. Der spirituelle Schutz von Heiligen ist sprichwörtlich. In gefährlichsten Situationen bleiben sie unversehrt. Mutter

Teresa konnte bis ins hohe Alter den Kranken ihre Hilfe zuteilwerden lassen. Die außergewöhnlichen Fähigkeiten von Yogis, in denen sie scheinbar Naturgesetze überwinden, sind weithin bekannt.

Karma sollte man aber nicht einem Lohn-Strafe-System unterordnen, sondern als wertfreie Lernchance begreifen. Es fokussiert, schärft und bringt in den Vordergrund, was bisher unbeachtet blieb. Die Lehre von Karma schreibt auch nicht zwingend die Anerkennung der Reinkarnation vor. Allein wenn man das Karmaverständnis auf das gegenwärtige Leben anwendet, hat es segensreiche Wirkungen. Wer etwa heute seinen Neidkomplex bewältigt, wird viele frühere Aktionen, die damit zu tun hatten, bereinigen können. Niemals ist es für eine Umkehr zu spät. Menschen, die einen spirituellen Weg gehen und tiefe Einsichten in diese Zusammenhänge erlangen durften, sind besonders verpflichtet, diese konsequent umzusetzen. Wer sich bemüht, Wahrhaftigkeit, Mitgefühl und Verantwortlichkeit zu üben, wird auf jeden Fall Verstrickungen auflösen.

Weitergehend stellt sich natürlich die Frage, ob nicht die Bedingungen, in die man hineingeboren wird, schon das Ergebnis von Karma sind. Dabei denke ich an viele Atemerfahrungen, in denen die Betreffenden glaubten, dass es nicht zufällig sei, dass Ihnen bestimmte Anlagen mitgegeben wurden und genau dieses Elternhaus für sie wichtig war. Natürlich ist diese Debatte kompliziert, weil daraus häufig naive Schlüsse gezogen werden. Die implizite Welt ist nicht so einfach gestrickt, wie das manchmal bei den Vertretern eines esoterischen Determinismus angenommen wird. Dennoch scheint es eine innere Logik zu geben, die uns zum größten Teil verborgen bleibt, wenn man Lebensverläufe genauer unter die Lupe nimmt. Auch wenn man um bessere Lebensbedingungen kämpft, kann es auf keinen Fall schaden, dem eigenen Schicksal zunächst wertschätzend zu begegnen, also es so anzunehmen, wie es ist. Ich kann niemand anderer sein, als ich bin. Das heißt aber nicht, sich zu ergeben oder zu resignieren. Die Aufgabe, sich im Rahmen der Möglichkeiten zu verwirklichen, das Beste anzustreben und seine Handlungsspielräume optimal zu nützen, bleibt stets aktuell.

Es ist ein eigenartiges Miteinander von Begrenztheit und Unbegrenztheit, von expliziter und impliziter Welt, mit dem man konfrontiert wird. So ist das Wesen Mensch in ein Körperschema eingepasst. Die durch den Leib vermittelte Subjektivität ist von Anbeginn an vielen Prägungen, Einflüssen und Reifungsprozessen ausgesetzt. Indes können diese Begrenzungen, die sich manchmal noch durch Krankheit und Alter vermehren, jederzeit transzendiert werden. Wenn das Bewusstsein tiefer und weiter wird, relativieren sich die individuellen Nöte, denn das Öffnen und Durchgehen von Blockaden stößt den transpersonalen Raum auf. Der Blick wird für das Ganze frei, Energieströme fließen, und die existenzielle Verbundenheit scheint durch. Die Begrenztheit ist dann nicht mehr das Hindernis, sondern die Eingangstür zum Unendlichen. Die göttliche Natur gewinnt an Einfluss, und man wird für das, worauf es im Leben ankommt, durchlässiger, weil man eng mit dem Dasein verbunden ist. Spirituelle Werte, wie die Liebe zu allen Wesen, werden dann nicht mehr als äußerliche Forderungen erlebt, sondern mit Lebendigkeit erfüllt. Macht dient nicht egoistischen Zielen, sondern geht in Verantwortung für eine gesunde Evolution über. Schicksalsschläge oder Störungen sind kein unnötiger Ballast mehr, sondern verdichten sich zu einer wirkungsvollen Lebensschule, in der Erlerntes sich bewähren und Potenziale sich entfalten können. Innig mit dem Dasein verbunden, kann man die Aufgaben und Herausforderungen zum Wohle aller besser bewältigen.

Um dieses Ziel zu erreichen, sind tägliche Übung und stetige Selbstbemühung unumgänglich. Erst wenn die gewohnten Denkstrukturen aufgebrochen werden, können neue Innenräume für das Umgreifende frei werden. Aus diesem Grunde ist das Loslassen eine Haupttugend auf dem spirituellen Pfad. Buddhistische Lehren sehen darin, dass man etwas festhalten beziehungsweise über etwas verfügen will, die Hauptursache menschlichen Leidens. Wenn man aber gründlich genug das Wesen der Dinge durchdringt, weiß man, dass nichts von Dauer ist: weder Besitz oder Gegenstände jeglicher Art noch Vorstellungen, Gefühle oder Empfindungen. Mit dem Loslassen erkennt man an, dass alles kommt und geht. Etwas behalten zu wollen, was vergänglich ist, ist ein ungerechtfertigter Machtanspruch, der dem Werden der Schöpfung entgegensteht.

Darüber hinaus legt sich ein Schleier über die wahre Natur des Menschen, wenn man die Inhalte des Bewusstseins überbetont. Wenn jemand auf seinen Partner eifersüchtig ist, wird er sich vielleicht den ganzen Tag über mit diesem Thema beschäftigen, Telefonkontakte oder Mails kontrollieren und vieles mehr. Die Überidentifizierung mit der Eifersucht macht ihn nicht nur unempfänglich für die Liebe seines Partners, sondern auch hellhörig für alles, was mit seinen Befürchtungen zusammenhängt. Dauert dieser Zustand länger an, verengt sich das Bewusstsein. Von Vorstellungen besessen, betrogen zu werden, wird alles andere vernachlässigt. Die negativen Folgen dieser »Schwerhörigkeit« für Freundschaften, Beruf und Selbstgefühl sind bekannt. Dieser Mensch besteht dann nur noch aus Misstrauen. Erst wenn es ihm gelingt, davon abzulassen, wird er wieder offener.

Wer den Aktivitäten des Geistes eine zu hohe Bedeutung beimisst, wird davon in Beschlag genommen. Sich davon zu befreien, um einen tieferen Bezugspunkt zu finden, ist Ziel der meisten spirituellen Wege. Das ist eine große Herausforderung, weil die gewohnten Identifizierungen und Abgrenzungen auch Sicherheiten bieten. Wenn nun diese polarisierenden Vorurteile wegfallen, weil Begrenzungen aufgehoben werden, gerät die personale Identität in eine Krise. Sie kann nur bewältigt werden, wenn man hingebungsvoll dem Transformationsprozess folgt und sich vertrauensvoll der Führung der Kundalini überlässt. Die bisherigen inneren Strukturen werden erweitert, um das Göttliche aufnehmen zu können. Dabei unterstützend wirken regelmäßiges Innehalten, Meditieren, Beten oder Kontemplieren, weil die Stille genau diese Zwischenräume ausdehnt. Das Größere in uns kann sich besser ausbreiten, ins Herz fließen und den Alltag beseelen. In gnadenvollen Augenblicken, wenn etwa bei einem Abendspaziergang das leuchtende Sternenmeer Glücksgefühle auslöst, werden wir davon überwältigt. Jeder Akt der Heilung wird durch diese Güte des All-Einen vollständig.

In einer Gruppe sprach eine Frau voller Schmerz über die von ihr veranlasste Abtreibung. Im Geiste nahm sie mit dem Ungeborenen Kontakt auf und erzählte ihm, weshalb sie damals nicht anders konnte. Als sie sich dafür entschuldigte, entstand plötzlich eine andachtsvolle Stimmung, von der alle anderen Gruppenmitglieder erfasst wurden. Jemand verdunkelte spontan das Licht und zündete eine Kerze an. Auch am Ende von holotropen Atemsitzungen, wenn die meisten nach getaner Arbeit, begleitet von spiritueller Musik, noch entspannt ihre Bilder malen, breitet sich eine feierliche Atmosphäre aus. In diesen Momenten der Gnade ist die universale Weisheit so präsent, dass die Nebengeräusche in den Hintergrund treten und ein Zustand vollkommener Ordnung entsteht.

Sogar in Bedrängnis kann die Gnade durchscheinen. Als ich diesen Textabschnitt zum ersten Mal verfasste, stürzte der Computer ab, und die Seiten, die ich in den vergangenen Stunden geschrieben hatte, konnten nicht mehr wiederhergestellt werden. Zunächst war ich wie gelähmt und ohnmächtig vor Ärger. Mein Kopf war leer, und ich erinnerte mich an nichts mehr, was ich vor wenigen Minuten geschrieben hatte. Als ich innehielt, wurde mir klar, dass ich mich dem Thema »Gnadenakte in Problemsituationen« widmete. Ich begann, innerlich zu lächeln, denn es blieb mir nichts anderes übrig, als diese Lektion zu akzeptieren. Nach einem kurzen Spaziergang setzte ich mich wieder vor den Computer, und es entstand ein anderer Text. Am nächsten Morgen fühlte ich mich vollkommen frei.

Wird das Leben von der Anmut des Göttlichen erfüllt, wird alles, was geschieht, davon erleuchtet. Nichts mehr ist sinnlos, unnötig oder überflüssig. Ich kann dem, was mir begegnet, vollkommen vertrauen, denn es ist zum Besten für mich und für die anderen. Rückschläge, Hindernisse oder gar Krankheiten stehen dazu nicht im Widerspruch, denn sie fokussieren mich auf die zu bewältigenden Aufgaben. Das eigene Bemühen ist die Voraussetzung, dass die Frucht der Situation hervorkommen kann. Dazu gehört natürlich auch die Frage, ob man selbst gerade das Bestmögliche tut. Da jeder Augenblick kostbar ist, sollte man jetzt mit dem beginnen, was man erreichen möchte, und es nicht verschieben. Damit helfen wir nicht nur uns selbst, sondern auch der Menschheit. So wie uns auch bei der individuellen Bearbeitung von Problemen kollektive Lösungen zur Verfügung stehen. Wenn wir unsere Aufgaben mit ganzem Herzen erfüllen – jeder in seiner Zeit und an seinem Ort –, ist uns die Gnade sicher, denn auf einer tieferen Ebene strebt alles zur Ganzheit. Es ist wie in einem großen Gewebe, in dem jede Masche ihren Teil zum Ganzen beiträgt und gleichzeitig von den anderen profitiert. Verankert in diesem transzendentalen Feld, eingebettet in die Liebe Gottes, wächst der Mensch über sich hinaus und zu sich selbst hin. In dieser Resonanzschwingung wird die Liebe zu einer Haltung dem Werden gegenüber und Mitgefühl zu einer Antwort auf Verstrickung.

Deshalb soll die durchströmende kosmische Liebe weitergegeben werden, denn Selbstverwirklichung ist keine persönliche Angelegenheit. Die empathische Beteiligung am Seinsganzen ist die treibende Kraft einer umfassenden psychospirituellen Evolution.

So ist Liebe in jeder Situation die beste Lösung. Eine Erweiterung unseres inneren Horizonts ist aber notwendig, wenn wir die Liebe transzendieren und auf eine universelle Perspektive hin ausdehnen wollen. Im geistigen Wesensgrund fundierte Liebe ist ganzheitlich und durchdringend, nicht an Erwartungen, nicht an Bedingungen, nicht an zeitliche oder räumliche Beschränkungen gebunden, Liebe zum Wesenskern, zum Mittelpunkt des Seins, zur Schöpfung und zu allen Menschen. Liebe ist somit die universelle Matrix und zugleich der kleinste gemeinsame Nenner. Sie ist die Grundstruktur des Universums und hat die Tendenz, sich im Leben zu verwirklichen. Im Alltag erleben wir dies zum Beispiel als Mitgefühl zu fremden Menschen vor allem dann, wenn uns tragische Einzelschicksale berühren oder wenn wir unter dem Eindruck von Katastrophen stehen. Wir öffnen unser Herz und sind bereit zu helfen, ohne dafür eine Gegenleistung zu erwarten. Die segensreiche Wirkung des Mitgefühls strahlt dann auf uns selbst zurück, da wir im Nächsten auch jenen spirituellen Grund würdigen, aus dem heraus wir selber existieren.

In dem *Metta-Sutta* (Reuter 2007, S. 17), einem zentralen Text des Theravada-Buddhismus, heißt dieses voraussetzungslose Mitgefühl das »Weilen im Heiligen« und wird mit der Erfahrung frühkindlicher Geborgenheit verbunden:

»Wie eine Mutter mit ihrem Leben ihr einziges Kind beschützt und behütet, so möge man für alle Wesen und die ganze Welt ein unbegrenzt gütiges Gemüt entwickeln, ohne Hass, ohne Feindschaft, ohne Begrenzung.«

Niemand kann eine angemessene Beziehung zu seinem spirituellen Wesensgrund entwickeln, wenn darin nicht auch das Verhältnis zum Mitmenschen miteinbezogen ist.

Erich Fromm (1977, S. 70) hat diesen umfassenden Anspruch von Liebesfähigkeit vor dem Hintergrund der schrecklichen historischen Erfahrungen des 20. Jahrhunderts formuliert:

»Nächstenliebe ist Liebe zu allen menschlichen Wesen; charakteristisch für sie ist das Fehlen der Ausschließlichkeit. Wenn ich die Fähigkeit des Liebens entwickelt habe, kann ich nicht umhin, meinen Nächsten zu lieben. In der Nächstenliebe liegt das Erlebnis der Vereinigung mit allen Menschen, das Erlebnis der menschlichen Solidarität und der menschlichen Einheit.«

Zwischen Ich und Du wird die Wesenseinheit zur erfahrbaren Wirklichkeit. Das »tat tvam asi« bezeichnet in den *Upanischaden* (vgl. 1985) die höchste Stufe der menschlichen Erkenntnis: »Dieses da bist du.« Es ist die Einsicht in die Wesensidentität, durch die wir alle miteinander verbunden und vernetzt sind auf die Weise, dass nichts mehr für sich allein Bestand haben kann. Liebe in dieser umfassenden Sichtweise zielt auf die Vereinigung von Individualität und Universalität. Darin eben besteht ihre spirituelle Qualität, dass sie sich nicht ausschließend, sondern jeden Menschen, jedes Lebewesen, ja den Kosmos im Ganzen einbeziehend versteht. Es gibt keinen anderen Weg zur Liebe als die Liebe und keine Liebesfähigkeit ohne Liebeserfahrung. Um sich entfalten zu können, ist sie zunächst immer auf das Du verwiesen. Erst über das Du kommt sie zum Sein. Im Erfahren der Liebe allein offenbart sich dem Menschen ihr Wesen, Urgrund des Lebens und des Kosmos zu sein.

Die größte spirituelle Praxis ist die, welche die Liebe zum Mittelpunkt macht. Wenn die Aktivitäten des Lebens von der Liebe berührt werden, werden sie von der Gnade des universalen Selbst durchtränkt sein.

Eine nachhaltige psychospirituelle Transformation muss sich im Alltag auswirken, denn wer die Spiritualität benutzt, um aus der Welt zu fliehen, wird nicht zu sich selbst finden. Durch das Leben mit seinen vielfältigen Erfahrungsaspekten erweitern wir unsere Identität, denn es konfrontiert uns damit, in welcher Weise Denken und Handeln nicht übereinstimmen. Erst wenn Selbstgewahrsein, Achtsamkeit und Mitgefühl die Mitmenschen erreicht, kann man von einer gelebten und integrierten Spiritualität sprechen. Ein unbestechliches Indiz für den spirituellen Fortschritt ist die Art und Weise, wie man lebt und mit anderen und der Umwelt umgeht. Spirituelle Einstellungen müssen im Handeln sichtbar werden, sonst besteht die Gefahr, sich überheblich, fassadenhaft und abgehoben zu verhalten. Leicht bildet sich dann ein spirituelles Ego. Dem möchte die Übungspraxis entgegenwirken. Sie hilft auch, die Diskrepanz zwischen dem, was in der Tiefe des Selbst erlebt wird, und dem, wie das gewöhnliche Leben abläuft, zu überwinden. Eine tiefe Einheitserfahrung, die von beispielslosen Glücksgefühlen begleitet wird, gilt erst dann als integriert, wenn sie auch eine Einstellungsveränderung nach sich zieht, die positive Spuren in der Welt hinterlässt. Die unermessliche Liebe, die man in seinem Inneren entdeckt, muss allmählich über die Grenzen des persönlichen

Binnenraums hinausstrahlen und sich im bedingungslosen Mitgefühl zu allen Lebewesen konkretisieren. Gelebte Spiritualität zeigt sich nicht in der Häufigkeit von außergewöhnlichen Zuständen, sondern im achtsamen Umgang mit sich, anderen Menschen und der Welt. Das ist aber nur durch eine stetige Transformation der Persönlichkeit möglich. Erst wenn regelmäßige Bewusstseinsprozesse und spirituelle Übungen die Innenräume weiten, können transzendente Erfahrungen nutzbringend assimiliert und stabilisiert werden. Sie schaffen Spielräume in den lebensweltlichen Bezügen, aber keine Distanz zur Welt.

Durch den kontinuierlichen Umbau der psychospirituellen Strukturen gewinnt das universale Selbst mehr Einfluss, und das Ego tritt deutlicher in den Hintergrund. Dadurch kann das Ich flexibler reagieren und das eigene Wollen zugunsten des größeren Ganzen zurückstellen. Die täglichen Übungen schaffen ein stabiles Gefäß, in dem die Energie und Unbegrenztheit von Seinsfühlungen (vgl. Dürckheim, 1992) erst gehalten werden kann. Darüber hinaus stärken sie die Seele, schwächen existenzielle Ängste und verleihen den gewonnenen Einsichten Dauer. Die in den einzelnen Kapiteln vorgeschlagenen themenzentrierten Kontemplationen fördern in diesem Sinne Klärung, Reinigung und Öffnung. Sie helfen, das Ego zu transformieren, dem Selbst näherzukommen, Aufgaben zu erkennen und das Zusammenspiel unterschiedlicher Kräfte zu optimieren.

Um aber auch noch die schon lange gewohnten und eingemusterten Konzepte, die im Kausalitätsdenken und in den Bedingtheiten der linearen Zeit verhaftet sind, aufzubrechen, findet sich in den unterschiedlichen spirituellen Richtungen eine Vielzahl von praktikablen Übungen. Im Mittelpunkt stehen dabei Anleitungen zur Beruhigung der Gedankenwelt, um zur inneren Mitte zu kommen und Präsenz und Klarheit im Bewusstseinsstrom zu schaffen. Häufig wird zur Weitung psychospiritueller Räume auch die Konzentration auf den Atem empfohlen. Auch wenn man sich einer bestimmten Tradition anschließt, sollte die spirituelle Praxis aber nicht einfach nur äußeren

Regeln folgen, sondern kann durchaus den individuellen Erfordernissen angepasst werden. Dabei ist zu beachten, dass Fortschritte nur durch konstante Regelmäßigkeit zu erzielen sind und Einmaleffekte relativ schnell verpuffen. Wer sich vornimmt, täglich von 3.00 bis 5.00 Uhr morgens zu meditieren, wird gewöhnlich nach kurzer Zeit scheitern. Eine verbindliche Praxis ist nur dann durchführbar, wenn sie sorgfältig geplant und realistisch in den Alltag integriert werden kann.

Wenn man stetig dabeibleibt, auch wenn man sich zwischendurch überwinden muss, können die Übungen zu einer unermesslichen Ressource werden. Dies gilt ganz besonders für Zeiten, in denen sich Zweifel in den Weg stellen oder die Begeisterung abflaut. Solche Momente gibt es in jeder Praxis, und erfahrungsgemäß lohnt sich die Mühe, denn neben der direkten Wirkung der Übungen wird gleichzeitig eine wichtige Hürde genommen. Die Überwindung von Lustlosigkeit bricht nämlich Widerstände auf, denen meistens eine Ego-Verstrickung zugrunde liegt. Wenn wir beispielsweise mit jemandem im Streit sind, eigensüchtigen Wünschen nachhängen oder mit psychischen Problemen zu kämpfen haben, dann werden dem inneren Weg Energien entzogen. Das schwächt die spirituelle Motivation, was nicht selten zu einer längeren Unterbrechung der Übungen führt. Das ist nicht ungewöhnlich, deshalb sollte man jederzeit damit rechnen. In solchen Situationen ist es hilfreich, Inventur zu machen und mit sich achtsam umzugehen. Wenn man sich nicht verurteilt und genau herausfindet, weshalb man vom Weg abgekommen ist, ist das ein wichtiger Schritt, der zu mehr Freiheit und wertvollen Einsichten führt. Jeder Suchende kann an jedem neuen Tag zum All-Einen zurückkehren und die Übungen wiederaufnehmen. Außerdem wird man angesichts der eigenen Fehlschläge bescheidener und demütiger. Es wird auch unmissverständlich klar, dass man nur dann wirklich vorankommt, wenn man engagiert und ausdauernd zu Werke geht. Es gleicht dem Erlernen eines Handwerks, das nur dann bis zur Meisterschaft gebracht werden kann, wenn der Lehrling die Handgriffe so einübt, dass er sie im Schlaf beherrscht. Der spirituelle Fortschritt hängt wesentlich vom Engagement und Bemühen des Schülers ab, denn, so Gurumayi (1996, S. 45), eine geistige Lehrmeisterin unserer Tage:

»Immer wieder zeigt sich ganz klar, dass Gnade im Bemühen liegt. Wenn du dich nicht bemühst, hast du nicht einmal die Kraft, Gnade anzunehmen. Wenn du möchtest, dass dir ohne deine Mitwirkung Gutes geschieht, dann sei auch bereit, dich wieder davon zu trennen, denn es wird nicht von Dauer sein.«

Das Ineinander von eigener Bemühung und Gnadenerfahrung setzt erst jenen Kreislauf in Gang, der der geistlichen Praxis Beständigkeit verleiht. Disziplin ist eine unabdingbare Voraussetzung für den spirituellen Weg. Wer aus bestimmten Gründen seine Ziele immer wieder aufgibt, sollte klären, welche Hindernisse dem entgegenstehen. Disziplin ist normalerweise ein Begriff, auf den mit Aversion reagiert wird. Oftmals werden Assoziationen von Unterdrückung oder Disziplinierung, begleitet von Härte und Kälte, wachgerufen. Dazu werden unmittelbar Szenen aus Kaserne, Internat oder von Sanktionierung und Bestrafung in der Kindheit gegenwärtig. Disziplin, wie sie hier verstanden wird, ist sanft und hat keine autoritären Züge, denn sie entspringt nicht äußeren Zwängen, sondern innerer Überzeugung. Sie ist nicht rigide, sondern wird immer unter der Perspektive gepflegt, Prioritäten zu verändern und Oberflächlichkeiten abzubauen. Ganzheitliche Disziplin bezieht die Sinne mit ein, berücksichtigt essenzielle Bedürfnisse und beruht auf Achtsamkeit. Nur wenn das Herz mitschwingt und die Güte darin Platz hat, kann sie zum Werkzeug der Befreiung werden. Der starke Wille, der fähig ist, begrenzende Muster dauerhaft zu öffnen, ist daher nicht engstirnig, sondern offen und weit. Trotzdem sollten wir aber auch unsere Fehlerhaftigkeit und Unvollkommenheit stets in Rechnung stellen. Gurumayi (1994, S. 37), empfiehlt, uns kleine Ziele zu stecken und Geduld zu üben:

»Viele Leute möchten in ihrer Entwicklung immer große Sprünge machen. Das ist schon recht, doch bedenke, dass du dabei die Schönheit jedes einzelnen Schrittes übersiehst. Jeder kleine Schritt hat seinen eigenen inneren Plan. Möchtest du ihn nicht kennenlernen? Wenn du achtsam Schritt für Schritt in deiner inneren Entwicklung weitergehst, machst du die Erfahrung, dass du innerlich stärker wirst, und dir wird auch bewusst, was du für das große Ziel getan hast.«

Das Leben selbst ist eine Schule, und die spirituellen Übungen sind die Werkzeuge, die uns dabei helfen, Hindernisse zu überwinden. Manchmal kann auch eine Stärkung in einer Meditationsgemeinschaft sinnvoll sein. Der geregelte Tagesablauf in einem Ashram oder Kloster, abseits der Hektik des Alltags, kann die »Batterien wieder auffüllen«. Der spirituelle Weg wird, wie oben schon angemerkt, nie aufhören und immer zu uns gehören, da er die Unendlichkeit im Blick hat. Die Gegenwärtigkeit ist eine Eingangstür zur Ewigkeit und zu den spirituellen Welten. Deshalb empfehlen die spirituellen Traditionen, die Vergangenheit hinter sich zu lassen und sich nicht allzu sehr in der Zukunft zu verlieren. Um zu erspüren, wer man wirklich ist, muss Altes losgelassen und die Sorge um das Morgen aufgegeben werden. Die transzendente Wirklichkeit zeigt sich nur im Hier und Jetzt. Wenn ich in allem, was ich bin und tue, präsent bin, wird im Sein die Essenz erfahrbar.

> ***Übung:*** *Ich bitte Sie nun, kurz nach innen zu lauschen, was Ihnen gerade gegenwärtig wird. Dann stellen Sie sich vor, wie Sie beim Einatmen die inneren Räume weiten und beim Ausatmen Spannungen loslassen. Nun richten Sie Ihre Aufmerksamkeit auf Ihre Körpermitte und erlauben dem Atem, dorthin zu strömen. Dann nehmen Sie einfach mit allen Sinnen wahr, was Ihnen präsent wird.*

Wenn im unmittelbaren Gewahrsein alles so erscheinen kann, wie es ist, wird sich das Sein seiner selbst bewusst. Die endlichen Dinge können im Raum der Unendlichkeit, in dem alles fließt und pulsiert, wahrgenommen werden. Dies ist das Fundament der Achtsamkeit, der Kern jeglichen spirituellen Bemühens. In ihrer empathischen Resonanz räumt sie dem All-Einen und allen Lebewesen einen Platz im Herzen ein. Deshalb ist es so wichtig, die Gedankenwelt zu beruhigen, das eigene Wollen zurückstellen und loslassen zu lernen. Erst wenn man zur Ruhe kommt, enthüllt sich das wahre Wesen des Menschseins. Solch unmittelbarer Nutzen ist aber nur ein Vorgeschmack auf den tiefgreifenden Wandlungsprozess, den regelmäßige Meditation bewirken kann. Sie führt auch zu mehr Wahrnehmungssensibilität und Klarheit, tieferen Einsichten und Freude. Wenn man innehält und still wird, werden die Räume des Unendlichen, die alles verbinden und tragen, vernehmbar. Es sind die Lücken zwischen den Gedanken, Atemzügen und Herzschlägen, die dorthin führen. Die Manifestationen des Lebendigen finden in der Stille ihren Halt und beziehen aus ihr Energie, Konzentration und Kreativität.

Die *stille Meditation* ist die Königsdisziplin der allermeisten spirituellen Wege; sie ist von jeder Mode unabhängig, überkonfessionell und zeitlos. Stetig dem universalen Selbst näherzukommen, das Ego zu transformieren und das Herz zu öffnen gelingt am besten durch Meditation. Wer täglich meditiert, lebt spirituell. In der Stille, mit aufrechter Haltung und tiefem Atem, kann sich der Geist sammeln und tief in die eigene Mitte eindringen. Zentriert im Strom des Bewusstseins, können die tieferen Töne des All-Einen hörbar werden. Die Atmosphäre dieses Rhythmus lässt Achtsamkeit, Liebe und Mitgefühl gedeihen.

Da es unterschiedlichste, teils kulturabhängige Meditationstechniken gibt, soll nun eine einfache Übungsform dargestellt werden, die für jeden praktizierbar ist. Wer zu meditieren beginnt, wird am Anfang auf größere Schwierigkeiten stoßen. Das freischwebende Hineinhören in die Stille kann durch die Unstrukturiertheit zu erhöhten körperlichen Spannungen wie zu einem verstärkten Gedankenfluss führen. Gerade dann, wenn wir ruhig werden wollen, wird es zunächst lauter. Das ist normal, denn wenn wir innehalten, beginnen wir erst zu hören, wie viele Geräusche in uns sind. Es ist ein gutes Zeichen, denn es bedeutet, dass die Sinne wach werden. Man muss also geduldig sein und in kleinen Schritten vorgehen. Da es sich bei der Meditation sowieso nicht um eine vorübergehende Übung handelt und ein ehrgeiziges Machen eher hinderlich ist, kann man ruhig langsam beginnen. Die kontinuierliche Durchführung der stillen Meditation kann durch einige Vorkehrungen erleichtert werden.

Wenn Sie zu Hause meditieren, bereiten Sie sich einen angenehmen Platz oder eine schöne Ecke in der Wohnung dafür vor. Man braucht nicht viel, vielleicht ein Sitzkissen und einen kleinen Teppich darunter. Um einen ansprechenden Ort der Stille zu gestalten, könnten auch eine Kerze, Blumen, ein entsprechendes Bild oder spirituelle Gegenstände hinzukommen. Viele Meditierende wissen, dass ein Tag, der mit Meditation beginnt, ein gewonnener Tag ist, weil sich die Meditationsenergie in die Arbeit hineinverlagert. Die daraus hervorgegangenen Inspirationen haben mich beim Schreiben dieses Buches hervorragend unterstützt. Natürlich ist es genauso sinnvoll, abends zu meditieren, weil unbewusste Tagesreste besser integriert werden und der Schlaf erfrischender wird.

Von großer Bedeutung ist das richtige Zeitmaß. Für Menschen, die mit dem Meditieren beginnen, sind zwanzig Minuten sehr gut geeignet; später kann man die Meditationszeit durchaus auf dreißig oder fünfundvierzig Minuten ausdehnen. Es ist wichtig, gerade am Anfang nicht zu viel zu wollen, denn das führt meistens zu Frustrationen. Wer beispielsweise mehrere Jahre täglich zwanzig Minuten meditiert, wird große Früchte ernten.

Dann ist es hilfreich, eine Körperhaltung einzunehmen, die gleichzeitig wach und entspannt ist. Es braucht oft einige Versuche, bis man die richtige Position gefunden hat. Wer Schwierigkeiten hat, auf dem Boden zu sitzen, kann sich auch auf einen Stuhl setzen oder gar auf dem Rücken liegend meditieren. Wer im Schneidersitz meditiert, sollte unter das Gesäß ein Kissen legen, um die Kniegelenke zu entlasten. Gleiches gilt für jene, die gerne auf den Fersen sitzen. Nehmen Sie einfach ein Kissen oder einen Hocker als Unterstützung. Die Wirbelsäule sollte sich über dem Becken zentrieren und aufrichten. Wenn man den Oberkörper zunächst nach vorne und hinten beugt, kann man die optimale Position aufspüren. Mit der Vorstellung, dass man nach unten fest wie ein Berg gegründet ist und gleichzeitig am Scheitel leicht nach oben gezogen wird, kann man sich leichter in eine stabile, komfortable und offene Meditationshaltung bringen. Der Kopf ist gerade, die Arme sind locker, und die Hände liegen entspannt auf den Knien oder im Schoß. Dabei kann man Daumen und Zeigefinger zusammenführen, das hält, so meinen die Yogis, die Energie im Leibraum. Lassen Sie den Atem ruhig und frei fließen. Die Augen können geschlossen oder halb offen sein, gerade so, wie es für Sie angenehm ist.

Dann lassen Sie sich nach innen fallen. Gedanken, Empfindungen, Spannungen oder innere Bilder werden zwar registriert, aber nicht weiterverfolgt. Einfach nur sein lassen, was ist: nichts damit tun, nichts festhalten oder ergreifen. Dann wird alles kommen und wieder gehen wie Wolken am Himmel. Wenn Sie dennoch von Eindrücken überflutet werden, dann stellen Sie sich vor, wie Sie einen halben Schritt zurücktreten und lediglich ihr Aufsteigen und Absteigen beobachten. Dabei bemerken Sie, dass nichts bleibt oder von Dauer ist. Dabei können sich Wellen von Erregung, die durch ungelöste psychische Konflikte verursacht werden, und Perioden tiefen Friedens abwechseln.

Um sich wieder zu zentrieren, kann man die Aufmerksamkeit auf den Atem lenken, innerlich ein Mantra wiederholen oder ein Gebet sprechen. Die Konzentration auf ein Objekt hat den Sinn, den überschäumenden Gedankenfluss allmählich zu reduzieren. Dabei gilt aber, dass eine derartige Hilfe für die Meditation unkompliziert sein sollte. Ein indisches Sprichwort erklärt, warum beispielsweise die Verwendung eines Mantras in der Meditation hilfreich ist: Der beste Weg, einen Dorn aus dem Fuße zu holen, besteht darin, dafür einen anderen Dorn zu benutzen. Die ausschließliche Ausrichtung auf einen Gedanken kann also die Sammlung fördern. So kann man sich etwa mit dem Satz »Ich atme ein, ich atme aus« ganz auf den Atem ausrichten. Wenn man sich auf das schlichte Ein- und Ausatmen konzentriert, wird das Tiefergehen wirkungsvoll unterstützt. Man kann aber auch die Inhalte, die im Bewusstseinsfeld auftauchen, benennen – zum Beispiel »Aha, jetzt denke ich an mein Projekt« oder »Jetzt spüre ich ein Ziehen im Knie« – und dann loslassen. Die Stütze in der Meditation bündelt die ablaufenden Assoziationen, sammelt und entleert allmählich das Bewusstsein. Bleiben Sie so lange in der Meditation, wie Sie sich das vorgenommen haben. Als Zeichen der Achtung vor dem Größeren kann man sich noch am Ende vor der inneren Weisheit verneigen. Für manche ist es hilfreich, noch ein wenig in dieser Energie zu bleiben und die Eindrücke in ein Meditationstagebuch zu schreiben.

Meister Eckhart (in: Döll, 1988, S. 1) führt uns mit einem schönen Satz in die Meditation: »Ich will sitzen und will schweigen und will hören, was Gott in mir rede.«

Die Meditation ist eine einfache und segensreiche Übung, die Millionen von Menschen praktizieren. Wer sich der Meditation hingibt, befindet sich rund um den Erdball in großer Gemeinschaft, mit der man sich bewusst verbinden kann. Das baut eine gemeinsame Energie auf, von der alle profitieren.

Wenn die Meditationshaltung in den Alltag einfließt, wird man bemerken, dass sich stillschweigend Einstellungen dem Leben gegenüber wandeln. Selbst Routineaufgaben wie Putzen, administrative Erledigungen oder Autofahren können von diesem Geiste erfüllt werden.

Üben Sie, Moment für Moment darauf zu achten, dass Sie das, was Sie gerade tun, konzentriert und umsichtig ausführen. Wenn Sie gehen, gehen Sie bewusst, wenn Sie essen, essen Sie bewusst, und wenn Sie etwas tun, machen Sie es in voller Aufmerksamkeit.

Wer nämlich im Kleinsten das Göttliche erblickt, dem werden auch außergewöhnliche Erfahrungen zuteil. Die achtsame Haltung im Alltag ist eine wirkungsvolle spirituelle Übung. Sie baut nicht nur Nachlässigkeiten ab, sondern trägt in sich schon den Keim der Selbstverwirklichung. Alles, was ich mit Aufmerksamkeit und Liebe durchführe, wird zu mehr Offenheit und Frieden führen. Wenn man bemerkt, dass man nicht bereit ist, in dieser Einstellung auf die Anforderungen des Lebens zu reagieren, dann kann man kurz innehalten, sich mit der inneren Weisheit verbinden und neu orientieren.

Ganz besonders wertvoll ist die Disziplin im Sprechen. Jeder kennt die Situation, sich nach langen Gesprächen leer zu fühlen und sich Vorwürfe zu machen, den anderen nicht adäquat berücksichtigt zu haben. Wenn ich mich hinterfrage, ob das, was ich sage, wahr, freundlich, hilfreich und angemessen ist, kann ich nicht fehlgehen. Darüber hinaus sollte auch das Denken und Handeln danach ausgerichtet sein, mich meiner wahren Natur näherzubringen. Das ist ein wichtiges Kriterium, denn jede Entscheidung, in der das All-Eine Berücksichtigung findet, wird eine segensreiche Wirkung haben. Dann werden wir uns auch nicht mehr von vordergründigen Ergebnissen abhängig machen, denn es kommt nur noch darauf an, das Richtige zu tun und nicht auf die Effekte zu schielen. Wenn man mit bestem Wissen und Gewissen eine Sache durchführt, braucht man sich nicht mehr um das Ergebnis zu kümmern. Wer sich von der äußeren Anerkennung unabhängig macht und sich nur dem universalen Selbst verpflichtet fühlt, weist das Ego in die Schranken und erweitert erheblich seinen Spielraum. So kann jede Aufgabe dem Göttlichen geweiht werden. Das reduziert die Angst vor größeren Herausforderungen, denn man fühlt sich getragen und unterstützt.

Wird man mit Schwierigkeiten konfrontiert, dann kann man das immer als Lernchance auffassen. Wenn wir das Leben als fortwährende Schule betrachten, dann werden uns Probleme nicht aus der Bahn werfen, sondern stärker machen. Dafür ist es manchmal erforderlich, sich die unbewussten Motive bewusst zu machen. Man muss auch immer wieder bereit sein, Fassaden abzulegen und zu überprüfen, ob man wahrhaftig im Einklang mit dem universalen Selbst handelt.

Folgende Fragen können dabei Klarheit schaffen. Wird durch meine Aktivitäten meine spirituelle Praxis sichtbar? Opfere ich mein Tun einem größeren Ganzen? Vermehrt sich durch meinen Beitrag die Liebe in der Welt? So wird auch gewährleistet, dass in mein Mitgefühl alle Lebewesen einbezogen sind und die Gnade des All-Einen die individuelle Begrenztheit aufbricht. Das Besondere kommt aus dem Universellen und bleibt stets darauf bezogen. In der Unendlichkeit der Wesensnatur ist alles miteinander verbunden und füreinander da.

Übung: *Halten Sie für einen Moment inne. Dann stellen Sie sich bitte vor, wie Sie Ihr Leben bewusst und spirituell gestalten könnten.*

Eine Vision von einem segensreichen Leben kann uns auf dem Weg zur Ganzheit voranbringen, denn Vorstellungen können Kräfte freisetzen. Erlauben Sie mir deshalb auch, meine Utopie zu schildern:

Jeder Tag beginnt mit einer stillen Meditation von dreißig Minuten. Auch wenn der Weg des Lebens steinig sein kann, wird durch die Stille klar, dass man in jedem Augenblick mit dem Strom der größeren Ordnung verbunden ist. Ich fühle mich diesem universalen Wirklichkeitsgrund zugehörig, kann aus dieser Kraftquelle des Lebens schöpfen und werde vom Seinsganzen getragen. Das universale Selbst ist immer da; es nimmt mir jegliche Angst, lässt aber Stärke und Mut wachsen. Grundsätzlich kann ich dem Leben, so wie es ist, vertrauen, denn durch alles, was geschieht, kann ich wachsen. Konflikten und Problemen weiche ich nicht aus, sondern stelle mich, da sie mir wie ein Spiegel zeigen, wo ich in meiner Entwicklung stehe. Das gibt mir auch den Mut, mich mit meinen Schattenseiten und Ego-Anteilen aufrichtig zu konfrontieren. Eine offensive Klärung von Unstimmigkeiten erweitert meinen Horizont und meine Kompetenzen. Dabei übernehme ich beherzt Verantwortung für mein Leben und gebe nicht anderen die Schuld für Widrigkeiten, denn das Schicksal liegt in meinen Händen. Gestaltend nehme ich Einfluss auf das »In-der-Welt-Sein« aller, um auch anderen Menschen zu einem Leben in Würde und Freiheit zu verhelfen. In jeder Lebenssituation bin ich bereit, zu lernen und mich zu verändern. Ich achte meine Gefühle, inneren Bilder und Resonanzen. Ich erlaube mir, sie offen zu zeigen. Nähe und Distanz reguliere ich so, dass ich mich und die anderen in ihren Eigenarten annehmen lerne. Indem ich das Anderssein akzeptiere, riskiere ich, Unsicherheiten zuzulassen und Vorurteile aufzugeben.

In einer Partnerschaft müssen überfordernde Projektionen und Sehnsüchte, die nicht zu erfüllen sind, durch gemeinsame Gespräche bewusst werden. Die Aufgabe ist, sich nicht gegenseitig verändern zu wollen, sondern an sich selbst zu arbeiten, um den gemeinsamen Seinsgrund würdigen zu können. Der Partner braucht sich dann nicht mir anzupassen, sondern kann seinen eigenen Weg gehen. Dabei gibt es Strecken, die man gemeinsam zurücklegt und auf denen man sich gegenseitig unterstützt. Liebe und Sexualität gehen ohne Erwartungsdruck ineinander über. Kindern gegenüber strahlt man natürliche Autorität aus, ist deren Lehrer, Freund und Wegbegleiter, bis sie selbst ihr Leben in die Hand nehmen können. Die Herzensgüte dehnt sich auch auf fremde Menschen aus, denn durch die Entdeckung des universalen Selbst in sich sieht man es auch in den anderen leuchten. Ich respektiere und würdige das Göttliche im Du. Ich fühle, freue und leide mit anderen Menschen, auch wenn sie mir nicht nahestehen. Die feinen Schwingungen, die von der spirituellen Liebe ausgehen, zeigen sich in einem freundlichen Lächeln.

Über die Verfeinerung der Sinne kann ich die Schönheit der Natur und Schöpfung genießen. Aufmerksam und konzentriert auf den Augenblick, erfährt mein Sein und Tun eine Dimension der Tiefe, in der die alltäglichen Polaritäten zu einer neuen Ordnung finden. Der Lebensstil wird ruhig, einfach und moderat. Bewusst und ohne Anhaftung gehe ich mit Arbeit, Essen,

Trinken, Schlafen, Sexualität und Sinnesfreuden um. Dabei achte ich, entsprechend meinem Alter, dass Körper, Geist und Seele in guter Verfassung bleiben und eine Einheit bilden. Das Augenmerk liegt dabei auf der Stärkung von Konzentration, Ausdauer und Kraft. Achtsam beziehe ich den Kontext der anderen mit ein, wenn ich zu ihnen spreche. Da ich weiß, dass auch meine Gedanken Wirkungen haben, überprüfe ich immer wieder, ob sie den Geist der inneren Weisheit in sich tragen. Ich erlaube mir Zeiten der Stille und der Andacht, um das Göttliche in allem zu ehren. In meinem Beruf sehe ich eine Aufgabe, mir, meiner Familie und der Welt zu dienen, und bin bereit, neue Herausforderungen anzunehmen.

Mit Erfolg und Reichtum gehe ich bescheiden um, denn sie sind, genauso wie Probleme und Krisen, nur durch das größere Ganze zu verstehen. Im Kontakt mit der Wesensnatur kann ich Intuitionen vertrauen, spontan handeln und mich auf neue Situationen flexibel einstellen, zum Wohle aller. In der natürlichen Kraft und Autorität, die sich durch meine Person vermitteln möchten, sehe ich den göttlichen Glanz, der durch alles scheint. In der Tiefe meines Herzens fühle ich das Glück und die Zufriedenheit, ein Teil der Schöpfung sein zu dürfen. Die Welt und das Universum achte ich als einen schützenswerten Wohnort.

Der Tag geht mit einer kurzen Besinnung zu Ende.

Literatur

Chaudhuri, Haridas: *Yoga-Psychologie,* in: Tart, Charles (1978), S. 330–394

Bennett, Craig: »Ein Fisch schaut in die Röhre«, in: *Süddeutsche Zeitung,* München 24.9.2009

Dawkins, Richard: *Der Gotteswahn.* Berlin 2008

Dittrich, Adolf: *Ätiologie-unabhängige Strukturen veränderter Wachbewusstseinszustände.* Berlin 1996

Döll, Ermin: *Der Weg der Meister.* Dietfurt/Altmühltal 1988

Dychtwald, Ken: *Körperbewusstsein.* Essen 1981

Föllmi, Danielle und Olivier: *Die Weisheit Indiens Tag für Tag.* München 2004

Freud, Sigmund: *Psychologie des Unbewussten.* Frankfurt am Main 1975

Fromm, Erich: *Die Kunst des Liebens.* Frankfurt am Main/Berlin/Wien 1977

Gebser, Jean: *Ursprung und Gegenwart.* 1. Teil und 2. Teil und Kommentarband. München 1973

Govinda, Lama Anagarika: *Grundlagen tibetischer Mystik.* Frankfurt am Main 1975

Greenwell, Bonnie: *Kundalini.* Bergisch Gladbach 1998

Grof, Stanislav (Hrsg.): *Alte Weisheit und modernes Denken.* München 1986

Grof, Stanislav: *Das Abenteuer der Selbstentdeckung.* München 1987

Grof, Stanislav: *Die Welt der Psyche.* München 1993

Grof, Stanislav: *Geburt, Tod und Transzendenz.* München 1985

Gurumayi, Chidvilasananda: *Asche zu meines Gurus Füßen.* South Fallsburg 1990

Gurumayi, Chidvilasananda: *Entzünde die Flamme in meinem Herzen.* Siddha Yoga Bände 1 und 2. München 1989

Gurumayi, Chidvilasananda: *Transform your vision into one of wisdom,* in: Darshan 82 (1994). South Fallsburg 1994

Gurumayi, Chidvilasananda: *Believe in Love.* CD: Message for 2000. South Fallsburg 2000

Gurumayi, Chidvilasananda: *Gnade liegt im eigenen Bemühen,* in: Darshan Nr. 111 (deutsche Übersetzung 1996), S. 41–46. South Fallsburg 1996

Haich, Elisabeth (Hrsg.): *Der Tag mit Yoga.* Stuttgart 1958

Heidegger, Martin: *Sein und Zeit.* Tübingen 1972
Heidegger, Martin: »Nur noch ein Gott kann uns retten«, in: *Der Spiegel,* Hamburg Nr. 23/1976
Herrigel, Eugen: *Der Zen-Weg.* München 1992
Hesse, Hermann: *Siddhartha.* Frankfurt am Main 1993
Hofstadter, Douglas R.: *Gödel, Escher, Bach.* Stuttgart 1985
Holler, Johannes: *Das neue Gehirn.* Südergellersen 1991
Horney Karen: *Neurose und menschliches Wachstum.* München 1975
Husserl, Edmund: *Ideen zu einer reinen Phänomenologie und phänomenologischen Philosophie.* Tübingen 1980
Izutsu, Toshihiko: *Die Entdinglichung und Wiederverdinglichung der »Dinge« im Zen-Buddhismus,* in: Nitta Yoshihir (Hrsg.): *Japanische Beiträge zur Phänomenologie.* Freiburg, München 1984, S. 13–40
Jäger, Willigis: *Suche nach dem Sinn des Lebens. Bewusstseinswandel durch den Weg nach innen.* Petersberg 1991
James, William: *Die Vielfalt religiöser Erfahrung.* Olten/Freiburg im Breisgau 1979
Jones, Ernest: *Sigmund Freud. Leben und Werk.* Frankfurt am Main 1969
Jung, C. G.: *Briefe.* Bd. 1. Olten/Freiburg im Breisgau 1972
Jung, C. G.: *Die Beziehungen zwischen dem Ich und dem Unbewußten.* Olten/Freiburg im Breisgau 1971
Jung, C. G.: *Zwei Schriften über analytische Psychologie.* Ges. Werke Bd. 7. Zürich, Stuttgart 1964
Kripananda, Swami: *The Sacred Power.* New York 1995
Kübler-Ross, Elisabeth: *Über den Tod und das Leben danach.* Neuwied 1990
Loomans, Pieter (Hrsg.): *Meditation und transpersonale Psychotherapie.* Petersberg 1999
Lucadou, Walter, in: *Psyche und Chaos. Theorien der Parapsychologie.* Frankfurt am Main/Leipzig 1995
Metzger, Wolfgang: *Psychologie.* Darmstadt 1975
Müller, Rüdiger: *Evolution als Nachvollzug. Jean Gebsers Erkenntnisse über den Weg zur Bewusstwerdung,* in: Loomans, Pieter (1999), S. 39–60
Muktananda, Swami: *Von der Natur Gottes.* Freiburg im Breisgau 1979
Muktananda, Swami: *Der Weg und sein Ziel.* München 1987

Muktananda, Swami: *Let your vision become divine,* in: Darshan, Nr. 48, S. 30–38
Muktananda, Swami: *Spiel des Bewusstseins.* Freiburg im Breisgau 1986
Patanjali: *Die Wurzeln des Yoga.* Bern/München/Wien 1990
Patanjali: *Yoga-Sutra.* Hamburg 1987
Piaget, Jean: *Der Aufbau der Wirklichkeit beim Kinde.* Stuttgart 1975
Ram, Dass: *Verheißungen und Fallgruben auf dem spirituellen Weg,* in: Zundel, E., Fittkau, Bernd (Hrsg.), 1989, S. 457–479
Reich, Wilhelm: *Charakteranalyse.* Frankfurt am Main 1978
Resch, Andreas (Hrsg.): *Fortleben nach dem Tode.* Innsbruck 1981
Reuter, Wilfried: »Kein Sex ohne Liebe«, in: *Ursache und Wirkung* (Zschr.), Nr. 59, 16. Jg, März 2007, S. 17
Rinpoche, Sogyal: *Das tibetische Buch vom Leben und Sterben.* Bern/München/Wien 1994
Roth, Gerhard: *Aus der Sicht des Gehirns.* Frankfurt am Main 2003
Sheldrake, Rupert: *Das Gedächtnis der Natur.* Bern/München/Wien 1990
Sheldrake, Rupert: *Die Wiedergeburt der Natur.* Bern/München/Wien 1991
Spaemann, Robert: »Die Vernünftigkeit des Glaubens an Gott«, in: *Frankfurter Allgemeine Sonntagszeitung,* 22. Okt. 2006, Nr. 42
Stern, Daniel: *Die Lebenserfahrung des Säuglings.* Stuttgart 1992
Suzuki, Shunryu: *Eine Ecke dieser Welt erhellen.* Frankfurt am Main 2004
Tart, Charles: *Transpersonale Psychologie.* Olten 1978
Teresa von Avila: *Die innere Burg.* Zürich 1979
Trimondi, Victoria und Victor: *Hitler, Buddha, Krishna.* Wien 2002
Upanischaden. Stuttgart 1985
Walch, Sylvester: *Dimensionen der menschlichen Seele.* Düsseldorf 2009
Wallner Friederike: *Alles ist nur Übergang.* Frankfurt am Main 1991
Zundel, E., Fittkau, Bernd (Hrsg.): *Spirituelle Wege und Transpersonale Psychotherapie.* Paderborn 1989